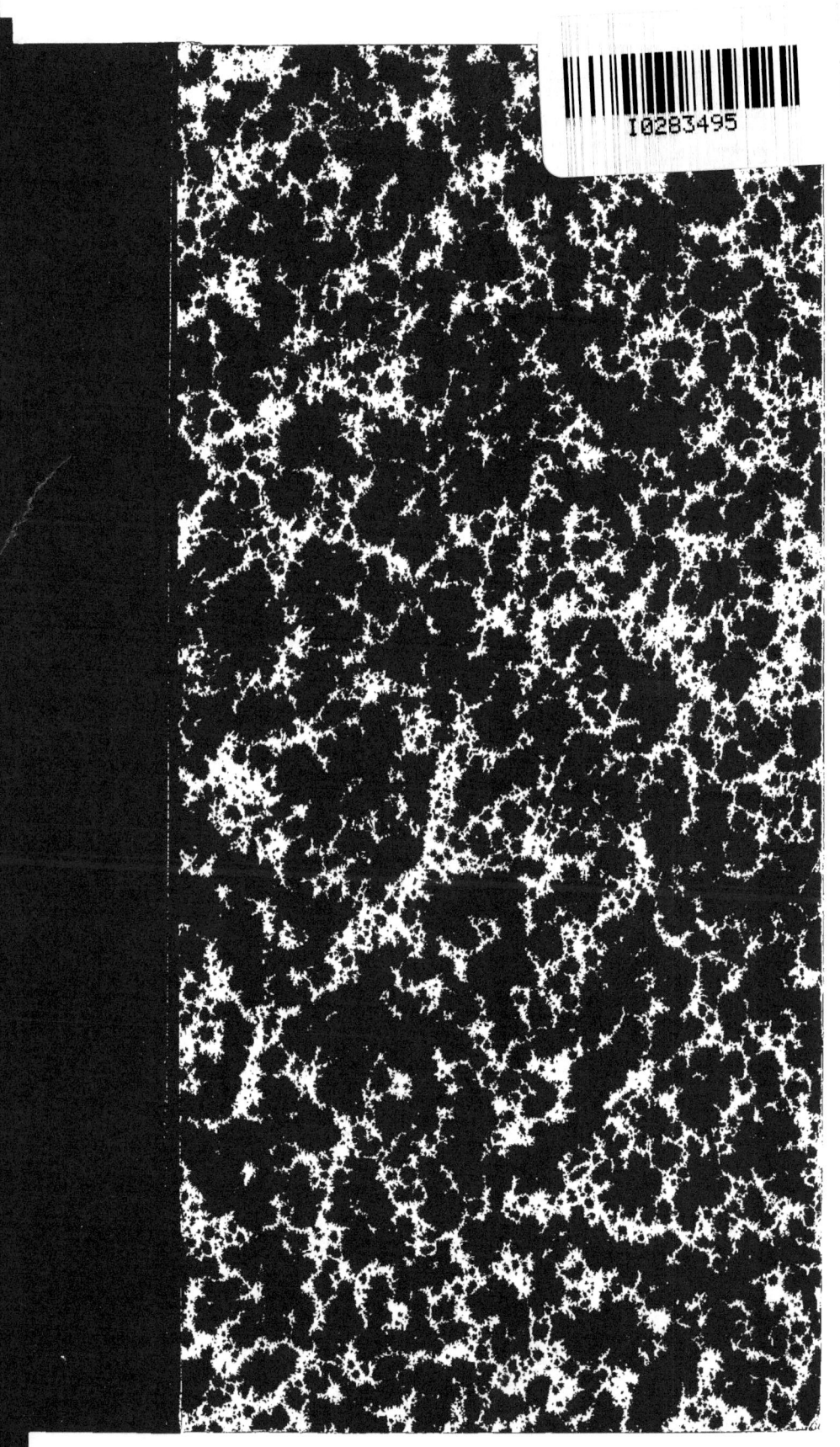

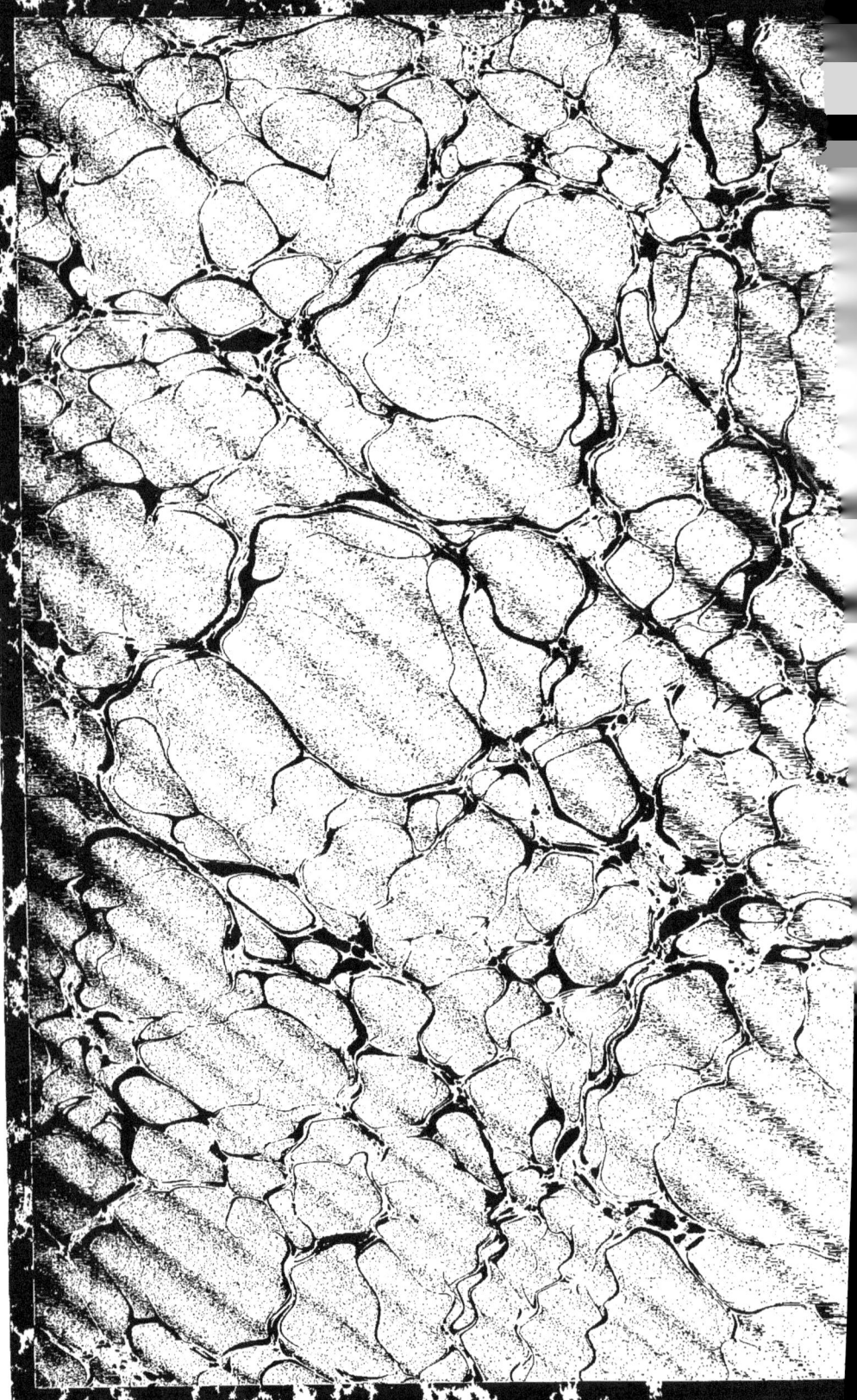

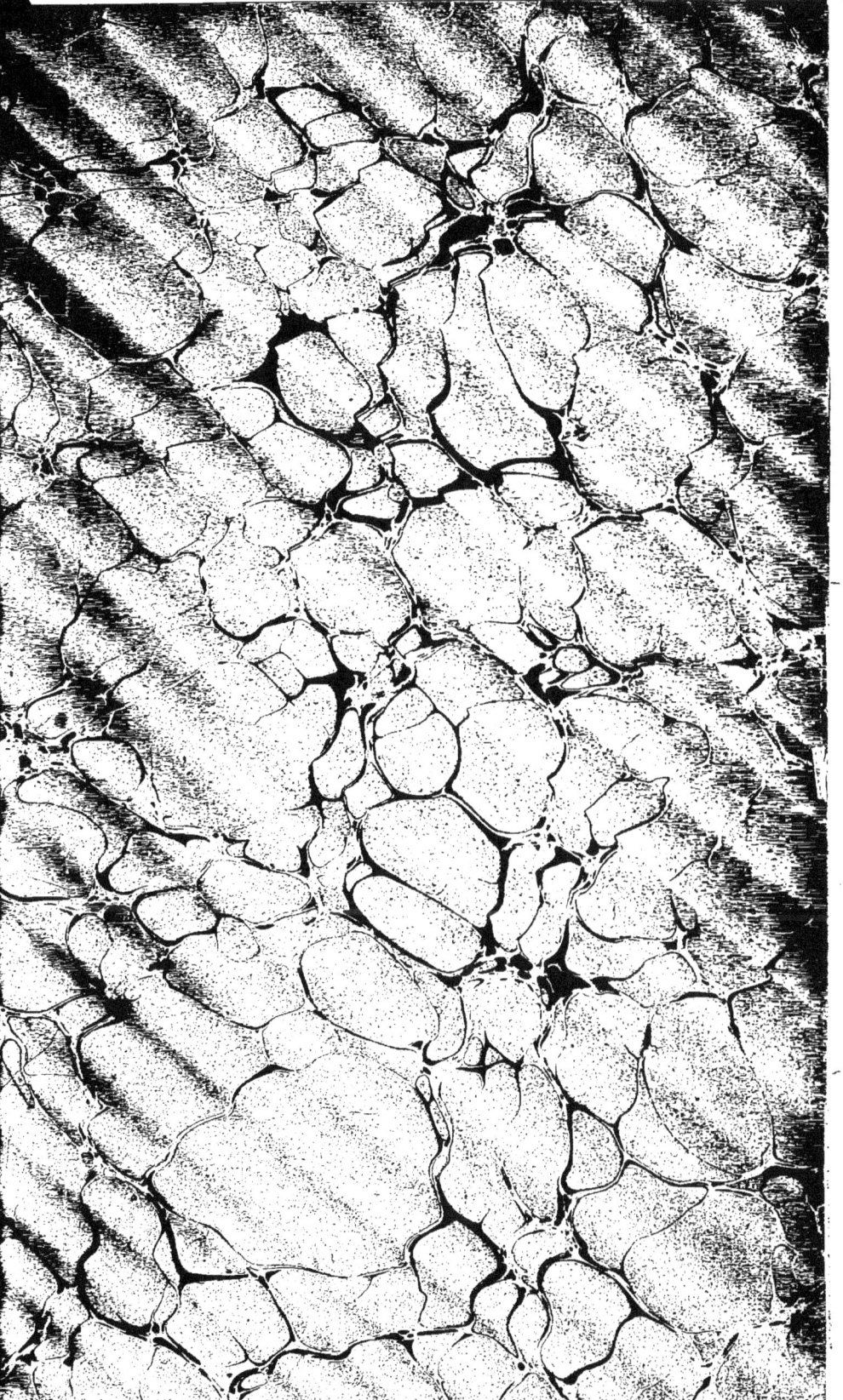

MÉMOIRES
DE
SAINT-HILAIRE

PUBLIÉS

POUR LA SOCIÉTÉ DE L'HISTOIRE DE FRANCE

PAR

Léon LECESTRE

TOME DEUXIÈME

1680-1697

A PARIS
LIBRAIRIE RENOUARD
H. LAURENS, SUCCESSEUR
LIBRAIRE DE LA SOCIÉTÉ DE L'HISTOIRE DE FRANCE
RUE DE TOURNON, N° 6

M DCCCC VI

Exercice 1906
2ᵉ volume.

MÉMOIRES
DE
SAINT-HILAIRE

IMPRIMERIE DAUPELEY-GOUVERNEUR

A NOGENT-LE-ROTROU.

MÉMOIRES

DE

SAINT-HILAIRE

PUBLIÉS

POUR LA SOCIÉTÉ DE L'HISTOIRE DE FRANCE

PAR

Léon LECESTRE

TOME DEUXIÈME

1680-1697

A PARIS
LIBRAIRIE RENOUARD

H. LAURENS, SUCCESSEUR

LIBRAIRE DE LA SOCIÉTÉ DE L'HISTOIRE DE FRANCE

RUE DE TOURNON, N° 6

M DCCCC VI

EXTRAIT DU RÈGLEMENT.

Art. 14. — Le Conseil désigne les ouvrages à publier, et choisit les personnes les plus capables d'en préparer et d'en suivre la publication.

Il nomme, pour chaque ouvrage à publier, un Commissaire responsable, chargé d'en surveiller l'exécution.

Le nom de l'éditeur sera placé en tête de chaque volume.

Aucun volume ne pourra paraître sous le nom de la Société sans l'autorisation du Conseil, et s'il n'est accompagné d'une déclaration du Commissaire responsable, portant que le travail lui a paru mériter d'être publié.

Le Commissaire responsable soussigné déclare que le tome II des Mémoires de Saint-Hilaire, *préparé par* M. Léon Lecestre, *lui a paru digne d'être publié par la* Société de l'Histoire de France.

Fait à Paris, le 1ᵉʳ avril 1907.

Signé : A. DE BOISLISLE.

Certifié :

Le Secrétaire adjoint de la Société de l'Histoire de France.

NOËL VALOIS.

MÉMOIRES

DE

SAINT-HILAIRE

SECONDE PARTIE

de ces Mémoires, contenant ce qui s'est passé de plus considérable en France sous le règne de Louis XIV, surnommé le Grand, depuis la paix de Nimègue jusques à celle de Ryswyk inclusivement.

1680-1681. — [La[1] guerre que le Roi avoit soutenue avec tant de gloire et d'avantage contre presque toutes les puissances de l'Europe jointes ensemble, et qu'il venoit de terminer par une paix avantageuse, négociée avec dextérité, rendit sa puissance formidable par tout le monde. Il crut donc être en état de faire la loi à quiconque il lui plairoit, et peut-être aussi que son courage, sa grandeur et ses prospérités continuelles lui donnèrent les idées de parvenir à la

---

1. On rappelle que les passages mis entre crochets n'existaient pas dans l'édition de 1766 et sont rétablis d'après les manuscrits.

monarchie universelle[1].] Quoi qu'il en soit, il est certain que la paix de Nimègue ne fut pas plus tôt faite, qu'il conçut de nouveaux projets de s'agrandir ; mais, avant d'entamer cette matière, je rapporterai sommairement la situation où étoient, dans ce temps, les puissances principales de l'Europe.

L'Empereur commençoit d'être troublé par les rebelles d'Hongrie, et le comte Tœkœly[2], qui s'étoit mis à leur tête, faisoit déjà des progrès en Hongrie : ce qui donnoit à croire que le Turc se mettroit bientôt de la partie, ainsi qu'il ne manqua pas d'arriver.

Les électeurs de Cologne, de Brandebourg et de Bavière firent de nouveaux traités avec la France[3]. La princesse de Bavière, que Mgr le Dauphin épousa[4], fut le lien de cette dernière alliance, qui renouvela les inquiétudes de l'Empereur ; car, pendant la guerre précédente, le duc, son père, qui avoit épousé une princesse françoise de la maison de Nemours[5], avoit

---

1. Voyez tome I, p. 309, note 5, le traité secret avec l'électeur de Brandebourg en cas de vacance du trône impérial.
2. Émeric, comte Tœkœly, succéda à Rakoczy en 1678 comme chef des Mécontents de Hongrie ; il mourut en 1705, retiré en Asie-Mineure.
3. Le *Corps diplomatique* de Du Mont ne donne pas le texte de ces traités, qui ne furent conclus que dans le courant de 1682 (A. Lebon, *Instructions aux ambassadeurs en Bavière*, p. 71 et suiv.).
4. Marie-Anne-Christine-Victoire de Bavière, fille de l'électeur Ferdinand-Marie, épousa le Dauphin le 28 janvier 1680.
5. C'est une erreur : Ferdinand-Marie, duc de Bavière, avait épousé en 1652 Henriette-Adélaïde de Savoie, sœur du duc Charles-Emmanuel, qui, lui, était marié à Marie-Jeanne-Baptiste de Savoie-Nemours, Madame Royale, que nous allons retrouver ci-après, p. 4.

tâché, par ses intrigues et une armée de quinze mille hommes soudoyée par la France, d'exciter des troubles dans l'Empire et d'y former un tiers parti.

La Suède n'avoit pas renouvelé son alliance avec la France, parce qu'elle prétendoit que cette couronne n'avoit pas assez ponctuellement exécuté les conventions qui avoient été stipulées entre les deux royaumes, quoique la France eût fait rendre à la Suède tout ce que ses ennemis lui avoient pris pendant la guerre précédente[1]. Au lieu de cette alliance, le Roi en fit une avec le Danemark[2], afin d'opposer, dans le besoin, un des deux rois du Nord à l'autre, et de contenir les États voisins.

Pour ce qui est de l'Angleterre, le Roi étoit assuré de l'amitié de ce monarque, et, quoiqu'il fût la plupart du temps brouillé avec son Parlement, il manioit avec tant de dextérité ces esprits difficiles, qu'il n'en craignoit aucun événement forcé.

On avoit grand soin d'entretenir les Hollandois dans la crainte qu'on leur avoit insinuée du prince d'Orange, et ces républicains avoient tant de satisfaction de jouir des fruits de la paix et de l'abondance de leur commerce, qu'ils renouvelèrent d'abord leurs anciens traités avec la France, comme un moyen sûr de conserver leur repos et leur tranquillité.

L'Espagne étoit si foible et languissante, que, loin d'être en état de former un parti, elle ne pouvoit se maintenir que par l'intérêt que les autres puissances avoient en sa conservation; mais, comme les motifs

1. Tome I, p. 308-310.
2. Le traité fut signé le 25 mars 1682 par l'ambassadeur Foullé de Martangis (*Recueil des instructions*, p. 44).

indirects sont les moins sensibles, on pouvoit la chagriner impunément avant qu'on eût à craindre le réveil de ceux qui étoient obligés, par leurs propres intérêts, de prendre son parti.

A l'égard de l'Italie, quoique le Roi commençât de se brouiller avec le Pape, on ne prévoyoit pas que ce qui se passoit pût exciter aucun orage dans un pays si divisé par la quantité de souverains qui l'occupent; car, excepté la république de Venise et le grand-duc de Toscane, avec lesquels on étoit en bonne intelligence, et le duc de Savoie, dont la France se tenoit assurée par le moyen de Madame Royale, qui régissoit les États du duc son fils pendant sa minorité[1], le reste étoit de peu de considération par rapport à la France.

Pour la Pologne, il est très probable qu'elle auroit été entièrement dévouée à la France, si, avec l'argent qu'on y envoyoit, on eût été un peu plus libéral de certains honneurs que la reine Marie d'Arquien, née Françoise, et qui avoit un grand ascendant sur l'esprit du roi Jean Sobieski, son mari, demandoit en faveur de sa famille habituée en France[2].

Les princes de l'Empire étoient assez divisés entre eux, et s'étoient séparés mécontents les uns des autres après la paix, ainsi que toute la Confédération.

Dans cette conjoncture, que le Roi jugea favorable,

1. Marie-Jeanne-Baptiste de Savoie-Nemours (1644-1724) avait perdu son mari en 1675 et exerça la régence jusqu'à la majorité de Victor-Amédée (1682).

2. Saint-Simon a raconté comment le refus de la dignité de duc pour M. d'Arquien, père de la reine, et aussi certaines questions de cérémonial, poussèrent Jean Sobieski à s'allier aux ennemis de la France (*Mémoires*, éd. Boislisle, t. XV, p. 158).

il commença d'exécuter son projet, non par une rupture ouverte, car on ne lui en donnoit aucun sujet, et sa puissance étoit trop redoutée, mais sous le prétexte spécieux d'entrer en possession de ce qui lui appartenoit. Pour expliquer ce point, je dirai que l'Espagne, par le traité de Nimègue, avoit aussi cédé à la France le comté de Chiny, et, en cela, cette couronne avoit cru donner seulement cinq ou six villages; elle négligea, ou, pour mieux dire, ses ministres, d'en limiter les dépendances, aussi bien que celles des autres pays et villes cédées. Les ministres de l'Empereur firent aussi la même omission en ce qui concernoit les dépendances ou annexes de l'Alsace. Sur ce fondement, le Roi fit fouiller dans tous les vieux archives[1] que ses gens détenoient, tant de la Lorraine que d'autres pays, et on trouva, ou l'on voulut trouver, que presque tout le duché de Luxembourg, et même la capitale, dépendoit du comté de Chiny, [aussi bien que plusieurs petites villes et villages de la Flandre espagnole dépendoient de quelques villes et pays cédés]; et, à l'égard de l'Empire, que la ville de Strasbourg étoit une annexe de l'Alsace. On n'en demeura pas là; car, à force de feuilleter ces vieux titres, les intendants des frontières faisoient tous les jours de nouvelles découvertes, dont ils faisoient leur cour au ministre[2].

[Ainsi, on prétendit justifier que les anciens évêques

1. *Archive* était primitivement, et encore au xvie siècle, du genre masculin; mais la première édition du *Dictionnaire de l'Académie*, en 1694, le donna du féminin. Ce terme d'ailleurs, au masculin, s'appliquait alors, non pas aux pièces et documents, mais aux bâtiments et locaux qui les contenaient.
2. C'est-à-dire à Louvois.

de Metz, Toul et Verdun, qui avoient été autrefois de petits souverains, pour agrandir les princes des maisons dont ils étoient issus ou afin d'en favoriser d'autres, leur avoient aliéné une partie de leurs domaines, ou les avoient affranchis de la foi et hommage qu'ils leur devoient pour leurs États ou portions d'iceux : ce qu'on prétendoit qu'ils n'avoient pu faire.]

Pour procéder en cette affaire [sous quelque couleur de justice et de droit, ou plutôt pour insulter à la foiblesse des parties intéressées], le Roi fonda des chambres qu'on appela *de réunion*, dans les villes de Metz, de Brisach, de Besançon et de Tournay[1]. Les titres furent examinés, les détenteurs assignés, et, faute de comparoir, tous les délais expirés, les profits des défauts furent adjugés; et le Roi envoya ses gens, escortés de quantité de troupes, prendre possession en son nom des petites villes, bourgs et bourgades du plat pays prétendu, auxquels il donna ordre de ne commettre aucun acte d'hostilité, afin qu'on ne lui pût imputer de rupture, mais d'en chasser par d'autres voies les troupes qu'on y trouveroit en quartier, qu'on savoit ne pouvoir être qu'en petit nombre. De cette manière, le Roi se mit en possession de plusieurs petites villes, bourgs et villages dans la Flandre espagnole, de presque tout le duché de Luxembourg, de celui des Deux-Ponts, qui appartenoit au roi de Suède[2], de la

---

1. On ne créa en réalité qu'une seule chambre, celle de Metz; en Franche-Comté et en Flandre, ce sont les parlements, en Alsace le conseil souverain, qui furent chargés d'examiner les questions de « réunion » (*Histoire de Louvois*, t. III, p. 19 et suiv.).

2. C'était son bien patrimonial, la branche de Deux-Ponts de

principauté d'Orange, et de quelques autres petits États ; et il fit demander Strasbourg à l'Empereur, [et Luxembourg,] où il y avoit une bonne garnison, au roi d'Espagne.

On peut facilement juger combien cette nouvelle manière de s'agrandir et de faire des conquêtes en pleine paix étonna les princes de l'Europe. L'Empereur refusa Strasbourg, et les Espagnols, [avec leur fierté à contretemps,] protestèrent qu'ils aimoient mieux tout perdre que de céder Luxembourg. Ils prétendoient par là donner occasion à renouveler la guerre; mais les Hollandois, quoique fort alarmés, n'étoient pas de cet avis, et encore moins le roi d'Angleterre, [sans lequel la partie ne se pouvoit bien lier]. Ainsi ils eurent beau lui représenter que toutes ces entreprises étoient autant d'infractions au traité de paix dont il avoit été médiateur et s'étoit rendu garant; toutes leurs cabales n'aboutirent qu'à exciter des murmures dans le Parlement contre ces nouveautés. Pour en prévenir les suites et gagner du temps, le roi d'Angleterre cassa de suite deux de ses Parlements[1], remettant à en assembler un autre dont les esprits fussent plus portés à se conformer à ses intentions.

Cependant Sa Majesté, qui vouloit profiter du temps, étendoit toujours ses vues. Il fit négocier secrètement près du duc de Mantoue l'acquisition de la citadelle et du château de Casal[2]. MM. de Catinat et d'As-

la maison palatine de Bavière étant montée sur le trône de Suède en 1654 avec Charles-Gustave X, en faveur de qui la reine Christine avait abdiqué.

1. Juillet, puis octobre 1670 (Lingard, *Histoire d'Angleterre*, t. XIII, p. 204-205 et 211-213).

2. Une grande partie des pièces diplomatiques relatives à

feld[1] furent employés pour traiter cette affaire et firent deux voyages près de ce prince, étant travestis, et convinrent de tout avec lui ; mais, malgré ces précautions, les Espagnols, qui avoient eu vent de ce qui se tramoit, firent arrêter M. d'Asfeld, qui passoit, à son retour, sur les terres du Milanois, et le firent conduire à Milan, d'où M. de Louvois le tira peu après avec beaucoup de peine[2]. M. de Catinat, qui avoit pris une autre route, échappa à la vigilance des Espagnols[3]. Pendant cette négociation, le duc de Mantoue balança beaucoup à se déterminer : il craignoit que les Espagnols et l'Empereur ne se vengeassent dans l'occasion, et que les autres princes de l'Italie ne lui reprochassent d'y avoir attiré les François. Enfin l'envie d'obliger le Roi et de toucher une grosse somme d'argent qui lui fut promise, le détermina, avec les assurances qui lui furent données que Sa Majesté le prenoit, et ses États, en sa protection, et l'assisteroit envers et contre tous[4].

Sur le point de la conclusion, le Roi fit passer dix à

---

cette négociation ont été publiées par M. le comte Horric de Beaucaire dans le *Recueil des instructions pour la Savoie, la Sardaigne et Mantoue*, p. 247-290.

1. Alexis Bidal, baron d'Asfeld, alors brigadier de dragons, était le frère cadet du futur maréchal ; nous le verrons mourir en 1689.

2. M. d'Asfeld, caché sous le nom de Bellefontaine, fut arrêté en mars 1679, au village de la Canonica, par suite de la trahison du comte Mattioli, et ne fut relâché que plusieurs mois après (*Histoire de Louvois*, t. III, p. 101-112).

3. Catinat ne courut pas le risque d'être arrêté ; car il était resté à Pignerol pour y achever les préparatifs militaires de l'entreprise.

4. Le traité fut signé le 8 juillet 1681 ; le texte en est donné dans le *Recueil des instructions*, t. II, p. 274-276, note.

douze mille hommes en Dauphiné; le marquis de Boufflers, maréchal de camp, en eut le commandement[1]. D'un autre côté, M. de Catinat étoit entré incognito dans la citadelle de Pignerol, où il se tenoit enfermé comme un prisonnier d'État[2], n'étant connu que de M. de Saint-Mars[3], qui y commandoit. De là il entretenoit commerce, par son moyen, avec les correspondants qu'il avoit en Italie, touchant ce qui s'y pourroit passer. On fit cadrer le jour de la prise de possession de Casal avec celui auquel les troupes françoises devoient entrer dans Strasbourg, afin que deux coups si importants, frappés le même jour, fussent de plus grand éclat et inspirassent plus de terreur.

Prise de possession de Strasbourg. — Pour cet effet, on avoit fait de longue main, en Alsace, les préparatifs

---

1. Saint-Hilaire fut, à cette occasion, envoyé d'abord à Lyon, puis à Pignerol. Louvois lui écrivait le 19 août 1681 : « Je vous fais ce mot pour vous dire de ne pas manquer de vous rendre le 20ᵉ du mois de septembre prochain à Pignerol, sous prétexte de visiter les munitions de guerre des magasins de ladite place, et, en effet, d'y travailler. Il faudra que, en partant de Lyon, vous meniez avec vous un bon charpentier, deux bons charrons et deux bons forgerons, et, au surplus, que, lorsque vous serez audit Pignerol, vous exécutiez tous les ordres qui pourront vous être donnés dans la suite par M. le marquis de Boufflers. Louvois. » (Vol. Guerre 657, n° 416; voyez aussi vol. 658, n° 291.)

2. Sous le nom de Guibert et comme étant un ingénieur enfermé dans le donjon pour avoir voulu livrer aux étrangers des plans de forteresses françaises (vol. Guerre 664, 6 septembre 1681).

3. Bénigne d'Auvergne de Saint-Mars avait le commandement de Pignerol depuis 1665; il obtint le gouvernement des îles Sainte-Marguerite en 1687 et celui de la Bastille en 1698. C'est le geôlier de Foucquet, de Lauzun, du Masque de fer.

nécessaires à une grande expédition, et on y fit filer quantité de troupes. M. de Louvois s'y rendit en personne, et se présenta devant Strasbourg à la tête d'une bonne armée, [et en état de n'en point avoir le démenti]. Il fit d'abord sommer la ville, et les principaux habitants, dont il s'étoit assuré de longue main, profitèrent si habilement de l'épouvante de leurs concitoyens, qu'ils les déterminèrent à se rendre sans coup férir. Ainsi les troupes du Roi entrèrent dans la ville[1], et le gouvernement en fut donné à M. de Chamilly, qui avoit défendu Grave[2].

Prise de possession de Casal. — Il en arriva autant de Casal le même jour. Le marquis de Boufflers, qui s'y étoit acheminé avec les troupes de Dauphiné, donna au gouverneur de M. de Mantoue les douze cent mille livres dont on étoit convenu pour l'achat de cette place. Puis, [ayant vu que rien ne branloit du côté du Milanois et des princes d'Italie,] il ramena ses troupes en France, après avoir laissé une bonne garnison dans Casal[3] sous M. de Catinat, qui en fut gouverneur avec le brevet de maréchal de camp. Le Roi fit aussi M. de Boufflers lieutenant général de ses armées.

Toute l'Europe fut fort attentive à ces deux grands événements; mais pas un des intéressés n'étoit en

1. Toute cette affaire a été racontée en dernier lieu par A. Legrelle, *Louis XIV et Strasbourg*, p. 169 et suiv. C'est le 30 septembre que les Français entrèrent à Strasbourg pour exécuter l'arrêt de réunion rendu par le conseil souverain siégeant à Brisach.
2. Tome I, p. 158.
3. On peut voir dans l'*Histoire de Louvois*, t. III, p. 53-140, le récit de l'occupation de Casal et des événements qui amenèrent cette occupation.

état d'en venir à la voie de fait. Ainsi, les ministres qu'ils tenoient auprès du roi d'Angleterre le sollicitèrent en vain de convoquer un Parlement [afin de prendre, disoient-ils, une bonne résolution dans une conjoncture où la France marchoit à grands pas à la monarchie universelle]. Tout ce qu'ils obtinrent fut que Sa Majesté tint un peu bride en main sur l'affaire de Luxembourg, et offrit de s'en rapporter à l'arbitrage du roi d'Angleterre; mais les parties, qui ne s'y fioient pas, n'eurent garde de l'accepter. Le Roi ne laissa pas de tenir Luxembourg bloqué pendant quelque temps. A la fin, soit qu'il eût des vues plus étendues, comme on l'a cru, et qu'en conséquence il cherchât à acquérir la bienveillance de la nation allemande, soit qu'il agît par pure générosité, sur les avis qu'il reçut de Constantinople il envoya ordre à M. de Barrillon, son ambassadeur en Angleterre, de demander une audience publique et d'y déclarer que le Roi son maître, sur les nouvelles très certaines des préparatifs de guerre extraordinaires qui se faisoient dans l'empire ottoman à dessein de soutenir les rebelles de Hongrie et de faire la guerre à l'Empereur, avoit aussitôt ordonné à ses troupes de se retirer et de lever le blocus de Luxembourg, afin que la chrétienté fût mieux défendue, et que l'Empereur, avec toutes ses forces, pût soumettre les rebelles et chasser les Infidèles de ce royaume, espérant toutefois que Sa Majesté Britannique, si zélée pour la tranquillité de l'Europe et ce qui étoit de justice, s'emploieroit incessamment auprès du roi Catholique, pour lui faire avoir au plus tôt satisfaction de ses justes prétentions sur la ville de Luxembourg[1]. Les ministres

1. On sait maintenant que Louis XIV avait « des vues plus

que les Espagnols tenoient en Angleterre et leurs émissaires, qui n'étoient pas si bien informés de ce qui se passoit du côté du Levant, furent fort surpris de cette déclaration et l'attribuèrent à l'appréhension que le Roi avoit de leurs pratiques. Fiers d'un événement dont ils se glorifioient, ils s'exhaloient en discours aussi inutiles qu'inconsidérés. Le Roi, qui en fut bien informé, les laissa évaporer, sans y faire attention.

1682. — Bombardement d'Alger. — Ce pendant, il fit agir l'armée qu'il avoit en mer contre les Algériens, qui infestoient les côtes de France et troubloient le commerce. Cette armée se présenta devant Alger et canonna la ville; le bey et son divan demandèrent la paix, qu'ils obtinrent, à condition de rendre tous les esclaves françois qu'ils détenoient, de ne plus troubler la navigation des sujets du Roi, et d'avoir pour sa personne et sa puissance tout le respect et la vénération qui lui étoient dus[1]. Mais ces corsaires rompirent bientôt le traité; ils recommencèrent leurs pirateries, et s'attirèrent une seconde visite plus fâcheuse que la première; car leur ville fut si bien canonnée et bombardée, qu'elle en fut presque entièrement détruite[2].

étendues » : il espérait que l'Empereur, attaqué par les Turcs, aurait besoin du secours de la France, et que, en récompense de ce service, les Électeurs ne pourraient moins faire que de donner au Dauphin le titre de roi des Romains; l'armée qu'il offrait à l'Empereur, et qui se serait trouvée après la guerre en plein cœur de l'Allemagne, aurait été d'un poids considérable pour obtenir ce résultat.

1. Alger fut bombardé à diverses reprises du 22 août au 12 septembre (Quincy, *Histoire militaire*, t. II, p. 8-19; Jal, *Abraham Duquesne*, t. II, p. 421-431).

2. Le second bombardement d'Alger eut lieu l'année sui-

Naissance de Mgr le duc de Bourgogne. — Madame la Dauphine accoucha, le 6 août, d'un prince que le Roi nomma duc de Bourgogne[1]. Les Espagnols en firent fort les fâchés, à cause que leur roi prend cette qualité[2]; mais force leur fut de s'accommoder au temps.

Bombardement de Fontarabie. — Il leur survint de nouveaux soucis au sujet des pêcheurs d'Hendaye et de Fontarabie, qui prirent querelle ensemble. Ces derniers, s'étant trouvés les plus forts, tuèrent dix ou douze de ceux d'Hendaye. Le Roi en fit demander satisfaction à la cour de Madrid, qui traita l'affaire de bagatelle; mais le Roi ne le prit pas ainsi et se vengea de ce refus sur Fontarabie à coups de bombes. On plaça les mortiers sur le territoire d'Hendaye, d'où ils tiroient sur Fontarabie, qui en est proche, afin d'être en droit de dire qu'on ne devoit pas regarder cette exécution militaire comme un sujet de rupture[3]. Les Espagnols éprouvèrent encore cette mortification. N'étant pas en état de s'en ressentir, ils firent un traité tel qu'on voulut en faveur des pêcheurs d'Hendaye[4].

vante, du 26 juin au 18 août (*Histoire militaire*, p. 23-39; *Abraham Duquesne*, p. 451-453).

1. *Gazette*, p. 430.

2. Comme descendant direct de Marie de Bourgogne, fille de Charles le Téméraire.

3. Cet incident de frontière n'est relaté ni par la *Gazette* ni par l'*Histoire militaire*, et il n'en est point question dans les correspondances du Dépôt de la guerre. Notre auteur a peut-être fait confusion avec un incident analogue qui se produisit dans le courant de 1684 (vol. Guerre 738).

4. Le traité, ou plutôt la convention qui régla ces différends

La France leur fit encore recevoir un affront auquel ils ne s'attendoient pas. Ils prétendoient que l'île Saint-Gabriel, située dans l'Amérique méridionale[1], étoit de leur dépendance, et, sous ce prétexte, en chassèrent les Portugais. Leur roi[2], assuré de l'appui de la France, prit fièrement cette insulte, rappela l'ambassadeur qu'il avoit à Madrid, et se prépara à la guerre contre l'Espagne avec le secours des troupes qu'il demanda au Roi. Sur cela, les Espagnols filèrent doux, et le duc de Giovenazzo[3] partit en poste pour Lisbonne, où il désavoua de la part du roi d'Espagne tout ce qui s'étoit passé en Amérique. Ainsi, l'île Saint-Gabriel fut restituée aux Portugais, avec réparation des dommages qu'ils y avoient soufferts, et l'affaire n'eut plus de suite[4].

1683. — L'année 1683 fut fertile en événements. Le Roi fit camper deux corps d'armée considérables, l'un en Bourgogne, sur la rivière de Saône, l'autre en Lorraine, sur la Sarre[5], et se rendit très attentif à ce

est du 19 octobre 1683 (Du Mont, *Corps diplomatique*, t. VII, 2º partie, p. 71).

1. Ile du Rio-de-la-Plata, à douze lieues nord-est de Buenos-Ayres.

2. Pierre II, régent pendant la folie de son frère Alphonse VI, puis roi en 1683.

3. Dominique del Giudice, duc de Giovenazzo (1637-1718), avait été trésorier général du royaume de Naples et ambassadeur en Savoie en 1675; il fut vice-roi d'Aragon en 1694.

4. Cette affaire datait de la fin de l'année précédente; les correspondances de Madrid et de Lisbonne en racontent les incidents (*Gazette* de 1682, p. 159-160 et 244).

5. *Histoire militaire*, p. 19-20. Les cantonnements de la

qui se passoit en Allemagne. Il alla visiter ces camps avec les dames, qu'il mena aussi à Strasbourg et à Luxembourg[1]. Au retour de ce voyage, la Reine fut attaquée d'une espèce de charbon sous l'aisselle, dont elle fut mal pansée, et en mourut[2]. Le Roi témoigna être très affligé de cette perte : aussi en avoit-il grand raison, car elle étoit la meilleure princesse du monde et la plus vertueuse. Toute la France la regretta fort.

Mort de M. Colbert. — Le Roi fit encore une autre perte cette année : ce fut M. Colbert[3], qui l'avoit si bien servi; aussi le regretta-t-il beaucoup. Il n'en fut pas de même du peuple, qu'il avoit accablé d'une quantité d'impôts nouveaux et inconnus jusqu'alors. Aussi voulut-il s'en ressentir après sa mort, ne l'ayant pu de son vivant[4]; mais le Roi envoya des gardes chez le défunt, qui eurent ordre d'escorter le convoi funèbre et de le conduire en sûreté.

Bourgogne étaient commandés par Boufflers, ceux de la Sarre par le marquis de Monclar.

1. La cour quitta Versailles le 26 mai et arriva à Strasbourg le 26 juin, après avoir séjourné à Dijon, Besançon et Colmar; de là, le Roi gagna Sarrelouis, mais non pas Luxembourg, et revint par Metz, Verdun et Châlons; il était à Versailles le 20 juillet (*Gazette*, p. 264, 276, 288, 299-300, 311-312, 323-324, 335-336, etc.).

2. Marie-Thérèse mourut le 30 juillet. C. Rousset (*Histoire de Louvois*, t. II, p. 351, note) a publié une lettre du ministre au marquis de la Trousse, qui donne des détails précis sur la maladie et sur les derniers moments de la Reine.

3. Colbert mourut le 6 septembre.

4. Madame (*Correspondance*, recueil Jæglé, t. I, p. 44-45) confirme ces détails de l'hostilité populaire; voyez aussi les documents publiés par Pierre Clément, *Lettres de Colbert*, t. VII, p. clxxxix et cxc.

La famille de M. Colbert pensa être culbutée par sa mort et par le crédit de M. de Louvois; mais elle fut sauvée par Mme de Maintenon, qui commençoit à entrer en grande faveur, et qui représenta sagement au Roi qu'il étoit de son intérêt de conserver ceux de cette famille qui étoient déjà dans le ministère, afin de tempérer l'humeur hautaine de M. de Louvois[1]. M. de Croissy fut donc continué dans sa charge de secrétaire d'État au département des affaires étrangères, M. de Seignelay confirmé dans celle de feu son père qu'il exerçoit déjà de son vivant[2]; mais d'Ormoy, son frère, fut débusqué par M. de Louvois de la Surintendance des bâtiments[3], dont dépend la direction des arts, des sciences et du commerce, qu'il entendoit [moins qu'on ne fait en France le haut-allemand[4]]. M. de Louvois eut encore, de la dépouille de M. Colbert, le soin des haras et la garde des pierreries de la couronne[5]. Ce ministre fit donner les finances à M. le président Pele-

1. La lettre de Mme de Maintenon du 10 septembre 1683 à Mme de Saint-Géran, où elle témoigne de l'hostilité pour Seignelay, est fausse, ainsi que l'a établi M. Lavallée, *Correspondance générale de Mme de Maintenon*, t. II, p. 317.

2. Jean-Baptiste Colbert, marquis de Seignelay (1651-1690), avait été associé à son père comme survivancier de la charge de secrétaire d'État de la marine dès février 1679.

3. Jules-Armand Colbert (1663-1704), marquis d'Ormoy, puis de Blainville, et plus connu sous ce dernier nom, avait eu la survivance de la Surintendance des bâtiments dès 1672, mais dut céder cette charge à Louvois; il entra dans l'armée et mourut, lieutenant général, à la bataille d'Hochstedt.

4. L'édition de 1766 porte : « Qu'il n'entendoit point du tout. »

5. Il ne dut pas y avoir de provisions expédiées pour attribuer à Louvois la direction des haras et la garde des pierreries

tier[1], son parent[2], en sorte que, tenant la bourse par les cordons, avec tout le crédit qu'il avoit d'ailleurs, rien ne se faisoit plus que par lui.

Caractère de M. Peletier. — M. Peletier, jusque-là, avoit peu fréquenté la cour; il s'étoit attaché uniquement aux affaires du Palais et s'y étoit acquis la réputation d'un juge intègre et éclairé. Aussi est-il[3] homme de bien, d'honneur et de bon esprit, mais droit et doux, et aimant le repos, [et point du tout à se surcharger d'affaires]. Aussi, quand il fut une fois attaché à la cour, où la probité la plus confirmée court grand risque, et qu'il se vit chargé d'une quantité d'affaires épineuses et difficiles, et qu'il eut à essuyer l'humeur brusque et impérieuse de M. de Louvois, il se repentit d'avoir quitté son premier genre de vie. La guerre s'étant rallumée peu d'années après, M. Peletier prévit qu'il seroit obligé d'avoir recours à toutes sortes de moyens forcés pour remplir les coffres du Roi [et contenter l'avidité du ministre de la guerre]. Sa conscience tendre et timorée ne lui permit pas de continuer plus longtemps cette fonction, qu'il abdiqua volontairement. Il se réserva seulement celle de

---

de la couronne; du moins, elles ne furent enregistrées ni au Parlement, ni au secrétariat de la Maison du Roi.

1. Claude Le Peletier (1631-1711) était alors conseiller d'État; il conserva le Contrôle général des finances jusqu'en 1689, mais n'eut une charge de président à mortier au Parlement qu'en 1686.

2. Le chancelier Le Tellier, père de Louvois, était cousin issu de germain de M. Le Peletier, par les Chauvelin.

3. Ce présent montre que l'auteur écrivait avant la mort de M. Le Peletier, arrivée en 1711. L'édition de 1766 avait mis cette phrase au passé.

ministre, qu'il exerça encore quelques années avec assiduité et réputation. Puis, il s'en dégoûta par des raisons secrètes ou par amour du repos; il s'est retiré à une maison de campagne et ne vient plus du tout à la cour[1].

Caractère de M. de Croissy. — Pour M. de Croissy, il fut ministre et secrétaire d'État à son retour de Nimègue, où il avoit été un des plénipotentiaires de France pour la paix[2]. Il eut la place de M. de Pomponne, qui fut congédié parce qu'on prétendit qu'il avoit omis, dans les instructions des ambassadeurs, certaines choses concernant des villages du Tournaisis, qu'il fallut rendre[3]. [S'il en fit seul la faute, il y a bien de l'apparence qu'elle lui eût été pardonnée, si M. Colbert n'avoit pas eu un frère à placer dans le ministère.] M. de Croissy étoit fort assidu dans son travail, [et n'a pas plus brillé dans son emploi que son devancier[4]]. Son humeur étoit austère et chagrine et rebutoit ceux

---

1. Claude Le Peletier s'était démis des Finances en 1689, mais avait continué à assister au Conseil comme ministre d'État. En septembre 1697, il quitta définitivement la cour pour se retirer dans son château de Villeneuve-le-Roi, entre Paris et Corbeil. Voyez le récit de cette retraite et l'éloge qu'a fait de lui Saint-Simon dans ses *Mémoires* (éd. Boislisle, t. IV, p. 258 et suiv.).

2. Tome I, p. 300-301.

3. Saint-Hilaire est peut-être seul à donner cette cause de la disgrâce de Pomponne. Saint-Simon (*Mémoires*, éd. Boislisle, t. VI, p. 342-344), Mme de Sévigné (*Lettres*, t. VI, p. 87, 136 et 140), Gourville, Bussy-Rabutin, Spanheim, etc., s'accordent pour l'attribuer à sa négligence à faire connaître au Roi la conclusion du mariage du Dauphin.

4. Au contraire de notre auteur, tous les contemporains, s'ils reconnaissent unanimement la médiocrité de Croissy, sont d'accord sur la haute valeur de Pomponne.

qui avoient affaire à lui, quoique, dans le fond, il fût assez bon homme et eût quelque teinture du monde[1]. Du reste, ses mœurs étoient irréprochables, et, pour preuve, c'est qu'il n'est pas mort riche.

Caractère de M. de Seignelay. — M. de Seignelay, son neveu, avoit toute la capacité du monde; mais l'amour qu'il avoit pour les plaisirs lui causoit souvent de grandes distractions[2]. Son esprit étoit juste et transcendant, et prenoit si fort le dessus dans le Conseil, que M. de Louvois, avec tout son pouvoir, n'avoit pas la force de le contredire, quelque envie qu'il en eût. Il l'auroit tout à fait redouté, si sa vie molle et voluptueuse n'avoit pas étouffé, pour ainsi dire, l'inclination que le Roi se sentoit pour lui. Il faisoit quelquefois des efforts de dévotion, peut-être de bonne foi; mais les plaisirs des sens prenoient toujours le dessus de sa raison. Il étoit somptueux, magnifique et de bon goût en tout, et c'est un grand dommage que ses excès l'aient mis au tombeau à la fleur de son âge.

Après avoir donné l'idée du caractère de ces trois nouveaux ministres, je dirai que la guerre que les Turcs venoient de commencer contre l'Empereur fixoit l'attention du monde entier[3]. Le grand vizir Kara Mustapha

---

1. Il gâtait ses bonnes qualités, dit Saint-Simon, par « l'humeur et la brutalité naturelle de sa famille ».

2. Ce portrait s'accorde avec ceux qu'ont tracés de Seignelay tous les contemporains (Spanheim, *Relation*, éd. Bourgeois, p. 383 et 391; Saint-Simon, *Parallèle*, p. 221; Argenson, *Mémoires*, éd. Janet, t. I, p. 9; *Relazioni*, série *Francia*, t. III, p. 381-382, etc.); l'amour immodéré des plaisirs et un luxe grandiose étaient les traits distinctifs de son caractère : « C'est la splendeur qui est morte, » écrivait alors Mme de Sévigné.

3. Voyez ci-après (p. 27) ce que Saint-Hilaire va dire des sources de son récit de la délivrance de Vienne.

avoit assemblé sous Belgrade une armée de trois cent mille hommes, et l'Empereur n'en avoit pas plus de quarante mille à lui opposer. Il avoit, à la vérité, conclu un traité d'alliance avec la Pologne[1], dont la cour de France n'avoit pas paru contente; mais la lenteur avec laquelle le roi de Pologne, sujet à des retours, effectuoit le traité[2], donnoit lieu à la cour de Vienne de craindre qu'elle n'en retireroit que peu d'utilité. Malgré cette défiance, M. de Lorraine[3], général de l'armée de l'Empereur, ne laissa pas d'assiéger Neuhausel[4]; mais, les Turcs approchant de lui, il fut contraint de lever le siège et de faire passer ses troupes avec précipitation dans l'île de Komorn[5]. Les Turcs feignirent d'en vouloir à Raab, afin de mieux donner le change à M. de Lorraine, et jetèrent des ponts sur la rivière; mais, sans s'arrêter à cette place, le grand vizir fit passer cette rivière à son armée avec une diligence extrême et détacha aussitôt les Tartares, qu'il suivit de près, pour aller investir Vienne, qui s'attendoit si peu à une pareille aventure, que les paysans, à quatre lieues à la ronde, faisoient tranquillement leur moisson et que les habitants alloient par pays, comme si les Turcs eussent été encore fort éloignés.

1. A Varsovie, le 31 mars (*Corps diplomatique* de Du Mont, t. VII, 2ᵉ partie, p. 62-64).
2. Ce traité n'avait été signé que sous la pression de la reine Marie-Casimire et du nonce du Pape, Sobieski étant plutôt porté vers l'alliance française.
3. Le duc Charles V, que nous avons vu dépouiller de ses États par Louis XIV.
4. Ville de Hongrie, sur la Neutra, dont les Turcs s'étaient emparés en 1663.
5. Ou plutôt l'île de Schütt, au confluent du Danube et de la Waag, et dont la ville de Komorn était la capitale.

La cour impériale, qui venoit d'être avertie par M. de Lorraine, étoit encore à Vienne quand les Tartares parurent aux portes. L'Empereur, l'Impératrice[1] et toute la cour en sortirent aussitôt par le pont du Danube, pour se sauver à Linz, sans avoir eu le loisir d'emporter ni argent ni pierreries, dans un désordre et une confusion telle qu'on se la doit imaginer. Ne se croyant pas en sûreté dans cette ville, ils gagnèrent Passau[2]. La cour coucha la première nuit dans un bois, où l'Impératrice, grosse de six mois[3], ne put avoir qu'un peu de paille pour se reposer.

Ce pendant, M. de Lorraine, ayant connu le dessein du grand vizir, sortit vite de l'île de Komorn et gagna avec une diligence extrême celle de Leopoldstadt[4], vis-à-vis de Vienne, dans le temps qu'un gros de Turcs s'avançoit pour s'en emparer. De là il jeta heureusement dans Vienne le général Stahrenberg[5] et toute son infanterie, qui y arriva à point nommé : car il n'y avoit pas de garnison. M. de Lorraine demeura quelques jours dans Leopoldstadt avec sa cavalerie, afin d'observer les Turcs de plus près, et, craignant d'y être enfermé

---

1. Éléonore-Madeleine-Thérèse de Bavière-Neubourg, troisième femme de Léopold.
2. Linz est la capitale de la Haute-Autriche, et Passau se trouve sur la frontière de cette province et de la Bavière.
3. Elle accoucha, le 7 septembre suivant, de Marie-Anne-Josèphe, qui épousa Jean V, roi de Portugal.
4. Cette île, fort large, est traversée par les ponts et la chaussée qui relient Vienne à la rive gauche du Danube.
5. Ernest-Rüdiger, comte de Stahrenberg (1637-1701), était gouverneur de Vienne depuis 1680. La *Gazette* (p. 389 à 621, *passim*) fit grand éloge de sa défense de la ville; il devint par la suite maréchal de camp général et président du conseil de guerre.

d'un côté par leur armée et de l'autre par celle du comte Tœkœly, qui s'étoit avancé à Presbourg, sa seconde démarche fut de sauver le reste de l'armée après avoir pourvu à Vienne, et de sortir de Leopoldstadt. Il fit brûler les ponts du Danube et se retira malgré l'opposition des Turcs, qui entrèrent dans Leopoldstadt après avoir passé le bras du Danube, qui étoit guéable. Ils avoient compté qu'ils se rendroient aisément maîtres du pont du Danube qui y aboutit, afin d'investir Vienne de l'autre côté; mais, par les précautions dont je viens de parler, M. de Lorraine garantit non seulement la partie de l'Allemagne au delà du Danube, mais il se conserva encore la communication avec la Pologne, ce qui étoit le coup de partie. Toutes ces démarches, faites si à propos, sont dues à la grande capacité de ce général, et l'on doit lui attribuer la principale gloire d'avoir sauvé l'Empire en lui conservant Vienne.

On peut bien imaginer l'épouvante qui se répandit dans cette ville après la retraite précipitée de l'Empereur[1] et à la vue d'une armée formidable. Cependant les mêmes motifs qui sembloient devoir en hâter la perte contribuèrent beaucoup à la sauver; car la garnison ne manqua pas d'argent, et le grand vizir, informé des richesses immenses qui y étoient renfermées, craignit de les perdre si son armée la prenoit d'assaut. Par cette raison, il en modéra les efforts, croyant qu'elle ne lui pouvoit échapper par capitulation. Ce fut ce que ses officiers lui reprochèrent, et ce qui donna le temps au roi de Pologne d'arriver; [trois jours plus tard, il n'étoit plus temps].

1. Ci-dessus, p. 21.

Dans ces entrefaites, Sa Majesté n'avoit pas attendu que l'Empereur fût si pressé pour lui offrir du secours ; il l'avoit déjà fait par l'entremise du Pape, qui n'avoit pu le faire accepter, la cour de Vienne et tout l'Empire étant persuadés que la France leur procuroit cette guerre dans la vue d'être appelée au secours et d'y faire ses affaires[1]. Là-dessus, les plus échauffés ne feignoient pas de dire et d'écrire qu'ils aimoient mieux tomber sous la domination du Turc que de recourir à la France ; mais les plus judicieux et le reste de l'Europe n'étoient pas de cet avis, et convinrent, dès que le grand vizir fut devant Vienne, qu'il n'y avoit que Louis XIV qui pût sauver cette ville et conserver l'Empire. Que ce fût ce seul motif qui y porta, je ne l'assurerai pas ; mais il est certain que les émissaires du Roi ne cessoient de le publier dans toutes les cours étrangères, et même dans les diètes de l'Empire. Ils y exposoient la grande puissance du Roi, qui conduisoit lui-même ses armées et leur apprenoit à vaincre, au lieu que l'Empereur étoit un prince foible, qui s'enfuyoit honteusement de sa capitale sans songer à sa défense, et consumoit son temps en prières à Passau, tandis qu'il auroit dû ramasser une nombreuse armée et se mettre à sa tête pour marcher à la délivrance de Vienne : d'où ils concluoient que le sort de la chrétienté étoit en la main du Roi et que, puisqu'il n'y avoit que lui dans l'Europe qui la pût garantir de l'esclavage dont elle étoit menacée, il falloit non seulement l'appeler promptement à son secours, mais encore élire Mon-

---

1. Voyez l'*Histoire de Louvois*, t. II, p. 227-231, et ci-dessus, p. 11.

sieur le Dauphin roi des Romains, dans la certitude que bientôt après les Infidèles qui envahissoient l'Empire seroient chassés jusques dans Constantinople, et que, sous la protection et la sage conduite de l'auguste maison de France, on verroit l'Allemagne refleurir et jouir d'une paix et d'une tranquillité que rien ne pourroit plus troubler.

La Providence en avoit autrement ordonné. M. de Lorraine battit le comte de Tœkœly, qui s'étoit emparé de Presbourg, et reprit cette ville[1]. Il marcha ensuite pour se joindre à l'armée du roi de Pologne et autres troupes qui lui venoient d'Allemagne.

[Pendant tout cela, les Turcs attaquoient Vienne assez mollement, et la disette étoit dans leur camp; car, outre qu'ils étoient éloignés de leurs places et qu'ils n'avoient pas le cours du Danube libre, ils s'étoient ôté, contre les maximes de la guerre, toutes les commodités qu'ils pouvoient tirer de leurs derrières en ravageant le plat pays et en mettant le feu partout, suivant leur coutume, pour semer l'épouvante. Comme ils avoient manqué à se rendre maitres du pont du Danube près de Vienne, sur lequel ils avoient compté, et qu'ils n'avoient pu réunir les matériaux nécessaires pour en dresser un autre, ils ne pouvoient tirer aucune subsistance du pays au delà, tellement que les maladies se mettoient dans leur armée, et qu'elle s'affoiblissoit encore considérablement par les gens qu'on leur tuoit aux attaques.]

1. Presbourg avait ouvert ses portes à Tœkœly; mais, celui-ci s'étant éloigné, le duc de Lorraine y rentra sans coup férir et battit, à la fin de juillet, les Mécontents qui vinrent l'y attaquer (*Gazette*, p. 449-450 et 471).

[Les affaires étoient en cet état quand le roi de Pologne joignit M. de Lorraine[1]. Toute l'armée se trouva alors de soixante-dix mille hommes. Elle commença de passer le Danube le 6 septembre. Quand elle eut passé ce fleuve, elle fit cinq jours de marche pour approcher les Turcs à travers des chemins très rudes et difficiles, et vint camper le 11 sur le sommet des montagnes qui avoisinent Vienne. Les Impériaux, sous M. de Lorraine, se saisirent de celle de Kalemberg et y dressèrent des batteries; les troupes des électeurs de Bavière et de Saxe[2], ces princes à leur tête, étoient dans le centre, et les Polonois à la droite. Le roi de Pologne, qui avoit le commandement général, se mit aussi au centre, afin de pourvoir plus facilement à toute l'armée, qui passa la nuit en cette disposition.]

[Ce pendant, le grand vizir continuoit son siège et espéroit d'emporter la place avant que les Chrétiens pussent arriver sur lui, parce qu'ils avoient encore deux lieues à faire et que les Turcs étoient déjà logés sur deux bastions de la place. De plus, il restoit encore à l'armée chrétienne à dégorger des montagnes pour entrer dans la plaine, qui étoit entrecoupée de chemins, villages, masures, ravins, défilés et autres empêchements. Il se contenta donc d'envoyer un gros détachement de Turcs pour défendre ces postes, qui, vraisemblablement, devoient occuper quelque temps

---

1. Sobieski avait quitté Cracovie le 15 août, à la tête de vingt-cinq mille hommes seulement; mais le chevalier Lubomirski avait rejoint auparavant l'armée impériale avec quatre mille Polonais.
2. Maximilien-Emmanuel, électeur de Bavière, et Jean-Georges III, électeur de Saxe.

l'armée chrétienne. Le roi de Pologne, ayant bien reconnu toute cette disposition et toutes les difficultés qui se rencontroient, jugea qu'il faudroit bien trois jours pour les surmonter et arriver sur le camp des Turcs; car il comptoit de trouver beaucoup de résistance.]

[*Secours et levée du siège de Vienne.* — Le 12 septembre, au point du jour, l'armée se mit en marche. M. de Lorraine, avec les Impériaux, descendit du Kalemberg. Il trouva dans le fond, au bout du défilé, un gros de dix ou douze mille Turcs, qui lui firent tête, et contre lesquels il engagea une grosse escarmouche, afin de les contraindre, ayant la hauteur sur eux, de faire quelque mouvement en arrière qui lui facilitât le débouché. En même temps, le roi de Pologne, étant descendu par d'autres défilés et ayant forcé tous les obstacles qu'il trouva en son chemin, et chassé ou tué tout ce qui se présenta devant lui, tourna tête sur les Turcs qui occupoient M. de Lorraine et les Impériaux. Alors les Infidèles eurent peur d'être enveloppés, et, en faisant retraite avec beaucoup de confusion, donnèrent l'épouvante à ceux qu'ils rencontrèrent sur le chemin jusques à leur camp. L'armée chrétienne s'étendit alors, et n'eut plus d'empêchement considérable dans sa marche.]

[Le grand vizir étoit à la tête de son camp, avec un gros de vingt-cinq ou trente mille hommes, lorsque ces fuyards s'y réfugièrent. Il voulut faire prendre les armes au reste de son armée; mais ce fut inutilement : l'épouvante y étoit déjà répandue. Le roi de Pologne, arrivant sur ces entrefaites, fit charger avec tant de vigueur le gros du grand vizir, qu'il ne put soutenir cet effort et se mit en fuite. Le khan et ses Tartares en firent autant, et, cette contagion passant dans un moment de l'un à l'autre, toute cette grande armée disparut en un instant, laissant son camp tout tendu au pouvoir du vainqueur et ses tranchées sans être relevées. M. de Lorraine y arriva avec sa gauche; les Turcs les abandonnèrent alors et s'enfuirent comme les autres.]

[C'est ainsi que Vienne fut délivrée et que les Chrétiens se rendirent maîtres, sans répandre beaucoup de sang, du camp des Infidèles et de ce prodigieux attirail de guerre qu'ils y avoient conduit pour faire la conquête de l'Empire. On n'y trouva que peu de bagages, parce que les principaux bachas, qui s'étoient défiés du succès de cette journée, où la main de Dieu agit si visiblement, les avoient fait retirer dès le matin pour les mettre en sûreté. On ne fit pas non plus beaucoup de prisonniers, les Turcs ayant fait peu de résistance, et le roi de Pologne jugeant qu'il étoit plus à propos d'achever de se rendre tout à fait maître de leur camp, que de les poursuivre.]

[Il étoit environ sept heures du soir quand cette grande action finit. J'ai appris toutes ces particularités de gens dignes de foi, qui en ont été témoins oculaires, et j'ai confronté leurs rapports avec les meilleures relations qui sont venues de ce côté-là : ainsi ce que j'ai dit sur ce fameux événement se trouvera très juste[1].]

1. Outre les correspondances et les Extraordinaires des Gazettes, il parut en Allemagne de nombreuses relations du siège de Vienne; en France, on connut surtout celle de J.-B. de Rocoles, *Vienne deux fois assiégée par les Turcs*, etc., qui fut publiée à Leyde dès 1684.

La levée du siège de Vienne et les grands avantages que les Impériaux remportèrent ensuite sur les Turcs changèrent considérablement la face des affaires de l'Europe. La maison d'Autriche reprit courage; l'Espagne, que la France ne cessoit d'harceler, tantôt sous un prétexte, tantôt sous un autre, se lassa enfin d'être sa victime, et crut, en commençant des hostilités, qu'elle seroit bientôt secondée par l'Empereur, la Hollande et l'Angleterre, à cause de l'engagement où ces puissances étoient, pour leurs propres intérêts, de défendre le reste des Pays-Bas.

1684. — Sur cette déclaration, le Roi fit entrer une armée dans les Pays-Bas espagnols, sous le maréchal d'Humières, qui enleva Courtray et Dixmude et mit tout le pays à contribution. Le maréchal de Créquy bombarda Luxembourg, l'assiégea et le prit à bon marché la campagne suivante[1], pendant que le maréchal de Schönberg entroit dans les Pays-Bas espagnols avec une troisième armée, pour observer celle que les Hollandois y envoyèrent sous le prince d'Orange.

Le maréchal de Bellefont entra aussi en Catalogne avec une armée et battit les Espagnols au Pont-Major[2], [près de Girone]. M. de Bournonville, qui les commandoit, jeta les débris de son infanterie dans cette place et se retira à quelques lieues derrière avec sa cavalerie.

1. Luxembourg, investi le 28 avril, se rendit le 3 juin; il y a un récit très circonstancié du siège dans l'*Histoire militaire*, t. II, p. 52-85.
2. Sur le Ter, à peu de distance en aval de Girone, sur la route directe entre cette ville et Perpignan. C'est le 12 mai que M. de Bellefont remporta cette victoire (*ibid.*, p. 48-51; *Gazette*, p. 259-260).

M. de Bellefont, enflé de son heureux succès, voulut forcer Girone; je dis forcer, car il ne se donna pas le temps de faire venir ce qui étoit nécessaire pour en former le siège. A peine eut-il fait [ouvrir une espèce de tranchée et fait] battre les murailles de la ville par quelques pièces de canon, qui y firent une mauvaise brèche, qu'il commanda qu'on montât à l'assaut, sans considérer le besoin qu'il avoit de prendre auparavant les bastions détachés, la seule bonne défense de Girone. Les troupes [donnèrent; mais, étant tirées en flanc et à dos des bastions détachés, elles] se mirent en désordre avant d'être sur la brèche, lequel augmenta encore par la résistance qu'elles y trouvèrent. Quelque troupe entra pourtant dans la ville; mais, n'étant pas soutenue à propos, elle en fut bientôt chassée[1]. Voilà l'équipée de Girone, qui coûta bien du monde; car, outre les gens tués, il mourut grand nombre de blessés, faute de médicaments et de chirurgiens. La perte auroit été encore bien plus grande, sans la courtoisie et la charité des Espagnols qui recueillirent et eurent grand soin des blessés que le maréchal abandonna dans son camp, en se retirant brusquement de devant Girone.

Le roi d'Angleterre, malgré les instances des Espagnols, continua de regarder tranquillement toute cette scène qui venoit de se passer, et les Hollandois, bien embarrassés, ne savoient comment se tirer d'affaire. L'Empereur étoit assez occupé contre le Turc, d'autant

---

1. La tranchée fut ouverte le 22 mai, l'assaut livré le 24, et dès le lendemain l'armée française se retira (*Histoire militaire*, p. 51-52).

plus que le roi de Pologne commençoit à se désunir d'avec lui.

La France, qui, dans ces conjonctures, avoit une si belle occasion de profiter, et qui y avoit paru si encline, ne laissa pas que d'accepter, je ne sais par quelle raison, une trêve de vingt ans, [qui fut proposée, acceptée et signée par elle,] et pendant laquelle chaque puissance devoit demeurer en possession de ce qu'elle occupoit alors[1]. [Il n'y avoit que la France qui en profitât; mais il falloit céder au temps, et les Espagnols en furent bien fâchés.]

Le Roi, n'ayant plus rien à démêler avec les Espagnols par le moyen de ce traité, tourna ses armes contre les Génois. L'occasion apparente qui en survint fut au sujet du sieur de Saint-Olon[2], homme inconsidéré, inquiet, et très propre à exciter des brouilleries. Il étoit depuis quelques années à Gênes en qualité d'envoyé de France; il en fit tant à la fin, que quelques Génois chargèrent ses domestiques. Il ne manqua pas d'en faire de grandes plaintes à la cour, et se retira hors de la ville. Sur cela, le Roi en fit faire d'autres au sénat de Gênes, qui en fit des excuses le mieux qu'il put; mais, craignant que ses excuses ne fussent pas bien reçues, il fit construire et équiper, par précaution, quatre nouvelles galères. Cela étant su du Roi, il mit en mer une armée navale, qui parut peu après

1. *Corps diplomatique*, t. VII, 2ᵉ partie, p. 83-85. C'est M. de Crécy-Verjus qui signa cette trêve à Ratisbonne le 15 août.

2. François Pidou de Saint-Olon (1641-1720) était envoyé de France à Gênes depuis deux ans; il eut par la suite des missions en Savoie (1690) et au Maroc (1693).

devant le port de Gênes. Le sénat envoya aussitôt des députés complimenter M. de Seignelay, qu'il savoit être sur la flotte.

Ce ministre expliqua aux députés les sujets de mécontentement du Roi, qui consistoient en ce que leur république avoit pris avec les Espagnols des engagements contraires à ses intérêts et permettoit qu'on fît des avanies aux négociants françois qui trafiquoient dans ses ports, afin de troubler leur commerce; que, pour marquer son peu de considération, elle avoit refusé l'établissement, qu'il avoit demandé, d'un magasin de sel à Savone pour la garnison de Casal, avec le passage par l'État de Gênes. Il ajouta que, la République ayant refusé de désarmer les quatre nouvelles galères, et de donner au sieur de Saint-Olon la satisfaction convenable pour les insultes qu'il avoit reçues, Sa Majesté l'avoit envoyé pour en tirer raison de gré ou de force; qu'ainsi ils avisassent au parti qu'ils avoient à prendre, ne leur donnant que vingt-quatre heures pour se décider.

Bombardement de Gênes. — Les députés s'en retournèrent pour faire leur rapport, et, à peine le temps fut-il expiré, qu'on fit pleuvoir sur Gênes une grêle de bombes, qui ne discontinua point pendant vingt-quatre heures[1]. La populace s'en vengea sur la maison de Saint-Olon, qui fut entièrement pillée.

M. de Seignelay, ayant ainsi préludé, envoya au

1. Jal a raconté en détail le bombardement de Gênes dans son livre sur *Abraham Duquesne*, t. II, p. 497-501; la déclaration de guerre aux Génois, en date du 15 mai, est dans Du Mont, p. 79. Il parut à la fin de l'année à Amsterdam un pamphlet intitulé : *Dialogue de Gênes et d'Alger, villes foudroyées par les armes invincibles de Louis le Grand*, etc.

doge[1] le consul de France, qui s'étoit retiré à son bord, pour lui demander s'il avoit quelque réponse à faire. Le doge envoya un secrétaire d'État, et le résultat de cette conférence fut que M. de Seignelay exigea qu'outre les conditions déjà proposées, le doge, accompagné de quatre sénateurs, vînt en personne trouver le Roi, et, en lui demandant pardon au nom de la République, lui promettre de ne plus tomber en récidive. M. de Seignelay exigea encore deux cent mille écus pour les frais de l'armement et pour la satisfaction de l'insulte et les dommages que le sieur de Saint-Olon avoit soufferts dans Gênes, [et qu'on fît justice au comte de Fiesque des biens que la République lui détenoit par confiscation[2]].

Ce secrétaire, de retour à la ville, trouva qu'il y arrivoit deux ou trois mille Espagnols, que le sénat avoit demandés au gouverneur de Milan. Ce secours, arrivé si à propos, redonna cœur au sénat, qui fit répondre à M. de Seignelay que leur république n'étoit pas accoutumée à recevoir des propositions faites à grands coups de bombes, et qu'elle se confioit[3] entièrement dans

1. François-Marie Imperiale-Lercaro, doge de 1683 à 1685.
2. Jean-Louis-Mario, comte de Fiesque (1647-1708), descendait en ligne directe de ce Jean-Louis Fieschi célèbre par la conjuration qu'il ourdit en 1547 contre la faction Doria, maîtresse de Gênes. Leurs biens patrimoniaux avaient été alors confisqués, et leur maison proscrite. Seignelay, ami de ce comte de Fiesque, fit insérer dans le traité avec les Génois une clause par laquelle la République s'engageait à lui payer cent mille écus comme compensation (*Mémoires de Saint-Simon*, éd. Boislisle, t. XVI, p. 419-420, avec le commentaire qui y est joint).
3. Le manuscrit porte : *que se confiant;* mais la phrase serait incomplète.

la justice de sa cause et dans l'intrépidité de ses citadins, qui, au milieu des feux et des flammes, aimoient mieux périr que de consentir à un traité si honteux à la République. Là-dessus, le bombardement recommença, et l'on se prépara à faire une descente aux faubourgs de Saint-Pierre-d'Arène et de Saint-Julien[1]. Les galères s'avancèrent en canonnant ces postes, et les troupes françoises, ayant mis pied à terre, malgré le grand feu de ceux qui gardoient le rivage, les chargèrent si vivement, qu'ils abandonnèrent leurs postes pour se retirer dans la ville. Les François, qui les poursuivoient de près, furent sur le point d'y entrer pêle-mêle avec eux. Ils pillèrent les faubourgs et y mirent le feu, et ensuite se rembarquèrent[2], sans d'autre perte considérable que celle du chevalier de Lhéry, lieutenant général de mer, homme de grand mérite, et qui avoit acquis beaucoup de réputation[3].

On ne peut estimer la perte et le dommage que les Génois souffrirent; car cette ville, qu'on appeloit la Superbe, fut presque réduite en cendres. [Aussi ne faut-il pas douter que le souvenir de cette terrible vengeance ne reste longtemps imprimé dans la mémoire des hommes et ne serve d'un mémorable exemple à tous les petits États.] L'armée de France employa sept jours à cette expédition, et retourna dans les ports de

---

1. A l'ouest de la ville, le premier, très important, sur le bord de la mer, l'autre un peu derrière, vers les montagnes.
2. C'est le 23 mai que se fit cette descente (Jal, *Abraham Duquesne*, t. II, p. 499-500).
3. Henri Cauchon, chevalier de Lhéry, entra dans l'ordre de Malte en 1665, devint lieutenant de vaisseau en 1671, capitaine en 1673, chef d'escadre en 1682, et fut tué à Gênes le 23 mai 1684.

Provence, où l'on commença de nouveaux préparatifs.

Les Génois, ayant eu bientôt le vent que le Roi n'en resteroit pas là, avisèrent prudemment à leurs affaires, ne pouvant faire un fonds bien solide sur la protection de l'Espagne, à cause de sa foiblesse, et redoutant que, sous prétexte de bons offices, cette couronne ne leur ravît leur liberté en se rendant maîtresse de leur ville [à la faveur des émotions populaires qui s'étoient déjà excitées]. Le tout bien considéré, ils jugèrent plus à propos de renvoyer les Espagnols dans le Milanois et de faire partir leur doge et les quatre sénateurs pour aller porter au Roi les soumissions de leur république, [et lui offrir la carte blanche].

Le doge parut à la cour avec un cortège magnifique, et s'y conduisit en homme de beaucoup d'esprit[1]. Le Roi le reçut avec cet air de grandeur et de majesté qui lui est si naturel, et le combla d'honnêtetés. On eut grand soin de lui faire remarquer toute la magnificence du Roi, et, quelqu'un lui ayant demandé ce qu'il trouvoit de plus rare et de plus extraordinaire à Versailles, il répondit que c'étoit d'y voir un doge de Gênes. L'accommodement fut bientôt réglé, et le doge s'en retourna, après avoir été environ deux mois à Paris.

1685. — *Mort du roi d'Angleterre Charles second.* — Charles II, roi d'Angleterre, mourut au commen-

---

1. Sur cette visite, qui eut lieu en mai 1685 (l'audience solennelle est du 15), on peut voir le Supplément au *Corps diplomatique* de Du Mont, t. IV, p. 61-63, le *Journal de Dangeau*, t. I, p. 170-172, les *Mémoires de Sourches*, t. I, p. 216-222, la *Gazette*, p. 204, 270-272, 295 et 320, le *Mercure*, p. 289-373, etc.

cement de cette année, sans laisser d'enfants légitimes. Le duc d'York, son frère, lui succéda, quoique catholique, et fut couronné sans contestation; mais bientôt il y eut des brouilleries excitées par Monmouth[1], le premier des fils naturels du feu roi, qui prétendoit avoir droit à la couronne, à cause, disoit-il, que sa mère[2] avoit épousé Charles II, et, en se retirant en Hollande[3], où plusieurs Anglois de son parti le vinrent joindre, il fit courir quantité de copies du prétendu contrat de mariage de sa mère. On prétendit que le prince d'Orange l'encourageoit à soutenir son droit et qu'il le secourut de ses amis, de son conseil et de son argent, étant bien aise de lui faire sonder le gué, et ne redoutant pas un concurrent qui n'avoit aucune des qualités nécessaires pour lui porter préjudice[4], ni pour mener à fin cette grande entreprise, qu'il se réservoit pour lui-même, si les commencements étoient heureux.

Quoi qu'il en soit, le duc de Monmouth partit de Hollande avec quelques vaisseaux qu'il y arma, et prit la route d'Angleterre, où l'attendoient le comte d'Argyll[5]

1. Tome I, p. 81.
2. Lucie Walters, qui eut ce fils du roi Charles en 1649, alors qu'il était retiré à Rotterdam pendant le protectorat de Cromwell.
3. Le duc était passé en Hollande avant la mort de son père, à la suite d'un complot contre la vie de celui-ci.
4. Les contemporains, au contraire, sont d'accord sur les qualités réelles du duc de Monmouth.
5. Archibald, 9ᵉ comte d'Argyll; arrêté en 1681 pour complot contre Charles II et enfermé au château d'Édimbourg, il avait réussi à s'échapper et à se réfugier en Hollande; étant rentré en Écosse en même temps que Monmouth, il fut pris, et eut la tête tranchée le 30 juin 1685.

et Mylord Grey[1], avec un corps de dix à douze mille hommes, [auquel on distribua les armes et les munitions que le duc avoit amenées d'Hollande]. Son parti le déclara roi dès qu'il parut[2], et il s'avança dans le pays après y avoir fait courir un manifeste dans lequel il exposoit amplement ses droits à la couronne et le risque évident que couroit la religion anglicane sous un monarque catholique déclaré[3].

Défaite du duc de Monmouth. — Le roi d'Angleterre ne perdit point de temps à assembler une armée pour l'opposer à son concurrent. Mylord Duras, autrement le comte de Feversham[4], en ayant eu le commandement, marcha à grandes journées au-devant de son ennemi, pour ne pas lui laisser le temps de grossir son parti. La bataille se donna : le duc fut entièrement défait et mis en fuite ; on le prit lui-même à quelques lieues du champ de bataille, et on le conduisit à la Tour de Londres[5]. La peur de la mort le saisit, et, en cet état, il se laissa aller à mille bassesses indignes du rang auquel il avoit osé aspirer, espérant par là de prolonger sa vie et qu'il toucheroit le cœur du roi d'Angle-

---

1. Lord Grey de Wark, qui avait eu quelques années auparavant un procès scandaleux pour ses relations intimes avec sa belle-sœur Henriette Beverley (Macaulay, *Histoire d'Angleterre*, t. II, p. 91-92); fait prisonnier avec Monmouth, il fut exécuté peu de jours après.

2. Il débarqua à Lyme, sur la côte de Devonshire, le 24 juin.

3. Le *Catalogue de la Bibliothèque nationale*, HISTOIRE DE LA GRANDE-BRETAGNE, Nc 1394, indique un exemplaire de ce manifeste, traduit en allemand.

4. Tome I, p. 280.

5. Monmouth, vaincu à Sedgemoor le 16 juillet 1685, fut découvert le lendemain caché dans un fossé (*Gazette*, p. 436-439).

terre; mais comme les rois ne pardonnent pas quand il s'agit du trône, le procès du duc de Monmouth fut bientôt expédié, et il eut la tête tranchée[1]. Sa mort dissipa entièrement son parti, et l'Angleterre parut tranquille.

Mort de l'électeur palatin. — L'électeur palatin, frère de Madame belle-sœur du Roi, mourut cette année[2]. Cela donna lieu à de nouvelles brouilleries entre la France et l'Allemagne; car ce prince ne laissoit point d'enfants, et le duc de Neubourg, beau-père de l'Empereur[3] et le mâle de cette maison le plus habile à succéder, sans en informer le Roi, envoya promptement l'aîné des princes ses fils[4] prendre possession en son nom des États du défunt et de toute sa succession, sans faire aucune réserve. Ce procédé ne revint pas à Sa Majesté; car, quoique Monsieur, son frère, à cause de Madame, ne pût, selon les statuts de l'Empire qui excluent les étrangers, hériter de l'électorat ni des anciens fiefs qui le composent, il prétendoit que le droit de Madame étoit bien établi pour succéder à tous les meubles et à certains biens allodiaux : ce qui auroit

---

1. Il fut exécuté le 25 juillet 1685 (*Gazette*, p. 461-462, et Extraordinaire, p. 489-500; il y a diverses relations en hollandais et en allemand indiquées dans le *Catalogue de la Bibliothèque nationale*, HISTOIRE DE LA GRANDE-BRETAGNE, Nc 1400-1401).

2. C'est le 26 mai que mourut l'électeur Charles II.

3. Philippe-Guillaume de Bavière-Neubourg (1615-1690) avait marié en 1676 sa fille aînée, Éléonore-Madeleine-Thérèse, à l'empereur Léopold (ci-dessus, p. 21).

4. Il n'eut pas moins de dix-sept enfants, dont neuf fils; l'aîné était Jean-Guillaume-Joseph (1658-1716), qui succéda à son père en 1690.

fort démembré cet État. Le nouvel électeur prévit la querelle qu'on lui pourroit faire là-dessus; pour en éluder les suites, en tout ou en partie, il se saisit de toutes les archives[1] du Palatinat, qui en auroient pu justifier, sans même en faire aucun inventaire. A l'égard des meubles, qu'il ne pouvoit contester, il en fit offrir la moindre partie à Madame, après avoir soustrait le surplus. Il y eut là-dessus plusieurs allées et venues, et, l'électeur palatin se tenant toujours roide, personne ne douta plus que le Roi ne procurât bientôt satisfaction à Madame par la voie des armes. Cependant, contre cette attente universelle, le Roi, par des raisons que je vais déduire et qui étoient encore dans les ténèbres, fit proposer au Palatin de remettre cette affaire à la décision du Pape[2].

Révocation de l'édit de Nantes. — Le Roi avoit entrepris d'abolir entièrement la Religion prétendue réformée en son royaume, et depuis longtemps on en sapoit les fondements par une multitude d'édits et de déclarations[3]. A présent que l'Empire étoit occupé dans la guerre du Turc, que la Hollande étoit humiliée, et que l'Angleterre avoit un roi catholique, Sa Majesté, ne craignant donc point d'être traversée dans son dessein, voulut perfectionner ce grand ouvrage pour satisfaire à son zèle pour la religion catholique et ajouter ce trait de

1. Ci-dessus, p. 5. Ici, ce mot est au féminin; mais il désigne évidemment les documents eux-mêmes.
2. Sur toute cette affaire, voyez les *Mémoires de Saint-Simon*, éd. Boislisle, t. V, p. 48 et note 2.
3. De 1683 à 1685, Louis XIV rendit plusieurs déclarations ayant toutes pour objet de réduire les droits des protestants et de rendre plus difficile l'exercice de leur religion : voyez Pilatte, *Édits, déclarations et arrêts concernant la R. P. R.* (1885).

gloire à toute celle dont il étoit environné. Cependant, dans le dernier Conseil qui se tint sur cette grande affaire, où elle fut fort examinée, on y trouva des suites dangereuses à craindre, et on prévit des inconvénients fâcheux, qui étant bien pesés, plusieurs du Conseil furent pour la négative, et entre autres M. de Louvois[1]; mais enfin la cabale des zélés catholiques prévalut, et le désir du Roi, intéressé par sa conscience timorée, sa gloire, sa puissance, et ce qu'il croyoit de la sûreté de son État, tous motifs forts puissants sur l'esprit de ce prince, déterminèrent le Conseil à la révocation sans limites de l'édit de Nantes, qui fut résolue et incontinent publiée.

On chassa tous les ministres, on abattit les temples, et on ferma les portes du royaume pour empêcher les religionnaires de chercher un asile dans les pays étrangers. Les évêques et leur clergé eurent ordre de faire dans leurs diocèses des instructions et des catéchismes, qui furent accompagnés, [pour plus d'un million,] de livres convenables au sujet dont il s'agissoit, et de quantité de promesses rénumératives de la part du Roi en faveur de ceux qui, après s'être instruits, se feroient catholiques. Jusque-là tout étoit dans l'ordre; mais M. de Louvois, [qui vouloit se mêler de tout, vint bientôt à la traverse,] et obtint du Roi, pour accélérer cette affaire [et éviter des suites fâcheuses qui en pouvoient vraisemblablement résulter], d'envoyer des gens de guerre dans les provinces loger chez les protestants, afin de les presser de s'instruire et de changer de religion.

1. Une lettre de Mme de Maintenon, d'août 1684, citée par l'historien de Louvois (t. I, p. 457), dit en effet que le ministre était, au début, partisan de la douceur.

Les provinces furent donc inondées de soldats, qui, [comme de nouveaux docteurs,] furent munis de formules d'abjuration, qu'ils faisoient signer par des voies [inouïes et barbares pour satisfaire à leur avarice et à leur férocité], sachant bien qu'ils ne seroient pas désapprouvés du ministre, qui leur avoit tout permis, excepté le viol et l'effusion du sang.

Toutes ces choses étoient cachées au Roi, et, comme si les conversions se faisoient de gré à gré et par la force de la persuasion, les ministres et ceux qui approchoient du Roi lui en racontoient merveilles. Ce prince, pour confirmer les nouveaux convertis dans la foi, prodiguoit les pensions à ceux qui avoient quelque nom et qu'on lui rapportoit s'être convertis. [Il seroit à désirer, pour l'honneur de la nation, que la mémoire de tout ce qui s'est passé à cette occasion pendant plusieurs années pût s'éteindre, et qu'on ne se souvînt que du zèle ardent que le Roi a témoigné pour la véritable religion; car, de la manière que les choses se sont passées, on en doit taire le détail. Il suffira de dire que le Roi, à ce moyen, s'est rendu contraire tout le parti protestant, sans s'être pu concilier le Pape ni les catholiques, et que le royaume se sentira longtemps de cette plaie.]

M. le duc de Savoie voulut imiter, dans les Vallées de Piémont, la conduite qu'on tenoit en France à l'égard des huguenots, et, comme il n'étoit ni aussi puissant ni aussi absolu que le Roi l'est en France, il fut obligé de lui demander des troupes pour les réduire[1]. Comme ces Vallées sont fort difficiles, il se fit là une espèce de

---

1. Tout le volume 776 du Dépôt de la guerre est relatif à cet envoi de troupes françaises dans les Vallées du Piémont et aux

petite guerre qui ne dura pas longtemps; car ces malheureux furent bientôt contraints d'abandonner leur pays et leurs habitations; mais ils y furent rappelés peu de temps après par le même duc de Savoie, qui leur accorda de nouveaux privilèges et se servit d'eux utilement dans la guerre qu'il eut contre la France.

1686. — Mort de M. le prince de Conti. — Il mourut à la fin de l'année précédente trois personnages de conséquence. Le premier fut Armand de Bourbon, prince de Conti, qui, s'étant comme échappé de la France avec quelques seigneurs de la cour, alla en Hongrie chercher la belle gloire[1]; il en revint après s'être signalé en plusieurs occasions. Il mourut à Fontainebleau de la petite vérole[2], [destinée certes très malheureuse pour un jeune prince tout aimable et plein de valeur].

Mort du chancelier Le Tellier. — Le second fut M. Le Tellier, chancelier de France, qui mourut fort âgé, après avoir signé pour dernier édit celui qui révoqua l'édit de Nantes[3].

---

opérations qui furent effectuées; il y a aussi dans le volume 765, à la date du 30 mai 1686, un document d'origine protestante qui s'y rapporte.

1. Cette escapade du prince de Conti et de son frère le prince de la Roche-sur-Yon a été racontée en dernier lieu par M. de Boislisle dans l'appendice II du tome XVII de la nouvelle édition des *Mémoires de Saint-Simon*.

2. Le 9 novembre 1685. Le jeune prince, épuisé par les fatigues de l'expédition de Hongrie et par le chagrin que lui causa le mécontentement marqué par le Roi, fut emporté en cinq jours.

3. Il mourut le 30 octobre, dix jours avant le prince de

Mort du maréchal de Villeroy. — Le troisième que la vie quitta fut le vieux maréchal de Villeroy, qui avoit été gouverneur de Louis XIV et étoit chef du conseil royal des finances, où il n'assistoit plus guère[1].

Caractère du duc de Beauvillier. — Cette place fut donnée à M. le duc de Beauvillier, qui devint bientôt ministre d'État, et l'est encore aujourd'hui; il étoit déjà premier gentilhomme de la chambre[2]. Il avoit été auparavant abbé[3] et, dans cette profession, avoit étudié et pratiqué la sagesse, [que la plupart des autres y perdent, de laquelle il ne s'est pas départi depuis]. Il embrassa la profession des armes après la mort de son frère aîné[4] et eut un régiment de cavalerie, dont il se défit pour se livrer à la dévotion[5] [et à la cour, deux choses pourtant assez incompatibles]. M. Colbert lui donna une de ses filles en mariage[6], et, quand le

Conti; depuis le 22 octobre, jour de l'enregistrement de l'édit de révocation, ses forces avaient décliné rapidement.

1. Nicolas de Neufville, né en 1598, avait eu en mars 1646 la charge de gouverneur du jeune roi, alors âgé de huit ans, et avait été fait maréchal de France en octobre de la même année; à la mort de Mazarin, il fut nommé chef du conseil des finances. Il mourut le 28 novembre 1685.

2. Paul, duc de Beauvillier (1648-1714), avait eu de son père, en 1666, la charge de premier gentilhomme de la chambre; il fut nommé, le 6 décembre 1685, pour succéder à M. de Villeroy, mais ne devint ministre d'État qu'en 1691.

3. Destiné d'abord à l'Église et pourvu des abbayes de Saint-Pierre de Chalon et de Ferrières, il rentra dans le monde en 1666, comme on va le voir.

4. François de Beauvillier, mort le 1er octobre 1666.

5. C'est en 1671 qu'il eut ce régiment, et il obtint même le grade de brigadier en 1677, mais quitta le service peu après.

6. Henriette-Louise, mariée en janvier 1671.

Roi voulut donner un gouverneur aux enfants de France[1], il le choisit pour occuper cette place. Ce seigneur s'attache régulièrement à tous ses devoirs, sans se mêler d'aucune intrigue de cour, et paroît fort honnête envers tout le monde.

Caractère du chancelier Boucherat. — M. Boucherat succéda à M. Le Tellier en la place de chancelier[2]. C'étoit un bonhomme déjà fort avancé en âge, et qui n'a pas eu grande part aux affaires.

Cette digression finie, je dirai que le Roi couronnoit le faîte de sa grandeur par les embellissements qu'il faisoit à Versailles, [où il faisoit mettre en œuvre tout ce que l'art et le luxe ont de plus magnifique. En cela, le nouveau surintendant des bâtiments, M. de Louvois, faisoit fort bien sa cour et ne demandoit pas mieux que besogne neuve.] On comptoit que cette dépense montoit déjà à cent trente millions, sans y comprendre celle des meubles magnifiques et de cette quantité de choses rares et précieuses que le Roi, [comme un autre Salomon,] y rassembloit de toutes les parties du monde. On lui vit alors un justaucorps dont les boutons de gros diamants étoient estimés vingt millions[3], et il n'y avoit sorte de magnificence dans laquelle il ne donnât. Quoique l'État fût en paix, la dépense militaire ne laissoit pas de monter au moins

---

1. C'est-à-dire aux enfants du Dauphin, le duc de Bourgogne (ci-dessus, p. 13) et ses deux frères, les ducs d'Anjou et de Berry, nés en 1683 et 1686. M. de Beauvillier fut nommé gouverneur du duc de Bourgogne en août 1689.

2. Louis Boucherat (1616-1699) fut nommé chancelier le 1er novembre; il avait soixante-neuf ans.

3. *Journal de Dangeau*, t. I, p. 76, et t. XV, p. 364; Maze-Sencier, *le Livre du collectionneur*, p. 743.

à soixante-dix millions par an[1], sans y comprendre celle de la marine et celle de la maison du Roi et des pensions : en sorte que les revenus du Roi, quoiqu'ils montassent en ce temps-là à cent trente millions, n'étoient pas suffisants, et qu'il falloit en tirer du peuple par la voie des emprunts et des partisans[2].

Les étrangers n'en usoient pas de même, et tâchoient de se remettre, par l'économie, d'une partie de ce que la guerre précédente leur avoit coûté. Le prince d'Orange, qui vivoit comme un particulier en Hollande, s'occupoit à toute autre chose qu'à la somptuosité et épioit toutes les occasions de nuire à la France, et ce qui venoit de s'y passer au sujet des religionnaires lui en fournit un moyen. Il sortoit du royaume un grand nombre de protestants, malgré la rigueur des édits; en se réfugiant dans les États protestants, ils portèrent l'alarme et émurent les esprits de compassion et de crainte. Le prince d'Orange profita de cette conjoncture, et engagea les États de Hollande à faire une ligue avec les princes protestants pour leur commune sûreté, et leur proposa de prendre à leur

---

1. D'après les tableaux donnés dans la *Correspondance des contrôleurs généraux des finances*, par M. A. de Boislisle, t. I, Appendice, p. 598, les dépenses militaires, qui comprenaient les garnisons, les étapes, l'extraordinaire des guerres, l'artillerie, les gratifications aux troupes et les fortifications, atteignaient à peine, en 1686, quarante-sept millions, et cinquante-six en y joignant les dépenses de la marine et des galères; en 1684, le total montait à soixante-cinq millions et demi, dont plus de dix millions pour les dépenses maritimes.

2. On trouvera dans le même ouvrage, p. 543-547, un curieux mémoire de Desmaretz, daté de 1686, qui donne l'état des finances de la France à cette époque.

service les officiers qui étoient sortis ou qui sortiroient de France pour cause de religion. Le nombre en fut considérable; car il y en avoit beaucoup, et de fort bons, dans les troupes du Roi[1].

Ayant obtenu ce point, il leur persuada encore de faire la levée de seize mille hommes, qu'ils avoient refusé de mettre sur pied dans le temps que le Roi fit assiéger Luxembourg. Il alla ensuite en Allemagne, et y conclut avec les princes protestants cette ligue qu'on appela d'Augsbourg parce qu'elle fut signée dans cette ville. L'Empereur et le roi d'Espagne y furent bientôt admis[2].

Il ne parut pas que cette ligue donnât aucune inquiétude au Roi, ni qu'il y fît attention; [car ce qui se passoit en France au sujet des gens de la Religion alloit toujours son train, et même redoubloit, aussi bien que

---

1. Dangeau inscrivait dans son *Journal* le 8 juin 1686 (t. I, p. 345) : « Le prince d'Orange s'est déclaré le protecteur de tous les François réfugiés ; il leur fait accorder des églises dans toutes les villes, il donne des pensions à leurs ministres,... il se sert de ceux qui savent mieux écrire pour répandre dans les esprits ce qui lui est le plus avantageux;... il a obligé les États-Généraux à donner aux officiers réfugiés cent mille florins de pensions, dont il s'est réservé la distribution ; il y a déjà plus de six-vingts de ces officiers qu'il a mis en différentes garnisons et qui ont... promis de le servir contre tous les princes du monde, sans exception. »

2. C'est le 9 juillet 1686 que fut signée secrètement à Augsbourg une alliance défensive contre la France, entre l'Empereur, l'Espagne, la Suède, la Bavière, la Saxe et d'autres princes d'Allemagne; les Pays-Bas n'y figuraient pas comme partie contractante (*Corps diplomatique* de Du Mont, t. VII, 3e partie, p. 131 et suiv.). Dès le 31 août, on en eut connaissance à Versailles (*Dangeau*, t. I, p. 365).

la magnificence et les bâtiments, dont on faisoit toujours de nouveaux projets]. Les flatteurs, ces véritables pestes, ne cessoient d'exalter sa grandeur et sa puissance, qui remplissoit tout l'univers d'admiration et de terreur.

Il arriva dans ce temps-là en France une ambassade de la part du roi de Siam, qui sembla autoriser leur dire, mais qui avoit encore un autre motif, qu'il est nécessaire d'expliquer. Les missionnaires jésuites françois s'étoient procuré un établissement dans le royaume de Siam par le secours du sieur Constance, Grec d'origine et de religion[1], et qui, je ne sais par quelle aventure, étoit devenu premier ministre et auroit bien désiré, pour l'intérêt spirituel de son maître, et pour le sien temporel, qu'il eût voulu goûter le christianisme; mais tout ce qu'il en avoit pu obtenir jusque-là étoit de permettre aux Jésuites de bâtir quelques églises, de prêcher la foi à ses sujets, et de le venir voir quelquefois. Dans ces entretiens, ils avoient soin d'exalter toutes les grandes actions du Roi, sa piété, sa dévotion, sa puissance, et combien il étoit respecté et révéré dans toute l'Europe. Quand ils crurent que ce manège leur réussissoit, ils voulurent encore aller plus loin, et se persuadèrent que le roi de Siam et toute sa cour se détermineroient à se convertir, si l'on pouvoit engager le roi de France à lui envoyer un ambassadeur chargé d'une de ses lettres, par laquelle il inviteroit ce prince à embrasser la religion catholique. Ainsi,

---

1. Constance Phaulkon : voyez les *Mémoires de l'abbé de Choisy*, t. I, p. 230-232 et 238, et ceux *de Forbin*, p. 509, 510 et 530.

ayant bien médité toutes ces choses, ils firent partir le P. Tachard[1], qui, étant arrivé en France, expliqua au Roi, par l'entremise du P. de la Chaise, confesseur de Sa Majesté, le sujet de sa mission et la récompense qu'il devoit attendre du ciel, si, par son moyen, comme il paroissoit indubitable, un grand roi, avec tout son royaume, embrassoit le christianisme. [Comme ces bons Pères mettent tout en usage pour venir à leurs fins,] ils intéressèrent encore le Roi par la gloire qui lui en reviendroit et par l'avantage que ses sujets retireroient du commerce qu'ils feroient avec ce royaume rempli de richesses, et où Sa Majesté n'avoit qu'à demander des places de sûreté, où elle pourroit tenir des garnisons. Enfin le P. Tachard représenta la chose comme si aisée et si vraisemblable, que le Roi envoya à Siam le chevalier de Chaumont, avec le titre de son ambassadeur[2]. Il fut reçu en cette cour avec tous les honneurs imaginables, et, après y avoir demeuré cinq à six mois sans pouvoir convertir le roi de Siam, il revint en France, avec plusieurs ambassadeurs que ce prince

---

1. Guy Tachard, né à Angoulême en 1651, entra en 1668 dans la Compagnie de Jésus, professa quelques années, puis suivit le maréchal d'Estrées dans l'Amérique méridionale en 1680; à son retour, il partit pour les missions de Siam, revint en France à diverses reprises, retourna enfin aux Indes, et mourut au Bengale en 1712. Homme d'esprit et fort habile, selon les *Mémoires de Sourches*, t. 1, p. 422. Il publia une Relation du voyage qu'il fit avec le chevalier de Chaumont (ci-dessous).

2. Alexandre de Chaumont, de la branche d'Athieules, était major de marine lorsqu'il fut choisi pour aller à Siam; de retour en 1687, il quitta l'ordre de Malte pour se marier, devint capitaine de vaisseau et mourut en janvier 1710 (*Mercure* de février, p. 192-194).

envoya au Roi, et qui eurent ordre d'achever avec ses ministres le traité de commerce que le chevalier de Chaumont avoit ébauché[1].

Ambassadeurs de Siam en France. — Ces ambassadeurs, étant arrivés à Paris[2], furent conduits à Versailles à l'audience du Roi, qui les reçut assis sur son trône d'argent, élevé sur une grande estrade, dressée exprès au fond de la grande galerie. Les princes du sang étoient sur cette estrade, à droite et à gauche du trône; les grands seigneurs et les ministres au bas de l'estrade, et tous les courtisans en haie le long de la galerie et des appartements. L'habit du Roi étoit tout couvert de pierreries, qui, jointes à la majesté de sa personne et à la pompe de la cour et des appartements, offroit le plus beau et le plus riche spectacle qu'il fût possible de voir. Les ambassadeurs furent conduits à travers les appartements, au milieu de la haie des courtisans, et, quand ils arrivèrent à l'entrée de la galerie, d'où ils pouvoient voir le Roi, ils firent de profondes inclinations, qu'ils recommencèrent étant au milieu et en abordant le pied de l'estrade. Le premier d'entre eux présenta la lettre de son maître au bout d'une espèce de lance d'or et fit à Sa Majesté un compliment qui ne sen-

1. Il y a plusieurs relations de ce voyage du chevalier de Chaumont : la plus importante est celle qui fut publiée en trois volumes comme Supplément au *Mercure galant* de 1686; une autre plus succincte se trouve insérée dans les *Mémoires de Sourches*, t. I, p. 401-422. Enfin l'abbé de Choisy, qui avait fait partie de l'ambassade, en a longuement parlé dans ses *Mémoires*, t. I, p. 220-232, et a publié un *Journal du voyage de Siam* (1687).

2. *Dangeau*, t. I, p. 354, 364, 370, 375, 377 et 378.

toit nullement sa barbarie, [au moins si on en croit la traduction que le P. Tachard en fit courir][1]. Le Roi y fit une réponse honnête, et les ambassadeurs se retirèrent à reculons jusqu'à ce qu'ils fussent au bout de la galerie et qu'ils eussent perdu le Roi de vue. Je dis tout ceci à cause de sa singularité. Ils firent, de la part de leur maître et du sieur Constance, de riches présents des raretés de leur pays à Sa Majesté et aux princes et princesses du sang; et les ministres achevèrent avec eux le traité commencé à Siam par le chevalier de Chaumont[2]. Il portoit que la religion catholique seroit publiquement enseignée et protégée dans tout le royaume de Siam; que les François, à l'exclusion des autres Européens, y feroient tout le commerce et y seroient maintenus et protégés par la puissance royale, et enfin qu'on leur remettroit quatre places, où ils feroient leurs établissements, et y seroient gardés par des troupes que le Roi y enverroit. Le traité ainsi conclu, les ambassadeurs siamois allèrent visiter les conquêtes du Roi. Ils y furent reçus partout avec des honneurs infinis, et ils partirent pour leur pays peu de temps après leur retour de Flandres[3]. Le Roi fit embarquer avec eux trois mille hommes[4], sous les ordres de

1. Elle fut imprimée en quatre pages in-4° et parut chez Mabre-Cramoisy; elle fut même traduite en latin.
2. Le texte en est donné dans le *Corps diplomatique*, t. VII, 2ᵉ partie, p. 120-121.
3. Leur voyage en Flandre dura des premiers jours d'octobre au 20 novembre (*Dangeau*, p. 395-396 et 419).
4. Le registre B⁴ 11 des archives de la Marine contient (fol. 503) un état des officiers, soldats, équipages et passagers qui s'embarquèrent pour aller à Siam; le nombre ne s'en élève qu'à treize cents personnes.

M. Desfarges, qu'il nomma maréchal de camp[1]. Quand il fut à Siam, on lui livra ponctuellement les places dont on étoit convenu; mais, environ un an après, il survint une révolution dans ce royaume, dont le sieur Constance fut la victime : le roi de Siam étant venu à mourir, celui qui lui succéda fit courir sus aux François. Je ne sais s'il en échappa quelques-uns; mais je n'ai point appris qu'il en soit revenu aucun en France, pas même M. Desfarges[2]. Voilà le succès de ce bel établissement et de ces belles ambassades!

Mort de Monsieur le Prince. — Le prince de Condé finit cette année sa vie [par un trait de parfait courtisan]. Le duc de Bourbon, son petit-fils, avoit épousé

---

1. N. Desfarges, capitaine d'infanterie depuis 1661, était lieutenant-colonel du régiment de la Reine depuis 1670, lorsqu'il fut choisi pour commander les troupes qu'on envoyait à Siam; il fut nommé maréchal de camp le 26 janvier 1687.

2. C'est en novembre 1689 qu'on apprit en France la révolution qui coûta la vie à Constance. Les Français, assiégés dans le fort qu'ils s'étaient construits à Bangkok, résistèrent trois mois, obtinrent une capitulation et s'embarquèrent pour revenir en France; mais une partie fut capturée par les Hollandais et internée au cap de Bonne-Espérance; d'autres, après de nombreuses vicissitudes, finirent par revenir en France en 1691. M. Desfarges et un grand nombre d'officiers moururent en mer, pendant la traversée, de maladies contagieuses contractées au Brésil (*Dangeau*, t. III, p. 18 et 297; *Sourches*, t. III, p. 171-172 et 362). Constance avait été cruellement torturé; un arrêt du Conseil du 12 décembre 1690 (Archives nationales, reg. E 1858) attribua à Seignelay l'aubaine des biens qu'il pouvait avoir en France. Dans le registre B⁴ 12 des archives de la Marine, il y a (fol. 150-153) le résumé de deux curieuses relations du sieur Chanlatte, lieutenant de vaisseau. Jal, *Dictionnaire critique*, col. 34-42, a donné un article très complet sur la venue des ambassadeurs siamois.

une des filles naturelles du Roi et de Mme de Montespan. Cette princesse tomba malade de la petite vérole à Fontainebleau, où la cour étoit alors[1]. Dès que Monsieur le Prince en eut appris la nouvelle, il partit de Chantilly, où il s'étoit retiré depuis plusieurs années pour y vivre en philosophe, et s'en vint en relais à Fontainebleau, s'enfermer avec la princesse. Le Roi lui-même, étant venu pour la voir, trouva à la porte Monsieur le Prince, qui, par ses instances, persuada à Sa Majesté de ne point entrer, à cause de la contagion du venin[2]; mais il en fut lui-même surpris, et une petite fièvre mit en peu de jours ce grand guerrier au tombeau[3].

Mort et caractère du maréchal de Créquy. — Le Roi perdit encore cette année le maréchal de Créquy, [qui mourut de maladie à Paris et survécut le prince de Condé de peu de jours[4].] Ce général avoit fait son apprentissage sous plusieurs grands capitaines, et, par son mérite et par son ancienneté de lieutenant général, il étoit parvenu au bâton de maréchal de France en 1669[5]. Il avoit toutes les parties d'un grand capi-

---

1. Le premier symptôme fut un évanouissement qui lui survint pendant la représentation que donnoient à la cour les acteurs de la Comédie-Française, le samedi 9 novembre (*Dangeau,* t. I, p. 412; *Sourches,* t. I, p. 455).

2. *Dangeau,* p. 414; *Sourches,* p. 456.

3. Le 11 décembre (*Mémoires de Saint-Simon,* éd. Boislisle, t. XVII, p. 45, 148 et 538-539; *Dangeau,* p. 426-427; *Sourches,* p. 464-466; relation de Gourville publiée par M. Hyrvoix de Landosle, dans la *Revue des Questions historiques,* janvier 1901; *Mémoires* du même Gourville, t. II, p. 119-121).

4. Il ne mourut que trois mois plus tard, le 4 février 1687.

5. Par promotion du 8 juillet 1668.

taine, et, de plus, beaucoup de lecture et de savoir. Il étoit homme de probité, laborieux, vigilant jusques à l'inquiétude, fier et hautain, fort estimé et peu aimé. Il est vrai qu'il se corrigea un peu de ces défauts pendant ses dernières campagnes, ayant reconnu qu'ils lui avoient causé un grand préjudice [et que son seul mérite avoit contraint à se servir de lui[1]. C'est un grand dommage que ce seigneur soit mort dans un âge peu avancé], à l'âge de cinquante-huit ans; car il auroit encore pu servir longtemps et utilement l'État. Il auroit même pu être chargé de grandes affaires, ayant trouvé le moyen de se raccommoder avec M. de Louvois et de faire épouser sa nièce à son fils[2].

Année 1687. — Il arriva au commencement de cette année un accident qui donna une grande alarme à toute la France [et beaucoup de joie et d'espérance à ses ennemis]. Le Roi fut en péril [d'un mal extraordinaire : le gros boyau qui communique au fondement se trouva pourri. Au commencement, on lui fit des remèdes palliatifs, qui furent inutiles]; il fallut en

---

1. Son éloge est dans le *Mercure* de février 1687, p. 312-329. Nous l'avons vu battu à Consarbrück dans le tome I, p. 190-191. Le P. Léonard (ms. Franç. 10265, fol. 213 v°) a recueilli des notes curieuses sur ses derniers moments.

2. François-Joseph, marquis de Créquy (1662-1702), qui parvint en 1696 au grade de lieutenant général, avait épousé, le 4 février 1683, Anne-Charlotte d'Aumont, fille du duc d'Aumont et de Madeleine-Fare Le Tellier, sœur de Louvois. Au moment de la mort de son père, il venait d'être exilé hors du royaume pour avoir enlevé à Monseigneur Mlle de Rambures, sa maîtresse, et s'être moqué du prince dans des lettres qui parvinrent au Roi par la trahison d'un valet (*Mémoires de Saint-Simon*, éd. Boislisle, t. II, p. 137).

venir à la grande opération. Dans cette occasion douloureuse, il témoigna une constance et une fermeté peu communes aux princes, qui d'ordinaire ne sont pas accoutumés à souffrir[1]. Sa parfaite guérison fut célébrée dans tout son royaume par des démonstrations extraordinaires de joie : toutes les villes, à l'envi les unes des autres, et toutes les professions en corps en rendirent à Dieu de publiques actions de grâces [avec plus de magnificence que de véritable piété ; car ce n'étoient que musiques et illuminations superbes. A l'exemple du Roi, le goût du luxe étoit si universellement répandu, qu'on faisoit de très grandes dépenses pour solenniser cette fête, et la foule de ceux qui vouloient avoir part à ce spectacle étoit si grande, qu'on se tuoit pour entrer aux églises, surtout en celles où on le croyoit trouver plus magnifique[2]]. Les Parisiens surtout se signalèrent dans ces démonstrations extérieures : aussi le Roi voulut leur en témoigner sa satisfaction ; car, après avoir été lui-même rendre grâces à Dieu de sa guérison, dans l'église de Notre-Dame de Paris, il alla dîner, au retour, à la Maison de ville[3].

1. Ce n'est pas au commencement de 1687, mais à la fin de 1686 que le Roi fut obligé de se faire opérer de la fistule. Le *Journal de Dangeau* et les *Mémoires de Sourches* sont remplis de détails quotidiens sur la maladie, l'opération et la convalescence.

2. La *Gazette* (p. 73-75, 86-88, 110-112, 123-124, 135-136, 147-148 et 157-158) relata toutes les cérémonies qui se firent à cette occasion à Paris et dans les différentes villes du royaume.

3. C'est le 30 janvier que le Roi, après une messe d'actions de grâces à Notre-Dame, alla dîner à l'hôtel de ville, chose qui ne lui était encore jamais arrivée (*Gazette*, p. 75-76 ; *Dangeau*, t. II, p. 15-16 ; *Sourches*, t. II, p. 13-19 ; *Mercure* de février,

Ces réjouissances furent couronnées par la cérémonie de la dédicace d'une statue pédestre du Roi, que le maréchal de la Feuillade fit ériger à ses propres frais dans la place qu'il avoit fait bâtir exprès du débris du bel hôtel de la Ferté, qu'il avoit acheté à ce dessein[1]. On l'appelle aujourd'hui la place des Victoires. Je ne prétends pas examiner si ce maréchal fit une si grande dépense seulement pour témoigner à son maître la reconnoissance des grâces qu'il en avoit reçues ; mais je me souviens que les médisants faisoient entrer dans cette action beaucoup de vanité et de politique. L'un est évident, et, touchant l'autre, ils disoient que, s'étant brouillé avec le ministre, sous lequel il n'avoit jamais voulu plier, il ne falloit pas moins que ce trait pour le mettre à l'abri de ses persécutions, et que ses grandes dépenses pour cette statue avoient servi à couvrir ses exactions sur le régiment des gardes, dont il étoit colonel. Ce qu'il y a de sûr, c'est que cet encens fut de bonne odeur et ne tarda pas à être payé par le gouvernement de Dauphiné, vacant par la mort du duc de Lesdiguières[2] ; le Roi le donna ensuite au jeune la Feuillade après la mort de son père[3].

p. 1-70 ; registres de la Ville, aux Archives nationales, H 1831, fol. 234-248).

1. L'histoire de la construction de la place des Victoires, de l'érection de la statue et de sa dédicace a été racontée par M. A. de Boislisle, *la Place des Victoires et la place de Vendôme*, dans les *Mémoires de la Société de l'Histoire de Paris*, t. XV, 1888.

2. Provisions du 9 mai 1681. — M. de Lesdiguières (tome I, p. 216) avait succédé à son père en 1677.

3. Louis d'Aubusson, duc de la Feuillade, fils du maréchal, eut ce gouvernement par provisions du 12 octobre 1691.

[Cette statue est de bronze doré et posée sur un piédestal magnifique, cantonné de quatre grands esclaves de bronze enchaînés, qui représentent les quatre principales puissances de l'Europe. Il est aussi orné de plusieurs bas-reliefs excellemment travaillés, qui représentent les principales actions du Roi, expliquées par des inscriptions superbes, dont une, entre les autres, commence par *Viro immortali, A l'homme immortel*, ce qui occasionna bien des pasquinades de la part de ceux qui ne faisoient pas de quartier à l'allusion. On en fit encore une autre assez plaisante sur les quatre lanternes posées sur des colonnes aux quatre coins de cette place, lesquelles doivent être allumées toutes les nuits aux termes de la fondation que le maréchal a faite à cet effet; elle fait allusion à la devise que le Roi avoit prise, et contient ces paroles :

> Cousis de la Feuillade, tu me bernes
> D'avoir mis le soleil entre quatre lanternes.

Enfin, comme on trouvoit tous les jours quelque nouvelle pasquinade affichée au piédestal de la statue, on fut obligé de la faire environner d'une grille de fer et de la faire garder par des sentinelles.]

La cérémonie de la dédicace ou érection de la statue est trop singulière pour la passer sous silence[1]; je ne crois pas que, dans ce genre, il ne se soit jamais rien fait de pareil chez les anciens Romains, même dans le temps de la plus grande adulation. Les princes et princesses de la maison royale et les principaux seigneurs y furent invités; on les plaça sur des balcons faits

---

1. *La Place des Victoires*, p. 62 et suivantes.

exprès sur la façade de l'hôtel de la Feuillade, vis-à-vis de la statue. Les autres côtés de la place étoient garnis d'échafauds remplis de gens de toutes conditions, que la nouveauté du spectacle avoit attirés.

La marche fut ouverte par le régiment des gardes, le maréchal à la tête, ensuite les officiers et les archers de la maréchaussée, le duc de Gesvres, gouverneur de Paris, précédé des archers de ville et suivi du prévôt des marchands[1] et de tout le corps de ville. Tout ce cortège arrivant à la place, on découvrit la statue, et il défila trois fois autour d'elle, le maréchal et le duc de Gesvres la saluant de l'épée, les officiers des gardes de la pique, la maréchaussée de l'épée, et le corps de ville par de profondes inclinations. On entendit un grand bruit de timbales, trompettes, hautbois et tambours, et un concert de musique, puis trois décharges de mousqueterie et de boîtes et de grands cris de *Vive le Roi!* Le maréchal jeta quelques pièces d'argent au peuple, et par là la cérémonie fut finie. Au sortir de là, les princes et princesses allèrent à une grande collation qui avoit été préparée à l'hôtel de ville, et qui fut suivie d'un grand bal et d'un beau feu d'artifices qui termina la fête, [qui n'aura, je crois, de longtemps sa pareille].

Les contestations qui s'étoient élevées depuis plusieurs années entre les cours de Rome et de France dégénérèrent, pendant celle-ci, en une véritable querelle; mais, afin d'en donner plus d'intelligence, il faut reprendre les choses de plus haut.

L'insulte qu'avoit reçue à Rome le duc de Créquy,

1. Henri de Fourcy, d'abord conseiller, puis président au Parlement, fut élu prévôt des marchands en 1684; il ne mourut qu'en 1708, à quatre-vingt-deux ans.

ambassadeur de France, en 1662, et la réparation authentique qui s'en étoit ensuivie sous le même pontificat d'Alexandre VII[1], entretenoient entre les deux cours une aigreur qui se manifestoit au moindre démêlé.

[La cour de Rome est accoutumée d'entreprendre ce qu'elle croit pouvoir augmenter sa puissance, et la France à s'y opposer de toutes ses forces en ce qui la regarde, et à restreindre la puissance spirituelle du Pape aux termes des anciens canons, ce qui a toujours été un levain de discorde; car les ultramontains tentent sans cesse de faire recevoir pour dogme universel l'infaillibilité des papes, leur supériorité sur les conciles et leur prétention de disposer du temporel des rois, qu'ils n'ont que trop souvent excommuniés sous des prétextes très légers. La France, heureusement pour elle, s'est toujours maintenue en état de ne point souffrir de cette doctrine, dont on aperçoit facilement l'abus du premier coup d'œil, sans qu'il soit besoin de l'expliquer davantage; mais la cour de Rome ne laissoit pas de continuer ses tentatives de temps en temps, afin de l'insinuer à la faveur des conjonctures et des âmes scrupuleuses et timorées, gouvernées par les gens d'Église, naturellement dans ses intérêts, et c'est ce qui se venoit encore de pratiquer tout nouvellement à Rome au moyen d'un décret qui émana du Pape.] Le Roi, qui vouloit empêcher que cette doctrine ne s'introduisît dans son royaume, la fit réfuter en Sorbonne par des thèses qui y furent soutenues, et le Pape, qui en eut avis, les fit condamner dans une congrégation tenue exprès.

1. Ci-dessus, tome I, p. 27-33.

Cette affaire en seroit peut-être demeurée là, sans un nouvel incident qui survint au sujet de la régale[1]. C'est un droit fort ancien que nos rois ont de jouir du revenu des archevêchés et évêchés du royaume pendant la vacance du siège et jusques à ce que le prélat qu'ils ont nommé pour le remplir leur ait prêté serment. Le Roi nomme aussi, pendant cette vacance, à tous les bénéfices et dignités de la collation desdits archevêques et évêques, à la réserve des cures. Ce droit de régale dérive tant du patronage que le Roi a sur toutes les églises de son royaume, que de son droit féodal sur le temporel des bénéfices, et il prétend l'étendre dans tous les diocèses. Quelques évêchés ont cru cependant en être exempts, et, en particulier, l'évêque et le chapitre de Pamiers, à l'occasion desquels ce différend fut suscité. Le Roi avoit nommé quelques sujets à des bénéfices vacants dans ce diocèse; l'évêque[2] en nomma d'autres, et fut appuyé par le Pape. L'affaire fut soutenue si indiscrètement par l'évêque et quelques-uns de ses chanoines, que le Roi en exila plusieurs dans les provinces, ainsi que l'évêque lui-même[3].

Il s'émut encore un autre débat au sujet de l'abbesse

---

1. L'affaire de la régale suscita de nombreux traités, dissertations, pamphlets, etc., dont on trouvera l'énumération dans le *Catalogue de la Bibliothèque nationale*, Histoire religieuse, Ld⁴, n°ˢ 476 et suivants.

2. L'évêque de Pamiers, François-Étienne de Caulet, étant mort le 7 août 1680, son successeur François d'Anglure de Bourlémont ne fut nommé qu'en juillet de l'année suivante.

3. M. de Bourlémont se démit enfin de son évêché en novembre 1685 et reçut à la place l'abbaye de Saint-Florent de Saumur (*Dangeau*, t. I, p. 250).

d'un couvent du village de Charonne près Paris, laquelle étant morte, le Roi en nomma à sa place une, que les religieuses ne voulurent ni reconnoître ni recevoir : elles élurent même une d'entre elles pour remplir cette place. Le Pape prit leur parti, et le Roi, voulant terminer la dispute, supprima le couvent et dispersa les religieuses dans d'autres[1] ; mais ce prince ne jugea pas à propos d'en demeurer là, et, pour témoigner son mécontentement de la conduite du Pape qui contredisoit ses droits, il fit examiner dans l'assemblée du clergé, qui se tint à Saint-Germain-en-Laye en 1682, les thèses de Sorbonne dont j'ai parlé[2]. L'assemblée en déclara la doctrine orthodoxe et en conséquence celle des ultramontains erronée et abusive, [touchant l'infaillibilité du Pape, sa supériorité sur les conciles et son prétendu droit sur le temporel des rois]. Ce décret fut confirmé par un arrêt du parlement de Paris[3], et la cour de Rome fut si peu ménagée, qu'on fit courir le bruit que la résolution étoit prise de créer un patriarche en France, sur le modèle de celui de Venise.

Le Pape fut si indigné des mauvais procédés qu'il prétendoit qu'on tenoit à son égard, qu'il refusa de

1. L'abbé Legendre a raconté ces faits dans ses *Mémoires* (p. 39-41); le monastère fut vendu aux enchères, après la dispersion des religieuses, pour payer les dettes de la communauté. C'est dans ce couvent qu'avaient été élevées, trente ans auparavant, les filles de Gaston d'Orléans.
2. Ci-dessus, p. 57.
3. M. Charles Gérin a fait paraître en 1868 des *Recherches historiques sur l'assemblée du clergé de 1682*. Le registre original des délibérations est exposé au musée des Archives nationales, n° 879.

donner des bulles aux nouveaux évêques et ne garda plus de mesures. La faction autrichienne saisit cette circonstance pour insinuer au pontife que le Roi n'avoit acheté Casal que dans la vue de subjuguer l'Italie et de réduire le saint-siège dans l'état où il étoit avant l'empereur Charlemagne. Le bombardement de Gênes survint, qui acheva de donner l'alarme au saint-père. Il commença à se lier avec les Espagnols, pour lesquels il avoit toujours conservé de la prédilection, étant né sujet de cette couronne[1], et s'engagea secrètement avec tous les ennemis de la France, [oubliant cette fois, pour satisfaire son ressentiment, qu'il étoit le père commun des États chrétiens. Il ne tarda guère d'en trouver une nouvelle occasion].

Le duc d'Estrées, qui étoit alors ambassadeur du Roi à Rome, vint à mourir[2]. A peine étoit-il expiré, que le Pape envoya dans son quartier des officiers de justice et des sbires prendre un criminel qui s'y étoit réfugié, sans avoir égard que le cardinal d'Estrées, frère du défunt[3], logeoit dans le même palais[4], et que, même du vivant de son frère, il étoit chargé des principales affaires. Le cardinal se plaignit aussitôt de cet attentat contre la majesté de son maître et la pos-

---

1. Innocent XI, Benoît Odescalchi, était né à Côme, dans le Milanais.
2. François-Annibal II d'Estrées, lieutenant général en 1667, avait succédé au duché-pairie de son père en 1670, et avait été envoyé comme ambassadeur à Rome la même année; il y mourut le 30 janvier 1687.
3. César d'Estrées (1628-1714), évêque de Laon en 1653, cardinal en 1671, fut chargé d'importantes missions à Rome et fut ambassadeur en Espagne après l'avènement de Philippe V.
4. Le palais Farnèse (tome I, p. 28, et ci-après, p. 63).

session immémoriale des franchises[1]. Le Pape répondit fièrement qu'il étoit le maître dans Rome et jugeoit à propos de les supprimer. A cette réponse, le cardinal d'Estrées sortit de Rome et dépêcha un courrier à Sa Majesté pour l'informer de ce qui s'étoit passé.

On prit cette affaire à la cour avec la hauteur ordinaire [du temps]. Le cardinal Ranuzzi, qui y étoit nonce[2], eut beau représenter que le Pape n'avoit eu d'autre intention, en supprimant ces franchises, que d'empêcher plusieurs crimes énormes d'être impunis, et qu'il espéroit qu'un roi si grand et si juste ne seroit pas fâché de cette suppression, qui s'étendoit également sur tous les quartiers des ambassadeurs qui étoient à Rome : on lui répondit que cette raison n'auroit peut-être pas été si mauvaise, si le Pape n'avoit pas commencé par le quartier de l'ambassadeur de France, et qu'il eût aboli les franchises par un décret qui auroit pu servir d'avertissement ; mais que, comme ces formalités n'avoient pas été observées, et qu'il ne dépendoit pas du Pape de supprimer les franchises et de toucher aux prérogatives des rois, on alloit envoyer un nouvel ambassadeur à Rome, qui seroit si bien accompagné, qu'il rentreroit sans peine en possession de ces franchises. Peu de temps après cette réponse, Sa Majesté choisit pour l'ambassade de Rome le marquis de Lavardin, homme riche et bien instruit, et qui mouroit d'en-

---

1. Tome 1, p. 29.
2. Ange-Marie Ranuzzi, nonce en France depuis 1683, fut nommé cardinal en 1686 et resta en France jusqu'en juillet 1689 ; il mourut en septembre de la même année. On appréciait en France son caractère doux et conciliant (*Mémoires de Sourches*, t. 1, p. 440).

vie d'avoir le collier de l'Ordre, qu'on lui promit à son retour[1].

Quand le Pape sut que ce seigneur approchoit de Rome à main armée, il l'excommunia dans toutes les formes[2]. Cela ne l'empêcha pas de poursuivre son chemin, non plus que les cardinaux d'Estrées et Maidalchini[3] d'aller au-devant de lui hors les portes de Rome. L'ambassadeur fit son entrée avec un pompeux équipage et quatre ou cinq cents hommes armés[4]. Les douaniers, par ordre du Pape, qui ne le tenoit pas pour ambassadeur, voulurent se mettre en devoir de visiter son équipage; mais, comme ils n'étoient pas les plus forts, il leur fallut se retirer bien vite et essuyer quelques rudes paroles.

Toutes les rues de Rome étoient pleines de monde accouru à ce nouveau spectacle, qui avoit plus l'air d'une espèce de triomphe que d'une entrée d'ambassadeur. M. de Lavardin jeta, en passant, quelques pièces d'argent au peuple, pour se le concilier, et, comme les Italiens de Rome en sont friands, ils crièrent hautement : *Vive le roi de France et son ambassadeur Lavardin!* sans songer qu'ils pourroient bien déplaire au Pape. L'ambassadeur, au milieu de ces acclamations,

---

1. Henri-Charles de Beaumanoir (1644-1701), était colonel d'infanterie et lieutenant général au gouvernement de Bretagne; il reçut l'ordre du Saint-Esprit l'année suivante, 1688.

2. Ch. Gérin (*l'Ambassade de Lavardin*, dans la *Revue des Questions historiques* d'octobre 1874, p. 382-432) a raconté en détail toute cette affaire.

3. François Maidalchini (1621-1700) avait été créé cardinal en 1647 par Innocent X.

4. Cette entrée eut lieu le 16 novembre 1687 (*Gazette*, p. 664-665).

arriva au palais Farnèse, où il devoit loger; son escorte se mit en bataille sur la place, où il tint toujours une garde tant qu'il fut à Rome. Il détachoit de fréquentes patrouilles, pour empêcher les sbires, qui avoient été menacés d'avoir le nez et les oreilles coupés, d'approcher de son quartier.

Cinq ou six jours s'étant écoulés, M. de Lavardin fit demander audience au Pape, qui répondit qu'il ignoroit qu'il y eût un ambassadeur de France à Rome depuis la mort du duc d'Estrées; qu'à la vérité il avoit appris qu'il étoit arrivé un certain François, suivi de beaucoup de gens de guerre, qui se nommoit le marquis de Lavardin, et qu'il avoit excommunié.

Après ce refus, M. de Lavardin se promena dans Rome avec un cortège magnifique : cent gardes à cheval le suivoient l'épée nue; le reste de ses troupes se tenoit en bataille sur la place du palais Farnèse.

Malgré les défenses du Pape, quelques seigneurs romains affectionnés à la France ne laissèrent pas de rendre visite à M. de Lavardin, et les ministres étrangers, qui témoignoient être fâchés de la suppression des franchises, en firent autant. J'ajouterai que M. de Lavardin ne laissoit pas d'entendre tous les jours la messe, quoiqu'il fût excommunié dans toutes les formes. La bravade fut encore poussée plus loin[1] : l'ambassadeur alla, le jour de Noël, entendre la messe de minuit et faire ses dévotions dans l'église de Saint-Louis, où l'abbé d'Hervault[2], auditeur de rote,

1. *Gazette* de 1688, p. 43-44. Le *Catalogue de la Bibliothèque nationale* indique sous les cotes Lb37, nos 3908-3916, un certain nombre de publications relatives à cette affaire de M. de Lavardin; voyez aussi le travail de Ch. Gérin indiqué ci-dessus.

2. L'abbé Mathieu Ysoré d'Hervault (1647-1716) avait été

le reçut à la tête de son clergé et le conduisit sous le dais qu'on lui avoit préparé. Il communia pendant la messe, et le Pape, en ayant été averti, interdit cette église le lendemain, et donna ordre, dans toutes les autres églises de Rome, de cesser le service divin sitôt qu'on y verroit paroître M. de Lavardin, qui ne manqua pas de dépêcher un courrier à Sa Majesté sur ces nouvelles affaires. L'ordre qu'il en reçut fut de faire afficher à la porte du palais du Pape, et dans tous les quartiers de Rome, une protestation solennelle, qui fut dressée à Paris[1], contre la bulle d'excommunication et l'interdit de l'église de Saint-Louis.

Le Roi ne se contenta pas de cela et fit aussi assembler les chambres du Parlement, où l'avocat général Talon[2], en plaidant sur cette matière, attaqua personnellement le souverain pontife, [et le traita de fauteur d'hérésie et de vieillard tombé en enfance[3]]. Ensuite il protesta contre l'excommunication et l'interdit de l'église Saint-Louis, et contre tout ce que le Pape pourroit faire en conséquence, dont il interjeta appel au

nommé auditeur de rote en janvier 1681; en 1688, le Roi lui donnera l'abbaye de Saint-Jean-d'Angely, et il deviendra archevêque de Tours en 1693.

1. M. de Lavardin, sans attendre les ordres du Roi, avait immédiatement adressé au gouvernement pontifical une protestation, dont le résumé fut donné par la *Gazette*, et qui fut imprimée et distribuée à profusion.

2. Denis Talon (1628-1698) avait succédé à son père comme avocat général en 1652. Il fut récompensé de son attitude dans la présente affaire par une charge de président à mortier (1690).

3. Ce réquisitoire est imprimé dans les *Œuvres d'Omer et Denis Talon*, publiées en 1821; il avait paru dès 1688 en une petite plaquette in-4°. Si l'avocat général n'employa pas textuellement les termes reproduits par notre auteur, du moins le sens s'y trouve bien.

futur concile, [qui apparemment ne se tiendra pas si tôt]. La cour donna un arrêt conforme aux conclusions de l'avocat général.

[On peut juger de ce procédé qu'on étoit fort revenu en France de la terreur des foudres du Vatican; mais, comme le Roi sait pourvoir à tout,] il fit assembler chez les évêques les curés et les supérieurs des communautés religieuses : ceux-là leur firent de beaux discours pour prévenir les troubles qui auroient pu survenir, si sa puissance n'avoit pas été aussi absolue.

Sa Majesté, croyant en avoir assez fait, et fâchée peut-être que les choses eussent été portées si loin, écrivit une belle lettre au Pape pour le radoucir et l'engager à quelque accommodement. Il la fit porter par M. de Chamlay[1], qu'il chargea de la négociation; mais le Pape, obsédé par la faction d'Autriche, et d'ailleurs homme un peu trop ferme et entêté, quoiqu'il eût mille bonnes qualités et fût un grand homme de bien, ne voulut pas recevoir la lettre, ni voir M. de Chamlay, qui s'en retourna sans avoir rien fait[2].

Ce pendant les Espagnols et les Génois, qui étoient les conseillers intimes du Pape, craignirent que le ressentiment de la France ne tombât sur eux et que le Roi ne fît avancer des troupes du côté de l'Italie, où ils ne seroient pas les plus forts. Ils feignirent de por-

1. Jules-Louis Bolé, marquis de Chamlay (1650-1719), avait depuis 1670 la charge de maréchal des logis des camps et armées du Roi, et ce fut sous ce titre qu'il prit la part la plus importante à la préparation et à la direction stratégique de toutes les campagnes de la seconde moitié du règne de Louis XIV. Il fut envoyé en Italie incognito, sous un prétexte spécieux, afin de ne pas engager le gouvernement royal.

2. *Dangeau*, t. II, p. 167.

ter le Pape à entendre à quelque accommodement, dont le seul fruit fut que le saint-père leva l'interdit de l'église Saint-Louis; mais il refusa absolument de voir le marquis de Lavardin, que le Roi rappela quelque temps après[1], [ayant appris que le Pape prenoit des engagements plus forts avec ses ennemis secrets,] et se résolut d'attendre un autre pontificat, sous lequel cette affaire fut accommodée; [mais, comme la cour de Rome se relâche rarement, il en coûta les franchises et une déclaration ambiguë des prélats de l'assemblée du clergé de 1682, moyennant quoi les affaires furent accommodées et les deux partis se crurent satisfaits[2]].

Avant que ceci se négociât, et dans cette même année 1688, il sembla à tout le monde que la guerre alloit recommencer entre la France et les puissances ci-devant confédérées contre elle, car on y remarquoit un grand concert. L'Empereur avoit entièrement pris le dessus du Turc, et la nouvelle place du Mont-Royal[3],

1. Il revint en octobre 1688, et le Roi lui donna en récompense le collier du Saint-Esprit, comme il le lui avait promis.
2. Alexandre VIII, qui succéda à Innocent XI l'année suivante, 1689, raccommoda le saint-siège avec Louis XIV; mais il obtint l'abandon des franchises et réussit à faire admettre la nullité des déclarations gallicanes de l'assemblée du clergé de 1682, qui furent cassées (1690) par la bulle *Inter multiplices*. Saint-Simon accuse ce pape de duplicité et de fourberie, et le qualifie de « grand pantalon ». Charles Gérin a raconté tout cet épisode dans la *Revue des Questions historiques* de juillet 1870.
3. Cette forteresse, bâtie sur le territoire de l'électorat de Trèves et sur la rive gauche de la Moselle, vis-à-vis de Traerbach, fut démolie en 1698, comme conséquence du traité de Ryswyk.

que le Roi faisoit bâtir sur un terrain dépendant de l'Empire, la protection que le Roi accordoit avec éclat au prince Guillaume de Fürstenberg, devenu cardinal et, par son moyen, élu coadjuteur de l'archevêque de Cologne[1], [qui étoit sur le bord de sa fosse[2],] donnoient déjà à croire que les puissances intéressées en toutes ces affaires ne le souffriroient pas sans coup férir. Cependant le Roi n'en paroissoit pas persuadé, se confiant en ce qu'elles devoient trop redouter sa puissance. Il faisoit continuer les travaux immenses déjà commencés l'année précédente à Maintenon, par quantité d'ouvriers et un corps de trente mille hommes de ses meilleures troupes qu'il y avoit fait venir, afin d'immortaliser sa mémoire et celle de Mme de Maintenon par des ouvrages superbes, qui devoient surpasser ceux de l'ancienne Rome. Le Roi y fit encore venir cette année un autre corps de trente mille hommes, qui s'en trouva fort mal, aussi bien que le précédent; car il s'y engendra de cruelles maladies, dont quantité de gens moururent, et qui furent causées par les exhalaisons des terres nouvellement remuées. Ces vapeurs étoient si malignes et contagieuses, que peu de monde en fut exempt, et que ceux qui en étoient frappés en mouroient la plupart, ou n'en purent revenir de longtemps[3].

1. Tome I, p. 129.
2. Ci-après, p. 68.
3. Les travaux de Maintenon, exécutés par les troupes de 1685 à 1690, avaient pour objet l'adduction des eaux de l'Eure à Versailles par le moyen d'un canal de dérivation et d'un aqueduc. Camille Rousset, dans son *Histoire de Louvois* (t. III, p. 382-391, 400-401 et 405-415), a donné de curieux détails sur la conduite de l'entreprise et sur les épidémies qui ravagèrent les

Affaires pour l'électorat de Cologne. — Le prince Maximilien de Bavière[1], archevêque de Cologne, évêque et prince de Liège, mourut en ce temps-là[2], et le cardinal de Fürstenberg, qui gouvernoit déjà cet État pendant la caducité du défunt, en prit le gouvernement en qualité de coadjuteur; mais, comme le Pape ne lui avoit jamais voulu donner de bulles de confirmation, il fallut que le chapitre de Cologne s'assemblât afin de procéder à une nouvelle élection. Le Roi, pour favoriser celle du cardinal, fit avancer un corps de troupes sur la frontière du Luxembourg qui avoisine l'État de Cologne, et envoya de sa part en cette ville le baron d'Asfeld[3], pour solliciter les électeurs en faveur du cardinal, à qui il fit aussi passer de grosses sommes; mais l'Empereur et les Hollandois, qui furent bientôt avertis de la mort de l'archevêque, dressèrent de furieuses contre-batteries pour empêcher cette élection, et y réussirent, un peu par la faute du cardinal. J'expliquerai ceci bientôt[4]; mais il faut dire auparavant que le cardinal, d'abord après la mort de l'archevêque et avant que le chapitre fût assemblé, s'étoit assuré de toutes les places de l'électorat, à la réserve de Cologne, qu'il avoit tentée vainement, et y avoit fait passer par pelotons les troupes que le Roi lui avoit envoyées.

régiments employés aux terrassements. « Ces inutiles travaux, a dit Saint-Simon, ruinèrent l'infanterie, et il n'étoit pas permis de parler de malades, encore moins de morts. »

1. Tome I, p. 80-81.
2. Le 3 juin 1688.
3. M. d'Asfeld (ci-dessus, p. 8) avait été chargé de diverses missions à Hambourg et en Allemagne; il recevra, à la fin de la présente année, le grade de maréchal de camp.
4. Ci-après, p. 69-70.

Cette précaution mit encore la puce à l'oreille à l'Empereur, qui obtint facilement du Pape, dans la colère où il étoit contre la France, un bref d'éligibilité en faveur du prince Clément de Bavière, âgé seulement de dix-sept ans[1]. On disoit dans ce temps-là que le Pape se passionna si fort dans cette affaire, que, à la suscitation de l'Empereur, qui avoit tant d'intérêt à la faire réussir, il envoya, quoique contre les anciens canons[2], des sommes considérables au prince d'Orange pour former une armée en faveur du prince de Bavière[3]. Les Hollandois, de leur côté, ne négligeoient rien pour éviter que le cardinal ne fût élu, en prévoyant bien les conséquences. Ainsi, dès que le chapitre fut assemblé, il y eut de grandes brigues de la part des deux partis. [Cependant le cardinal se tenoit assuré d'être élu canoniquement, et l'auroit été infailliblement, s'il n'avoit pas serré mal à propos les cordons de la bourse, à la persuasion de la comtesse de la Marck, qui le gouvernoit[4] et vouloit lui épargner de l'argent.]

1. Joseph-Clément de Bavière, frère de l'électeur, était né en 1671 et avait déjà l'évêché de Ratisbonne depuis 1685; il mourut en 1723. — Par le bref d'éligibilité, le Pape lui accordait dispense de l'âge requis.

2. Ci-après, p. 70.

3. Ce bruit courut en effet à cette époque; mais il ne semble pas fondé.

4. Catherine-Charlotte de Wallenrod, veuve d'un comte de la Marck, s'était remariée en 1686 à Emmanuel-François-Égon, comte de Fürstenberg, neveu du cardinal. Tous les contemporains en ont fait la maîtresse du prélat, longues années durant, et Saint-Simon (*Mémoires*, éd. Boislisle, t. VII, p. 97) a raconté que cette comtesse, « hommasse comme un cent-suisse habillé en femme », disposait de tout chez le cardinal, « qui n'osoit

Les Hollandois, qui ne furent pas si bons ménagers, ôtèrent au cardinal deux voix, sur lesquelles il avoit compté et qui lui étoient absolument nécessaires pour être élu canoniquement. Quand l'élection se fit, il n'eut que seize voix, au lieu de dix-huit qu'il lui falloit. Il ne laissa pas néanmoins d'être proclamé par son parti, ainsi que le prince Clément par le sien, quoiqu'il n'eût eu que neuf voix; mais, comme elles faisoient plus du tiers, il prétendit que le bref du Pape lui donnoit la préférence. Cette affaire fut portée au saint-siège, et le Pape confirma l'élection du prince de Bavière, quoique non conforme aux anciens canons[1]. Mais, en attendant sa réponse et incontinent après l'élection, le maréchal de Schönberg[2], qui s'étoit retiré de France pour cause de religion et qui avoit pris parti avec le prince d'Orange, s'avança près de Cologne avec un petit corps d'armée, et jeta une bonne garnison dans cette ville, qui l'assura au prince Clément[3].

Le cardinal fut encore plus maltraité par le chapitre de Liège, où il s'étoit rendu à dessein de se faire élire

souffler devant elle, et qui en étoit gouverné et mené à baguette » jusqu'à sa mort.

1. Les règles canoniques exigeaient les deux tiers des voix; mais, si un candidat n'obtenait pas ce chiffre, les chanoines pouvaient s'adresser au Pape par voie de « postulation », pour lui demander d'accorder au candidat une dispense de cette règle. Le Pape n'était point tenu d'accéder à cette demande, et même, quand deux partis en présence sollicitaient la dispense, il pouvait donner sa confirmation à l'élu de la minorité; c'est ce qu'il fit dans le cas présent (*Dangeau*, t. II, p. 154).

2. Tome I, p. 161.

3. C'est l'électeur de Brandebourg, comme directeur du cercle de Westphalie, qui envoya le maréchal avec deux mille cinq cents hommes de ses troupes (*Dangeau*, p. 176).

évêque et prince de cette ville[1]. Le doyen[2] fut élu par les brigues du grand maître de l'ordre Teutonique, beau-frère de l'Empereur et chanoine de cette église[3]. Ainsi le cardinal, ayant manqué son coup, revint à Bonn, résolu de maintenir son élection par la force des armes et la protection de la France. Le Roi lui envoya dans cette vue le marquis de Sourdis, lieutenant général[4], avec un corps de troupes[5].

Affaires et révolution d'Angleterre[6]. — Cependant

1. L'électeur de Cologne, Maximilien-Henri de Bavière, était en même temps évêque de Liège (ci-dessus, p. 68).
2. Jean-Louis d'Elderen, élu évêque le 17 août 1688, mourut en 1694.
3. Le grand maître honorifique de l'ordre disparu des chevaliers Teutoniques était, depuis 1684, Louis-Antoine de Bavière-Neubourg (1660-1694), dont la sœur Éléonore-Madeleine-Thérèse était devenue, depuis 1676, la troisième femme de l'empereur Léopold.
4. François d'Escoubleau, chevalier puis marquis de Sourdis, capitaine de cavalerie en 1661, eut un régiment en 1667, et servit presque continuellement sous Turenne; brigadier en 1674, maréchal de camp en 1677, il était lieutenant général depuis 1682. Le Roi lui donna l'ordre du Saint-Esprit le 31 décembre 1688, en récompense de ses services dans l'affaire présente; il se retira peu après du service, mais ne mourut qu'en 1707.
5. *Dangeau*, t. II, p. 169. Le volume Guerre 818 contient le « Recueil des dépêches, instructions et ordres du Roi à l'occasion du secours de troupes envoyé par Sa Majesté dans le pays de Cologne pour soutenir M. le cardinal de Fürstenberg dans sa postulation et élection dudit électorat ». Dans les volumes 819 et 820 on trouve la correspondance des généraux, notamment de MM. de Sourdis et d'Asfeld, des listes nominatives des chanoines, le recensement de leurs votes, et la copie du bref du Pape en faveur du prince Clément de Bavière.
6. Pour le récit de la révolution de 1688 en Angleterre,

le prince d'Orange avoit formé un dessein qui lui réussit parfaitement et mit son parti en état de soutenir la guerre contre la France avec plus d'égalité : je veux parler de son invasion d'Angleterre ; mais, avant d'en décrire les particularités et la conduite que tint ce prince pour venir à bout de cette fameuse entreprise, il est à propos de détailler les choses principales qui lui donnèrent les moyens de la mettre à fin.

Si Jacques II, roi d'Angleterre, avoit tenu la même conduite avec les grands et les peuples de ce royaume que celle du roi son frère, auquel il avoit succédé faute d'enfants légitimes, il est à présumer qu'il se seroit maintenu sur le trône aussi tranquillement que lui et auroit toujours tenu un grand rang entre les têtes couronnées ; mais, au lieu de cela, il voulut tout d'un coup rendre son pouvoir arbitraire, et, par un zèle tout particulier pour sa religion, rétablir la catholicité en Angleterre, et l'y rendre dominante, [deux grands points certes, et qui requéroient sans doute moins de célérité et d'action avec une nation si jalouse de sa liberté et de sa religion]. Il commença cet ouvrage dès qu'il se crut affermi sur le trône, après la mort

---

Saint-Hilaire a pu se servir de l'*Histoire des révolutions d'Angleterre* du P. d'Orléans, dont la seconde édition parut à Paris en 1693-1694, trois vol. in-4°. Peut-être aussi a-t-il utilisé l'*Histoire d'Angleterre* du chevalier Temple, dont une traduction française avait été publiée à Amsterdam en 1695, et les correspondances de la *Gazette* ; mais, à considérer le caractère plutôt favorable au prince d'Orange de sa narration, il n'est pas douteux qu'il connaissait les récits et documents anglais et hollandais publiés à l'époque, et dont une partie est indiquée dans le *Catalogue de l'histoire de la Grande-Bretagne*, à la Bibliothèque nationale, série Nb, n°s 105-107, et série Nc, n°s 1455 et suivants.

du duc de Monmouth et d'un grand nombre de ses adhérents[1]. Et, pour imposer plus facilement à ses sujets le joug qu'il leur avoit destiné, on dit, dans ce temps-là, qu'il avoit pris secrètement ses mesures avec Louis XIV, n'ayant pas à choisir un plus grand exemple de pouvoir absolu et de catholicité, [après ce qui venoit de se passer en France au sujet des huguenots[2]].

Quoi qu'il en soit, le roi d'Angleterre, immédiatement après son couronnement, débuta par dépouiller de leurs privilèges les villes principales, et plaça les catholiques, contre les lois, dans les emplois supérieurs et subalternes, par la destitution de ceux qui les occupoient, et qui lui étoient suspects. Il fit premier ministre le P. Peter, jésuite, qui étoit déjà son confesseur[3], et établit à sa persuasion, dans les villes des collèges de son ordre, d'autres couvents de moines et quantité d'églises, où l'on célébroit publiquement le service divin[4]. Il reçut un nonce du Pape dans

1. Ci-dessus, p. 35-37.
2. Ci-dessus, p. 38-40.
3. Édouard Peter, appelé aussi Spencer (1631-1677), entra au noviciat des jésuites en 1652, fut recteur du collège de Canterbury, vice-provincial d'Angleterre et confesseur de Jacques II en 1686. Celui-ci le nomma secrétaire du cabinet le 6 novembre 1687, malgré l'opposition des catholiques anglais eux-mêmes, qui se rendaient compte du mauvais effet que cette nomination allait produire. Passé en France en 1688, il devint supérieur du collège de Saint-Omer. Le P. Sommervogel (*Bibliographie de la Compagnie de Jésus*) a donné les titres de quelques-uns des nombreux pamphlets qui parurent contre lui.
4. Dans le courant de 1687, plusieurs églises catholiques furent ouvertes dans Londres, malgré la loi qui interdisait l'exercice de la religion romaine ; des carmes, des franciscains et des bénédictins s'établirent dans plusieurs endroits de la

Londres[1] et envoya un ambassadeur à Rome prêter obédience[2].

Mais ce ne fut pas tout encore : il se substitua des gens qui lui étoient entièrement dévoués dans la direction des affaires de la religion anglicane, dont les rois d'Angleterre se sont établis chefs depuis son commencement, espérant venir à bout, par ce moyen, d'abolir les lois pénales et le serment du test[3] : ce qui ne se pouvoit faire, suivant les lois du royaume, que par la tenue d'un Parlement qui y donnât son consentement. Le roi d'Angleterre fit sonder les provinces là-dessus et briguer des députés dont il pût être assuré, et, trouvant dans tous les esprits des difficultés et des oppositions insurmontables, il n'osa convoquer de Parlement, et résolut de tout entreprendre de sa pleine puissance. Il mit donc deux armées sur pied, une de terre, et l'autre de mer, qu'il pourvut autant qu'il lui

---

capitale, et les jésuites ouvrirent une vaste école dans le quartier de la Savoie.

1. L'abbé Ferdinand d'Adda, envoyé de Rome avec les pouvoirs de nonce en septembre 1686, était incognito en Angleterre depuis cette époque. En mai 1687, le primat d'Irlande le sacra évêque d'Amasie, et il fut présenté officiellement au Roi à Windsor le 6 juillet.

2. Le comte de Castlemaine avait été envoyé à Rome à la fin de 1686, non pour prêter obédience, comme le dit notre auteur d'après les pamphlets anglicans, mais pour renouer les relations diplomatiques avec le saint-siège; néanmoins, le choix de ce mari de la duchesse de Cleveland, ancienne maîtresse de Charles II, avait été trouvé quelque peu ridicule.

3. On appelait ainsi le serment imposé par le parlement anglais en 1673 à tous ceux qui devaient exercer des emplois publics : ils devaient déclarer par écrit qu'ils ne croyaient pas à la présence réelle et qu'ils réprouvaient le culte de la Vierge et des saints. Le test n'a été aboli qu'en 1828.

fut possible d'officiers et de soldats catholiques[1], et, pour s'assurer encore mieux du dedans et du dehors, il fit demander aux États-Généraux des Provinces-Unies, desquels il se défioit, six régiments anglois qu'ils avoient depuis longtemps à leur service. Il n'en tira pas une grande utilité; car le prince d'Orange trouva moyen d'en retenir en Hollande beaucoup d'officiers et de soldats, et de dissiper les autres, de sorte qu'il en repassa peu en Angleterre[2].

Ces armées étant rassemblées, le roi Jacques entreprit d'y faire dire publiquement la messe, quoique le nombre des catholiques y fût très petit, et de convertir les autres. Il vint, dans cette intention, visiter son armée navale, et, ayant fait assembler tous les officiers, il leur demanda leurs commissions, sous prétexte d'examiner si elles étoient expédiées dans les formes ordinaires; ensuite, il les exhorta vivement à changer de religion, leur remontrant l'obéissance qu'ils lui devoient, et qu'il y avoit plus d'entêtement que de raison à suivre celle qu'ils professoient. La conclusion du discours fut qu'il ne leur donnoit que vingt-quatre heures pour y aviser. Ces officiers, étrangement surpris, répondirent unanimement que, quelque attachement qu'ils eussent à son service, ils ne se sentoient pas capables de trahir leur conscience. Après cela, le roi visita ses vaisseaux et s'en retourna à terre. Il apprit le lendemain qu'il y avoit un grand murmure sur la flotte, et que les officiers se résoudroient à tout évé-

---

1. Dans l'été de 1687, Jacques réunit à Hounslow-Heath une armée de douze bataillons et de trente-cinq escadrons, qui passa bientôt pour la mieux exercée de toute l'Europe.
2. Lingard, *Histoire d'Angleterre*, t. XIV, p. 189 et 211.

nement plutôt que d'obéir à ses ordres sur le fait de la religion. Sur cela, il leur renvoya leurs commissions, leur faisant dire que le terme qu'il leur avoit marqué pour une aussi importante affaire lui paroissoit trop court, qu'ainsi il vouloit bien le prolonger, comptant qu'ils en profiteroient et le serviroient fidèlement.

De retour à Londres, il ordonna de publier une liberté de conscience dans toutes les églises de l'étendue de son royaume[1]. Quelques-unes obéirent à ses ordres; mais l'archevêque de Cantorbéry[2], à la tête de plusieurs autres évêques, s'y opposa formellement[3]. Là-dessus, ils furent cités à la cour du Banc du roi, où ils comparurent, et déclarèrent avec fermeté que, bien loin de se rendre complices des nouveautés qu'on vouloit introduire dans l'église et le gouvernement, ils étoient engagés, par leur serment et le devoir de leurs charges, de veiller à la conservation des lois et de la religion. La cour, comme il est d'usage en Angleterre, leur demanda caution; et, sur le refus qu'ils en firent en qualité d'évêques et de pairs du royaume, le roi ordonna qu'ils fussent arrêtés et conduits à la Tour de Londres par la Tamise, afin d'éviter l'émotion popu-

---

1. C'est ce qu'on appela la seconde déclaration d'indulgence (27 avril 1688).

2. William Sancroft (1617-1693), doyen de Saint-Paul de Londres en 1664, archidiacre de Cantorbéry en 1668, devint archevêque en 1677, mais fut déposé en 1690.

3. Compton, évêque de Londres, Turner, évêque d'Ély, et White, évêque de Peterborough, se réunirent à Lambeth chez l'archevêque de Cantorbéry (11 mai 1688) et rédigèrent une pétition au roi, que d'autres évêques signèrent les jours suivants, et qui fut remise ensuite au monarque.

laire qui auroit pu survenir, si on les eût menés par la ville, qu'il eût fallu traverser. La détention des évêques causa un murmure général par toute l'Angleterre. Il fut encore augmenté par la conduite des commissaires ecclésiastiques, qui déposèrent l'évêque de Londres[1] et quelques ecclésiastiques qui étoient dans les mêmes sentiments que les évêques prisonniers. L'affaire fit si grand bruit, et tant de seigneurs s'y intéressèrent, que le roi fut obligé de les relâcher peu de jours après leur détention, à condition toutefois qu'ils répondroient devant la cour du Banc du roi, où leur cause fut fort débattue, et eux absous. Le roi en témoigna beaucoup de chagrin, et cassa plusieurs des juges[2].

Le prince de Galles[3] naquit peu de jours avant la délivrance des évêques, et l'on fit à ce sujet de grandes réjouissances par toute l'Angleterre; mais les mal intentionnés, qui étoient en très grand nombre, disoient hautement qu'ils dirigeoient mentalement leurs feux de joie en faveur de la liberté rendue aux évêques. Ils firent courir des libelles séditieux et remplis de calomnies, et, non contents de cela, ils affichèrent partout des placards, et même à la porte du roi, dans lesquels ils exposoient, entre autres choses, que le

---

1. Henri Compton (1632-1713), chanoine de Christ-Church (1669), évêque d'Oxford (1674), puis de Londres (1675), couronna le roi Guillaume à Westminster en 1689, et devint en 1702 grand aumônier de la reine Anne.

2. Toute cette affaire des évêques et leur procès a été raconté en grand détail par Macaulay, *Histoire d'Angleterre*, t. III, p. 126-138 et 142-145.

3. Jacques-Édouard-François, né au palais de Saint-James le 10 juin 1688.

nouveau prince de Galles étoit un enfant supposé, se fondant en cela sur ce qu'il y avoit plusieurs années que la reine étoit mariée, et qu'elle n'avoit pas encore eu d'enfants[1].

Le prince d'Orange, qui entretenoit de longue main des correspondances secrètes en Angleterre, fut averti fidèlement de tout ce qui s'y passoit[2], et prenoit ses mesures à l'avenant avec tant de dextérité, que son dessein ne fut connu que sur le point de s'exécuter, [quoiqu'il fallût qu'il préparât les matériaux de longue main et de pièces empruntées, n'ayant de son chef aucuns moyens pour l'exécution d'une si grande entreprise, si ce n'est son grand courage et une étendue d'esprit infinie].

Plusieurs conjonctures lui aplanirent beaucoup de difficultés. La Hollande avoit quantité de vaisseaux armés, l'Angleterre, depuis quelque temps, paroissant lui chercher querelle sous plusieurs prétextes, et principalement pour le commerce des Indes et le roi de Bantam[3]. Elle donnoit même retraite dans ses ports aux corsaires d'Alger, qui avoient été appelés dans l'Océan pour pirater sur les Hollandois ; ce qui leur por-

1. Il existe au British Museum une collection considérable des pamphlets publiés à cette occasion.

2. Néanmoins, au premier moment, ignorant l'état des esprits en Angleterre, il fit faire des prières pour son nouveau beau-frère.

3. La compagnie anglaise des Indes orientales se plaignait depuis longtemps du tort que lui causaient les établissements hollandais aux Indes, et notamment à Bantam et à Masulipatam, contrairement aux traités conclus, et Jacques II, dans le courant de 1688, exigea des satisfactions immédiates ; les États-Généraux cherchèrent à gagner du temps en arguant de la nécessité de se renseigner auprès de leurs agents.

toit un grand préjudice[1]. Mais, dans le temps que le roi d'Angleterre dressa son armée de terre et de mer[2], les États-Généraux, divisés entre eux, se réunirent par le moyen du prince d'Orange, qui leur remontra la conséquence de cette division, et que la bonne politique vouloit que, puisque les Anglois armoient et les menaçoient depuis longtemps, ils se missent promptement en état de n'être point surpris et de repousser la force par la force.

[Il arriva encore que le Roi, sur des prétextes assez légers, fit arrêter dans les ports de France plusieurs vaisseaux marchands hollandois. Le prince d'Orange se servit encore utilement de cette conjoncture près des États-Généraux, qui conclurent de redoubler l'armement de mer, et le pressèrent avec grande diligence; mais le prince d'Orange n'avoit encore fait là que le premier pas, et il retardoit de déclarer son secret, si nécessaire pour un bon succès, craignant que les États-Généraux ne s'opposassent à l'exécution de son entreprise dans l'incertitude de l'événement et la crainte que, s'il n'étoit pas heureux, ils ne s'attirassent sur les bras toutes les forces de France et d'Angleterre.] Aussi, sous d'autres prétextes, il se mit à préparer utilement les esprits en insinuant, tant par lui que par ses émissaires, [aux députés des États, et particulièrement à ceux de la ville d'Amsterdam, qui lui étoit contraire,] que les rois de France et d'Angleterre, étroitement unis ensemble, avoit conjuré la perte de la Hollande et de toute la religion protestante, et qu'il n'y avoit qu'une diligente précaution qui l'en pût

---

1. Lingard, *Histoire d'Angleterre*, t. XIV, p. 210.
2. Ci-dessus, p. 74-75.

garantir; qu'ainsi il étoit absolument nécessaire de mettre promptement en exécution les clauses de la ligue d'Augsbourg, et même de prévenir les deux rois, [tandis que l'un avoit les nouveaux convertis à redouter et toutes ses forces maritimes dans la Méditerranée, que celles du Turc étoient moins considérables à cause de la grande réforme qu'il en avoit faite à la paix, et que l'autre souverain s'étoit taillé de la besogne en Angleterre[1]].

Le prince d'Orange fut bien secondé par les ministres de l'Empereur et ceux d'Espagne, qui ajoutèrent qu'on voyoit bien, par ce qui se passoit à l'égard de l'électorat de Cologne et du cardinal de Fürstenberg, que le dessein étoit pris d'attaquer une seconde fois les Provinces-Unies du côté du Rhin, [qui étoit l'avenue la plus dangereuse, et dont le passé servoit de preuve,] afin de porter ensuite la guerre dans les États des princes protestants de l'Empire, afin de parvenir enfin à la monarchie universelle, ce qui étoit le but de la France.

Quand le prince d'Orange eut ainsi mis les affaires en mouvement, il en instruisit l'Empereur et le roi d'Espagne par le canal de l'envoyé Coloma[2] et du marquis de Gastanaga, gouverneur des Pays-Bas espa-

---

1. Les États votèrent la levée de neuf mille marins et l'armement de vingt vaisseaux; mais Guillaume d'Orange en fit réparer vingt autres sous main, et eut l'adresse d'obtenir que cette flotte serait réunie à Flessingue et à Willemstadt, deux ports où ils avaient une autorité presque absolue.

2. Manuel Coloma, connu plus tard sous le nom de marquis de Canalès, avait été envoyé d'Espagne à Gênes avant de venir en 1684 en Hollande; il jouera un rôle important au début du règne de Philippe V.

gnols[1], auxquels il avoit grande confiance, et il envoya M. Bentinck[2] prendre les dernières mesures avec l'électeur de Brandebourg[3].

Le comte d'Avaux, ambassadeur du Roi en Hollande[4], pénétra bientôt le but du grand armement qui s'y faisoit, et en donna avis au Roi, et sur-le-champ Louis XIV en fit part au roi d'Angleterre. Le monarque anglois répondit qu'il étoit bien informé que les Hollandois n'en vouloient pas à l'Angleterre, mais qu'il croyoit que leur dessein étoit de faire quelque descente sur les côtes de France pour soulever les nouveaux convertis et exciter une guerre civile dans le royaume. Le Roi ne prit point le change, et persista dans son premier sentiment, offrant du secours à celui d'Angleterre, qui le refusa. Tout ce que Sa Majesté put faire en cette occasion fut de déclarer aux États-Généraux que, les grands armements de la Hollande ne pouvant regarder que l'Angleterre, les liaisons d'amitié et d'alliance qu'elle avoit avec le roi de ce pays l'obligeoient à lui faire savoir que non seulement elle lui donneroit toute sorte de secours, mais qu'elle regarderoit comme une infraction de la paix et une

1. François-Antoine de Agurto, marquis de Gastanaga, eut en 1685 le gouvernement général des Pays-Bas espagnols, et en 1694 la vice-royauté de Catalogne; il mourut en 1702.
2. Jean-Guillaume, comte de Bentinck, était gentilhomme de la chambre de Guillaume d'Orange et son confident très intime; après la révolution d'Angleterre, il fut créé conseiller privé et comte de Portland, vint en France, comme ambassadeur, en 1698, et mourut en 1709.
3. Frédéric III (1657-1713), électeur en 1688, roi de Prusse en 1701.
4. Tome I, p. 300.

rupture ouverte avec sa couronne le premier acte d'hostilité de la part de leurs troupes ou de leurs vaisseaux contre son allié[1].

Peu de temps avant cette déclaration, le prince d'Orange avoit fait la revue de quinze ou vingt mille hommes des troupes hollandoises[2], et, les ayant ensuite fait marcher vers les ports[3], il revint à la Haye, où il découvrit son véritable dessein à quelques ministres des États qui lui étoient affidés, et qui s'employèrent à lui gagner leurs amis, en attendant que l'armement fût prêt. Il se rendit alors à l'assemblée des États-Généraux, et leur adressa un discours dont la substance étoit qu'ils avoient été émus à juste titre de tout ce qui s'étoit passé au sujet de l'électorat de Cologne depuis la mort du dernier électeur, et qu'ils en avoient inféré que la France avoit eu dessein de tenir l'Allemagne enchaînée afin de s'emparer plus facilement du reste des Pays-Bas espagnols et subjuguer les Provinces-Unies avec l'assistance du roi d'Angleterre, [qui avoit déjà mis sur pied des armées de terre et

---

1. C'est le 9 septembre 1688 que M. d'Avaux se rendit à l'assemblée des États-Généraux pour leur faire part des observations de Louis XIV : son discours fut résumé dans la *Gazette* (p. 466-467); voyez aussi *les Négociations du comte d'Avaux en Hollande*, publiées en 1752-1753 par l'abbé Mallet. L'ambassadeur d'Angleterre joignit ses représentations à celles du ministre de France, et tous deux remirent des mémoires, dont les États envoyèrent copie aux principales villes pour avoir leur avis.

2. Dès la fin d'août, presque toutes les troupes de la République avaient été réunies aux environs de Nimègue, et le prince d'Orange en passa la revue le 28 septembre (*Gazette*, p. 479, 491 et 502).

3. Les premiers échelons de troupes s'étaient embarqués sur la Meuse dès le 28 au soir.

de mer]. Il ajouta que, pour qu'on ne s'imaginât point que ce qu'il avançoit fût une fiction, il leur portoit en main une pièce authentique capable de convaincre les plus incrédules et de tourner tous leurs soupçons en certitude, et qui leur feroit connoître les mesures secrètes prises entre les deux rois pour l'exécution de leur projet [et la destruction entière de la religion protestante; mais que Dieu, qui en étoit le protecteur aussi bien que de leurs États, leur ouvroit un moyen sûr de conserver leur religion et leur liberté]. Cette pièce étoit un traité, feint ou vrai, qu'on disoit avoir été envoyé au prince d'Orange par la trahison du comte de Sunderland, ministre et secrétaire d'État du roi d'Angleterre[1].

Là-dessus, il leur déclara qu'il falloit commencer par délivrer l'Angleterre du papisme et de la servitude, que cette gloire étoit réservée à la Hollande, que toute la nation angloise l'en conjuroit par sa bouche, et qu'en reconnoissance d'un si grand bienfait tout le royaume se déclareroit pour la cause commune; que, pour lui, il étoit prêt de conduire en personne le secours qu'on demandoit et, se chargeant de cette grande affaire, d'exposer sa vie en ce rencontre,

---

1. Robert Spencer, comte de Sunderland (1641-1702), d'abord ambassadeur en France (1671), avait été une première fois secrétaire d'État en 1678, et l'était redevenu en 1682 ; il se maintint sous Jacques II, mais le trahissait pour le prince d'Orange, et celui-ci le récompensa en le nommant lord chambellan, puis lord chief-justice. — Il ne semble pas que Guillaume d'Orange ait présenté aux États une pièce qu'il ne pouvait croire authentique ; mais l'opinion d'un traité secret entre l'Angleterre et la France avait été la conséquence des déclarations de M. d'Avaux, et le prince exploita certainement cette croyance.

comme en tous les autres, pour la religion et le bien public[1].

Le discours du prince d'Orange et les pièces qu'il montra aux États-Généraux étant bien examinés dans cette assemblée, il fut remercié de son zèle, et l'expédition incontinent agréée. Peu de jours après, les États-Généraux publièrent un manifeste conçu à peu près dans ces termes[2] :

« Que les États-Généraux ont résolu d'assister le prince d'Orange de toutes leurs forces, lequel, après avoir été exhorté plusieurs fois, par les prières réitérées des personnes les plus qualifiées d'Angleterre, de vouloir bien s'opposer au gouvernement arbitraire que Sa Majesté Britannique a résolu d'introduire dans ce royaume, s'est déterminé à y passer pour sauver la religion anglicane, que Sa Majesté a aussi entrepris de détruire ; et, ces deux entreprises, contraires aux lois divines et humaines, et particulièrement à celles du royaume, étant sur le point de le bouleverser entièrement, le prince d'Orange, poussé par sa piété, qui ne lui permet pas de souffrir la ruine de la religion et le renversement d'un si bel État, prétend, avec la grâce de Dieu, faire assembler un Parlement libre où les suffrages partent du cœur, et non d'une injuste contrainte à laquelle on a voulu assujettir tous les

1. Guillaume ne manifesta nullement l'intention de détrôner son beau-père, mais seulement celle de sauver la religion anglicane et d'assurer l'élection d'un parlement indépendant.
2. Ce qui va suivre est le résumé du manifeste des États, qui fut publié à grand nombre d'exemplaires, et traduit en anglais, sous ce titre : « Résolution contenant les raisons qui ont mu Leurs Hautes Puissances d'assister de vaisseaux et de troupes Son Altesse passant en personne en Angleterre. »

membres avant seulement de les faire nommer; que cependant son dessein n'est pas de vouloir envahir le trône, ni de forcer les consciences, ainsi que les ennemis de la religion et de la liberté anglicane le voudroient persuader, ne prétendant apporter aucun changement légitime, mais seulement empêcher les suites funestes que les entreprises de Sa Majesté Britannique entraîneroient infailliblement; que le dessein du roi paroît manifestement dans l'alliance étroite qu'il a contractée avec Sa Majesté Très Chrétienne, laquelle témoigne assez, dans toutes les occasions, combien elle en veut aux Provinces-Unies, et dont, par conséquent, les moindres démarches doivent être suspectes; que, si on souffre qu'à son exemple Sa Majesté Britannique devienne absolue dans ses États, il n'y aura plus de sûreté pour elles; ainsi, qu'étant de leur intérêt que les choses y demeurent selon les lois fondamentales de l'État, et que la religion anglicane y soit conservée, elles espèrent que Dieu donnera un heureux succès au prince d'Orange. »

De son côté, ce prince publia un manifeste plus étendu, mais le même pour le fond, à la réserve qu'il y révoquoit en doute la naissance légitime du prince de Galles, dont il prétendoit que le Parlement d'Angleterre décidât[1].

Ensuite, ce prince prit congé des États-Généraux[2],

1. Ce second manifeste, rédigé par Burnet, était intitulé : « Déclarations de Guillaume-Henri, prince d'Orange..., pour justifier qu'il n'est entré en armes dans le royaume d'Angleterre que pour la conservation de la religion protestante et pour le rétablissement des libertés d'Angleterre... »
2. Le 26 octobre (*Gazette*, p. 578).

et leur laissa le prince de Waldeck[1] pour commander les troupes qui restèrent en Hollande. Celles qu'il fit embarquer avec lui étoient toutes choisies, et montoient à dix mille hommes de pied et quatre mille chevaux; le maréchal de Schönberg eut sous lui le commandement de cette armée. L'armée navale étoit composée de soixante-cinq vaisseaux de ligne, de dix brûlots et de quatre cent cinquante autres bâtiments de transport, de vivres et de débarquement, qui arborèrent tous le pavillon d'Angleterre et les armes du prince d'Orange, au-dessous desquelles on avoit placé cette devise : *Pro Deo et Libertate*[2]. Elle mit à la voile le 30 octobre 1688, avec un vent favorable; mais à peine fut-elle en pleine mer, qu'il s'éleva une furieuse tempête, qui dispersa cette prodigieuse armée, et la jeta dans le plus grand péril. A force d'art et de bonheur, elle vint relâcher vers les ports d'où elle étoit partie, à la réserve de quelques bâtiments, qui furent emportés vers le Nord et rejoignirent quelques jours après.

Le prince d'Orange, loin de se rebuter par un accident si fâcheux, et d'en tirer un mauvais présage, fit réparer avec une application et une diligence extrême les dommages causés par la tempête, et remit à la voile le 11 novembre, à l'entrée de la nuit. L'amiral Herbert[3],

1. Georges-Frédéric, comte de Waldeck-Wildungen, fait maréchal général des troupes impériales en 1682, reçut en 1688 le commandement de l'armée hollandaise avec le titre de maréchal de camp général, mais mourut en 1692.

2. « Pour la Religion et la Liberté », dit la *Gazette*, p. 640.

3. Arthur Herbert (1647-1716) était parvenu au grade de vice-amiral lorsqu'il fut élu membre du Parlement en 1685; ayant refusé de voter contre le test, il fut disgracié, passa en

qui avoit quitté le roi d'Angleterre pour se joindre au prince, conduisoit l'avant-garde, Ewertsen[1] la bataille, et lui l'arrière-garde. Ils rencontrèrent l'armée d'Angleterre, forte de quarante gros vaisseaux de guerre, [dans le plus étroit de la Manche], qui les laissèrent passer sans aucun obstacle, et, cette fois, la navigation fut si heureuse, que toute cette flotte arriva le 15 suivant à la rade de Darmouth et Torbay, et débarqua sans empêchement; car le roi d'Angleterre, qui ne s'étoit pas attendu d'être trahi par son armée de mer, avoit envoyé ses troupes de terre du côté du Nord et de l'Écosse, où le prince d'Orange avoit répandu le bruit qu'il vouloit débarquer, ce qu'il eût fait probablement, s'il n'avoit été assuré de la flotte angloise.

Dès que le roi d'Angleterre eut appris le débarquement du prince d'Orange, il passa, tout d'un coup, d'une extrémité à l'autre : au lieu de ce courage et de cette hauteur avec laquelle il s'étoit conduit, il tomba dans l'excès de la timidité. Ses premières démarches furent de rétablir l'évêque de Londres, de révoquer la commission qu'il avoit donnée à ceux qui composoient la chambre ecclésiastique, et de casser tout ce qu'elle avoit fait en vertu de cette commission. Il rétablit le collège de la Madeleine, fit fermer l'église de la Savoie, qu'il avoit donnée aux Jésuites, et toutes les églises et chapelles dont il avoit mis les catholiques

---

Hollande et se mit au service de Guillaume d'Orange. Après sa défaite à Beachy-Head en 1690, il dut se retirer et finit sa vie dans la retraite.

1. Corneille Ewertsen (1642-1706), était vice-amiral de Hollande depuis 1686; il obtint en 1691 le grade d'amiral de Zélande et le conserva jusqu'à sa mort.

en possession. Les vieilles chartes qu'il avoit ôtées aux villes leur furent rendues. En un mot, il détruisit en un tourne-main tout son ouvrage depuis son avènement à la couronne[1], et, pour assurer la naissance légitime du prince de Galles, que le prince d'Orange avoit attaqué dans son manifeste, il fit dresser par le chancelier un procès-verbal de toutes les circonstances de l'accouchement de la reine, qui fut signé de la reine douairière et de plusieurs seigneurs et dames qui y avoient assisté, comme il est de coutume en pareil cas[2].

Parmi tous ces troubles, les archevêques de Cantorbéry et d'York[3] vinrent lui présenter un mémoire signé de sept évêques et de neuf ou dix des plus grands seigneurs de l'État : ce mémoire[4] tendoit à demander la convocation d'un Parlement libre et régulier dans toutes les formes, afin, disoient-ils, de calmer les esprits et de prendre des mesures pour empêcher la désolation de l'État et garantir sa personne du péril qui le menaçoit. Ce prince, épouvanté, sans réfléchir à la conjoncture et aux conséquences, fit écrire aussitôt les lettres circulaires, et ce fut une espèce de bonheur pour lui que la révolution d'Angleterre fût si subite ; car, si le Parlement avoit eu le temps de s'assembler, il y a bien de l'apparence qu'il auroit commencé par lui faire son procès, tant les esprits étoient universellement irrités contre lui.

1. Ci-dessus, p. 73-74; voyez la *Gazette*, p. 642.
2. *Gazette*, p. 628.
3. John Lamplugh, d'abord évêque d'Exeter, venait de recevoir l'archevêché d'York quelques jours auparavant.
4. Macaulay, *Histoire d'Angleterre*, t. III, p. 270-272.

Le prince d'Orange, ayant achevé son débarquement, s'avança à Exeter, qui lui ouvrit ses portes[1]. Plusieurs villes lui envoyèrent des députés pour l'assurer de leur obéissance, et quantité d'Anglois le vinrent joindre. Il leur fit distribuer des armes, dont il avoit bonne provision. Ainsi, son armée s'augmentant à vue d'œil, il marcha au-devant de celle du roi d'Angleterre, qui l'avoit rappelée du Nord et d'Écosse[2], et s'étoit mis à sa tête; mais à peine eut-il fait une journée avec elle, qu'il retourna à Londres. Aussitôt les régiments de cavalerie de la princesse de Danemark sa fille[3], de Cornbury[4] et d'Oxford quittèrent l'armée royale et allèrent joindre celle du prince d'Orange[5]. Les colonels Warton, Godfrey[6], Beaumont[7] et plusieurs autres les suivirent et lui menèrent une partie de leurs régiments : de sorte que l'armée royale, qui avoit été de trente mille hommes, fut, en peu de jours, réduite

1. Le 7 novembre.
2. Elle s'assemblait à Salisbury.
3. Anne, fille de Jacques II et de sa première femme Anne Hyde, était née en 1664, avait épousé en 1683 Georges, frère de Christian V, roi de Danemark, et vivait avec lui en Angleterre; devenue reine à la mort de Guillaume d'Orange (1702), elle mourut en 1714.
4. Le vicomte de Cornbury était le fils aîné de lord Clarendon.
5. Macaulay, *Histoire d'Angleterre*, t. III, p. 266.
6. Charles Godfrey avait épousé vers 1668 Arabella Churchill, sœur du futur duc de Marlborough et maîtresse de Jacques II, dont elle avait eu le duc de Berwick; il devint sous Guillaume garde des joyaux de la couronne.
7. Jean Beaumont, très dévoué d'abord à Charles II et à Jacques II, résista opiniâtrément à l'introduction d'Irlandais dans le régiment du duc de Berwick, dont il était lieutenant-colonel; Guillaume lui donna le gouvernement du château de Douvres, et il mourut en 1701.

à la moitié. L'armée navale d'Angleterre se joignit aussi à celle de Hollande. Les ducs de Saint-Albans[1] et de Glocester[2], Churchill[3], Douvres[4] et plusieurs autres seigneurs vinrent trouver le prince d'Orange, et ce roi malheureux se vit encore abandonné du prince de Danemark son gendre, de la princesse sa fille, et de ceux mêmes qui étoient obligés de lui être plus fidèles par les bons traitements qu'ils en avoient reçus. Ayant appris que le prince d'Orange s'avançoit et avoit été reçu à Oxford avec de grandes acclamations, il jugea qu'il étoit perdu. Il députa au prince d'Orange pour tenter un accommodement ; mais, ayant appris que celui-ci n'y vouloit pas entendre, il fit embarquer secrètement la reine sa femme et le prince de Galles son fils, qui furent conduits en France par le comte de Lauzun[5]. Il s'em-

1. Charles Beauclerc (1670-1726), fils naturel de Charles II, avait reçu le titre de duc de Saint-Albans en 1684, et devint en 1698 gentilhomme de la chambre de Guillaume III.
2. Saint-Hilaire se trompe : il n'y avait pas alors de duc de Glocester, et le titre ne fut relevé qu'en 1689 pour le fils nouveau-né de la future reine Anne et du prince de Danemark.
3. Jean Churchill (1650-1722), d'abord page du duc d'York, qui le fit colonel, baron et pair d'Angleterre, passa néanmoins au prince d'Orange ; il devint par la suite le célèbre duc de Marlborough.
4. Henri Jermyn, baron Dover (1636-1708), était neveu du duc de Saint-Albans ; il s'attacha au duc d'York, devint pair d'Angleterre en 1685, membre du conseil privé en 1686, lord lieutenant du comté de Cambridge ; bien qu'il se fût rendu auprès de Guillaume, il passa néanmoins en France avec Jacques II, qui, lors de l'expédition d'Irlande (1690), le fit commissaire du Trésor ; il quitta le roi avant la bataille de la Boyne pour faire sa soumission à Guillaume III (lettre de Lauzun, 26 juin 1690, dans le vol. Guerre 961, n° 163), et vécut depuis dans la retraite.
5. La reine partit secrètement de Whitehall dans la nuit du

barqua, la nuit suivante, pour prendre la même route, accompagné seulement de deux ou trois domestiques[1]. Dès que son départ fut public, le duc de Northumberland[2], son capitaine des gardes, alla trouver le prince d'Orange avec sa compagnie. Soixante et quinze pairs, tant ecclésiastiques que séculiers, qui se trouvèrent ce jour-là dans Londres, lui firent une députation pour le supplier de venir incessamment dans cette ville délibérer avec eux sur l'état présent du royaume[3].

Dans cet intervalle, les apprentis de la ville y firent un grand désordre et rompirent les portes des églises et chapelles où le roi avoit fait dire la messe, et y mirent le feu. De là, ils pillèrent quelques maisons des catholiques et celles des ambassadeurs d'Espagne[4] et du grand-duc; et ce ne fut qu'avec la force qu'on les empêcha de faire de plus grands désordres[5].

Le vaisseau qui passoit le roi, ne pouvant s'aider de ses voiles faute de lest, et manquant de vivres pour le trajet, fut obligé de relâcher près de Feversham, afin de s'en pourvoir, et ce malheureux prince, qui

19 au 20 décembre, s'embarqua à Gravesend et arriva à Calais le même jour (*Gazette* de 1688, p. 704, et de 1689, p. 19).

1. *Ibidem*, p. 20; il emmenait avec lui son fils naturel le duc de Berwick.

2. Georges Fitzroy, troisième fils de Charles II et de la comtesse de Castlemaine (1665-1716), avait servi comme volontaire en France au siège de Luxembourg (1684); Jacques II lui donna une compagnie de ses gardes; en 1701, la reine Anne le fit connétable de Windsor, lieutenant général en 1709, et membre du Conseil privé en 1713.

3. *Gazette*, p. 20.

4. C'était Don Pedro Ronquillo; le lord maire lui offrit aussitôt une indemnité considérable, qu'il refusa avec mépris.

5. *Gazette*, p. 21.

ne se trouvoit en sûreté en aucun lieu, mit pied à terre avec ceux du vaisseau qui alloient à la provision. Quelques paysans, les ayant découverts, se mirent à les maltraiter et à les appeler papistes, jésuites, traîtres, etc., qui s'enfuyoient du royaume pour éviter le châtiment qu'ils avoient mérité. Le roi voulut les apaiser avec de l'argent; mais ils n'en furent que plus animés, et, étant prêts à en venir aux coups, on leur déclara que c'étoit le roi. Alors ils se jetèrent à ses genoux, lui demandant pardon, et le conduisirent dans leur village pour le réchauffer, car il avoit grand froid; mais, cette nouvelle y étant bientôt répandue, le maire survint, qui eut l'audace de s'assurer de sa personne. Il en donna incessamment avis au gouvernement de Londres, qui envoya au roi ses carrosses avec quelques gardes et deux ou trois seigneurs, pour le supplier de retourner à Londres[1]. Le roi leur fit beaucoup d'instances pour les obliger à lui laisser poursuivre son voyage, et, voyant qu'elles étoient inutiles, il monta en carrosse et se laissa conduire. Il rentra dans Whitehall le 26 décembre, avec les acclamations du peuple touché d'un reste de tendresse et de respect excité par la pitié. Il soupa en public, servi en la manière accoutumée, et reprit les fonctions de la royauté[2]; mais, apprenant, dès le même soir, que le prince d'Orange approchoit de Londres, il envoya au-devant de lui Mylord Feversham lui faire compliment et lui offrir le palais de Saint-James pour son logement. Ce Mylord fut aussitôt arrêté par l'ordre du prince, sur ce qu'il avoit licencié de son chef les restes de l'armée royale

---

1. Le récit de la *Gazette* (p. 12) est beaucoup moins détaillé.
2. *Gazette*, p. 22.

qu'il avoit commandée, sans en avoir rien communiqué à lui, prince, [qui étoit premier pair du royaume[1]]. Il envoya à Londres son régiment des gardes, [avec un autre], qui prirent poste au palais de Whitehall, où étoit le roi, et en firent retirer quelques gardes qui y étoient encore. Ils occupèrent aussi le palais de Saint-James, où le prince devoit loger. Ensuite, le comte de Solms[2], qui les avoit conduits, demanda une audience au roi, auquel il représenta, de la part du prince, le déplaisir qu'il avoit de tout ce qui s'étoit passé et l'embarras où il se trouvoit; que, d'un côté, il le regardoit comme un roi dont il avoit l'honneur d'être gendre et qu'il étoit obligé de conserver, mais que, de l'autre, il voyoit toute l'Angleterre animée contre lui à cause des mesures secrètes qu'il avoit prises avec la France pour renverser les lois du royaume et abolir la religion protestante [en Angleterre et en Hollande, ce qu'il ne pouvoit s'empêcher de manifester en original, afin de se justifier]. Après cela, il toucha quelques paroles des cabales et des intrigues prétendues qui s'étoient faites au sujet de la naissance du prince de Galles, ajoutant qu'il ne voyoit pas comment on pourroit le[3] soustraire à l'animosité d'un peuple et d'un Parlement irrités, quoiqu'il fût dans la résolution d'employer les derniers efforts pour l'en garantir, mais que, pour lui en donner le moyen, il lui conseilloit de se retirer à

1. C'était sur l'ordre du roi Jacques que M. de Feversham avait licencié l'armée (*Gazette*, p. 21).
2. Louis-Henri, comte de Solms, né en 1667, avait reçu un commandement dans les troupes du prince d'Orange; il fut le fondateur de la branche de Geilndorf.
3. Le roi Jacques, et non le prince de Galles.

Rochester, où il seroit le maître, en attendant qu'il pût calmer les esprits.

Le roi ne répliqua rien, et, comprenant ce que cela vouloit dire, il demanda ses carrosses et partit sur-le-champ pour Rochester, étant accompagné des Mylords Arran[1] et Dumbarton[2], et de quelques gardes du prince, qui avoient ordre de le laisser évader. Ce malheureux roi en profita bientôt et s'embarqua une seconde fois pour la France, où il arriva le 6 janvier 1689[3]. Le Roi lui donna asile, le traita et l'entretint en roi[4].

Le soir du même jour, 28 décembre, que le roi d'Angleterre sortit de Londres, le prince d'Orange y arriva en carrosse, accompagné du maréchal de Schönberg, qui étoit dans le même fond à sa gauche, et alla descendre au palais de Saint-James, où il fut reçu par les corps ecclésiastiques et séculiers avec une grande démonstration de joie, d'estime et de respect[5]. Quelques heures après, ce prince alla rendre visite à la reine douairière[6] et l'assura qu'il feroit ses propres

1. James Hamilton, comte d'Arran (1656-1734), chambellan du roi et lieutenant-colonel de cavalerie, se rallia par la suite à Guillaume d'Orange.
2. Georges Douglas (1636-1692) avait servi en France pendant le protectorat de Cromwell. Créé comte de Dumbarton en 1675, il avait commandé en chef l'armée d'Écosse en 1685, et passa en France à la suite de Jacques II.
3. Il débarqua le 4 au matin à Ambleteuse, et arriva à Saint-Germain le 7 au soir.
4. Sur la première réception de Jacques II par Louis XIV, voyez le *Journal de Dangeau*, t. II, p. 292, et les *Mémoires de Sourches*, t. III, p. 7-8.
5. Il y eut des feux de joie par toute la ville (*Gazette*, p. 23).
6. Catherine de Portugal (1638-1705), qui avait épousé Charles II en 1661; elle resta en Angleterre jusqu'en 1693,

intérêts des siens et qu'il prendroit soin de sa personne préférablement à tout autre. Le prince et la princesse de Danemark arrivèrent aussi à Londres et vinrent descendre chez le prince d'Orange. Cette visite se passa en compliments et en beaucoup de témoignages d'une amitié réciproque[1].

Voilà comme est arrivée cette fameuse révolution d'Angleterre, qui ne coûta point de sang, et j'en ai déduit toutes les particularités parce que je les ai crues dignes de remarque, et que je m'imputerois à faute d'avoir omis aucune des circonstances d'un événement si extraordinaire et si mémorable, [duquel chacun a jugé si différemment], et dont la France a senti le contre-coup ; car, aussitôt que le Roi sut positivement que le prince d'Orange passoit en Angleterre, il ne douta point qu'il n'y réussît, et en inféra que, dès que le nouveau gouvernement auroit pris une forme, cette puissance se joindroit à l'Empire, l'Espagne et la Hollande pour lui faire la guerre. Ainsi il résolut de la commencer le premier, afin de pourchasser ses avantages ; [mais on fut étonné qu'il commençât par l'Empire plutôt que par la Hollande, qu'il avoit menacée, et qui avoit causé directement la révolution d'Angleterre au moyen de l'assistance qu'elle avoit donnée au prince d'Orange.]

Mgr le Dauphin vint donc assiéger Philipsbourg à la fin du mois de septembre, avec une armée de plus de trente mille hommes, et prit cette place en peu de jours, malgré les pluies continuelles, parce

et retourna alors en Portugal, où elle exerça la régence pendant la maladie de son frère Pierre II.

1. *Gazette*, p. 23.

qu'elle fut mal défendue et que le gouverneur ne voulut pas risquer à une mauvaise capitulation l'argent qu'il y avoit amassé[1]. A son retour en Allemagne, il fut mis au conseil de guerre, et ne se seroit pas tiré d'affaire sans M. de Stahrenberg, qui avoit défendu Vienne[2], et dont il portoit le nom. Cet homme eut tant de déplaisir de la honte qu'il avoit reçue, qu'il se fit tuer la campagne suivante en Hongrie[3], [belle leçon pour apprendre que l'intérêt le plus particulier qu'un honnête homme puisse avoir est son honneur et son devoir].

M. du Bordage, maréchal de camp[4], fut tué au siège de Philipsbourg, qui d'ailleurs coûta fort peu de monde. De là, Monseigneur alla assiéger Heidelberg, Mannheim et Frankenthal. Ces places firent peu ou point de résis-

1. Philipsbourg fut investi le 28 septembre, et la tranchée ouverte le 10 octobre; la place se rendit le 30 (Quincy, *Histoire militaire*, t. II, p. 121-138; *Gazette*, p. 515-516, 526-528, 567-570 et 580-581). Les pièces relatives aux préparatifs de l'expédition et au siège lui-même sont dans les volumes Guerre 823-826 et 831-832.

2. Ernest-Rüdiger, comte de Stahrenberg, le défenseur de Vienne (ci-dessus, p. 21), était mort en mai 1687; il s'agit ici de son neveu Guidobaldo, comte de Stahrenberg (1657-1737), qui avait alors un commandement en Hongrie contre les Turcs, et que nous retrouverons par la suite.

3. Ce gouverneur était Richard, comte de Stahrenberg, qui était cousin germain du comte Guidobaldo; il fut tué, non pas l'année suivante, mais le 19 août 1691, au combat de Salankemen.

4. René de Montbourcher, marquis du Bordage, venait d'être fait maréchal de camp; il fut blessé grièvement le 19 octobre, et mourut quelques heures après. Zélé huguenot, il avait été arrêté en 1686 au moment de passer la frontière, et ne s'était converti qu'après plusieurs mois de prison.

tance[1], et Monseigneur retourna en France, après avoir soumis tout le Palatinat [et fait occuper les villes de Worms et de Spire].

D'un autre côté, le marquis de Boufflers, avec un corps séparé, prit Kaiserslautern, Mayence, Kreuznach et tous les petits postes sur le Rhin, excepté le château de Rheinfels[2] et Coblenz, qu'il fit bombarder[3].

Le maréchal d'Humières, avec un autre petit corps d'armée, se saisit de Trèves, et se rabattit sur Huy, où il laissa une bonne garnison, qui fit des courses pendant l'hiver dans la mairie de Bois-le-Duc, appartenant aux Hollandois, et en tira de grosses contributions[4].

Année 1689. — [Au commencement de cette année, le Roi fit une promotion de soixante-quinze chevaliers de son Ordre, où plusieurs des principaux officiers généraux furent compris, au grand regret des courtisans qui y prétendoient, et qui avoient accoutumé d'occuper ces places[5]. Il créa aussi de nouvelles rentes sur l'hôtel-de-ville de Paris, afin de suppléer au peu

---

1. Dépôt de la guerre, vol. 827, 828 et 832; *Histoire militaire*, t. II, p. 138-140.
2. A mi-chemin entre Mayence et Coblenz, près Saint-Goar.
3. La correspondance de Boufflers pendant toute cette campagne est dans les volumes Guerre 830 et 831.
4. Les lettres de ce maréchal sont dans le volume Guerre 822.
5. C'est la fameuse promotion du 31 décembre 1688. L'énumération des nouveaux chevaliers est dans le *Moréri*, dans le tome IX de l'*Histoire généalogique*, dans le *Journal de Dangeau*, etc. Parmi les principaux militaires qui reçurent l'Ordre, on peut citer les maréchaux de la Feuillade, de Bellefont, de Duras, de Lorge, d'Estrées et d'Humières, MM. d'Hocquincourt, de Boufflers, de Montclar, du Montal, d'Huxelles, de Tessé, de la Trousse, de Sourdis, de Calvo, etc.

d'argent qui étoit dans les coffres[1], et ordonna quantité de nouvelles levées[2]. Il fit aussi bâtir des forts et citadelles dans les villes et provinces du royaume où il y avoit le plus de nouveaux convertis[3], et donna toute son application aux affaires du dedans et du dehors, principalement à ce qui se pouvoit passer du côté d'Angleterre, dont je vais reprendre les affaires.]

Continuation des affaires d'Angleterre. — Le prince d'Orange ayant été reçu dans Londres de la manière que j'ai dit ci-devant[4], les seigneurs qui étoient en cette ville, et qui, de droit, avoient leurs voix au Parlement, s'assemblèrent plusieurs fois pour aviser à la forme du gouvernement; et, dans la dernière conférence qu'ils tinrent à Westminster au nombre de soixante-huit vocaux[5], [l'archevêque de Cantorbéry étant le président,] ils conclurent de concert d'offrir le gouvernement de l'État au prince d'Orange jusques à la tenue du prochain Parlement; douze d'entre eux furent députés pour lui faire ces offres[6].

Le prince leur répondit, avec une modération apparente, que cette affaire méritoit de grandes réflexions,

1. Deux édits d'août et de novembre 1688 créèrent chacun cinq cent mille livres de nouvelles rentes sur l'hôtel-de-ville.
2. Au total, vingt-trois mille hommes d'infanterie (le détail de la levée dans chaque généralité est donné par Dangeau, t. II, p. 227) et dix régiments de cavalerie. Dans l'été précédent, on avait déjà levé dix mille fantassins et cent soixante-douze nouvelles compagnies de cavalerie (vol. Guerre 830).
3. Notamment à Blaye, Saintes et Dôle (vol. Guerre 837).
4. Ci-dessus, p. 94.
5. Ce terme, qui n'était employé ordinairement en matière d'élection que dans certaines maisons religieuses, désignait ceux qui avaient le droit de donner leur voix et leur suffrage.
6. *Gazette*, p. 23.

et qu'il feroit savoir sa réponse dans trois jours. Ce n'est pas qu'il hésitât sur le parti qu'il avoit à prendre, et même qu'il ne l'eût déjà pris; mais il falloit, pour rendre cette assemblée authentique et selon les lois, que les seigneurs absents et les membres des Communes qui avoient été mandés y fussent admis.

Au bout de trois jours, il se trouva deux cent quarante vocaux dans l'assemblée, et l'on y déféra unanimement le gouvernement de l'État au prince d'Orange, qui l'accepta[1]. Incontinent après, il envoya ordre au nonce du Pape et à l'ambassadeur de France de sortir d'Angleterre dans deux fois vingt-quatre heures[2]. [Sur cela, il apprit que la cour de France prenoit occasion de la sédition des apprentis, dont j'ai parlé[3], pour débiter avec chaleur, dans les cours et États catholiques, qu'il étoit manifeste que le but de la confédération des princes protestants tendoit principalement à la ruine de la religion catholique, puisque même, sans avoir aucun égard pour le droit des gens et les personnes des souverains, la révolution de Londres avoit commencé par le pillage des maisons des ministres d'Espagne et de Florence et des catholiques; elle vouloit en inférer que la guerre qui se méditoit étoit pour cause de religion, et, par ce moyen, les empêcher d'entrer dans la ligue. Le prince d'Orange para ce coup en faisant indemniser grassement tous ceux qui avoient souffert quelque perte en ce désordre, et en

1. *Gazette*, p. 23 et 33, avec le texte de la réponse que le prince fit aux députés.
2. La *Gazette* dit seulement que M. Barrillon, ambassadeur de France, quitta Londres le 3 janvier.
3. Ci-dessus, p. 91.

déclarant qu'il prenoit les catholiques d'Angleterre sous sa protection.]

Cette affaire étant expédiée, il fut question d'assembler un Parlement qui fût légitime, et cela n'étoit pas sans difficultés ; car, selon les lois, il n'y a que les rois qui le puissent convoquer, et c'est en leur nom que les lettres circulaires s'expédient. Le prince d'Orange crut y suppléer en faisant convoquer ce Parlement sous le nom de Convention[1] ; [mais, comme ce n'est qu'un jeu de mots, et que le principe en est vicieux, il y a bien de l'apparence qu'il servira de prétexte, au premier retour, pour casser et annuller tout ce qui a été fait en conséquence[2]].

Tous les députés nommés pour la Convention, et les Seigneurs[3], s'étant rendus au jour marqué[4] dans la grande salle de Westminster, lieu ordinaire de l'assemblée du Parlement, le prince d'Orange y assista comme les rois ont coutume de faire, et représenta, dans le discours qu'il leur adressa, le grand zèle qu'il avoit toujours eu pour le bien de l'État, dont la preuve se tiroit de son industrie, de la grande dépense et des peines qu'il s'étoit données pour les tirer de l'oppression et de ce qu'il appeloit le papisme[5]. Il ajouta qu'ils

---

1. Ce fut sur l'avis des principaux jurisconsultes que les réunions séparées des Lords et des Communes adoptèrent ce subterfuge (*Gazette*, p. 33). On peut rapprocher ce nom de Convention du Covenant des Écossais.

2. Notre auteur, écrivant vers 1699 ou 1700, n'a pas encore perdu l'espoir de voir Jacques II remonter sur son trône.

3. C'est-à-dire les Lords.

4. C'était le 1er février.

5. La *Gazette* (p. 67-68) donna le récit de cette première séance.

le trouveroient toujours prêt à sacrifier sa vie pour leur procurer un calme heureux, mais aussi qu'il les prioit de prendre de justes mesures pour assurer le dedans et le dehors avec la diligence nécessaire à l'état présent des affaires, et de considérer le péril que l'on couroit à ne pas exécuter au plus tôt les résolutions qu'il y avoit à prendre.

Il fut remercié, selon la coutume, au nom des deux chambres, qui le prièrent d'être persuadé qu'elles ne manqueroient pas de résoudre promptement ce qui étoit le plus convenable aux intérêts particuliers et au bien commun du royaume. Voilà ce qui se passa en cette première séance; mais, dans les suivantes, la brigue du prince d'Orange fit mettre sur le tapis la grande question, savoir : si le trône étoit vacant ou non[1]. Les avis furent partagés : la chambre basse, pour mieux désigner l'évasion du roi et prouver que le trône étoit vacant, prétendoit se servir du terme d'abdication et découvroit par là ses vues pour le prince d'Orange; la chambre haute vouloit se servir du terme de désertion et soutenoit qu'on ne pouvoit dire que le trône fût vacant puisqu'il se trouvoit un successeur habile; que son intention, au surplus, n'étoit pas de porter préjudice au prince et à la princesse d'Orange, mais d'empêcher seulement que la monarchie héréditaire ne devînt élective.

Les opinions sur cette matière restèrent partagées pendant huit jours, au bout desquels la chambre des Seigneurs revint, à la pluralité des voix, au sentiment

1. Les correspondances de la *Gazette* racontent en détail toutes ces séances (p. 80-84 et 92-96); mais notre auteur a certainement utilisé aussi d'autres sources, anglaises ou hollandaises.

des Communes. On publia un acte qui portoit que, le roi Jacques II ayant renversé les lois du royaume et violé le contrat originel entre lui et le peuple [par le conseil des jésuites et autres mauvais conseillers et mal intentionnés, qu'ayant aussi violé les lois de l'État] en se retirant hors du royaume, il étoit clair qu'il avoit renoncé au gouvernement, et que le trône étoit vacant.

Après cette décision, il s'éleva d'autres disputes : les uns disoient que, le trône ayant été déclaré vacant, il falloit le remplir, et que ce ne pouvoit être qu'en y plaçant le prince et la princesse d'Orange, qui étoient les plus proches héritiers, puisque la nouvelle loi dressée en cette Convention en excluoit les catholiques; et les autres étoient seulement d'avis qu'on le confirmât régent jusques à ce qu'on eût le temps de mieux digérer une affaire de si grande conséquence, d'autant plus que, le roi Jacques ayant un fils proclamé et reconnu prince de Galles, on ne pouvoit donner atteinte aux droits de l'hérédité avant que la Convention, [ayant égard aux bruits qui couroient de sa supposition et à ce que le prince d'Orange en avoit allégué dans son manifeste,] n'eût statué sur cet article, et qu'on eût attendu que ce prince fût en âge et en liberté de déclarer sa religion.

Ceux qui ouvrirent ce conseil hardi étoient en petit nombre, et le firent plutôt pour l'acquit de leur conscience que par l'espérance d'y entraîner les autres, dont le grand nombre prévalut et les ramena bientôt à leur opinion. Ainsi il fut arrêté qu'il falloit remplir le trône puisqu'il avoit été déclaré vacant, qu'autrement ce seroit donner lieu à de nouveaux troubles et à des espérances continuelles au roi Jacques d'y remonter.

Élévation du prince et de la princesse d'Orange sur le trône d'Angleterre. — Les deux chambres furent réunies, et, s'étant rassemblées à Westminster le 16 février, elles passèrent l'acte de proclamation[1], qui portoit que, le roi Jacques ayant renoncé à la couronne en s'efforçant de détruire le gouvernement au préjudice des lois, et le sérénissime prince d'Orange, en vertu de l'autorité qui lui a été ci-devant conférée, ayant fait nommer les députés pour former cette Convention, la chambre des Seigneurs et celles des Communes protestent de s'attacher à la déclaration du prince de maintenir les lois et la religion, et consentent que le prince d'Orange et la princesse son épouse soient déclarés roi et reine d'Angleterre pendant tout le cours de leur vie; et, en cas que cette princesse vienne à mourir sans enfants, la couronne passera à la princesse de Danemark et à ses enfants, et, après eux, aux enfants du prince d'Orange, en cas qu'il en ait d'un second mariage, [ce prince ayant toujours, préférablement à tous, l'administration de l'État sa vie durant]. A ce titre de roi et de reine d'Angleterre sera ajouté celui de France[2] et d'Irlande, et la Convention, étant persuadée que le prince achèvera de sauver le royaume d'Angleterre, ainsi qu'il a si heureusement commencé, consent et désire que Leurs Altesses soient sans délai élevées sur le trône.

Cet acte étant conclu, les deux chambres députèrent au prince pour lui annoncer son exaltation et celle de la princesse sa femme. Alors il ne se souvint plus de

1. *Gazette*, p. 104-108.
2. Ce titre, souvenir de la guerre de Cent ans, a persisté dans le protocole de la chancellerie anglaise jusque dans le courant du xixe siècle.

la déclaration qu'il avoit faite par son manifeste de ne vouloir point envahir la couronne d'Angleterre et l'accepta; [mais je doute que ce trait puisse être bien loué par la postérité, malgré toutes les raisons politiques et les subterfuges qui ont été allégués, et le pourront être ci-après, pour couvrir la détronisation d'un roi par son gendre et sa fille, qui se seroient acquis une gloire immortelle s'ils s'étoient contentés de remettre les anciennes lois et les privilèges et libertés des Anglois en toute leur rigueur, et de retenir la régence de l'État, le roi l'ayant abandonné].

Le prince d'Orange, étant ainsi élevé sur le trône, en donna avis à la princesse sa femme, qui étoit demeurée en Hollande, et lui manda de se rendre incessamment en Angleterre[1]. A son arrivée, ils furent couronnés tous deux à Londres avec les solennités ordinaires et de grandes démonstrations de joie de la part des Seigneurs et du peuple[2].

Cette cérémonie fut suivie de la déclaration de guerre que l'Angleterre fit à la France, conjointement avec l'Empereur, toute l'Allemagne, l'Espagne et la Hollande. Les rois de Suède et de Danemark ne se déclarèrent pas ouvertement; mais ils envoyèrent douze mille hommes de leurs troupes à la solde des confédérés.

Cependant, presque toute l'Irlande, où il y avoit beaucoup de catholiques, tenoit encore pour le roi Jacques par le moyen du comte de Tyrconnel[3], un

1. Elle arriva à Londres le 22 janvier.
2. Le couronnement n'eut lieu que le 21 avril (*Gazette*, p. 213-214).
3. Richard Talbot, comte puis duc de Tyrconnel (1630-1691), avait longtemps lutté en Irlande contre les troupes de Crom-

des seigneurs du pays, qui y assembla une armée et occupa toutes les villes, à la réserve de quelques châteaux et de la ville de Londonderry, où plusieurs protestants se retirèrent et y tinrent pour le prince d'Orange.

L'Écosse, qui l'avoit reconnu pour roi, n'étoit pas tranquille. Le roi Jacques y avoit un parti considérable, et le duc de Gordon[1], qui en étoit le chef, tenoit le château d'Édimbourg, ville capitale, et ne vouloit point reconnoître le prince d'Orange. Toutes ces dispositions donnèrent un rayon d'espérance au roi Jacques, qui écrivit de belles lettres au Pape et aux princes catholiques pour leur demander quelques secours d'argent et leur persuader qu'il se trouvoit détrôné et fugitif de son royaume par son grand amour pour la religion catholique et la propagation de la foi. Le Pape, non plus que les autres, n'en fut point persuadé, et fit répondre sèchement au cardinal d'Este[2], qui lui avoit

---

well, s'était retiré ensuite en Espagne et avait servi sous Condé en 1656. Gentilhomme de la chambre du duc d'York à la restauration, il fut toujours le champion des Irlandais dans toutes les mesures prises contre eux; nommé vice-roi d'Irlande en 1685, il y organisa la résistance contre les Orangistes, et mourut à Limerick en août 1691, non sans soupçon de poison.

1. Georges Gordon, marquis Huntley, puis duc de Gordon (1643-1716), avait servi en France en 1674; créé duc en 1684, il joua un rôle très important dans les affaires d'Écosse, mais fit sa soumission à Guillaume d'Orange en 1690, et vécut depuis dans une retraite absolue.

2. Renauld d'Este (1655-1737), cardinal en 1686, était oncle de la reine femme de Jacques II; il résigna son chapeau en 1694 pour succéder comme duc de Modène à son neveu François II, mort sans enfants, et épousa une Brunswick-Hanovre.

présenté la lettre, que le roi Jacques étoit moins à plaindre dans son malheur, parce qu'il lui étoit arrivé par sa faute à cause de sa liaison trop étroite avec la France, qu'il avoit voulu prendre pour modèle dans la conduite de son État sans considérer que, de tout temps, les Anglois ont pris de grands ombrages des liaisons faites avec cette couronne et les ont condamnées comme des vues qui tendoient à détruire leur liberté et à leur imposer un joug arbitraire[1]; mais le plus fort de la réponse que le ressentiment du Pape lui laissa échapper étoit qu'il ne feignit pas d'ajouter que les attentats de la France sur l'Allemagne et sur l'Espagne, joints aux démêlés que le saint-siège avoit eus avec elle au sujet des franchises, avoient obligé l'Empereur, les princes de l'Empire et l'Espagne à s'unir avec la Hollande, et occasionné l'entreprise du prince d'Orange sur l'Angleterre. C'étoit bien la vérité; mais il me semble qu'un pape la devoit taire, surtout en un pareil rencontre. Du surplus, il s'excusa de le secourir d'argent en ce que la grande dépense qu'il avoit faite pour la guerre du Turc lui en ôtoit le moyen, et celle qu'il étoit encore obligé de faire pour l'augmentation de ses troupes et la fortification de ses places, excuse beaucoup plus politique que pieuse. La réponse de l'Empereur ne fut pas plus consolante; car, après lui avoir remis devant les yeux les mêmes choses, il s'excusa de lui donner aucune assistance et finit seulement sa lettre en priant Dieu de vouloir conduire le

---

1. Les *Mémoires de Sourches* (t. III, p. 497) donnent le texte d'un bref du Pape au roi Jacques, en date du 1er février, conçu en termes vagues, mais point du tout conformes à ce que dit ici notre auteur.

tout pour sa plus grande gloire et lui donner des consolations proportionnées à ses disgrâces.

Campagne d'Irlande. — Le roi Jacques ne laissa pas de passer en Irlande avec les secours de troupes et d'argent que le Roi lui donna[1]. Le prince d'Orange tenta inutilement de s'opposer à son passage, n'ayant pu assez promptement mettre un nombre suffisant de vaisseaux en mer pour empêcher le trajet; et, comme il étoit occupé en Angleterre, dans ce commencement de régne, à établir son gouvernement et à lui donner une forme convenable à ses desseins, il ne put envoyer d'armée en Irlande que dans l'automne, de sorte que le roi Jacques y eut beau jeu et prit Kilmore[2]; mais il échoua devant Londonderry, qui fut mal attaqué et très bien défendu : ce qui l'obligea de se retirer[3].

Le maréchal de Schönberg arriva en Irlande sur ces entrefaites, avec l'armée du prince d'Orange, qui y débarqua sans aucun empêchement[4]. Il s'empara d'abord de Coleraine, prit Carrickfergus et plusieurs petits postes[5], et se rendit maître de tout le nord de l'Irlande, où il fit hiverner ses troupes.

Le roi Jacques ne fut pas plus heureux du côté d'Écosse; car le château d'Édimbourg fut assiégé par les troupes du prince d'Orange et rendu par le duc de

---

1. Il s'embarqua à Brest le 7 mars et débarqua à Kingsale le 22.

2. Ce château du nord de l'Irlande, à peu de distance de Londonderry, fut enlevé dans les derniers jours d'avril.

3. *Histoire militaire*, p. 233-234; *Gazette*, p. 265-266, 286-287, 299, 339, 350, etc.

4. Il débarqua le 23 août, à Bangor.

5. *Gazette*, p. 459 et 471.

Gordon, qui fit sa capitulation[1]. Le vicomte Dundee[2], qui tenoit la campagne avec un petit corps de troupes en faveur du roi Jacques, fut tué en une rencontre[3]; ses troupes se débandèrent après sa mort, et ce parti devint si foible, qu'il ne s'est pas relevé depuis.

Campagne de mer. — Du côté de la France, on s'attendoit que les armées navales d'Angleterre et de Hollande feroient quelques entreprises vers les côtes ou vers la Guyenne, à la faveur des nouveaux convertis : c'est pourquoi le Roi envoya en cette province le maréchal de Lorge, avec une armée de douze à quinze mille hommes, qui y fut fort inutile; car celle des ennemis n'entreprit rien, et, après avoir croisé quelque temps vers Ouessant en Bretagne, elle alla dans les mers d'Irlande favoriser le passage de l'armée que le maréchal de Schönberg y conduisit.

Campagne d'Allemagne. — Les François avoient fait de grands ravages en Allemagne pendant l'hiver, et non seulement en avoient tiré de grosses contributions, mais, dans leurs courses, s'étoient plus servis du flambeau que de l'épée. Non contents d'un procédé si étrange, ils avoient brûlé entièrement les villes du Palatinat, celles de Worms, Linghen, Kreuznach et Spire,

---

1. Le 22 mai (*Gazette*, p. 328 et 336).

2. John Graham, vicomte Dundee (1649-1689), avait d'abord servi sous le prince d'Orange et combattu avec lui à Seneffe (1674); il avait eu une lieutenance dans les gardes du duc d'York en 1678, mais se consacra surtout à la défense des libertés écossaises.

3. Le vicomte se maintint pendant longtemps dans les montagnes, où il faisait une guerre de partisans; il fut tué le 6 août dans un combat contre le général Mackay (*Gazette*, p. 340, 343, 408, 421, 429).

et presque ruiné quatre électorats de l'Empire, afin d'en ôter la commodité à leurs ennemis[1]. Cette conduite attira tous les princes d'Allemagne dans le parti de l'Empereur, si bien qu'il eut le moyen d'envoyer une grosse armée sur le Rhin, quoique le traité de paix qui se ménageoit entre lui et le Turc eût été rompu sur la nouvelle que ce dernier reçut de la rupture entre les François et l'Empire.

Cette armée étoit composée de trente mille hommes des troupes impériales, de dix mille Saxons, [d'autant de Hessiens], et de vingt-quatre mille hommes des troupes tant de l'électeur de Bavière que des Cercles, le tout sous le commandement de M. de Lorraine. Outre tous ces armements, l'électeur de Brandebourg se mit en campagne vers le Bas-Rhin avec une armée de vingt mille hommes; mais, avant que ces forces fussent assemblées, on eut le temps de pourvoir à Bonn et Kayserswert, et le maréchal de Duras entra dans le Palatinat avec une armée de près de quarante mille hommes, d'où il chassa quelques troupes de Bavière et des Cercles qui avoient voulu établir des postes dans les masures des places du Palatinat. Le brûlement recommença, et dura jusques à ce que les Impériaux se fussent mis en campagne[2]. Leur armée, s'étant assemblée aux environs de Francfort, marcha droit au

1. C'est pendant l'hiver de 1688 et le printemps de l'année suivante qu'eurent lieu les incendies du Palatinat. Spire ne fut détruite qu'en mai 1689 par le maréchal de Duras. Les correspondances relatives à ces exécutions se trouvent dans les volumes 829, 871 et 873-876 du Dépôt de la guerre.

2. Voyez les correspondances des volumes Guerre 877 et 878. Les 17 et 22 juin 1689, l'intendant de la Fond raconte la destruction de Worms, Spire et Oppenheim (vol. 877); dans le

Rhin, sur lequel elle jeta des ponts, et investit Mayence le 17 juillet[1].

Siège de Mayence par les Impériaux. — Le marquis d'Huxelles[2], lieutenant général, homme fort à la mode dans ce temps-là et favori du ministre[3], commandoit dans la place et y avoit ajouté, pour la rendre moins mauvaise, tous les ouvrages de fortification que le temps et la situation du terrain avoient pu permettre[4]. Il avoit dix à douze mille hommes, choisis entre la meilleure infanterie du royaume, et plusieurs officiers majors, créatures de M. de Louvois, pour agir sous ses ordres. Il ne manquoit dans la place ni vivres ni argent, il y avoit beaucoup de canons et de munitions de guerre; mais la quantité de poudre n'y étoit pas tout à fait proportionnée; [mais le ministre ne le voulut pas; je le sais de M. de la Frezelière, qui avoit eu ordre de lui de munir cette place, et qui lui proposa

volume 884, les pièces 4, 39 et 71 *bis* sont relatives à l'incendie de Baden, d'Hildesheim et des villages environnants.

1. L'armée impériale se dirigea vers le Rhin; mais, pendant plus de trois semaines, ses mouvements incertains, et parfois contradictoires, firent douter des intentions de M. de Lorraine (vol. Guerre 877, lettres de MM. d'Huxelles, de Duras, de Chamlay, etc., 20, 23 et 25 juin, 7 et 8 juillet). Le 22 et le 24 juillet, le maréchal de Duras annonça l'investissement de la place.

2. Nicolas de Laye du Blé (1652-1730) avait été fait lieutenant général dans la promotion de 1688; il devint maréchal de France en 1703.

3. *Mémoires de Saint-Simon*, éd. Boislisle, t. XI, p. 36-45 : « Il devint l'homme de M. de Louvois, à qui il rendoit compte, et qui le mena vite. »

4. Voyez ses lettres des premiers jours de juin dans le volume Guerre 877.

d'y en envoyer davantage, quand on en avoit tout le temps[1].

Les Impériaux ouvrirent la tranchée le 22 juillet[2]; toutes les approches leur furent disputées dans les règles de l'art, et avec toute la valeur et la vigilance possible. Le feu du canon et de la mousqueterie de la ville, qui ne cessoit de tirer jour et nuit, leur causa grand dommage et leur tua bien du monde. Malgré ces obstacles, les tranchées se trouvèrent presque assez avancées, le 6 septembre, pour attaquer les dehors de la place, qui faisoient sa principale défense. Les ennemis sortirent de toutes parts de leurs lignes parallèles et vinrent en plein jour attaquer le chemin couvert avec tant d'acharnement, que presque toute leur infanterie, soutenue d'un corps de cavalerie, y combattit pendant plus de trois heures; mais les François soutinrent cet assaut avec tant de science et de valeur, qu'ils conservèrent leur terrain, et que les Impériaux furent obligés de se retirer après avoir fait seulement deux logements sur le glacis. La perte fut grande de part et d'autre, mais incomparablement plus du côté des Impériaux, qui perdirent aussi plusieurs officiers généraux[3].

---

1. Saint-Hilaire va renouveler ci-après, p. 113, en les précisant, ces accusations contre Louvois.

2. Guerre, vol. 877, 24, 29 et 31 juillet. — Toutes les minutes de Louvois relatives au siège de Mayence sont dans le volume Guerre 886, et celles qui lui furent adressées dans les volumes 877, 883 et 885; il y a un journal du siège dans le *Mercure* de novembre, et les correspondances de la *Gazette* (p. 380-482) sont aussi à consulter, ainsi que l'*Histoire militaire* par Quincy, t. II, p. 174-204.

3. C'est le 6 septembre qu'eut lieu cette attaque; le récit

Cependant M. de Duras avoit reçu ordre de repasser le Rhin et de marcher à M. de Lorraine pour le combattre et le forcer de lever le siège[1]. Il fit savoir au marquis d'Huxelles le jour qu'il comptoit arriver en présence des Impériaux (cette circonstance est précise). Ainsi, on avoit lieu d'espérer que Mayence seroit secourue, et on en attendit l'événement, quand on apprit que le marquis d'Huxelles avoit capitulé[2] sans avoir soutenu une seconde attaque, ni attendu ce que feroit l'armée, qui n'étoit plus qu'à deux marches des Impériaux[3].

Cette nouvelle surprit tout le monde, et les excuses du marquis d'Huxelles furent mal reçues[4]. Il eut beau dire, pour sa justification, qu'il lui avoit été impossible

---

s'en trouve dans une lettre de M. du Plessis à Louvois (vol. Guerre 884, n° 22) et dans une autre lettre envoyée de Strasbourg (n° 54); à la première est joint un état des officiers allemands tués et blessés (n° 23).

1. Le Roi et Louvois avaient décidé cette manœuvre malgré les objections présentées par Chamlay (longue lettre du 4 septembre, vol. Guerre 884, n° 13), et aussi par le maréchal de Duras (n° 14); le 12 septembre, alors qu'on ignorait encore à Versailles la reddition de la place, le Roi écrivait au maréchal de hâter sa marche (n° 56).

2. La place capitula le 8 septembre; sur les trois derniers jours du siège et la reddition de la ville, on peut voir les relations et lettres du volume 884 du Dépôt de la guerre, n°s 30, 36, 37, 46, 47, 49, 55, 70, 109 et 110; le n° 40 est un état nominatif des officiers de la garnison tués et blessés pendant le siège.

3. M. de Duras était parvenu à Stolhofen; quand il apprit la capitulation, il écrivit au Roi qu'il ramenait ses troupes en arrière (*ibidem*, n° 49).

4. C'est M. de Barbezières que le marquis d'Huxelles envoya pour porter au Roi la capitulation (*Dangeau*, t. II, p. 472).

de tenir plus longtemps, parce que l'assaut qu'il avoit soutenu avoit tant consommé de poudre, que, bien loin d'en avoir pour résister à un second qu'il attendoit d'un moment à l'autre, à peine lui en restoit-il assez pour capituler; il ajoutoit que presque tous les mousquets de son infanterie avoient crevé à cause du grand feu qu'elle avoit fait, ou à cause de leur mauvaise qualité[1]. Les plus clairvoyants ne donnèrent point là-dedans, et disoient que le marquis d'Huxelles avoit prouvé en ce siège qu'il savoit également commander et obéir : l'un, parce qu'il avoit défendu sa place dans toutes les règles de la science militaire; et l'autre, parce qu'il l'avoit rendue dans le temps limité par le ministre, qui craignoit sa chute, et avoit besoin d'un mauvais événement pour se rendre plus nécessaire et rattraper tout son crédit[2].

1. Dangeau dit, le 14 septembre : « M. de Duras avoit envoyé un cuirassier dans Mayence pour avertir M. d'Huxelles qu'il avoit ordre du Roi de le secourir. Le cuirassier est entré et ressorti, et a rapporté un billet de M. d'Huxelles, qui lui mande qu'il a été obligé de capituler parce qu'il n'avoit plus de poudre et que tous les mousquets étoient crevés. » Voici le billet de M. d'Huxelles au maréchal (vol. Guerre 884, 8 septembre) : « L'homme qui m'a rendu vos lettres du 2 et du 3 sur le même papier est venu trop tard; car, n'ayant reçu aucune lettre de la cour ni des vôtres de tout le siège, et ne me restant plus de poudre et de mousquets que ce qu'il m'en falloit pour disputer une capitulation, j'avois envoyé des otages à l'armée ennemie, et j'en avois reçu des leurs, quand il est arrivé. J'ai cru même que, ne me restant pas assez de munitions pour attendre le temps que vous me marquez, je ne devois faire nul incident à la capitulation qui étoit proposée. Je sortirai dimanche matin d'ici avec toute la garnison, pour aller à Landau, où j'arriverai le vendredi ou samedi suivant. HUXELLES. »

2. Saint-Hilaire se rencontre ici avec Saint-Simon (*Mémoires*,

Pendant le siège de Mayence, l'électeur de Brandebourg avoit pris Kayserswert[1], et de là étoit venu devant Bonn, où commandoit M. d'Asfeld, maréchal de camp[2], qui avoit une garnison de six à sept mille hommes[3]. L'Électeur, ne se sentant pas assez fort pour emporter la place de vive force, la fit bombarder furieusement et convertir le siège en blocus[4]. Il se donna plusieurs petits combats entre ses troupes et la garnison, qui faisoit de fréquentes sorties, en l'une desquelles l'Électeur courut risque de la vie ou d'être fait prisonnier; mais, dès que Mayence fut rendue, M. de Lorraine lui envoya un renfort de troupes[5], avec lesquelles il com-

éd. Boislisle, t. X, p. 348, 430 et 594-597), et il est certain que ce fut alors une opinion assez courante. Camille Rousset a essayé de la réfuter (*Histoire de Louvois*, t. IV, p. 256-257 et 384-387).

1. Quincy, *Histoire militaire*, p. 157; vol. Guerre 889, n°ˢ 139, 151, 156 et 158. La tranchée fut ouverte le 19 juin, et la ville se rendit le 25; le commissaire Broichot accusa M. Marcognet, qui y commandait, de s'être mal défendu (sa lettre au ministre, n° 159).

2. M. d'Asfeld avait été créé maréchal de camp dans la promotion de l'année précédente; nous allons le voir mourir à la fin du siège : ci-contre, p. 115.

3. Vol. Guerre 889, n° 8, demande de munitions par M. d'Asfeld; n° 28, rapport de l'ingénieur Lalande sur l'état des fortifications.

4. La place fut investie le 20 juillet, et M. de Brandebourg, après l'avoir fait bombarder pendant trente-six heures les 24 et 25 juillet, essaya ensuite de la réduire par la famine; le 12 septembre, la tranchée n'était pas encore ouverte (vol. Guerre 884, n° 67). Les correspondances relatives au siège sont dans les volumes Guerre 877, 884, 886, et surtout 889, n°ˢ 168, 171-190, 193-206, 211-217.

5. Le duc de Lorraine y vint en personne (vol. Guerre 884, n°ˢ 100-102).

mença le siège dans les règles et prit la place[1], qui fut vaillamment défendue par la garnison et par M. d'Asfeld, qui y fut tué[2]. Par le moyen de cette prise, les François furent totalement expulsés de l'électorat de Cologne, dont le prince Clément de Bavière devint entièrement le maître.

Le marquis de Boufflers, qui commandoit une petite armée sur la Moselle, harcela de tout son pouvoir celle de l'électeur de Brandebourg pendant qu'elle fut devant Bonn, et passa au fil de l'épée cinq ou six cents hommes qu'il avoit jetés dans la petite ville de Kochem[3].

Campagne de Flandres. — La campagne de Flandres

---

1. La tranchée fut ouverte le 24 septembre, la contrescarpe emportée le 9 octobre, et la ville capitula le 10 (vol. 884, n°s 140, 141, 156-160, 169, 180). La copie de la capitulation est dans le volume 889, n° 209; après le départ de la garnison, les malades et les blessés restés dans la ville furent indignement traités par les Allemands (vol. 889, n° 231 *bis*, lettre de quatre capitaines blessés à M. de Louvois).

2. Blessé dangereusement le 9 octobre, il mourut dix jours plus tard. Le sieur Proust écrivait à Louvois le 21 octobre (vol. 884, n° 163) : « M. d'Asfeld arriva le 18 au soir à Aix-la-Chapelle, avec une escorte de quinze cavaliers et un lieutenant. Il se portoit assez bien de sa blessure; mais, ayant été surpris de convulsions la même nuit, il est mort le lendemain, à dix heures du matin. Sa blessure étoit fort grande, dans le gros de la cuisse, au-dessous de la hanche; il a été mal pansé. » Le marquis de Boufflers lui rendit ce témoignage (vol. 889, n° 225) : « La perte de M. d'Asfeld est très grande; c'étoit un sujet de beaucoup de mérite et de distinction. Les deux frères, qui sont dans les dragons, sont fort dignes des grâces et des bontés du Roi. »

3. Vol. Guerre 883 et 884, lettres de Boufflers; un état des prisonniers fait à Kochem est dans le volume 884, n° 26. Cette petite place, sur la Moselle, entre Trèves et Coblenz, fut emportée le 26 août (*Histoire militaire*, p. 206-209).

ne fut pas plus favorable à la France. Le prince de Vaudémont, mestre de camp général des Espagnols, força les lignes d'Espierres et tira de grosses contributions du Tournaisis et de la châtellenie de Lille. Le maréchal d'Humières, qui commandoit l'armée de France, fit une tentative sur celle de Hollande, qui ne lui réussit pas. Ces deux armées, à peu près d'égale force, après divers mouvements, se trouvèrent campées assez près l'une de l'autre en deçà de la Sambre, séparées toutefois par la petite rivière d'Heuse. Un jour que les Hollandois étoient au fourrage, le maréchal d'Humières voulut les inquiéter et fit pousser les fourrageurs fort vivement : ce qui donna l'alarme au camp ennemi, d'où plusieurs troupes s'ébranlèrent pour favoriser la retraite de leurs gens qui étoient poursuivis. Les généraux ennemis jetèrent de l'infanterie dans la petite ville de Walcourt[1], et l'on vint dire au maréchal d'Humières qu'il seroit aisé de l'y forcer[2]. Un gentilhomme du pays, qui se trouva présent, assura qu'il y avoit plusieurs brèches aux murailles de cette place. Le crédule maréchal, sans la faire reconnoître davantage et sans penser que les ennemis tenoient, au moyen de leur armée qui étoit en bataille, une communication avec Walcourt qu'il ne pouvoit leur ôter, ni même leur donner un combat général, à cause des

1. Sur la Sambre, dans la province actuelle de Namur.
2. Sur la malheureuse affaire de Walcourt (25 août 1689), on peut voir les lettres du maréchal d'Humières et de l'intendant Dugué de Bagnols, avec un état nominatif des officiers tués et blessés (vol. Guerre 888, n°s 38 et 194), et celles de MM. de Villars, d'Artagnan et d'Escures (vol. Guerre 891, n°s 44, 81 et 222); l'*Histoire militaire*, p. 160-165; la *Gazette*, p. 433-434; l'*Histoire de Louvois*, t. IV, p. 218-220, etc.

grands défilés qui séparoient les deux armées et du poste avantageux que celle des ennemis occupoit, fit marcher ses meilleurs corps d'infanterie droit à cette ville. Les généraux hollandois y jetèrent de nouvelles troupes, qu'ils rafraîchirent tant qu'ils voulurent, et le combat devint fort inégal; car ceux-ci faisoient un très grand feu à couvert des murailles, tandis que les François s'en approchoient à découvert, et qu'ils étoient encore battus par le canon de l'armée ennemie. Cela ne les empêcha pas d'arriver au pied des murailles; mais ils les trouvèrent hautes, bonnes, et sans aucune des brèches qu'on leur avoit promis. Ils essuyèrent pendant plus d'une grosse heure, dans cette situation, le grand feu de l'ennemi, sans lui pouvoir faire aucun mal. Enfin, tout bien considéré, le maréchal fut contraint de laisser les Hollandois dans Walcourt et de se retirer dans son camp de Bossut, après avoir perdu quantité de bons officiers et des soldats, notamment du régiment des gardes et de celui de Champagne[1]. Le bailli Colbert, qui en étoit colonel, fut tué[2], ainsi que le marquis de Saint-Gelais, maréchal de camp de jour[3]. [Cet exemple doit apprendre aux généraux qu'il

---

1. Les gardes françaises eurent sept officiers tués et dix-neuf blessés, Champagne quatre tués et dix-sept blessés; il y eut en tout cent cinquante tués et deux cent quatre-vingt-quatre blessés (vol. Guerre 888, n° 205, et 891, n° 82 *bis*).

2. Antoine-Martin, dit le bailli Colbert, commandeur de Boncourt, avait le grade de brigadier depuis l'année précédente; blessé le 25 août, il mourut le 2 septembre. C'était le quatrième fils du ministre.

3. Charles de Lusignan, marquis de Saint-Gelais, était maréchal de camp depuis l'année précédente; il se trouvait auprès du maréchal d'Humières, lorsqu'un boulet de canon le renversa.

ne faut se fier au rapport d'autrui qu'après l'avoir bien examiné soi-même.]

Les ennemis décampèrent quelques jours après cette action, pour aller repasser la Sambre à Charleroy et se poster le long de cette rivière, leur centre vis-à-vis la petite ville de Châtelet. Le maréchal d'Humières vint camper au village de Gerpinnes, qui n'est qu'à deux lieues de là. Il lui prit envie d'aller canonner les Hollandois dans leur camp. Il fit marcher son armée, et la mit en bataille vis-à-vis du camp de l'ennemi, sur les hauteurs qui bordent la Sambre. Son artillerie fut postée avantageusement; mais les ennemis, avertis de son dessein, s'étoient précautionnés et avoient disposé leur artillerie de manière que la canonnade du maréchal ne réussit pas et que ses troupes reçurent plus de dommage qu'il n'en put causer à l'ennemi[1]. Il revint le soir du même jour dans son camp de Gerpinnes, et, comme la saison étoit déjà avancée, les armées n'entreprirent plus rien et ne cherchèrent qu'à subsister commodément en attendant le temps d'entrer en quartiers d'hiver.

Campagne de Catalogne. — Le Roi eut aussi cette année une petite armée en Catalogne, sous le duc de Noailles, gouverneur de Roussillon. Ce général prit

---

1. Vol. Guerre 888, n°ˢ 47 et 48, lettres du maréchal d'Humières; vol. 891, n° 227, lettre de M. d'Escures, et, n° 305, lettre intéressante de M. du Metz, lieutenant de l'artillerie : il y eut douze cents coups de canons tirés; on consomma 6,100 livres de poudre, près de 1,200 boulets de divers calibres, 200 livres de plomb, 300 livres de mèche; de plus, une pièce de quatre creva et six affûts furent détériorés. Le maréchal annonça seulement trois tués et une dizaine de blessés.

Campredon[1] et quelques autres postes au commencement de la campagne; mais les Espagnols, étant accourus avec des forces supérieures, le contraignirent de se retirer en Roussillon et de leur abandonner ses petites conquêtes[2].

[Le pape Innocent XI mourut à Rome au mois d'août[3], et Sa Majesté perdit en sa personne un implacable ennemi. Il est vrai qu'on ne le ménagea guère; mais aussi, quoique père commun, il poussa sa partialité bien loin. A cela près, il eut toutes les qualités convenables à son caractère, ce qui fut cause que les Romains ne l'aimèrent guère durant sa vie, et le voulurent béatifier après sa mort, lui attribuant plusieurs miracles, que je ne prétends pas contester[4]. Au moins est-il certain qu'il en fit un bien avéré, qui est celui de se faire regretter par les protestants.]

L'hiver ayant mis fin aux actions militaires, on songea de part et d'autre à se mettre en état de faire de grands efforts la campagne suivante. La France mit sur pied quantité de nouvelles troupes, afin d'agir à l'offensive, et l'Empereur, ayant perdu une bataille en Servie, pendant l'hiver, contre le Turc[5], tâcha inuti-

---

1. Le 23 mai (*Histoire militaire*, p. 215-218).
2. Sur la campagne de Catalogne, voyez les volumes 899 à 901 du Dépôt de la guerre.
3. Le 12 août, après une assez longue maladie (*Gazette*, p. 381, 393, 406, 417 et 441-442).
4. *Mémoires de Saint-Simon*, éd. 1873, t. XII, p. 110; *Mémoires de l'abbé Le Gendre*, p. 87; *Instructions aux ambassadeurs à Rome*, t. I, p. 360. Philippe V demanda sa béatification à Clément XI, puis à Benoît XIV; mais il n'y fut pas donné suite (Rohrbacher, *Histoire de l'Église*, t. XI, p. 93-94).
5. A Kasaneth, en Albanie, le 1er janvier 1690.

lement de renouer avec lui les négociations de paix; à son défaut, il ménagea, conjointement aves ses alliés, un traité secret avec le duc de Savoie, qui alors étoit fort mécontent de la France, ou plutôt des hauteurs du ministre. Ce prince s'engagea à joindre ses forces à celles d'Espagne dans le Milanois et aux troupes que l'Empereur et le prince d'Orange promirent de lui envoyer pour le mettre en état d'entrer dans le Dauphiné et d'en faire la conquête[1].

Année 1690. — Le Roi, qui eut connoissance de ce traité, envoya un corps de troupes vers Pignerol, sous M. de Catinat, lieutenant général, pour tâcher de faire revenir le duc[2]; mais, comme ce général étoit créature du ministre, qui vouloit une bonne guerre par les raisons ci-dessus dites en l'article de Mayence[3], il se laissa amuser par le duc, qui trouva moyen de temporiser jusques à ce que les troupes impériales approchassent du Milanois; alors, il leva le masque et fit une bonne guerre, qui causa une grande diversion et fut fort coûteuse. J'en parlerai en son lieu.

Campagne d'Allemagne[4]. — L'électeur de Bavière eut, cette année, le commandement de l'armée impé-

1. Le véritable traité d'alliance ne fut signé que le 4 juin de l'année suivante (Du Mont, *Corps diplomatique*, t. VII, 2ᵉ partie, p. 266).

2. *Histoire militaire*, p. 282. Louis XIV adressa alors aux diverses chancelleries un manifeste intitulé : « Raisons qui ont obligé le roi de France à envoyer une armée en Savoie » (*Corps diplomatique*, t. VII, 2ᵉ partie, p. 244).

3. Ci-dessus, p. 113.

4. Les correspondances relatives à la campagne d'Allemagne en 1690 sont dans les volumes 935, 936, 974, 976 et 980 du Dépôt de la guerre.

riale sur le Rhin, à la place du duc de Lorraine, qui venoit de mourir de maladie[1], et dont la perte fut universellement regrettée : il étoit grand homme de bien et passoit pour le plus habile capitaine de son temps[2]; l'Empereur y perdit beaucoup. Pour en revenir à M. de Bavière, quoiqu'il fût encore fort jeune, il s'étoit acquis, dans la guerre de Hongrie, le renom d'un excellent général plein de valeur et de vigilance. Les Allemands, sous sa conduite, se promettoient de faire de grandes choses et d'enlever au moins deux ou trois places pendant cette campagne. Le Roi lui opposa Mgr le Dauphin à la tête d'une armée de cinquante mille hommes, choisis parmi ses meilleures troupes, commandés par de bons officiers généraux[3]. Il ouvrit la campagne avant M. de Bavière, parce que les troupes allemandes, selon leur coutume, viennent tard à leur rendez-vous. Ainsi, quand ce prince eut assemblé son armée, il fut obligé de songer plutôt à couvrir le pays qu'à entreprendre. Il arriva encore que l'électeur de Saxe[4], qui devoit joindre l'armée impériale avec ses troupes, voulut agir séparément et ne point recevoir les ordres de M. de Bavière : de sorte que celui-ci fut dans la nécessité, avant que de s'ébranler, de les laisser derrière le Necker pour couvrir le Palatinat, quoiqu'il n'eût pas besoin pour cela d'un corps si considérable. Il tint aussi dix à douze mille hommes vers

---

1. Charles V, duc de Lorraine, mourut le 18 avril 1690.
2. *Mémoires de Saint-Simon*, éd. Boislisle, t. IV, p. 334, note 7.
3. La composition de son armée, avec la liste des officiers généraux, est donnée par le marquis de Quincy dans son *Histoire militaire*, p. 274-275.
4. Jean-Georges III (1647-1691).

Rheinfelden, afin d'obliger Monseigneur à une diversion et lui donner jalousie du côté des Suisses, qui, pour mieux se faire valoir, sembloient incliner pour le parti des confédérés : ce qui détermina Monseigneur d'envoyer le marquis d'Huxelles vers Huningue, avec sept à huit mille hommes. Cependant il se tint avec l'armée aux environs de Landau, qui n'étoit pas encore fortifié, étant dans l'incertitude si les ennemis passeroient le Rhin au-dessous de Philipsbourg et viendroient assiéger cette place, ou s'ils remonteroient le long de ce fleuve. Dès qu'il sut qu'ils prenoient ce dernier parti, il décampa de Landau, vint passer le Rhin au Fort-Louis[1], et, s'étendant au delà, il se mit en posture de barrer le pays à l'ennemi et de le combattre au moindre jour qu'il en trouveroit.

Les deux armées furent pendant quelque temps si près l'une de l'autre, qu'on attendoit à tous moments des nouvelles d'une grande action ; mais, de la manière qu'elles se postèrent toujours, elles ne purent rien entreprendre de toute la campagne, et se retirèrent à la fin sans avoir rien fait que se surveiller et chicaner le terrain. Ainsi toutes les espérances que les confédérés avoient conçues de ce côté-là s'en allèrent en fumée.

Campagne de Flandres. — La campagne fut plus vive en Flandres, et, avant qu'elle commençât, il se passa une petite action où les François eurent du dessous. Les Espagnols, aidés de quelques troupes hollandoises qui avoient hiverné dans leurs places, voulurent empêcher leur pays de contribuer, et, pour cela,

---

1. Le 16 août (*Histoire militaire*, p. 278).

avoient fait relever les quais de leurs rivières et construire de distance en distance, principalement le long de la Sambre, de petits forts qui se donnoient la main les uns aux autres, et qui étoient soutenus par les garnisons de leurs places. Malgré ce bon ordre, M. de Watteville, maréchal de camp[1], très brave et galant homme, eut ordre de faire contribuer le comté de Namur. Il se mit en chemin avec un assez gros détachement de cavalerie et d'infanterie, avec lequel il passa la Sambre et emporta la redoute de Floreffe[2]; puis, s'étendant un peu dans le pays, il fit mettre le feu à quelques maisons; mais le prince de Barbançon, gouverneur de Namur[3], en étant averti, fit tirer trois coups de canon pour avertir les garnisons voisines, et en même temps envoya un gros détachement de la sienne sous le baron de Bressey, sergent-major de bataille[4], pour s'opposer aux François. Cet officier, qui étoit fort entendu et connoissoit parfaitement le pays, s'avança vers Floreffe à dessein de couper M. de Watteville et lui ôter le passage de Floreffe, jugeant bien qu'il n'oseroit percer plus avant dans un pays où il

---

1. Louis du Fossé de la Motte, comte de Watteville, devint lieutenant général en 1693.
2. Sur la rive droite de la Sambre, à quelques kilomètres ouest-sud-ouest de Namur.
3. Octave-Ignace de Ligne-Arenberg, prince de Barbançon (1640-1693), était mestre de camp général des troupes espagnoles aux Pays-Bas; il avait le gouvernement de Namur depuis 1674; il sera tué à Nerwinde.
4. Claude de Bressey de Belfrey, comte de Bressey, était ingénieur au service de l'Espagne; il passa à celui de France en 1691, obtint presque aussitôt le grade de maréchal de camp (1693), devint lieutenant général en 1696, et mourut en février 1704.

étoit découvert et où il pouvoit être accablé d'une heure à l'autre par les garnisons voisines. En effet, M. de Watteville commença à faire retraite quand il apperçut les troupes du baron de Bressey, qui chargea vigoureusement son arrière-garde, la mit en désordre et, continuant à pousser son avantage, fit repasser fort brusquement la rivière à M. de Watteville et à son détachement[1], [qui y perdit quelques officiers et soldats tués[2] et, outre cela, plusieurs prisonniers, parmi lesquels étoient le sieur de Cerisy, lieutenant-colonel du régiment de Condé, qui fut aussi fort blessé, deux capitaines de cavalerie et quelques subalternes].

La saison de commencer la campagne étant arrivée, le maréchal-duc de Luxembourg, qui eut le commandement de la principale armée, assembla ses troupes à Leuze, dans le voisinage d'Ath; leur nombre étoit d'environ trente mille hommes. Quelques jours après, il alla passer l'Escaut au village de Pottes et fut camper à Deynze sur la Lys : ce qui obligea les troupes espagnoles, qui s'assembloient pour se joindre aux Hollandois, de changer de dessein et de se venir poster derrière le canal de Bruges, [aux environs de Gand, afin de couvrir cette partie de leur pays, sur laquelle ils crurent qu'on avoit quelque dessein]. M. de Luxembourg, qui avoit de toutes autres vues, décampa de Deynze dès qu'il apprit que l'armée hollandoise, sous M. de Waldeck, s'ébranloit pour commencer la cam-

1. Lettres de MM. de Watteville, de Gournay, de Vignau et du Rozel, 6 et 7 avril, dans le volume Guerre 946, n°s 22, 27, 29, 176 et 170.

2. M. de Langallerie, lieutenant-colonel des dragons du Dauphin, se noya, et M. de Barrière, capitaine au régiment de Normandie, fut tué.

pagne, et résolut de la combattre à quelque prix que ce fût, avant que les troupes espagnoles et les autres qui leur devoient encore venir l'eussent pu joindre. Il laissa donc huit ou dix mille hommes au maréchal d'Humières pour couvrir la Flandre françoise et amuser les Espagnols du côté de la Lys et du canal de Bruges, et, avec tout le reste de ses troupes, il vint camper au village de Gerpinnes, où presque toutes les troupes et l'artillerie de l'armée du marquis de Boufflers, qui étoit dans le Luxembourg, le joignirent dès le même soir[1].

L'armée se mit en marche et arriva le lendemain matin sur les bords de la Sambre, vis-à-vis du château de Froidmont[2], qui étoit au delà, et que les ennemis gardoient avec cent dragons. Les gués de la rivière, dont les bords sont élevés, étoient rompus, difficiles et défendus par des redoutes de terre gardées par des détachements d'infanterie de la garnison de Namur et par quelques paysans armés. Les grenadiers de l'armée, qui avoient marché à la tête avec deux régiments de dragons, se mirent d'abord à escarmoucher vigoureusement contre ceux qui tenoient les redoutes; se jetant ensuite dans la rivière, ils la passèrent et les leur firent abandonner. La tête de l'armée arrivant alors avec les pontons de cuivre, on les lança à l'eau pour former incessamment des ponts, et en même temps on raccommoda les gués autant qu'il fut possible, et on fit passer deux brigades de cavalerie pour tenir les hauteurs au delà et couvrir le passage. Ensuite on

1. Le 27 juin.
2. Sur la rive gauche de la rivière, dans la commune actuelle de Moustier-sur-Sambre.

battit le château de Froidmont avec du canon, et ceux de dedans furent faits prisonniers de guerre[1].

Cependant, M. de Luxembourg fut averti, par les partis qu'il avoit envoyés sur les ennemis, qu'ils arrivoient dans la plaine de Fleurus, où ils se tenoient en bataille, et qu'ils avoient détaché un corps de cavalerie pour le venir reconnoître. Sur cet avis, ce général fit vitement passer la Sambre à la gendarmerie, qui fut suivie de toute l'armée, et envoya ordre aux deux brigades de cavalerie les premières passées de marcher en avant et de charger tout ce qu'elles trouveroient en leur chemin. Elles rencontrèrent près du village de Velaine[2] le comte de Berloo[3] avec quinze cents chevaux, et l'attaquèrent si vigoureusement, que ses troupes prirent la fuite après un petit combat; le comte de Berloo y fut tué. M. de Webenum, lieutenant général des Hollandois, recueillit les fuyards à un défilé où il s'étoit avancé avec un plus grand corps pour soutenir celui de Berloo, et fut bientôt chargé et rompu par la gendarmerie, qui étoit accourue avec toute l'ardeur possible, suivie de toute la cavalerie de la droite. Ainsi, le général hollandois n'eut d'autre ressource qu'une prompte fuite[4], et ses escadrons

1. Lettre du maréchal de Luxembourg, vol. Guerre 942, n° 79, 30 juin.
2. Velaine-sur-Sambre, à l'est du bourg de Fleurus et à vingt kilomètres ouest de Namur.
3. M. de Berloo, Flamand au service d'Espagne, avait d'abord commandé un régiment, puis obtenu le grade de sergent général de bataille; il y a une notice sur lui dans les *Comptes rendus de la Commission royale d'histoire de Belgique*, 3ᵉ série, t. X, p. 352.
4. Vol. Guerre 942, n° 80.

furent repoussés jusqu'à la ligne de son armée, dont M. de Luxembourg, qui se trouva là, eut le temps de considérer la situation; mais, comme on étoit au déclin du jour, et que son infanterie n'avoit pu suivre, il ramena sa cavalerie à Velaine, où toute son armée campa cette nuit.

Bataille de Fleurus. — Le lendemain, dès le point du jour, l'armée marcha droit à Fleurus, et, quand on fut à la vue de l'ennemi, la tête de l'armée fit une petite halte, et la ligne se forma, tirant sur la droite, la gauche laissant le bourg de Fleurus devant elle. Pendant ce temps-là, M. de Luxembourg considéroit attentivement la situation de l'ennemi, et, quand il l'eut bien remarquée, il aima mieux suivre le dessein périlleux de prendre ses derrières avec sa droite que de l'attaquer par son front; je vais en donner l'intelligence[1].

La plaine de Fleurus peut avoir en tous sens environ trois quarts de lieue de travers. Les ennemis y couvrirent leur droite d'un petit ruisseau et l'ap-

1. Saint-Hilaire était à Fleurus, et il y commandait en second l'artillerie; c'est donc en témoin oculaire qu'il va parler. On peut comparer à son récit ceux de la *Gazette*, p. 313-314, 343-347 et 349-360, du marquis de Quincy, *Histoire militaire*, t. II, p. 250-268, des *Mémoires de Sourches*, t. III, p. 498-506, des *Mémoires de Feuquière*, t. III, p. 262-267, du comte de Ségur, *le Tapissier de Notre-Dame*, p. 177-201, la relation du volume supplémentaire du *Mercure* de juillet, par Donneau de Vizé, qui fut aussi imprimée à part. Les correspondances et relations manuscrites sont dans les volumes Guerre 942 et 952-954; les lettres du maréchal de Luxembourg des 3, 5 et 7 juillet (vol. 942, n°s 82, 88 et 91) et une de Guiscard, du 7 (vol. 952, n° 36), sont les plus intéressantes; il y a un plan de la bataille en tête du volume 942 et dans l'ouvrage de Quincy.

puyèrent au village d'Heppignies[1] et à quelques bois qui sont du côté du midi, et leur gauche au château de Saint-Amand[2], qu'ils laissèrent un peu devant eux. Tout ce front étoit couvert, savoir : la droite et une partie du centre, par un ruisseau qui dérive du bourg de Fleurus et dont les bords sont élevés et peu accessibles; il va se décharger dans la Sambre près le château de Froidmont, après s'être fort écarté dans la campagne. La droite des ennemis étoit aussi couverte devant leur flanc d'une prairie molle qui joignoit d'un côté le village d'Heppignies et de l'autre approchoit le bourg de Fleurus, que les ennemis n'occupèrent pas. Du côté de leur gauche, il y avoit un autre ruisseau qui prend sa source près du château de Saint-Amand et tombe dans celui de Fleurus, sous le feu du mousquet des ennemis. Les rives en étoient aussi fort difficiles et se trouvoient bordées de leur côté par de bonnes haies, des jardinages, quelques maisons, et le château de Saint-Amand, qui fermoit la gauche. Les ennemis avoient posté beaucoup d'infanterie dans ce dernier front et le protégeoient de leurs lignes et de leur canon.

M. de Luxembourg, ayant pris son parti, laissa la gauche de l'armée sous M. de Gournay[3], vis-à-vis de Fleurus, en deçà du ruisseau, afin qu'elle fût plus en sûreté pendant le mouvement qu'il vouloit faire et

1. A l'est de Fleurus.
2. Saint-Amand-la-Chaussée, au nord de Fleurus.
3. Jean-Christophe, comte de Gournay, capitaine de cavalerie en 1652, avait eu le grade de maréchal de camp en 1678 et celui de lieutenant général en août 1688; il va être tué dans la présente bataille de Fleurus (ci-après, p. 135).

qu'elle couvrît aussi les ponts de la Sambre et les bagages de l'armée, qui y étoient sous la garde du corps de réserve. Se mettant ensuite à la tête de l'armée, il la fit marcher un peu en arrière, à colonne renversée, pour lui faire passer le ruisseau de Fleurus sur des ponts qu'il fit faire hors de la portée de l'ennemi, près du château de Saint-Martin [1]. Quand on eut passé le ruisseau, M. de Luxembourg se mit à chanter un air de l'opéra, qui commence par ce vers :

Sangaride, ce jour est un grand jour pour vous [2];

et, ayant pris ses deux ailes de cavalerie, au lieu de les mener sur une grande campagne élevée qui se présentoit, pour arriver sur le front de l'ennemi, il les fit couler hors de sa vue tout le long d'un fond qui se rencontra, et, par ce moyen, il arriva dans ses derrières sans être aperçu, jusqu'à ce qu'il parvînt contre la cense de Chassard [3], où il se mit en bataille, y appuyant sa droite. Pendant ce temps-là, l'infanterie passoit le ruisseau et s'avançoit sur le flanc des ennemis pour joindre M. de Luxembourg par sa droite, et s'étendoit aussi de gauche pour joindre M. de Gournay, qui traversa alors le ruisseau de Fleurus, mais qui étoit encore séparé de l'infanterie par celui de Saint-Amand.

M. de Waldeck, général des Hollandois, eut alors beau jeu ; car il n'avoit qu'à faire charger M. de Gournay, qui, se trouvant séparé du reste de l'armée, ne

1. Au nord de Fleurus.
2. Vers du premier acte d'*Atys*, opéra de Quinault.
3. M. de Luxembourg remonta au nord vers Boignée, puis sur Ligny, et atteignit la ferme ou château de Chassard, en arrière de Saint-Amand.

pouvoit en être secouru. S'il l'eût battu, comme il y a bien de l'apparence, il enfermoit l'armée de France dans le pays ennemi, prenoit ses ponts sur la Sambre et tous ses bagages, et lui ôtoit absolument les moyens de se retirer; mais le bonheur voulut que ce général ne s'en avisa pas, et que, au lieu de cela, il dégarnit beaucoup ses ailes droites pour en former une nouvelle ligne, qu'il envoya pour couvrir en retour ses derrières et s'opposer aux ailes droites de l'armée de France. Il fit faire aussi un petit mouvement en arrière à sa gauche, afin qu'elle se joignît à cette ligne et que son flanc fût couvert. Cependant, le canon faisoit grand feu de part et d'autre, mais celui des François avec plus de succès, parce qu'il étoit posté de manière qu'il prenoit presque toutes les lignes des ennemis par le flanc[1].

Il étoit environ une heure après midi quand la gauche, ainsi que l'avoit ordonné M. de Luxembourg, commença le combat. Alors il s'avança à l'ennemi avec ses deux ailes droites, et le renversa absolument à la première charge. L'infanterie de la droite entra dans la plaine au-dessus du ruisseau de Saint-Amand, et celle de la gauche chercha à le passer devant elle, et combattit quelque temps l'ennemi, qui vouloit s'y opposer. Notre aile gauche eut un peu de désavantage, et M. de Gournay y fut tué; mais, s'étant remise, elle fut chargée une seconde fois par les ordres de M. de Waldeck, qui connut alors de quelle consé-

1. Il y a dans le volume 952 du Dépôt de la guerre des Réflexions de M. de Guiscard sur la tactique des ennemis à Fleurus; voyez aussi ce que dit Feuquière dans ses *Mémoires*, t. III, p. 262-267.

quence il étoit de faire les derniers efforts pour la rompre. Mais il n'étoit plus temps; car toute sa gauche et son centre étoient dans un grand désordre. M. de Luxembourg, après avoir battu et dissipé toute la gauche de la cavalerie des ennemis, qui ne put se rallier du reste de la journée, arrivoit, par les derrières, sur celle de la droite, qui prit aussitôt la fuite, à la réserve de quelques escadrons qui se rallièrent. L'infanterie se trouva abandonnée dans la plaine par toute la cavalerie. Au lieu d'en perdre courage, elle ne songea plus qu'à bien combattre, pour en gagner l'autre extrémité et tâcher de faire retraite; mais elle eut bien à souffrir, car elle avoit en tête toute l'infanterie françoise, qui étoit entrée dans la plaine, et un grand corps de cavalerie qui la serroit de près. Cependant elle montroit un courage invincible; et, comme les mouvements ne se faisoient plus avec justesse, et que les bataillons des deux partis étoient dispersés dans la plaine, il se faisoit des combats particuliers, que les Hollandois soutenoient avec toute la valeur imaginable. Trois ou quatre de leurs bataillons se trouvèrent dans la plaine, séparés des autres et hors d'état de les pouvoir joindre : ils se firent une espèce de retranchement avec des chevaux de frise portatifs dont leurs soldats étoient munis; ils y enfermèrent deux petites pièces de canon et résolurent d'y tenir ferme et de ne recevoir aucun quartier. Ils furent bientôt enveloppés de plusieurs bataillons et escadrons, contre lesquels ils se défendirent jusqu'à la dernière extrémité. Ils furent forcés à la fin, et presque tous tués sans perdre leurs rangs. On sauva la vie à plusieurs officiers, qu'on fit prisonniers de guerre. Cinq ou six autres de ces bataillons, en voulant se retirer, gagnèrent la chapelle Saint-Fiacre[1], le jardin et un petit taillis qui la joint. Là ils tinrent ferme devant un gros corps d'infanterie et de cavalerie, et essuyèrent assez longtemps le feu de quatre pièces de canon, qui tiroient, pour ainsi dire, à bout portant, et emportoient des rangs entiers. M. de Luxembourg, qui se rencontra en cet endroit, voulant sauver les restes de ces braves gens, leur fit crier de mettre les armes bas, et qu'ils auroient bon quartier; mais ils n'en voulurent rien faire, et aimèrent mieux se faire tailler en pièces.

Il restoit une ligne des ennemis de douze à quinze bataillons et de quelques escadrons, laquelle tenoit toujours ferme, et, en se retirant, faisoit des décharges par rang sur la ligne des François qui lui étoit opposée, et qui la pressoit fort; faisant ensuite demi-tour à droite, elle marchoit une centaine de pas en arrière, puis elle faisoit demi-tour à gauche, et recommençoit les mêmes décharges. La cavalerie, prenant le temps que celle de France en étoit ébranlée, la chargeoit et la mettoit hors d'état d'aider à rompre cette infanterie, qui continuoit sa retraite, se retournant à mesure qu'elle se sentoit pressée, et se resserrant avec une intrépidité merveilleuse lorsque des coups de canon la rompoient et emportoient des rangs entiers. A la fin, ils attrapèrent l'extrémité de la plaine; le reste de leur cavalerie se jeta à bride abattue dans les bois, et cette valeureuse infanterie se mit en colonne et prit le même chemin, en coulant le long des haies du village

1. Cette chapelle était à quelques centaines de mètres au nord d'Heppignies.

d'Heppignies. Elle souffrit encore beaucoup du canon des François, qui ouvroit entièrement les bataillons de leur arrière-garde et les mettoit en fuite : de manière que je crois que, si, dans ce temps-là, un corps de cavalerie se fût trouvé à portée et l'eût chargée, elle eût été défaite malgré tout le bon ordre que M. de Waldeck lui-même et quelques-uns de ses officiers généraux apportoient en cette retraite, qui n'a presque point eu sa pareille dans un aussi grand désordre. C'est une louange due à M. de Waldeck et à la fermeté de cette brave infanterie, qu'on laissa aller sans l'inquiéter davantage, car toute l'armée étoit fort fatiguée et de la longueur et de l'âpreté du combat, qui dura jusques à sept heures du soir. La cavalerie françoise se trouvoit considérablement diminuée par ceux qui avoient été tués ou blessés par le grand feu de l'infanterie ennemie, [joint à cela que plusieurs s'étoient débandés pour le pillage, et que ceux qui s'étoient mis en devoir de secourir et d'emmener les blessés n'étoient pas revenus au combat, ainsi qu'il arrive toujours en pareilles occasions, où la charité a la moindre part].

M. de Luxembourg fut averti que M. de Vaudémont arrivoit des environs de Gand avec quatre mille chevaux, à dessein de joindre l'armée hollandoise. Ainsi il craignit qu'on ne le rencontrât, si on la poussoit plus longtemps, et qu'il n'altérât sa victoire, qui devint encore plus complète; car, après la fin du combat, on trouva dans les haies de Saint-Amand quatre ou cinq mille hommes d'infanterie des ennemis, qui, s'étant trouvés coupés dès le commencement du combat, n'avoient pû rejoindre le gros de leur armée. On leur fit mettre les armes bas, et on les prit à discrétion. On en usa de même à l'égard de mille hommes qui étoient dans le château de Saint-Amand, [et qui voulurent se faire battre le reste de la soirée par le canon, espérant s'échapper pendant la nuit; mais on leur ferma si bien les passages, qu'ils ne purent en venir à bout et furent forcés de se rendre à discrétion le matin suivant].

L'armée campa la nuit sur le champ de bataille, et en partit après la réduction du château de Saint-Amand, pour retourner dans son camp de Velaine. Elle emmena avec elle quarante-huit pièces de canon prises sur l'ennemi, cent cinquante chariots à porter des munitions, plusieurs pontons[1], beaucoup d'armes, cent cinquante drapeaux ou étendards, et neuf mille prisonniers, parmi lesquels il y avoit quatre cents officiers de tous grades, excepté qu'il ne s'en trouva point de généraux.

Il demeura environ sept mille morts sur le champ de bataille, dont il y eut à peu près deux mille François. Le nombre des blessés fut grand de part et d'autre[2]; plusieurs des Hollandois périrent dans les chemins en se retirant : tellement que cette armée, qui étoit de trente-cinq à trente-six mille hommes avant la bataille, et d'égale force à celle de France, se trouva réduite à la moitié lorsqu'elle se rassembla derrière Bruxelles, où elle alla camper.

1. Saint-Hilaire envoya au ministre un état des quarante-neuf pièces de canon prises avec cinq pontons de fer-blanc (vol. Guerre 954, n° 20).

2. Il y a des listes très détaillées des blessés français dans le volume Guerre 958.

Les principaux officiers hollandois qui furent tués étoient un prince de Saxe-Mersbourg[1], un comte de Styrum[2], un comte de Nassau[3], le baron de Heide[4], et d'autres que je ne me rappelle pas. Du côté des François : M. de Gournay, lieutenant général, dont j'ai déjà parlé, et qui étoit un excellent officier et un grand homme de bien ; M. du Metz[5], autre lieutenant général, qui commandoit l'artillerie de l'armée de M. de Luxembourg. Il fut tué dans un bataillon des ennemis, qu'il prit pour un bataillon françois, et où il alla demander du monde pour aider à servir le canon qui en manquoit. La conformité des habillements et la manière dont on étoit mêlé fut cause de cette méprise ; et, pour qu'elle n'eût plus lieu désormais, on a mis des banderoles de taffetas blanc aux hampes des drapeaux et aux lances des étendards, pour qu'on se reconnût mieux. Pour en revenir à M. du Metz, c'étoit un très brave homme et un bon serviteur du Roi : à la vérité, il étoit un peu trop chaud dans l'action ; mais il avoit mille bonnes qualités qui réparoient ce défaut avantageusement[6].

1. Philippe, prince de Saxe-Mersbourg, né en 1657, était mestre de camp dans les troupes de Lünebourg.
2. Il appartenait à une branche de la maison de Limbourg.
3. Adolphe de Nassau-Dillembourg, troisième fils du prince de ce nom, était né en 1673.
4. Sergent de bataille dans les troupes hollandaises.
5. Pierre-Claude Berbier du Metz, qui avait toujours servi dans l'artillerie, avait été nommé lieutenant général dans la promotion de 1688.
6. Saint-Hilaire demanda la place de M. du Metz ; on trouvera à l'Appendice des lettres qu'il écrivit en cette occasion au ministre.

M. de Villarceaux[1], les deux frères Soyecourt[2], le comte de Sceaux, colonel du régiment de Champagne et fils de M. Colbert[3], Bartillat, mestre de camp de cavalerie[4], et plusieurs autres furent tués, ainsi qu'un assez grand nombre de lieutenants-colonels, de capitaines et d'officiers subalternes, avec MM. de Jussac et Janvry[5], gentilshommes de M. le duc du Maine, qui se signala fort en cette journée, quoique fort jeune[6].

1. Charles de Mornay, marquis de Villarceaux, était capitaine des chevau-légers du Dauphin depuis 1677.
2. Jean-Maximilien de Belleforière, marquis de Soyecourt, colonel du régiment de Vermandois depuis mars 1689, et son frère Adolphe, chevalier de Soyecourt, qui avait été nommé capitaine des gendarmes du Dauphin au mois de mai de la présente année, étaient les derniers de la maison de Belleforière.
3. Charles Colbert, dit le comte de Sceaux, avait remplacé son frère le bailli (ci-dessus, p. 117) à la tête du régiment de Champagne.
4. Nicolas Jehannot de Bartillat avait succédé à son père comme colonel d'un régiment de cavalerie de son nom; il était neveu du garde du Trésor royal.
5. Claude, comte de Jussac, avait été écuyer de la duchesse d'Orléans, puis gouverneur des deux Vendôme, avant de remplir la même fonction auprès du duc du Maine; il était devenu premier gentilhomme de sa chambre. — M. de Janvry appartenait à une famille de Picardie et avait été capitaine de chevaulégers avant d'être attaché au duc du Maine.
6. M. de Luxembourg fit son éloge dans sa lettre du 3 juillet (vol. Guerre 942, n° 82). D'ailleurs, il lui procurait les occasions de se distinguer, tout en prenant des précautions excessives pour sa sûreté. Voici ce qu'il écrivait au ministre, le 11 juillet : « Je fais ce soir un grand plaisir à M. du Maine. J'espère qu'il prendra demain les fourrageurs de Charleroy, s'ils sortent. Ils sont en assez bon nombre, à cause de la grande quantité d'équipages. Il aura tout ce qu'il faut pour n'être point exposé, et j'ai fait mes conditions avec lui de ce qu'il feroit, jusqu'où il iroit,

[MM. de Ximenez[1] et de Vivans[2], maréchaux de camp, furent dangereusement blessés, et quantité d'autres des rangs en dessous.]

On s'attendoit que le fruit de cette victoire seroit au moins la prise de Charleroy, dont la garnison étoit médiocre, et qu'on tenoit déjà comme investie, l'armée étant venue camper à Farciennes[3]; mais on fut fort étonné qu'on n'entreprit rien et qu'on renvoyât à M. de Boufflers presque toutes ses troupes et son artillerie[4]. On attribua ce contretemps à la jalousie que M. de Louvois prit de M. de Luxembourg, avec lequel il étoit fort brouillé, et que le Roi avoit placé à la tête de l'armée de son pur mouvement. [Voilà comme les démêlés et la jalousie des grands préjudicient souvent aux affaires générales et l'emportent sur ce qu'ils doivent au maître et au bien public.]

Pendant que l'armée françoise se rafraîchissoit dans son camp de Farciennes, et tiroit des contributions

---

où il débanderoit des gens sur les fourrageurs, et, en un mot, qu'il s'en tiendroit à ce que j'ai ordonné à Vandeuil, ne voulant pas qu'il soit exposé à un méchant coup de canon » (vol. 942, n° 99).

1. Joseph, comte de Ximenez, ancien colonel de Royal-Roussillon, avait été nommé maréchal de camp en 1688; il devint lieutenant général en 1693 et mourut en 1706. Le maréchal écrivit au ministre : « Le pauvre Ximenez a été blessé faisant bien son devoir; c'est un très bon officier. »

2. Henri de Vivans de Noaillac avait été fait maréchal de camp en même temps que M. de Ximenez; il mourut peu après de ses blessures.

3. Village sur le bord de la Sambre, au sud de Fleurus.

4. Il y a dans le volume Guerre 939 un mémoire intitulé : « Raisons qui ont empêché M. de Luxembourg de faire aucun siège après la bataille de Fleurus. »

du plat pays, les ennemis s'occupoient à réparer leur perte et avoient déjà recueilli la plupart de leurs prisonniers, qui s'étoient sauvés par le peu de soin qu'on avoit pris de les garder[1]. Ils réclamèrent ce qui en restoit, et qu'on ne put s'empêcher de leur rendre moyennant la rançon stipulée par le cartel. M. de Waldeck remit promptement sur pied une nouvelle artillerie; il fit venir des armes des places des Hollandois les plus proches, et en tira de nouveaux bataillons, qui remplacèrent ceux qui avoient le plus souffert à la bataille de Fleurus. Les États-Généraux envoyèrent exprès sur exprès à l'électeur de Brandebourg, à celui de Cologne et à l'évêque de Münster, pour les prier de faire passer promptement leurs troupes en Flandres pour y joindre l'armée hollandoise, au lieu que, suivant le premier projet, elles devoient agir vers la Moselle et y composer, avec les Palatins et les Hessois, une armée de plus de trente mille hommes, que le marquis de Boufflers devoit observer avec la sienne; mais, suivant la lenteur ordinaire des Allemands, toujours funeste à leur parti, elles se mirent si tard en campagne, que les troupes de M. de Boufflers eurent le temps de contribuer au gain de la bataille de Fleurus : ce qui changea absolument les premières dispositions des ennemis, et les contraignit de courir au plus pressé. Sans cette précaution, les Pays-Bas espagnols auroient couru grand risque. Ainsi les Brandebourgeois, les Colognois, les Liégeois et les Münstériens vinrent en Flandres, et, environ six semaines après la journée de Fleurus, l'armée ennemie se trouva plus

1. Plusieurs lettres de Luxembourg du volume 942 signalent de nombreuses évasions de prisonniers.

forte que celle de France, quoique celle du marquis de Boufflers l'eût rejointe après avoir observé du pays de Luxembourg les troupes de Brandebourg et les autres qui vinrent d'Allemagne en Flandres, et que le maréchal d'Humières, qui gardoit les lignes d'Espierres[1] avec un petit corps d'armée, eût encore envoyé la plus grande partie de ses troupes à M. de Luxembourg.

Après ces jonctions, qui se firent le 5 ou le 6 août au camp de Hon[2], entre la Sambre et la Haine, l'armée vint camper à Quiévrain [et Hensies[3]], où elle séjourna quatorze ou quinze jours; elle passa ensuite la Haine et vint à Perwez[4]. On crut alors qu'il pourroit bien y avoir une seconde action; car les ennemis partirent des environs de Bruxelles, [où ils s'étoient toujours tenus depuis la bataille, et firent deux marches en avant,] si bien qu'ils n'étoient qu'à trois lieues de notre armée; mais on connut bientôt qu'ils n'avoient d'autre envie que de couvrir leur pays le reste de la campagne, et M. de Luxembourg ne chercha plus qu'à les harceler et à faire subsister son armée à leurs dépens. Quant à M. de Boufflers, il partit en poste du camp de Perwez pour se rendre à Metz, sur les avis qu'on reçut que les Palatins et les Hessois assembloient un corps de troupes sur les frontières du Luxem-

---

1. Tome I, p. 157, et ci-dessus, p. 116.
2. Hon, petit hameau au nord-est de Bavay, dans la direction de Mons.
3. Quiévrain, au delà de Mons, dans la direction de Valenciennes, sur le ruisseau de l'Hongneau; Hensies, entre Condé et Saint-Ghislain.
4. Perwez-le-Marché, sur la route de Valenciennes à Ath.

bourg. Son armée, dont M. de Luxembourg retint une partie, s'en retourna dans les Ardennes pour gagner la Moselle; mais, comme ces avis ne se trouvèrent pas tout à fait justes, et que les Palatins et les Hessois, en petit nombre, ne se mirent en campagne que plus d'un mois après, il y a lieu de croire que le ministre se servit de ce prétexte pour avoir lieu d'affoiblir M. de Luxembourg, et le mettre hors d'état de donner un second combat à l'ennemi, crainte qu'il ne le gagnât et devînt par ce moyen au-dessus du pinacle. M. de Boufflers acheva sa campagne à Arsdorf et Martelange[1], dans le Luxembourg, sans qu'aucun ennemi approchât de lui plus près que de dix lieues.

M. de Luxembourg, en partant de son camp de Perwez, vint à Blicquy[2], d'où il envoya un gros détachement de son armée raser les murailles de l'abbaye de Cambron près d'Ath[3], qui servoit de retraite aux partis ennemis; [et, ayant appris qu'ils vouloient aller prendre le camp de Lessines, il les y devança et les contraignit d'aller camper vis-à-vis Ninove, sans oser passer la Dendre. M. de Luxembourg fit raser en leur présence les murailles et les tours de cette petite ville, afin qu'ils ne s'en pussent servir, et en fit faire autant à celle de Grammont[4]]. Et, comme la ville d'Ath tiroit la meilleure partie de sa subsistance par la

1. Martelange, sur la Sarre, est à dix-neuf kilomètres nord d'Arlon, sur la frontière actuelle du Luxembourg; Arsdorf est à quelques kilomètres à l'est de Martelange.
2. A dix kilomètres au sud-ouest d'Ath.
3. Aujourd'hui Cambron-Notre-Dame, sur la route d'Ath à Mons.
4. Sur la Dendre, entre Ath et Ninove.

rivière de Dendre, il en fit sauter et démolir toutes les écluses, afin qu'elle ne fût plus navigable, [sans que les ennemis, qui tenoient l'autre côté de cette rivière par leur armée, se missent en devoir de l'en empêcher]. Les paysans de la châtellenie d'Ath avoient retiré tous leurs bestiaux et leurs fourrages sur le glacis de cette place, et le gouverneur y en avoit fait amasser une grande quantité en meule, pour le quartier d'hiver. M. de Luxembourg les envoya brûler une belle nuit par les grenadiers de l'armée, qui enlevèrent aussi les bestiaux[1], et, pendant tout le temps que son armée fut à Lessines, les soldats faisoient la petite guerre dans les derrières de l'armée et y faisoient un grand butin, [ce qui les mit fort en curée].

Tous les fourrages des environs de Lessines étant consommés, M. de Luxembourg en décampa, y ayant séjourné depuis le 29 août jusqu'au 9 octobre suivant, qu'il vint passer l'Escaut à Pottes, et la Lys à Harlebecque[2], d'où l'armée marcha à Rousselaere[3] et se mit en quartiers de fourrages jusqu'à Dixmude et à Furnes; et, à la fin du même mois, l'armée se sépara pour entrer en quartiers d'hiver. Les ennemis se retirèrent du côté de Gand et de Bruxelles, et cette campagne finit, qui acquit aux armes de France une supériorité qu'elle s'est conservée pendant tout le reste de cette guerre.

Avant d'entamer le propos de la campagne d'Italie, je crois devoir déduire les raisons et moyens qui

---

1. Le 8 octobre (*Histoire militaire*, p. 271).
2. Sur la Lys, entre Courtray et Vive-Saint-Éloy.
3. Rousselaere ou Roulers, au nord-est d'Ypres.

entraînèrent M. le duc de Savoie en cette guerre, et je commencerai par dire, pour la plus grande intelligence, que Charles-Emmanuel, duc de Savoie, ne laissa qu'un fils en bas âge, qui demeura sous la tutelle de la princesse de Savoie-Nemours, sa mère[1], dont la branche étoit habituée en France. Elle régna avec beaucoup de tranquillité jusques au temps que les François s'emparèrent de Casal[2], et que, le duc son fils approchant de l'âge de majorité, elle prit des mesures pour l'éloigner de ses États et en retenir l'administration, sous le prétexte spécieux de lui procurer la couronne de Portugal en lui faisant épouser l'Infante, qui étoit fille de sa sœur[3], et alors héritière présomptive de ce royaume[4]. Pour conclure ce mariage, la reine de Portugal, [qui étoit une très habile princesse,] obtint, par le consentement des Portugais, la révocation d'une loi qui excluoit tous les étrangers de la couronne, quand même ils auroient épousé une de leurs princesses. Ce mariage fut arrêté, et le duc de Cadaval, le premier seigneur de Portugal[5], en partit pour venir

---

1. Charles-Emmanuel II, né en 1634, duc en 1638, était mort en 1675, laissant à sa veuve, Marie-Jeanne-Baptiste de Savoie-Nemours, qu'il avait épousée en 1665, la régence du duché et la tutelle de son fils Victor-Amédée II, né en 1666.

2. Ci-dessus, p. 10.

3. Élisabeth-Marie-Louise-Josèphe de Bragance (1669-1690), fille de Marie-Élisabeth-Françoise de Savoie-Nemours et de Pierre II, roi de Portugal.

4. La négociation matrimoniale dont il va être question a été racontée par C. Rousset dans l'*Histoire de Louvois*, t. III, p. 95-166; en juillet 1681, le *Mercure* publia sur ce sujet un volume supplémentaire.

5. Nuño II Alvarez de Portugal-Mello, duc de Cadaval (1638-1727), était grand maître de la maison du Roi et le seul duc qui

à Turin faire ratifier les articles, et conduire ensuite le jeune duc en Portugal[1].

[Pendant tout ceci, le Roi avoit fait passer un corps de troupes, sous le marquis de la Trousse[2], dans le territoire de Pignerol, afin de contenir les Espagnols du Milanois et les Piémontois, qui voyoient fort à regret le départ prochain du jeune duc; mais cette précaution devint inutile; car le prince fut dégoûté de ce mariage par quelques-uns de ses principaux ministres que la France croyoit dans ses intérêts, et par d'autres seigneurs qui, étant suspects à Madame Royale[3], avoient été nommés par elle pour accompagner le duc son fils en Portugal[4]], si bien qu'il commença par faire le malade pour différer son départ, et déclara quelque temps après qu'il ne vouloit point quitter ses États. Ainsi le duc de Cadaval s'en retourna à Lisbonne, et le mariage fut absolument rompu[5]. Madame Royale connut bientôt que la cabale espagnole, qui étoit très puissante en cette cour, lui avoit joué ce tour; mais elle dissimula, et fut obligée de faire déclarer son fils majeur, parce qu'il avoit

existât en Portugal (*Mémoires de Saint-Simon*, éd. Boislisle, t. VIII, p. 124-128).

1. *Mémoires de Sourches*, t. I, p. 117, 123 et 145-146, et la *Gazette* de 1681 et de 1682, *passim*.

2. Philippe-Auguste Le Hardy, marquis de la Trousse, était lieutenant général depuis 1677.

3. C'est ainsi qu'on désignait la duchesse de Savoie.

4. On dit même que le duc de Cadaval, qui voyait ce mariage d'un mauvais œil, contribua à l'en dégoûter.

5. C'est en juin 1682 que le duc de Cadaval arriva à Nice avec la flotte portugaise. Elle n'en repartit qu'en octobre; mais la rupture du mariage ne fut définitive que l'année suivante.

atteint l'âge prescrit par la loi, espérant toutefois de son bon esprit et de l'appui de la France qu'elle se conserveroit la principale autorité.

Mais la cabale n'étoit pas de cet avis, et ne cessoit d'insinuer au jeune duc de grandes défiances de Madame sa mère, qui firent bientôt son effet sur son esprit naturellement soupçonneux. Ils étoient secondés par le marquis de Pianesse[1], premier ministre, créature de Madame Royale et pensionnaire de France, et qui réussissoit d'autant plus facilement qu'on ne se défioit point de lui. Quand il eut amené les choses au point qu'il vouloit, il déclara au jeune duc que, ayant l'honneur d'être son premier ministre, et né son sujet, il ne pouvoit lui cacher plus longtemps les mesures secrètes que Madame Royale lui avoit fait prendre avec la France afin de se conserver toute l'autorité dans le gouvernement, et que cette passion l'avoit tellement aveuglée, que, sans considérer que les François tenoient déjà le Piémont en brassière au moyen de Pignerol et Casal, elle avoit encore appelé un corps de leurs troupes, qui ne manqueroit pas de s'assurer de ses États, s'il ne vouloit pas avoir toute sorte de complaisance pour eux, et être un souverain sans autorité[2]. C'étoit le prendre par son endroit sensible; et il y parut bien; car, après avoir pris les mesures requises en pareil cas, le jeune duc écrivit et signa

1. Charles-Emmanuel-Philbert de Simiane, colonel d'un régiment d'infanterie et d'un de cavalerie, et chevalier de l'Annonciade.
2. Sur toute cette affaire et les négociations de Madame Royale avec la France, voyez Rousset, *Histoire de Louvois*, t. III, p. 139 et suivantes.

l'ordre d'arrêter la duchesse sa mère. A peine étoit-il expédié, que cette princesse entra dans la chambre de son fils, et, ayant remarqué beaucoup de trouble et d'altération sur son visage, elle le pressa tant, par ses paroles et ses caresses, de lui en dire la cause, qu'il ne put retenir ses larmes, et à la fin lui avoua tout. La princesse, étant revenue de son premier étonnement, jugea qu'il n'y avoit pas un moment à perdre, et obtint, non seulement la révocation de l'ordre qui la concernoit, mais aussi celui d'arrêter le marquis de Pianesse, quelques autres seigneurs[1], et le marquis de Parelle[2], colonel du régiment des gardes et homme fort accrédité dans le pays. Cet ordre fut exécuté sur-le-champ, et le marquis de Pianesse conduit au château de Montmélian, les autres à Nice; mais le marquis de Parelle, qui se tenoit plus sur ses gardes, eut l'adresse de se sauver hors des États du duc[3].

Ces nouvelles étant arrivées à la cour de France, M. de Louvois, [suivant en cela comme dans les autres choses son tempérament,] envoya ordre au marquis de la Trousse, qui se tenoit à la cour de Turin, de

1. Camille Rousset (*Histoire de Louvois*, t. III, p. 167-174) a donné, d'après les correspondances des Dépôts de la guerre et des affaires étrangères, un récit assez différent de cette scène; pour lui, tout avait été concerté entre le duc et sa mère, et c'était un piège tendu au marquis de Pianesse, dont tous deux voulaient se débarrasser.

2. Ce marquis était lieutenant général dans les troupes de Savoie et avait depuis 1666 la charge de colonel des gardes du duc; il mourut en 1705, ayant reçu de l'Empereur le titre de feld-maréchal.

3. Il revint peu après, lorsque Victor-Amédée se fut ouvertement déclaré pour les alliés.

signifier au duc que, s'il ne vivoit mieux avec Madame sa mère, le Roi pourroit bien lui faire voir la citadelle de Pignerol[1]. Cette menace fut très dure au jeune prince ; mais, comme il avoit décelé ses conseillers, aucun n'osoit plus se fier à lui ; ainsi il fut forcé de dissimuler et de céder au temps.

Quelque temps après, il épousa Mademoiselle, une des filles de Monsieur, frère du Roi[2]. Au moyen de ce mariage, M. de la Trousse revint avec ses troupes ; Madame Royale se retira petit à petit du gouvernement ; le calme se rétablit dans la cour de Turin, et la France crut le duc entièrement dans son alliance et ses intérêts. Il y a même apparence qu'il eût agi de bonne foi, si on l'eût un peu ménagé ; mais le ministre, par rancune de ce qu'on lui avoit arrêté, à la douane de Turin, certaines marchandises qu'il faisoit venir d'Italie par les courriers[3], ne cessoit de lui donner toutes les mortifications dont il se pouvoit aviser. On a dit même que le duc en écrivit plusieurs fois à Sa Majesté, qui ne lui en fit aucune satisfaction, parce que les lettres ne lui furent pas rendues[4]. Quoi qu'il en soit, il est

---

1. M. de la Trousse ne fit pas cette menace au duc aussi brutalement que le dit Saint-Hilaire ; mais il lui dit seulement qu'il avait ordre, de la part du Roi, de faire arrêter et enfermer à Pignerol « tous ceux dont Madame Royale auroit à se plaindre » (*Histoire de Louvois*, t. III, p. 180).

2. Anne-Marie d'Orléans (1669-1728) épousa Victor-Amédée le 10 avril 1684.

3. On a dans l'*Histoire de Louvois*, t. IV, p. 262-268, le récit des conflits continuels qui se produisaient à propos des marchandises que les courriers français venant d'Italie faisaient passer en fraude en Piémont sous le couvert de l'immunité diplomatique.

4. Cette accusation semble purement gratuite ; il ne paraît pas

certain que toutes ces choses lui donnèrent envie de se lier avec les ennemis de la France et qu'il acheva de s'y déterminer dans un voyage qu'il fit en poste à Venise, au temps du carnaval, où le duc de Bavière, son cousin germain[1], se rendit dans le même temps[2]. Ce fut là où se négocia entre ces deux princes le traité d'union du duc avec l'Empereur et ses confédérés, dont la première notion qui parut fut que ce dernier reconnut les ambassadeurs du duc et leur accorda, moyennant une somme d'argent, les mêmes honneurs dont ils jouissent en France[3], où cette démarche devint fort suspecte, avec quelques bruits qui s'épanchèrent du traité arrêté à Venise[4]. Le Roi fit parler au duc et envoya M. de Catinat avec quelques troupes en Italie, pour le faire expliquer plus précisément et l'obliger, par l'appréhension, de ne point prendre le parti de la ligue. Le duc nia de s'y être engagé, quoiqu'on en eût une pleine conviction. M. de Catinat lui demanda, pour sûreté de sa parole, la citadelle de Turin, les

qu'il y ait eu à cette occasion de correspondance directe entre les deux souverains.

1. Maximilien-Emmanuel, électeur de Bavière (1662-1726), qui avait succédé à son père en 1677, était fils d'Henriette-Adélaïde de Savoie, sœur du père de Victor-Amédée, comme on l'a vu ci-dessus, p. 2.

2. *Histoire de Louvois*, t. IV, p. 32-34, 36-40. Le duc, parti de Turin le 30 janvier sous le nom de comte de Tende, y revint le 10 mars.

3. C'est-à-dire un traitement analogue à celui des ambassadeurs des « têtes couronnées ».

4. Ce fut l'abbé, plus tard cardinal Grimani, qui fut l'agent de l'Empereur dans cette circonstance; Louis XIV réussit à se procurer par la suite une copie du traité, qui se trouve dans le volume 1008 du Dépôt de la guerre.

places de Verrue et de Verceil, qui lui seroient rendues incontinent après la paix, et quatre à cinq mille hommes de ses troupes pour joindre à quelques régiments des siens, qui servoient déjà dans les armées de France, et qui furent dissipés incontinent après la déclaration du duc. Il la recula jusques à ce que les Espagnols du Milanois eussent dressé leur armée, et que les troupes envoyées par l'Empereur fussent en marche. Cependant le duc traînoit les affaires en négociations, tantôt sur le plus ou le moins, ou différents prétextes[1]. A la fin il se déclara en se mettant en campagne avec ses troupes et celles des Espagnols qui le joignirent.

Cependant M. de Catinat s'étoit emparé des Vallées de Piémont, qui lui furent valeureusement disputées par les milices de Mondovi, sujettes du duc, et par les religionnaires nommés Barbets, que le duc rappela, en leur accordant de nouveaux privilèges, et qui donnèrent beaucoup de peine pendant tout le cours de cette guerre[2].

M. de Catinat, [qui avoit dix-huit ou vingt mille hommes,] ayant appris que le duc s'étoit mis en campagne au delà du Pô, [pour en gagner le haut et donner la main aux Barbets,] marcha de son côté, cette rivière entre deux, afin de l'observer sans aucun

1. Les lettres de Catinat et les autres pièces relatives à ces négociations sont dans les volumes 1001, 1002, 1006 et 1009 du Dépôt de la guerre.

2. Les Barbets, expulsés des Vallées du Piémont en 1686 à la demande de la France, revinrent à l'appel de leur duc, et firent aux troupes de Catinat une guerre de partisans dans les vallées de Lucerna, Saint-Martin, Queyras, etc. (vol. Guerre 1009).

péril. Mais les deux armées se trouvèrent près l'une de l'autre à la hauteur de l'abbaye de Staffarde[1]. M. de Savoie, à qui les mains démangeoient, et qui ne s'étoit jamais trouvé à la tête d'une armée, voulut passer le Pô et hasarder le combat malgré l'avis de M. de Louvignies, général des troupes espagnoles[2], qui lui remontra inutilement qu'il falloit attendre la jonction des troupes de l'Empereur, et qu'alors il entreprendroit tout ce qu'il jugeroit à propos, sans rien donner à la fortune.

Bataille de Staffarde, 18 août 1690[3]. — M. de Catinat, bien informé de ce qui se passoit, alla au-devant de M. de Savoie, quoiqu'il n'eût pas tant de troupes, et le joignit comme les siennes achevoient de passer le Pô. Dans le terrain qui servit de champ de bataille, il y avoit un petit ruisseau, au delà duquel on trouvoit un marais qui se prolongeoit jusques au Pô et qui couvroit la gauche des ennemis. Ils postèrent plusieurs bataillons dans des cassines ou maisons dont le marais étoit bordé de leur côté, et ces bataillons étoient soutenus par leur cavalerie de la gauche. La droite étoit appuyée d'un bois, et moins accessible, couverte aussi du ruisseau, ce qui fit juger à M. de Catinat qu'il étoit plus à propos de faire ses principaux efforts sur la gauche de

---

1. Sur la rive gauche du Pô, au nord de Saluces.
2. Ce seigneur, d'origine wallonne ou lorraine, était sergent général de bataille au service d'Espagne.
3. La relation de Catinat, très intéressante, est dans le vol. Guerre 1010, n° 44. Il y a, sous les n°[s] 35 et 42, une autre relation française et un récit italien; voyez encore la *Gazette*, l'*Histoire militaire*, t. II, p. 296-303, et les *Mémoires de Feuquière*, t. III, p. 267-272.

l'ennemi, d'autant plus que le marais étoit devenu praticable à cause des grandes chaleurs de l'été.

Il fit donc avancer une ligne d'infanterie sur les cassines, qui furent un peu disputées, et il conduisit sa droite de cavalerie à travers le marais, sur le flanc gauche de l'ennemi, qui fut à l'instant chargé et mis en déroute, sans pouvoir se rallier, quelque peine que prît M. de Savoie, qui paya fort de sa personne, pour tâcher de rétablir l'affaire. L'infanterie fut aussi chassée des cassines, et M. de Savoie, jugeant que sa droite alloit être accablée par celle des François, se retira dans un très grand désordre sur Carignan, où il passa le Pô, après avoir laissé sur le champ de bataille environ deux mille morts, son canon et beaucoup de prisonniers. Il y eut environ deux cents François de tués et quatre cents de blessés[1]. Le gain de cette bataille occasionna la prise de Saluces et de Savillan[2], où on trouva un grand amas de vivres, dont l'armée se servit utilement, ainsi que la garnison de Pignerol, qui en avoit grand besoin.

Ensuite M. de Catinat passa le Pô et vint camper à Racconis[3], et le duc de Savoie se retira à Moncalieri, où six à sept mille Impériaux et trois à quatre mille Espagnols le joignirent, [tellement que son armée fut plus forte que devant et composée de meilleures troupes, ce qui donna sujet de croire qu'il donneroit

---

1. États des blessés français (vol. Guerre 1010, n°s 38 et 46); état des prisonniers faits sur les Savoyards (n° 37).

2. Saluces se rendit le 19 août, lendemain de la bataille, et Savigliano le 22 (lettres de l'intendant Bouchu, vol. Guerre 1010, n°s 47 et 48).

3. Racconigi, sur la Maira, avec un château royal.

un second combat]. M. de Catinat, qui avoit aussi reçu un renfort de quatre ou cinq régiments, l'attendit de pied ferme, et, le reste de la campagne s'avançant, ce général songea à repasser le Pô et à faire prendre des quartiers d'hiver à son armée dans le Dauphiné et en Savoie[1], dont M. de Saint-Ruhe[2], lieutenant général, s'étoit emparé à la réserve de la forteresse de Montmélian, qu'il n'avoit pu réduire, ayant trop peu de troupes[3].

M. de Catinat, pendant sa marche, avoit un coup important à faire, et M. de Savoie, s'étant bien douté qu'il ne le manqueroit pas s'il y trouvoit le moindre jour, chercha à sauver la ville de Suse, dont la situation donne et défend la communication la plus facile du Piémont avec le Dauphiné et la Savoie. Ayant donc appris que M. de Catinat repassoit le Pô, il le repassa aussi et vint camper à Millefleurs[4], d'où il détacha M. de Louvignies, avec un corps considérable, pour aller occuper la vallée de Suse[5] et couvrir cette ville, qui n'avoit pour toute fortification que de méchantes murailles et un petit château, réparé depuis peu. Il n'étoit pas encore éloigné du camp de M. de Savoie, lorsque ce prince apprit que l'armée de France mar-

1. La distribution des troupes en quartiers d'hiver lui arriva le 18 octobre.
2. Charles Chalmot de Saint-Ruhe, lieutenant des gardes du corps, était lieutenant général depuis 1688; nous le verrons mourir en Irlande, le 22 juillet 1691 (ci-après, p. 177).
3. Lettres de MM. de Saint-Ruhe, de Bonnal, de Larray et autres sur l'occupation d'Annecy, Chambéry, Bonneville, etc., dans le vol. Guerre 1010, n°s 28-31 et 50-74.
4. Millefiori, à quelques kilomètres au sud de Turin.
5. Vol. Guerre 1010, n°s 120 et 123.

choit droit à lui, au lieu de prendre le chemin du Dauphiné. Il fit revenir aussitôt M. de Louvignies avec ses troupes. M. de Catinat, profitant de ce temps, gagna l'entrée de la vallée de Suse avec l'armée, pendant qu'un détachement qu'il avoit envoyé par les montagnes, investit la ville, qui se rendit sans faire aucune résistance[1]. Quand M. de Catinat y fut arrivé, il fit retrancher un camp à la tête, depuis les montagnes jusques au château, et y laissa douze à quinze bataillons, puis passa le Pas-de-Suse, avec le reste de l'armée. Toute l'infanterie fut mise en quartier d'hiver en Dauphiné, dans les lieux les plus voisins de Suse[2], et il distribua aussi quelques bataillons pour tenir les Vallées. Il établit son quartier général à l'abbaye d'Oulx, qui n'est qu'à cinq lieues de Suse[3], et, dans cette situation, il étoit à portée de soutenir Suse, s'il en étoit besoin, et d'introduire des convois dans Pignerol malgré les Barbets, auxquels il fit la guerre tout l'hiver. Quant à sa cavalerie, il la dispersa dans la Savoie et les provinces de France voisines, afin qu'elle y pût subsister commodément pendant l'hiver.

Campagne de Catalogne. — En Catalogne, il y eut une espèce de révolte des habitants contre le vice-roi : elle commença dès l'hiver et fut cause que l'armée de France, commandée par le duc de Noailles, se mit de meilleure heure en campagne[4]; mais elle étoit si foible,

1. Suse se rendit le 11 novembre, et la citadelle le 13 (vol. Guerre 1010, n°s 125, 126 et 130).

2. *Ibidem*, n° 132, répartition des troupes en quartiers d'hiver.

3. Catinat passa l'hiver à Suse même, et non pas à Oulx; toutes ses lettres sont datées de Suse.

4. Les ordres et correspondances relatifs à cette campagne

qu'elle ne pût pénétrer avant dans le pays, ni assiéger Girone, quoiqu'on eût beau jeu jusque-là à cause des troubles que le vice-roi avoit bien de la peine à apaiser. A la fin, étant venu à bout des Catalans, il marcha au duc de Noailles, qui fit un mouvement en arrière, les Espagnols étant de beaucoup supérieurs. Bientôt après, la maladie se mit dans leur armée, et celle de France retourna en Roussillon, n'ayant rien fait pendant toute la campagne que chasser les Espagnols de quelques bicoques où ils avoient établi de petits postes.

Les affaires furent plus sérieuses sur mer et du côté d'Irlande, où le Roi envoya M. de Lauzun commander les troupes qu'il fit passer en ce royaume en faveur du roi Jacques; [mais, avant de passer outre, je ferai un petit abrégé de la vie de ce seigneur, qui est digne de remarque, à cause des événements qui s'en sont ensuivis et des caprices de la fortune]. M. de Lauzun étoit né cadet d'une bonne maison de Gascogne[1], et par conséquent mal partagé des biens de la fortune. Il ne l'étoit pas mieux du côté de la figure : il étoit petit et laid, mais en récompense, hardi, vain, glorieux, ambitieux et brave [comme un Gascon[2]]; il avoit l'esprit vif, insinuant, et orné de tant d'agréments dans la conversation, qu'il prévenoit également en sa faveur

de Catalogne sont dans les volumes 1011 à 1016 du Dépôt de la guerre; le récit s'en trouve dans l'*Histoire militaire*, p. 312-314.

1. La maison de Caumont était originaire de Guyenne, et les généalogies la font remonter jusqu'au xiie siècle.

2. Au dire de Saint-Simon (*Mémoires*, éd. 1873, t. XIX, p. 169), Lauzun était « un petit homme blondasse, bien fait dans sa taille, de physionomie haute, pleine d'esprit, qui imposoit, mais sans agrément dans le visage,... plein d'ambition, de caprices, de fantaisies... »

les hommes et les femmes, pour lesquelles il étoit en réputation d'avoir de grands talents. Avec toutes ces qualités, il n'eut pas de peine à réussir à la cour, où il fut introduit par le maréchal de Gramont[1], son parent[2]. La guerre étant survenue, il suivit les armées, où il acquit tant de réputation[3], qu'il devint bientôt colonel général des dragons[4]. A quelque temps de là, tant de beaux commencements pensèrent être perdus; car, le Roi ayant fait une promotion d'officiers généraux où M. de Lauzun ne fut pas compris, son ressentiment alla si loin, qu'il cassa son épée en présence du Roi, et la jeta en disant qu'il ne la porteroit jamais pour son service. Le premier mouvement du Roi, qui étoit encore très jeune, fut de punir M. de Lauzun en le frappant d'une canne qu'il tenoit à la main; puis, ayant réfléchi un moment, il jeta sa canne, en s'écriant: « Il ne sera pas dit que j'aurai frappé un gentilhomme, » [paroles et modération très dignes d'un grand prince[5]]. Quand le Roi fut un peu revenu, tout le monde s'empressa de faire la paix de M. de Lauzun, ce qui arriva bientôt, à cause de la grande inclination

1. Antoine de Gramont, maréchal de France en 1641, duc et pair en 1648, mourut en 1678.
2. François de Caumont, grand-père de Lauzun, avait épousé Catherine de Gramont, fille de la belle Corisande et sœur du père du maréchal.
3. Sur ses services militaires, voyez la *Chronologie militaire* de Pinard, t. I, p. 559.
4. En 1668 (*Mémoires de Mademoiselle*, t. IV, p. 38-41).
5. Saint-Simon (*Mémoires*, éd. 1873, t. XIX, p. 170-174) a raconté cette anecdote, mais en donnant pour motif au dépit de Lauzun le refus que fit le Roi de lui donner la charge de grand maître de l'artillerie qu'il lui avait promise. A la suite de cette insolence, Lauzun fut envoyé à la Bastille.

que le Roi avoit pour lui. Il l'en estima davantage pour cette hardiesse, qu'il crut l'effet d'un grand courage par la prévention qu'il avoit pour lui. Cependant cet exemple n'a été suivi de personne comme trop dangereux. Le Roi, ayant pardonné à M. de Lauzun, l'attacha plus particulièrement à sa personne, et ce seigneur sut si bien lui plaire, qu'il devint une espèce de favori. Sa Majesté le fit capitaine de ses gardes du corps[1], et lui donna tant de marques de distinction et d'estime, qu'il ne voyoit rien à quoi il ne crût pouvoir atteindre.

Il étoit dans cette situation lorsque Mlle d'Orléans, cousine germaine du Roi, commença à lui vouloir du bien, et il avança si fort ses affaires auprès d'elle, qu'elle résolut de l'épouser, et en demanda la permission au Roi. Sa Majesté la lui accorda, malgré la disparité ; mais M. de Lauzun, au lieu de saisir promptement cette grande fortune, et sans exemple en ce royaume, perdit par un trait de vanité un temps si précieux, et voulut célébrer ce mariage avec une pompe et une magnificence qui répondissent à une si illustre alliance[2]. Les princes du sang, auxquels l'inégalité de ce mariage portoit un très grand préjudice, eurent le temps de s'assembler et de tenir conseil entr'eux : le résultat fut qu'ils iroient en corps faire leurs remontrances au Roi, Monsieur le Prince portant la parole. Sur cela, Sa Majesté révoqua la permission qu'elle avoit donnée, et défendit de passer outre.

1. A la place du duc de Gesvres, qui devint premier gentilhomme de la chambre.
2. Mademoiselle a raconté fort naïvement toute l'histoire de ses fiançailles avec Lauzun, dans ses *Mémoires*.

M. de Lauzun en fut si courroucé, qu'il s'oublia au point de s'emporter à des excès de paroles, qui furent trop fidèlement rapportées, et, son jugement achevant de s'égarer, il s'imagina qu'une jalousie et un ressentiment de femme avoient plus contribué à cette révocation que la remontrance des princes du sang. Il tint mille propos outrageants à Mme de Montespan, qu'il avoit ci-devant aimée, et qui étoit alors la maîtresse favorite du Roi. Il fit publiquement cent contes d'elle. Dans les premiers transports de sa colère, Mme de Montespan courut au Roi faire ses plaintes, qui ne consulta plus que la tendresse qu'il avoit pour sa maîtresse, et commanda sur-le-champ que M. de Lauzun fût arrêté et conduit à la Bastille[1]. De là il fut transféré à la citadelle de Pignerol, où il a été enfermé quatorze ou quinze ans[2] malgré toutes les tentatives que fit Mademoiselle pour son élargissement. Elle l'obtint à la fin, moyennant sa principauté de Dombes et son comté d'Eu, dont elle passa donation au profit de M. le duc du Maine, fils naturel du Roi et de Mme de Montespan[3]. M. de Lauzun, ayant ainsi recouvré sa liberté, fut encore relégué quelque temps en province, et obtint enfin la permission de venir à Paris[4], mais avec défense

---

1. Saint-Simon (*Mémoires*, éd. 1873, t. XIX, p. 175-178) ne raconte pas ces événements tout à fait de la même façon, et dit, au contraire, qu'il fit de bonne grâce le sacrifice de son mariage avec Mademoiselle. Quant aux injures sur Mme de Montespan, elles étaient antérieures à cette époque; néanmoins, il semble certain que la favorite s'unit à Louvois pour précipiter la disgrâce du comte.

2. Moins de dix ans : de novembre 1671 à février 1681.

3. *Saint-Simon*, p. 180-182.

4. D'abord relégué en Anjou et en Touraine, il n'obtint de

de paroître à la cour. Mademoiselle lui donna le duché de Saint-Fargeau[1] et le promena longtemps dans ses terres ; mais ils se brouillèrent dès que la reconnoissance eut fait son premier effet. La princesse étoit devenue âgée et fort jalouse, et le comte ne s'étoit jamais piqué d'une fidélité fort exacte envers les dames ; [ainsi c'étoit là une belle matière à divorcer]. Il y a grande apparence que le comte, né ambitieux, fit plusieurs réflexions sur ce que cette liaison lui avoit coûté, et qu'il s'ennuya de sa captivité. Sa conduite déplut si fort à Mademoiselle, qu'elle le chassa absolument de sa maison, sans vouloir plus le revoir, même à l'article de la mort[2], quoique l'opinion commune soit qu'ils avoient contracté entre eux un mariage secret dès le commencement de leur intrigue[3].

M. de Lauzun étoit rôdant par Paris, quand le prince d'Orange passa en Angleterre pour détrôner son beau-père ; et, comme ce comte avoit beaucoup de courage, et par-dessus cela une grande envie de revenir à la cour et de rentrer en grâce à la faveur de quelque action d'éclat, il fit demander au Roi la permission d'aller offrir ses services à celui d'Angleterre, ce qui lui fut accordé[4]. Il arriva pendant les plus grands

pouvoir revenir à Paris qu'en 1685, sur les vives instances de Mademoiselle.

1. Saint-Fargeau (Yonne) avait été érigé en duché en 1675 et rapportait vingt mille livres de rente.

2. Dangeau dit (tome IV, p. 260) : « Mademoiselle n'a jamais voulu voir M. de Lauzun dans sa maladie et a reçu avec aigreur les gens qui lui en faisoient la proposition. »

3. Lauzun « le laissoit toujours entendre », et prit le deuil à la mort de la princesse, ce que le Roi trouva fort mauvais (*Saint-Simon*, éd. Boislisle, t. I, p. 125).

4. C'est une erreur : Lauzun avait obtenu la permission

désordres, et dans le temps que ce malheureux prince se vit abandonné de tous ses sujets. Il se chargea de l'évasion de la reine et du prince de Galles, qu'il conduisit heureusement en France[1]. Le roi d'Angleterre s'y réfugia peu de jours après, et reconnut aussitôt le service que M. de Lauzun venoit de lui rendre par l'ordre de la Jarretière qu'il lui donna. Il obtint encore pour lui le retour des bonnes grâces de Louis XIV et la permission de revenir à la cour. L'action qu'il venoit de faire et sa vue rappelèrent dans le cœur du Roi quelque reste de l'inclination qu'il s'étoit autrefois sentie pour lui, n'en étant point détourné par Mme de Montespan, qui n'étoit plus en faveur. L'occasion se présentant de secourir le roi d'Angleterre, Sa Majesté lui donna le commandement en chef de l'armée qui passa en Irlande avec ce prince[2], dont je décrirai ci-après le malheureux succès. Il fut rappelé après la campagne, au grand contentement de M. de Louvois, contre le gré duquel il avoit été choisi ; car il craignoit qu'il ne rentrât trop dans les bonnes grâces du maître, et tout lui faisoit ombrage. Le fâcheux événement de cette campagne l'a privé depuis des emplois militaires ; mais le Roi l'a fait duc[3], et il s'est marié avec une des filles du maréchal de Lorge qui n'avoit que quinze ans, quoiqu'il fût plus que sexagénaire[4]. Il vit encore

d'aller se promener en Angleterre, et il s'y trouvait depuis plusieurs mois, lorsque la révolution éclata.

1. Ci-dessus, p. 90.

2. Il fut désigné en octobre 1689 et eut le titre de capitaine général, ce qui lui donnait le commandement sur les lieutenants généraux (*Dangeau*, t. III, p. 4 et 15).

3. Duc à brevet, en mai 1692.

4. Il épousa, le 21 mai 1695, Geneviève-Marie de Durfort de Lorge, née en 1680 ; M. de Lauzun avait alors soixante-trois ans.

présentement à la cour, sans fortune éclatante et sans disgrâce; mais l'âge, et ses manières, qui apparemment ont changé, l'ont beaucoup fait déchoir dans le monde.

Campagne de mer. — Après cette digression, je reprends le récit de la campagne de mer et de celle d'Irlande. Le Roi fit faire cette année-là un grand armement de mer, et les vaisseaux les premiers armés furent employés à passer en Irlande le roi Jacques[1], les troupes et les officiers généraux que Sa Majesté lui prêta, et un grand nombre d'armes, d'habits et de munitions de guerre et de bouche, avec un train d'artillerie. Ces convois furent fort inquiétés dans le trajet par les Anglois, et ne laissèrent pas d'aborder à bon port, par le bon ordre et la vigilance qu'on y apporta; mais, en revenant en France, nos escadres rencontrèrent les vaisseaux anglois et se canonnèrent sans en venir à un combat, à cause d'un gros temps qui les en empêcha.

Quelque temps après, M. de Tourville mit en mer, avec quatre-vingts vaisseaux de ligne, plusieurs brûlots et quelques petits bâtiments[2]. Il eut ordre de marcher aux ennemis et de les combattre forts ou foibles. L'armée de France les rencontra vers les côtes d'Angleterre, à un détroit [nommé Beveziers[3]], où ils résolurent d'attendre les François, parce qu'ils y pouvoient combattre avec un front égal, n'ayant que cinquante-

---

1. Voyez dans le registre B⁴ 12 des archives de la Marine les correspondances et documents qui se rapportent à cette expédition.
2. Il partit de Brest le 23 juin.
3. Non pas un détroit, mais un cap; en anglais, Beachyhead.

cinq vaisseaux. Cette bataille se donna le 10 juillet, et les Hollandois y montrèrent toute l'ardeur possible[1]. Il n'en fut pas de même des Anglois, qui les secondèrent mal et prirent le large. Sur les plaintes que les Hollandois en firent, l'amiral anglois, à son retour, fut mis au conseil de guerre, et plusieurs officiers destitués, étant tous soupçonnés de lâcheté ou d'intelligence avec le roi Jacques.

M. de Tourville n'ayant eu affaire que contre les Hollandois, il les rompit, et se rendit le maître de la mer. Il longea les côtes d'Angleterre, et y fit une descente qui eut peu de succès par le bon ordre qu'avoit apporté la princesse d'Orange, régente en ce royaume dans l'absence de son mari[2]. Ainsi il fallut se rembarquer, après avoir seulement mis le feu à quelques villages le long de la côte, et brûlé des cabanes de pêcheurs[3].

Après cette expédition, l'armée de France revint dans ses ports, et M. de Tourville, qui avoit battu les ennemis, ne laissa pas de tomber en une espèce de disgrâce, parce qu'il fut accusé par un de ses principaux officiers, qui tenoit fort à la cour, de n'avoir pas assez poussé sa victoire. Cependant il s'en justifia; car il a encore commandé les armées depuis[4].

1. *Histoire militaire*, p. 327-330; *Gazette*, p. 370-371. Il y a des relations et des lettres, ainsi que des états des vaisseaux engagés, dans le registre B⁴ 12 des archives de la Marine.
2. C'est le 1ᵉʳ et le 2 août que se fit ce débarquement, dans les environs de Torbay (*Histoire militaire*, p. 334-336).
3. Il put néanmoins brûler douze bâtiments dans le port de Tynemouth (*Gazette*, p. 416).
4. *Mémoires de Sourches*, t. III, p. 297 : « On disoit que le Roi avoit trouvé mauvais que M. de Tourville fût si tôt sorti de la Manche; qu'il lui en avoit fait savoir son mécontentement, et

Campagne d'Irlande. — Quand le prince d'Orange fut arrivé en Irlande avec de nouvelles troupes[1], il trouva que le maréchal de Schönberg lui avoit bien aplani des difficultés : il avoit pris plusieurs places sur les gens du roi Jacques, et entr'autres celle de Charlemont[2], qu'il avoit tenue bloquée pendant l'hiver afin de la réduire par famine, étant bien informé qu'elle manqueroit de vivres; et, d'ailleurs, il lui étoit impossible de l'attaquer de vive force, parce qu'il n'avoit point d'artillerie[3]. Pendant le blocus, les Irlandois firent tous leurs efforts pour introduire un convoi de vivres dans cette place, et s'y avancèrent en nombre suffisant, à dessein de forcer un passage pour l'y jeter; mais le maréchal de Schönberg, bien informé que ce convoi n'étoit pas abondant en vivres, par une ruse singulière le laissa entrer dans la ville sans aucun empêchement. Quand le convoi eut été déchargé, et que les voitures et l'escorte voulurent s'en retourner, ils trouvèrent tous les passages si bien fermés et si garnis de troupes, qu'il leur fut absolument impossible de passer outre; ils se virent contraints de rentrer dans la ville, où ils causèrent bientôt la famine[4], et l'obli-

qu'il s'étoit défendu sur l'impossibilité où il s'étoit trouvé de tenir la mer, ayant quatre mille malades sur sa flotte. »

1. Le prince de Danemark débarqua à Carrickfergus, dans le comté d'Antrim, le 21 juin 1690, et le roi Guillaume le 24.

2. Sur la Moy, au nord d'Armagh.

3. Dans le courant d'avril 1690, six cents réfugiés protestants français essayèrent d'enlever la place par surprise; mais ils ne purent réussir (vol. Guerre 961, n°s 109 et 110).

4. M. de la Hoguette écrivait le 23 mai (vol. Guerre 961, n° 141) : « L'extrême nécessité où étoit la garnison de Charlemont obligea le roi, il y a trois semaines, d'envoyer un colonel

gèrent plus promptement à se rendre à discrétion[1].

Ce général prit aussi la ville de Cavan[2], où les Irlandois avoit un gros magasin de toutes sortes de provisions ; et, comme il falloit attaquer le fort, le duc de Berwick y arriva avec grand nombre de troupes, et les Anglois se contentèrent de brûler la ville et les magasins qui étoient pour la subsistance de l'armée irlandoise. Pendant la campagne, le roi Jacques perdit encore le château de Ballingarwick[3], et les Anglois s'élargirent facilement, parce que leur général entendoit bien la guerre.

Combat de la Boyne[4]. — Le prince d'Orange, ayant

(le colonel Magmaham, dit une lettre de M. de Lauzun, n° 140, sans doute Mac-Mahon), avec cinq cents hommes pour leur porter quelques farines. Ce secours y entra sans échec ; mais le colonel qui commandoit ce secours, au lieu de n'être occupé que de l'envie de ressortir avec son monde, ayant vu en passant un quartier des ennemis, se mit en tête de l'enlever en repassant, et en effet le vint attaquer et le battit ; mais, comme cela donna l'alarme aux autres quartiers, on lui tomba sur le corps de tous côtés, et on l'obligea de se retirer dans le fort, que les ennemis resserrèrent encore de plus près, jugeant bien que cette augmentation de monde dans la place précipiteroit leur disette. Il y a plus de deux mois que cette garnison ne mange de pain, pas même le gouverneur, et qu'ils ne vivent que d'une chopine de farine d'avoine qu'on donne par soldat, laquelle ils trempent dans de l'eau. La dernière viande qu'ils ont mangée a été celle des chevaux qui avoient porté les farines que ce dernier secours y avoit jetées. » Voyez aussi une lettre de M. de Lozières d'Astier du 10 juin (n° 153).

1. La place capitula le 24 mai ; la garnison put se retirer avec armes et bagages (vol. Guerre 961, n°s 141, 143, 147 et 153).

2. Capitale du comté du même nom, dans le sud de la province d'Ulster.

3. Dans la province de Connaught.

4. Sur cette bataille qui décida du trône de Jacques II, on peut

trouvé ses affaires en bon état, ramassa toutes ses troupes, qui montoient à cinquante-deux bataillons, soixante et quatre escadrons, et une bonne artillerie, et il résolut, afin de décider la querelle par le sort d'une bataille, de marcher droit au roi Jacques, qui n'avoit pas de moindres forces, et l'attendoit derrière la rivière de Boyne, [qu'il avoit devant lui, et la ville de Drogheda à sa droite]. Le prince d'Orange arriva le 10 juillet vis-à-vis du camp du roi Jacques, et alla aussitôt reconnoître les passages et les gués de cette rivière, qu'il trouva bien retranchés, et soutenus de toute l'armée, qui se tenoit en bataille sur une hauteur voisine. Le prince, en reconnoissant toutes ces choses, fut un peu blessé à l'épaule d'un coup de canon [qui lui effleura la peau]. Cet accident, ni les difficultés qui se rencontroient à passer la rivière, ne l'empêchèrent pas d'y disposer son armée pour le lendemain. Dès le même soir, il envoya son aile droite de cavalerie, une brigade d'infanterie et six pièces de canon, sous le commandement du comte Maynard de Schönberg[1], remonter la rivière jusques à une lieue au-dessus des

---

consulter les documents des volumes Guerre 961-963, et notamment, dans le volume 961, les lettres de MM. de la Hoguette (n°s 152 et 176), de Boisseleau à sa femme (n° 177), de Girardin, de Zurlauben, d'Esgrigny, de Brouilly (n°s 178-181), et celle de M. de Lauzun au ministre Pontchartrain (vol. 963, n° 64); la *Gazette*, p. 391-392 et 400-401, l'*Histoire militaire*, t. II, p. 339-340, l'*Histoire de Louvois*, t. IV, p. 422-424, et Macaulay, *Guillaume III*, t. II, p. 120-127.

1. Fils aîné du maréchal de Schönberg, il avait déjà le grade de brigadier lorsqu'il quitta la France en 1685 à la suite de son père; Guillaume III lui donna le duché de Leinster et diverses baronnies en Irlande, et il épousa en 1696 une fille naturelle de l'Électeur palatin.

deux camps, pour la passer le lendemain au point du jour, à un gué qu'il y avoit, et prendre l'armée du roi Jacques en flanc, tandis qu'il attaqueroit ceux du front et tenteroit le passage. Il ordonna au comte de ne point trop avancer, et de se régler sur les ordres qu'il lui enverroit d'un moment à l'autre. Il[1] trouva huit escadrons irlandois de l'autre côté du gué, qu'il en écarta dès le point du jour par le feu de son canon et de son infanterie; puis il [se jeta à l'eau à la tête de ses troupes et] mit en déroute les huit escadrons, qui se retirèrent à leur armée et y portèrent l'épouvante.

Cependant le prince d'Orange avoit fait avancer le reste de son armée sur le bord de la rivière et y posta son infanterie et son artillerie; elles faisoient un feu terrible sur ceux qui défendoient les passages. Les voyant ébranlés et mal soutenus, le prince, d'un côté, et le maréchal de Schönberg, de l'autre, se jetèrent dans la rivière à la tête des troupes. L'infanterie faisoit toujours le plus grand feu, quoiqu'elle eût de l'eau au-dessus de la ceinture. Le maréchal de Schönberg reçut deux coups de sabre sur la tête [en une charge qui lui fut faite dans le gué], puis un coup de pistolet au travers de la gorge, dont il mourut sur-le-champ. Les Irlandois, voyant leurs ennemis dans la rivière, commencèrent à perdre terrain et prirent la fuite; le reste de l'armée, au lieu de s'avancer sur cette rivière pour les raffermir et pour combattre, s'épouvanta si fort de voir les Anglois maîtres des passages et se former en deçà, que les Irlandois jetèrent leurs armes et continuèrent leur fuite. Les François se retirèrent mal, et toute cette armée disparut en un ins-

---

1. Le comte de Schönberg.

tant, étant dans un désordre et une confusion inexprimable. Cependant elle ne fut point poursuivie, et l'on en attribua la cause à la mort du maréchal de Schönberg, et à un coup de canon qui emporta la genouillère de la botte du prince d'Orange et lui fit une grande contusion. L'armée angloise, dépourvue de ses chefs, demeura dans l'inaction près d'un mois, au lieu de poursuivre sa pointe. Le roi Jacques crut son malheur si grand et si irréparable, qu'il abandonna l'Irlande et repassa en France, où le faux bruit de la mort du prince d'Orange se répandit bientôt, et avec tant de démonstrations de la joie des peuples[1], [que l'on en doit conclure que ce prince étoit fort redouté ou haï, ou bien qu'ils croyoient que cette mort produiroit une bonne paix, au moyen de laquelle ils seroient déchargés de tant de contributions publiques et extraordinaires].

Mais le prince d'Orange donna bientôt des signes de vie : il commença par se saisir de la ville de Drogheda, où le roi Jacques avoit ses magasins, et, ayant su qu'il avoit abandonné l'Irlande, il envoya deux détachements de son armée, dont l'un se saisit de Dublin, capitale du royaume, et l'autre des villes de Waterford et de Dungannon[2]. Sur ce qui lui fut rapporté que les comtes de Lauzun et de Tyrconnel avoient ramassé les débris de leur armée derrière la rivière de Limerick, il rassembla toute la sienne et marcha à eux.

Il y eut une légère escarmouche sur le bord de cette

---

1. *Mémoires de Sourches*, t. III, p. 273-274, avec de très curieux détails sur ces réjouissances spontanées; *Mémoires de Saint-Simon*, éd. Boislisle, t. X, p. 494-498.

2. Waterford, dans le sud de l'île, province de Munster; Dungannon, dans l'Ulster.

rivière[1], et, le prince d'Orange se mettant en état de la passer, MM. de Lauzun et de Tyrconnel jugèrent à propos de se séparer et de se retirer, le premier avec les troupes françoises du côté de Gallway[2], et l'autre avec les Irlandois, dans des lieux sûrs et presque inaccessibles, derrière la ville de Limerick, qu'ils pourvurent d'une nombreuse garnison sous le commandement de M. de Boisseleau, capitaine dans le régiment des gardes de Sa Majesté[3], qui lui avoit permis de passer en Irlande avec le roi Jacques.

Ce gentilhomme fut d'abord sommé, de la part du prince d'Orange, de lui remettre cette ville[4], qui n'avoit proprement de défense que celle d'une garnison composée toute d'Irlandois intimidés par les mauvais succès de la campagne, sans espérance d'aucun secours, et accablés par le départ du roi Jacques. Il ne doutoit pas que la garnison, dont il[5]

---

1. Le 19 août (vol. Guerre 962, n° 160). La rivière de Limerick est le Shannon.

2. C'est dans ce port du Connaught que s'était fait le débarquement des troupes françaises, et les bâtiments de transport et d'escorte s'y trouvaient encore.

3. Alexandre de Rainier, marquis de Boisseleau, était capitaine aux gardes françaises depuis 1679 et remplissait dans l'armée de Lauzun les fonctions de major-général; il mourut en 1698.

4. Sur le siège de Limerick, voyez le volume Guerre 962, n°s 153, 155, 156, 162, 168, 171, 172 (lettres de MM. de Lauzun, de Boisseleau, d'Esgrigny, de la Hoguette, de Tyrconnel); l'*Histoire militaire*, t. II, p. 339-340; la *Gazette*, p. 470, 476, 486, 498-499 et 531. Il y a un état de la garnison dans le volume Guerre 962, n° 169. Le marquis de Boisseleau fit paraître une relation du siège, qui est donnée en Appendice dans le t. III des *Mémoires de Sourches*, p. 512-517.

5. M. de Boisseleau.

n'entendoit pas la langue, n'obéît à regret à un étranger et ne fît mille cabales pour l'obliger à se rendre, dès qu'il voudroit tirer la défense en longueur et la faire servir de ressource à son parti presque abattu. Cependant ce galant homme se résolut de surmonter ces grandes difficultés par son courage et son habileté, et répondit à la sommation du prince d'Orange que ce seroit lui donner mauvaise opinion de lui, s'il remettoit ainsi une place qui lui avoit été confiée, et que, comme il ne doutoit pas de sa générosité, il prétendoit mériter l'honneur de son estime en la disputant jusque à la dernière extrémité.

Après cette sage réponse, le prince d'Orange fit commencer ses attaques pour emporter la place d'emblée; mais il y trouva tant de résistance, et y perdit tant de monde, qu'il changea ce dessein, et jugea plus convenable de la réduire dans les formes. Pour cela, il envoya chercher de la grosse artillerie, et le bonheur voulut que le commandant d'Inniskilling[1] pour le roi Jacques se mit en campagne et tomba sur l'escorte du convoi, qu'il défit; et s'en étant rendu maître, il fit crever tout le canon et sauter les poudres[2]. Cet événement fit perdre bien du temps au prince d'Orange, qui fut obligé de faire venir un autre convoi, et les pluies qui survinrent en l'attendant rendirent son entreprise plus difficile. Cependant il ne se rebuta pas encore, et battit vigoureusement la place, à laquelle on donna plusieurs assauts, que la valeur et

---

1. Ou Enniskillen, dans le comté de Fermanagh.
2. Les correspondances du Dépôt de la guerre ne parlent pas de cette action, non plus que la *Gazette*.

la bonne conduite des assiégés rendirent inutiles[1]. A la fin, ce prince, considérant que son armée périssoit par les maladies et la difficulté des vivres, [joint à cela qu'elle perdoit bien du monde par la brave résistance des assiégés,] et que le mauvais temps rendoit le succès de son entreprise fort douteux, leva le siège[2], envoya son armée en quartiers d'hiver et repassa en Angleterre, laissant M. de Boisseleau couvert de gloire. [Il revint en France peu de temps après, et fut du temps sans recueillir d'autre fruit de cette belle action que des louanges universelles, par la raison qu'il étoit brouillé avec le ministre et que les actions lointaines ne sont pas fort méritoires. A la fin, le ministre étant mort, le Roi fit M. de Boisseleau brigadier[3], lui donna le gouvernement de Charleroy[4], et le fit aussi maréchal de camp[5]; mais la mort, qui le surprit un peu après la paix de Ryswyk, l'a empêché de pousser plus avant sa fortune et de rendre de plus grands services à sa patrie.]

[Pendant que tout ceci s'étoit passé du côté d'Irlande, le parti du roi Jacques en Écosse tâcha de s'y maintenir; mais la prospérité du prince d'Orange le fit bientôt tomber, aussi bien que toute l'Irlande, ainsi que je le dirai en son lieu.]

Toutes les victoires que les armes de France rem-

1. La dernière attaque eut lieu le 5 septembre; les orangistes y perdirent quinze cents hommes (vol. Guerre 963, n° 70).
2. Le siège fut levé le 8 septembre (vol. 963, n° 71).
3. Boisseleau fut fait brigadier en octobre 1690, dès son retour et avant la mort de Louvois, qui n'arriva que l'année suivante.
4. En 1692.
5. Dans la promotion de janvier 1696.

portèrent, cette année 1690, sur cette quantité prodigieuse d'ennemis qu'on peut dire qu'elle s'étoit suscités, confondirent l'espérance qu'ils avoient conçue [de détruire ce beau royaume, ou tout au moins d'en réduire les limites si à l'étroit, que les États voisins le tiendroient en crainte perpétuelle; mais la Providence, qui se joue des desseins des hommes et de leurs entreprises, décida en faveur de la France par la journée de Fleurus, et l'a protégée visiblement pendant toute cette guerre, faisant agir les causes secondes avec cette activité, cette vigueur et ce courage nécessaires pour surmonter les plus grands périls et les faire courir aux autres]. Ainsi les puissances confédérées, [se trouvant déchues de la meilleure partie de leurs espérances,] firent de nouveaux efforts pour se remettre des pertes qu'elles avoient souffertes, et, se ranimant par les heureux succès du prince d'Orange en Irlande et en Angleterre, [où sa domination s'affermissoit de plus en plus et le mettoit en état de passer en Flandres, pour tâcher d'y réparer les pertes de son parti,] elles mirent de nouvelles forces sur pied, et espérèrent de leurs négociations que les Suisses, du moins les cantons protestants, romproient avec la France. Mais toutes leurs peines de ce côté-là devinrent inutiles, et les Suisses aimèrent mieux se conserver l'amitié et l'argent de la France, que de s'attirer sur les bras des affaires très dangereuses pour leur repos et leur liberté.

Le Roi, de son côté, augmentoit toujours ses troupes [et se mettoit en état de continuer les bons succès de ses armes], quoi qu'il en coûtât au-dedans de son royaume tant en hommes qu'en argent; mais il fut admirablement servi par M. de Pontchartrain, qui eut les finances à la place de M. Le Peletier[1].

Il étoit d'une assez bonne famille[2], dont il y avoit déjà eu deux ou trois secrétaires d'État[3]; mais il n'étoit pas né fort riche, et avoit été contraint par le désordre de ses affaires de vendre une charge de conseiller au Parlement qu'il avoit et de se retirer, avec sa famille, à la campagne, où il demeuroit la plus grande partie de l'année[4]. [En ce temps-là, M. d'Argouges, premier président du parlement de Bretagne, fut fait conseiller d'État[5], et le Roi lui donna une somme considérable à prendre sur celui qui seroit pourvu de cette charge. Un des amis de M. de Pontchartrain[6], qui en eut avis,

---

1. Louis Phélypeaux, comte de Pontchartrain (1643-1727), conseiller au parlement de Paris (1661), premier président du parlement de Bretagne (1677), était contrôleur général des finances depuis le 20 septembre 1689 et secrétaire d'État de la marine et de la maison du Roi depuis 1690; il devint chancelier en 1699.

2. Originaire du Blésois; le premier connu vivait au commencement du xve siècle.

3. Paul Phélypeaux de Pontchartrain, secrétaire d'État en 1610; Raymond Phélypeaux d'Herbault, en 1621; Louis Phélypeaux de la Vrillière, en 1629; Balthazar Phélypeaux de Châteauneuf, en 1676.

4. Ceci est une erreur: Pontchartrain était toujours conseiller aux requêtes du Palais, lorsqu'il acheta la charge de premier président à Rennes, et il habitait chez son père, rue Pierre-Sarrazin (*Mémoires de Saint-Simon*, éd. Boislisle, t. VI, p. 271).

5. François d'Argouges, premier président du parlement de Bretagne en 1661, avait obtenu en 1675 une place de conseiller d'État, et sa charge resta longtemps vacante par la difficulté d'y pourvoir.

6. Comparez l'anecdote qui va suivre avec les divers récits

le vint trouver et lui remontra combien il étoit fâcheux que les beaux talents qu'il possédoit demeurassent ensevelis, et que, une telle occasion se présentant de les remettre en lumière et de faire sa fortune, il falloit de nécessité faire les derniers efforts pour cela, d'autant plus qu'il n'auroit pas de peine à obtenir l'agrément de cette charge au moyen de son mérite et du crédit de M. de Châteauneuf, secrétaire d'État, son proche parent et de même nom. M. de Pontchartrain répondit à cela qu'il étoit vrai que cela se pourroit bien, mais que d'ailleurs il étoit du tout dans l'impossibilité de trouver cet argent. « Peut-être, reprit l'autre, que M. d'Argouges, qui est si bien dans ses affaires, se voudra bien passer d'argent comptant, pourvu que d'ailleurs il trouve toutes ses sûretés. » — « Sur ce pied-là, répondit M. de Pontchartrain, vous n'avez qu'à traiter. » Ainsi fut fait, et il se trouva bientôt revêtu de cette charge, où il acquit beaucoup de réputation. J'ai dit toutes ces choses pour montrer la bizarrerie de la fortune, qui va chercher les uns et se moque des autres qui courent de toutes leurs forces après elle.]

[M. de Pontchartrain fut plusieurs années en Bretagne et venoit souvent passer les hivers à Paris. Il devint dévot, parce que la dévotion redevenoit à la mode pour faire fortune, et, dans ce train, il se retiroit, les bonnes fêtes, à l'Institution des Pères de l'Oratoire[1], où M. Le Peletier, véritablement homme de bien, se retiroit aussi dans ce temps. Ce fut là, et avec

qu'en a donnés Saint-Simon (*Mémoires*, éd. Boislisle, t. VI, p. 275-278, 454 et 558), où il attribue le choix de Pontchartrain à Colbert, conseillé soit par Hotman, soit par Pussort.

1. Rue d'Enfer, près de l'Observatoire.

cette apparence, que ces deux Messieurs lièrent une amitié fort étroite, dont M. de Pontchartrain se trouva si bien, qu'il attrapa une charge d'intendant des finances[1], et s'en acquitta de manière que M. Le Peletier, en se retirant, le proposa au Roi, même à l'exclusion de son propre frère, intendant des finances[2], comme la personne la plus capable de remplir sa place. Aussi est-il vrai que M. de Pontchartrain a beaucoup d'esprit, mais de ces esprits fins et aisés qui visent à leur but sans aucun scrupule, et, comme son principal, et celui de sa femme[3], étoit de s'enrichir, ils n'ont rejeté aucune affaire de celles dont il pouvoit leur revenir de l'argent, et ne se sont jamais mis en peine qu'ils fussent dommageables à l'État, pourvu qu'ils eussent tant par affaire[4]. Ainsi les partisans, de leur temps, ont eu bon temps et sont devenus tous très riches, au grand dommage du public.]

Année 1691. — Le prince d'Orange, ayant affermi son gouvernement en Angleterre au moyen de ses heureux succès en Irlande, et obtenu tout ce qu'il avoit voulu de son Parlement, fit passer beaucoup de troupes angloises dans les Pays-Bas, et les suivit de près, [prétendant se mettre de bonne heure en campagne et prendre de grands avantages]. Il fut reçu en

1. En 1687.
2. Michel Le Peletier de Souzy (tome I, p. 172) était intendant des finances depuis 1683; il eut en 1691 la charge de directeur général des fortifications.
3. Marie de Maupeou, mariée en 1668, morte en 1714.
4. Il ne semble pas que cette accusation soit justifiée, bien qu'on la retrouve dans les pamphlets du temps.

Hollande avec de grandes acclamations des peuples, et les États-Généraux lui firent une réception et une entrée magnifique[1], qui fut honorée de la présence de quinze ou seize princes souverains, qui se rendirent à la Haye pour lui faire leur cour et concerter avec lui pour le bien de la cause commune[2]. Ceux qui ne purent pas s'y rendre envoyèrent leurs ministres, et jamais on ne vit en Hollande une assemblée si pompeuse et si illustre; mais le Roi, [toujours attentif à ce qui étoit de son intérêt, voulut rehausser sa gloire aux dépens de son ennemi, et] le tira de cette pompe pour le faire venir en diligence au secours des Pays-Bas espagnols et le rendre témoin de la prise de Mons.

Siège et prise de Mons[3]. — Cette ville fut investie le 15 mars. Le 21, le Roi arriva au camp et y trouva une armée de plus de quatre-vingt mille hommes et un prodigieux attirail de guerre. En arrivant, Sa Majesté fit le tour de la place et des lignes de circonvallation, étant accompagné de Mgr le Dauphin et suivi des maréchaux de Duras, de Luxembourg et de la

---

1. C'est le 5 février que Guillaume revint à la Haye.
2. Notamment les électeurs de Brandebourg et de Bavière, le landgrave de Hesse-Cassel, le marquis de Gastanaga, gouverneur des Pays-Bas espagnols (*Gazette*, p. 80, 106, 117-119 et 131).
3. *Histoire militaire*, par le marquis de Quincy, t. II, p. 343-372, avec un plan du siège; *Gazette*, p. 155, 164-168, 176-180, 188-191 et 204; Dépôt de la guerre, vol. 1043 (ordres du Roi et lettres du ministre), 1057-1059 (correspondance et rapports des généraux et officiers). Saint-Hilaire assista à ce siège; il appartenait à l'armée de M. de Luxembourg : c'est donc en témoin oculaire qu'il va parler. D'ailleurs, son récit, très succinct, est conforme à toutes les autres relations.

Feuillade, qui commandoient sous elle; il visita tous les quartiers, dont il approuva la disposition[1].

Le 23, la tranchée fut ouverte du côté de la porte de Berthamont. Le 25 et les jours suivants, la place fut battue par une nombreuse artillerie, quantité de mortiers et force boulets rouges, qui mirent le feu en plusieurs endroits de la ville et épouvantèrent fort la bourgeoisie. On eut avis que le prince d'Orange assembloit une grosse armée à Hal pour secourir la place. Sur cette nouvelle, le maréchal d'Humières, qui étoit campé à Harlebecque, sur la Lys, avec une armée de douze à quinze mille hommes, eut ordre d'en partir pour s'approcher de celle du Roi, qui envoya M. de Rosen, lieutenant général[2], avec un corps de cavalerie, reconnoître l'armée du prince d'Orange. Il rapporta qu'elle grossissoit de jour à autre, et que le prince se disposoit à marcher pour tenter le secours. Quoique le Roi ne crût pas qu'il l'osât entreprendre, parce qu'il ne pouvoit tout au plus rassembler que quarante mille hommes, il ne laissa pas de prendre toutes ses précautions et disposa la meilleure partie de son armée, sous M. de Luxembourg, pour faire tête au prince d'Orange, pendant que l'autre continueroit le siège.

Le 1er avril, on commença de combler le fossé de

1. Vol. Guerre 1057, n° 19 : lettre de Chamlay du 16 mars sur la manière dont l'investissement a été établi et sur les dispositions à prendre pour continuer le siège.

2. Conrad de Rosen, originaire de Livonie, était lieutenant général depuis 1688 et venait d'obtenir la charge de mestre de camp général de la cavalerie légère; il deviendra maréchal de France en 1703.

l'ouvrage à corne, que l'on attaqua sur les trois heures après-midi. Les assiégés en furent chassés après un petit combat; ils revinrent aussitôt et le reprirent, parce que l'on ne s'y étoit pas encore assez bien établi. Le lendemain, il fut attaqué de nouveau et emporté sans retour. La nuit du 5, on combla l'avant-fossé, et, le 6, on fit un logement sur la contrescarpe de la demi-lune; le 7, on étendit ce logement et on embrassa la demi-lune; le 8, sur les quatre heures du soir, les assiégés battirent la chamade et capitulèrent. Le 10, le prince de Berghes[1], qui commandoit dans Mons, en sortit avec sa garnison, encore forte de cinq mille hommes, et, pour s'excuser de ne l'avoir pas défendue plus longtemps, il en rejeta la faute sur les bourgeois, qui, à ce qu'il disoit, l'avoient forcé de capituler. Quoi qu'il en soit, le Roi eut cette ville à grand marché. M. de Boufflers y fut blessé d'un coup de mousquet à l'oreille[2], le marquis de Lostanges[3] tué, et peu d'autres. Sa Majesté donna le gouvernement de cette place à M. de Verteillac[4], [qui

1. Philippe-François de Glymes, comte, puis prince de Berghes (1650-1704), avait eu en 1684 le grade de général de bataille dans l'armée espagnole et le titre de prince en 1686. Il commandait à Mons et dans le Hainaut comme gouverneur et capitaine général depuis 1690. Charles II lui donna la Toison d'or en récompense de sa belle défense de Mons.

2. Le 1er avril, à l'attaque de l'ouvrage à corne.

3. Jean de Béduer de Lostanges, de la branche de Felzins, avait eu une compagnie dans le régiment de cavalerie du duc de Bourgogne, et était alors enseigne des gardes du corps; il fut tué le 6 avril, à l'attaque de la contrescarpe de la demi-lune.

4. Nicolas de la Brousse, comte de Verteillac, lieutenant des cent suisses en 1676, reçut le 9 avril 1691 le gouvernement de

étoit un très galant homme,] et s'en retourna à Versailles, [après avoir donné ses ordres, tant pour sa conquête que pour rompre son armée,] qui alla se rafraîchir dans des quartiers, en attendant la saison de se mettre en pleine campagne. Le prince d'Orange, l'ayant appris, en fit autant de la sienne, et repassa en Hollande, puis en Angleterre, [bien fâché de n'avoir pas eu assez de temps pour assembler un nombre de troupes suffisant pour tenter le secours de cette place. C'est ainsi que Sa Majesté a toujours primé ses ennemis et leur a enlevé leurs meilleures places avant qu'ils eussent le temps de se mettre en bon état pour s'y opposer, ce qui lui a procuré de grands avantages. Il est certain que M. de Louvois étoit excellent pour ces dispositions de sièges prématurés; il les regardoit comme son ouvrage, et on n'y manquoit jamais de rien.]

Siège et prise de Nice. — Dans le même mois de mars, le Roi fit assiéger Nice en Provence par M. de Catinat. Cette place appartenoit au duc de Savoie. Elle fut aussi investie par une petite armée navale, afin que nul secours ne s'y pût introduire. La citadelle étoit bonne et bien munie; mais, une bombe qui y fut jetée par les assiégeants ayant mis le feu à un magasin de poudre, toute la garnison en fut presque anéantie, et la place se trouva si ouverte, qu'elle fut contrainte de se rendre[1]. M. de Catinat s'empara encore

Mons; il obtint le 25 avril suivant le grade de maréchal de camp et fut tué le 4 juillet 1693.

1. C'est le 24 mars que Catinat arriva devant Nice, et la citadelle capitula le 2 avril (*Histoire militaire*, p. 412-417; *Gazette*, p. 180 et 191; Dépôt de la guerre, vol. 1093).

de Villefranche, des forts de Saint-Ospice et Montalban[1], et, par ces conquêtes, ferma les portes de la Provence aux ennemis du Roi.

Irlande. — Il y eut cette année cinq armées de terre en campagne, sans compter celle d'Irlande, que M. de Saint-Ruhe alla commander; mais les affaires y étoient si désespérées, qu'on n'en augura rien de bon, et que ce général fut vaincu et tué dans une bataille près d'Athlone[2]; les Anglois se rendirent entièrement maîtres de ce royaume, et tous les troubles d'Écosse furent assoupis.

Campagne de Flandres. — On comptoit sur de grands événements en Flandres pendant cette campagne; car le prince d'Orange, n'ayant plus rien digne de l'occuper en Irlande, et ses affaires étant finies en Angleterre, repassa la mer une seconde fois, pour se mettre à la tête d'une nombreuse armée, qui s'assembla sous Bruxelles vers la fin du mois de mai; mais elle manqua d'être défaite avant qu'elle fût entièrement formée [et que le prince d'Orange l'eût jointe, ainsi que je vais le raconter].

M. de Luxembourg, ayant assemblé, le 15 mai, aux environs de Courtray, l'armée de France[3], forte de quarante-cinq mille hommes, et composée des meil-

---

1. La prise de Villefranche et des deux forts précéda celle de Nice. Saint-Ospice est sur un promontoire à l'est de la ville; Montalban, dans l'intérieur des terres, sur la route de Nice à Villefranche.

2. Bataille de Kilconnel, 22 juillet 1691.

3. Le volume 1061 du Dépôt de la guerre contient un état très complet des « Marches et campements de l'armée du Roi en Flandres, commandée par M. le maréchal de Luxembourg » pour les campagnes de 1691, 1692 et 1693.

leures troupes du Roi, la mena passer l'Escaut, le 20, près du village d'Hauterive[1], et, prenant sa marche par Renaix[2], Lessines et Enghien, arriva, le 29, sur la hauteur de Notre-Dame-de-Hal, que les ennemis avoient commencé de fortifier. Il appuya sa droite à la petite rivière de Senne, et sa gauche à Bennerage[3], ayant derrière lui le petit ruisseau qui passe à Elbeck[4], et Hal derrière sa droite. On jeta des ponts sur la Senne dès le même soir, afin d'investir la ville de l'autre côté de cette rivière ; mais, comme elle n'étoit pas en état de défense, M. de Waldeck, qui étoit campé à Anderlecht[5], seulement éloigné de deux petites lieues, envoya ordre à celui qui y commandoit de se retirer à Bruxelles avec sa garnison : ce que cet officier exécuta heureusement, par le peu de précaution qu'on prit pour l'en empêcher.

Le lendemain, sur les huit heures du matin, M. de Luxembourg fit prendre les armes à toute l'armée, ne laissant dans le camp que ce qu'il falloit de troupes pour le garder, et il la mena passer le ruisseau de Saint-Pierre-Lieu[6], dans l'intention de combattre M. de Waldeck, qui n'en étoit qu'à une lieue avec une armée de vingt-cinq mille hommes, et qui vraisemblablement devoit être battu, s'il avoit été attaqué brusquement ; mais, au lieu de cela, on s'amusa à temporiser, et, ce pendant, M. de Waldeck se tira

1. Entre Mortagne et Saint-Amand.
2. A douze kilomètres sud d'Audenarde.
3. En flamand, Beeringen, hameau dépendant de la commune de Pepinghen.
4. Hameau à un kilomètre nord de Hal.
5. Aux portes mêmes de Bruxelles.
6. Leeuw-Saint-Pierre, dans la direction de Bruxelles.

habilement d'affaire [et se dégagea en homme entendu], et M. de Luxembourg revint coucher en son camp, ayant manqué ce beau coup. On employa jusqu'au 5 juin à démolir entièrement les murailles et les fortifications de Hal, où l'on trouva quelques munitions de guerre, et l'armée marcha ce jour-là, sur neuf colonnes, et passa la Senne, pour venir camper à Braine-le-Comte.

Cependant, M. de Boufflers, qui, dans les premiers jours de mai, avoit assemblé une armée de vingt mille hommes aux environs de Bouillon, traversa un bout des Ardennes et vint à Jemeppe, près Marche-en-Famine, où il arriva du gros canon, des mortiers, un grand attirail de bombes, des pontons de cuivre, et toutes sortes de munitions de guerre.

Le 24, l'armée partit de Jemeppe, et, laissant à main gauche le grand chemin de Liège, que les ennemis avoient coupé de plusieurs retranchements qu'ils gardoient avec des paysans et quelques gens de guerre, elle passa avec des peines infinies, et surtout l'artillerie, par des chemins presque impraticables, pour arriver devant Liège le 1er juin[1]. La première expédition qui s'y fit, et que l'on commença dès que la tête de l'armée arriva, fut de chasser les ennemis de quelques postes qu'ils occupoient sur les avenues de la Chartreuse, située sur une hauteur à la tête du faubourg d'Amercœur[2], afin d'en disputer les approches,

1. Les Liégeois s'étaient engagés à garder la neutralité; malgré cela, ils avaient attaqué, l'année précédente, des convois français et reçu une garnison hollandaise. Louis XIV voulait les punir d'avoir manqué au traité.
2. Ce faubourg occupe la rive droite de la Meuse, sur la route d'Aix-la-Chapelle.

ce qu'ils ne firent guère bien, quoiqu'ils ne manquassent pas d'infanterie et que la situation du terrain lui fût favorable[1]. M. de Tserclaës[2], général des troupes de Liège, se retira derrière la Chartreuse, où il plaça mille hommes d'infanterie, se posta dans l'espace qui est entre la Chartreuse et la rivière de Meuse, avec trois régiments de cavalerie et un de dragons, couvrant son flanc gauche d'un retranchement garni de gens de pied, et le droit[3] du faubourg d'Amercœur, par le moyen duquel il avoit communication avec la ville.

La Chartreuse [est située, ainsi que je l'ai déjà dit, sur une hauteur escarpée du côté de la ville et distante d'icelle de deux portées de mousquet; elle] étoit enfermée d'un grand enclos de murailles, sans aucune terrasse derrière; les ennemis y avoient ajouté en dehors quelques redans de terre fraisés et palissadés, avec un fossé peu large et profond, et avoient fait en dedans une espèce de retranchement avec des palissades plantées en rigole.

On ouvrit une espèce de tranchée devant cette Chartreuse dès le même soir. On travailla en même temps à faire des batteries, qui tirèrent le lendemain matin et firent de grandes brèches à la muraille. On travailla, le soir suivant, à approcher les tranchées, et, sur les onze heures, on vint dire à M. de Boufflers que les ennemis, craignant d'être forcés, s'étoient retirés et avoient abandonné la Chartreuse. Il la fit

1. A l'infanterie.
2. Albert de Tserclaës, comte de Tilly, qui commandait alors les troupes du prince-évêque de Liège, passa plus tard au service d'Espagne, devint vice-roi de Navarre, et ne mourut qu'en 1715.
3. Son flanc droit.

reconnoître aussitôt et y mit un bon corps d'infanterie. M. de Tserclaës leva son camp et rentra dans la ville, ne laissant dans le faubourg d'Amercœur et son retranchement que quelques escarmoucheurs. On logea tout le canon et les mortiers dans l'enclos de la Chartreuse, et, sur le midi, on commença à bombarder la ville et à y tirer des boulets rouges avec tant de succès, que, les maisons étant serrées et presque toutes bâties de bois, le feu prit, une heure après, à cinq ou six endroits de la ville.

Cependant le gouverneur de Maëstricht envoya dans Liège une partie de sa garnison, et M. de Tserclaës y appela aussi les troupes de Hesse, qui passoient près de là pour aller joindre l'armée du prince d'Orange, afin de contenir la multitude des habitants de la ville, qui portoient tous les armes, et les empêcher de se rendre aux François pour faire cesser le bombardement et se libérer du péril.

Il continua le 4 jusques à midi, et, pendant ce temps-là, M. de Boufflers fit emporter le poste que les ennemis tenoient au village de Chênée[1]. M. de Tserclaës fit passer la Meuse à quelques escadrons, par un gué contre la ville, pour recueillir ceux qui se sauvoient de Chênée. On marcha à eux, et ils repassèrent le gué. On brûla ensuite une partie du faubourg d'Amercœur, et, les bombes étant finies, on commença de se retirer par le grand chemin qui va de Liège à Dinant, et on laissa cette première ville dans un état affreux : le dommage en fut estimé à quinze millions[2].

1. Sur l'Ourthe, à trois kilomètres sud-est de Liège.
2. *Histoire militaire*, t. II, p. 373-375; *Gazette*, p. 412, 422-

L'armée, ayant marché trois lieues par le chemin de Dinant, le laissa à droite, et prit celui d'Hotton[1], non sans beaucoup de précaution et d'inquiétude de la part de M. de Boufflers, qui craignit d'être coupé ou bien chargé en queue par les troupes de M. de Tserclaës et le gros détachement que le prince d'Orange lui envoyoit, à ce que lui manda M. de Luxembourg ; mais, comme il ne parut pas, on en inféra que le général, au moyen de cet avis, avoit voulu exercer l'activité et la vigilance de M. de Boufflers. [Mais les troupes ne s'en trouvèrent pas mieux ; car, quoiqu'il ne parût aucun ennemi pendant toute la retraite, elles furent toujours sous les armes et marchèrent en bataille, quand le terrain le put permettre, jusques à ce qu'elles arrivèrent au camp d'Hotton, où elles se reposèrent quelques jours, à la réserve de la gendarmerie et de six bataillons, qui allèrent joindre M. de Luxembourg, dont je reprends la suite de la campagne.]

Suite de la campagne de Flandres. — Le prince d'Orange, ayant joint et formé son armée, qui étoit de plus de soixante mille hommes, partit des environs de Bruxelles, où elle étoit campée, et la mena passer la Sambre près de Charleroy[2]. Dès que M. de Luxembourg en eut avis, il s'avança à la Bussière-sur-Sambre et envoya ordre à M. de Boufflers de jeter deux bataillons dans Philippeville et trois à Dinant.

---

423 et 434; vol. Guerre 1044. Le récit de notre auteur est conforme à celui donné par la *Gazette*.

1. Sur l'Ourthe, à huit kilomètres nord-est de Marche-en-Famène.
2. Le 21 juillet.

Puis, ayant appris que le prince d'Orange passoit la Sambre pour venir camper à Gerpinnes, il la passa aussi à la Bussière et vint d'une marche forcée camper à Florenne, devant Philippeville, [sa droite se prolongeant sur le chemin de Dinant]. Il envoya ordre en même temps à M. de Boufflers, [qui étoit campé à Houyet-en-Ardenne[1],] de venir passer la Meuse à Charlemont, et ensuite de se poster à l'abbaye de Molines[2], fort bon poste près de Dinant, pour couvrir cette place. Dans cette situation, M. de Luxembourg se tenoit en état de joindre M. de Boufflers, si l'ennemi marchoit de son côté, ou bien de se faire joindre par lui en cas qu'il en fût besoin, [soit que l'ennemi le voulût combattre, ou bien prendre un autre parti, comme il arriva].

Les affaires demeurèrent en cet état pendant plus de quinze jours, au bout desquels le prince d'Orange, [qui n'osa venir combattre M. de Luxembourg sous Philippeville, après avoir manqué cette place ou Dinant,] décampa de Gerpines[3] et prit les devants pour tirer sur Beaumont[4], et, par ce moyen, rejeter M. de Luxembourg au delà des bois, du côté de la Nouvelle-France[5] et d'Avesnes, et être en état, en l'éloignant, de former quelque entreprise sur Maubeuge, Mons, ou quelque autre place.

M. de Luxembourg, ayant compris ce dessein

1. A dix-neuf kilomètres sud de Dinant.
2. Abbaye de religieuses cisterciennes fondée en 1233 par un évêque de Liège, sur le bord de la Meuse, à peu de distance de Dinant.
3. C'est le 7 août que le prince d'Orange décampa.
4. Beaumont-en-Hainaut, à dix-huit kilomètres sud de Thuin.
5. On ne sait quelle région Saint-Hilaire désigne ainsi.

[et l'importance qu'il y avoit de s'y opposer, se mit en état de passer le défilé qu'on appelle de Silenrieux[1], non pas à ce village, parce qu'il étoit alors trop près de l'ennemi, qui passoit ce défilé fort proche au-dessous, et qui l'auroit pu trouver au débouché dans une situation trop avantageuse; mais il prit le parti de faire marcher son armée à travers de grands bois, par des chemins jusques alors inusités en cas pareil, et, laissant ce défilé à sa droite], il marcha avec tant de diligence et si heureusement, qu'il arriva sans aucun obstacle dans la plaine de Beaumont, malgré le grand détour qu'il avoit été obligé de prendre, en même temps que la tête de l'armée ennemie se présentoit pour venir l'occuper. M. de Boufflers, ayant déjà joint la queue de l'armée de M. de Luxembourg, lui remit son infanterie et resta dans le vieux camp, avec quarante escadrons, jusques au lendemain, qu'on fut certain que l'ennemi ne faisoit point de contre-marche. Alors il reçut ordre de marcher par Marienbourg, pour venir camper au village de Rance[2], à une demi-lieue de la droite de M. de Luxembourg, avec laquelle il communiquoit au moyen d'une grande trouée à travers les bois qui coupent le pays, [et, en cette situation, il se tenoit en état de retourner sur ses pas et de prévenir l'ennemi, si son dessein étoit d'en faire autant. En ce cas, M. de Luxembourg auroit suivi de près; mais il n'y avoit guère d'apparence que l'ennemi voulût se rabattre sur Philippeville; car tous les fourrages des environs étoient consommés].

1. Sur la route qui va de Philippeville à Beaumont.
2. A dix kilomètres au sud de Beaumont, sur la route de Chimay.

M. de Luxembourg, étant campé dans la plaine de Beaumont, avoit à sa droite la trouée de Rance, à sa gauche le village de Cousolre[1], et, devant lui, à plus d'une portée de canon de campagne, la petite rivière de Beaumont, [qui n'est point guéable, et, par delà cette ville, des hauteurs fort escarpées et peu accessibles, où l'avant-garde de l'ennemi se tint jusques au lendemain. Elle occupa bientôt la petite ville de Beaumont, où, jusque-là, on tenoit un poste.] Puis elle fit une tentative pour faire des ponts près la ville; mais elle ne lui réussit pas; car M. de Luxembourg y marcha avec des troupes et du canon, qui leur fit bientôt abandonner cet ouvrage avec perte. Ainsi le prince d'Orange se réduisit à garder Beaumont pour tenir le défilé et empêcher qu'on ne vînt à lui. Il se tint campé, près de trois semaines, à Donstiennes et Strée[2], derrière Beaumont, dont il fit sauter les tours, et retira la garnison en décampant pour aller repasser la Sambre. M. de Luxembourg avoit grande envie de charger son arrière-garde dans sa retraite; mais il ne put arriver assez à temps [et vint seulement jusques au vieux camp de l'ennemi, d'où il s'en retourna pour passer la Sambre à Solre et la Bussière]. De là, il s'en fut sur la Dendre vers Lessines, où il finit la campagne, les ennemis se tenant aux environs de Bruxelles.

Pour ce qui est de M. de Boufflers, il lui revint quelques bataillons, et il passa dans les Ardennes pour s'opposer aux Palatins, qui y faisoient des courses,

1. Dép. du Nord, cant. de Solre-le-Château.
2. Ce sont deux communes du canton de Thuin, au nord de Beaumont.

et au landgrave de Hesse[1], qui y voulut pénétrer avec douze ou quinze mille hommes. M. de Boufflers, qui lui étoit inférieur en nombre, vint occuper les hauteurs de Rochefort, qui est un très bon poste ; aussi, le landgrave, qui vint se présenter dans la plaine au-dessous, n'osa l'y attaquer, et s'en alla camper à Marche-en-Famène, à une lieue et demie de Rochefort, [où il demeura près d'un mois. Au décamper, il l'échappa belle ;] car son arrière-garde auroit sans doute été battue au passage du ruisseau de Marche, si un gros brouillard qui survint le matin n'eût empêché M. de Saint-Frémond[2], qui étoit là avec un gros parti, de s'apercevoir plus tôt de son décampement. Il en donna avis à M. de Boufflers dès qu'il lui fut connu, et ce pendant se mit à harceler l'arrière-garde, pour la retarder ; mais ce fut inutilement : M. de Boufflers ne put arriver à temps. Le landgrave se retira et mena ses troupes prendre des quartiers d'hiver dans son pays. [L'armée de M. de Boufflers s'en vint camper à Marche, et ne tarda pas à marcher dans les siens.]

Campagne d'Allemagne. — La campagne d'Allemagne ne fut pas si vive cette année. L'électeur de Saxe[3] y commanda l'armée impériale, et le maréchal de Lorge celle de France. La première étoit

1. Charles, landgrave de Hesse-Cassel (1654-1730), avait succédé en 1670 à son frère Guillaume VII.
2. Jean-François Ravend, marquis de Saint-Frémond, commandait un régiment de dragons depuis 1688 et avait eu le grade de brigadier en 1690 ; il mourut en 1722, lieutenant général depuis 1702.
3. Jean-Georges III, né en 1647, avait succédé à son père comme électeur en 1680 ; il mourra le 12 septembre de la présente année 1691 : ci-après, p. 189.

de trente-cinq mille hommes, et l'autre de trente mille. Cette dernière s'assembla vers Neustadt, dans le Palatinat, à la fin du mois de mai, et vint tout de suite camper proche Mayence. Elle fit le dégât aux environs, pour empêcher les Allemands d'y subsister. Un détachement de l'armée força la petite ville d'Algesheim[1], où il y avoit cinq cents Impériaux et plusieurs paysans armés; on y trouva beaucoup de vivres[2]. L'armée vint à Kreuznach consommer tous les fourrages des environs. Celle des Impériaux, toujours tardive à s'ébranler, ne se mit en campagne qu'au commencement de juillet, et s'approcha du Rhin pour le passer près Mannheim, dont elle commença à faire relever les fortifications. Les François vinrent aussitôt camper vis-à-vis, le Rhin entre deux, pour l'empêcher de faire des ponts. Le maréchal de Lorge envoya le marquis d'Huxelles, avec un gros détachement, au-dessous de Mannheim, afin de veiller de ce côté-là sur les Impériaux et de lui donner le temps d'arriver avec le reste de l'armée, [en cas qu'ils voulussent y jeter un pont sur le Rhin; mais il en arriva tout autrement] : les ennemis, à la faveur d'une grande île fort couverte au milieu du Rhin, firent un pont de leur côté jusques à icelle, qu'ils continuèrent jusqu'à l'autre rive sans être découverts, à cause d'une espèce de bois qui empêchoit la vue, et aussi parce que le marquis d'Huxelles ne fut pas averti ponctuellement par ses partis. Ainsi les Impériaux passèrent le Rhin sans aucun empêchement. Le marquis d'Huxelles eut bien

1. Gau-Algesheim, entre Mayence et Bingen.
2. Ce petit poste fut emporté le 2 juillet par le célèbre partisan Mélac.

de la peine à relever ses postes, et auroit été coupé dans sa retraite, s'il n'eût usé de grande diligence et si le maréchal de Lorge ne fût venu au-devant de lui avec toute l'armée[1].

Cet événement obligea le maréchal à revenir à Spire et à passer la petite rivière qu'on appelle le Spirebach, [laquelle il mit devant lui]. Ayant ensuite avisé des moyens de faire repasser le Rhin aux Impériaux, il n'en trouva pas de meilleur que d'aller lui-même le passer à Philipsbourg[2], après avoir pourvu à la sûreté de Landau. Il s'avança vers le Würtemberg, fit attaquer la petite ville de Pforzheim, située à l'entrée de la vallée, et dont les murailles n'étoient pas terrassées, mais flanquées de distance en distance par d'assez bonnes tours. Le fossé étoit sec, large, profond et revêtu, et il y avoit dans cette place cinq cents hommes de troupes réglées et plusieurs paysans armés qui s'y étoient réfugiés. Quoiqu'ils pussent tenir trois ou quatre jours sans rien risquer, ils ne laissèrent pas de se rendre à la première sommation[3]. Le maréchal de Lorge eut par ce moyen l'entrée libre du pays de Würtemberg, et y envoya de gros partis, qui en firent venir de grosses contributions. Cette manœuvre fit repasser le Rhin aux Impériaux, pour courir à la défense de leur pays, ainsi que le maréchal de Lorge l'avoit prévu.

1. Voyez le récit de l'*Histoire militaire*, p. 400-401 ; c'est le 13 juillet que l'électeur de Saxe et M. de Caprara passèrent le Rhin et forcèrent M. d'Huxelles à reculer.

2. Le 3 août.

3. C'est le duc de Villeroy, qui, envoyé dans le pays de Bade-Dourlach, avec trois mille hommes et six pièces de

Les ennemis, ayant repassé le Rhin, vinrent camper à Bretten. Le maréchal s'approcha d'eux au débouché d'un grand bois qui séparoit les deux armées, et les tint là quelques jours; et, ayant consommé les fourrages de ces quartiers-là, il revint dans le marquisat de Bade-Dourlach. Il fit sauter les tours de Pforzheim, après avoir retiré la garnison. Il alla ensuite camper à la hauteur de la petite ville de Gernsbach, qui fut abandonnée par trois cents Impériaux qui y étoient[1]; et, peu de temps après, il vint camper près du Fort-Louis-du-Rhin.

Les Impériaux envoyèrent dans ce même temps un détachement de leur armée dans la vallée de la Kinzig[2], afin d'incommoder les François dans leurs fourrages et d'y tenir poste. Cette armée fut encore renforcée par deux mille Suédois et quelques régiments des Cercles, et elle vint tout entière dans la vallée de la Kinzig. Le maréchal de Lorge se posta vers Offenbourg. Bientôt après, la dysenterie se mit dans l'armée impériale; l'électeur de Saxe en fut attaqué et en mourut à Tubinge[3], où il se fit porter, et le général Caprara en fut fort malade. Les troupes saxonnes et suédoises quittèrent l'armée vers le 15 septembre et prirent la route de Franconie, pour aller dans leurs quartiers d'hiver, [et il ne se passa

canon, pour faire rentrer des contributions, attaqua Pforzheim et s'en empara le 11 août (*Histoire militaire*, p. 403-404).

1. Gernsbach fut prise sans coup férir, le 27 août, par le prince de Conti et M. de la Frezelière; la garnison s'était retirée avant l'arrivée des Français.

2. Sous le commandement du margrave de Bade-Dourlach, qui s'y établit le 19 août et y resta jusqu'à la mi-septembre.

3. Le 12 septembre.

plus rien entre les deux armées que quelques rencontres de petits partis et quelques disputes pour les fourrages].

Campagne d'Italie. — La guerre d'Italie fut plus vive, quoiqu'il ne s'y donnât point de bataille. [Dans le commencement de la campagne, M. de Savoie fut réduit à de grandes extrémités; car les Espagnols et les Allemands qui devoient joindre ses troupes ne le firent que tard, selon leur coutume.] Les François, avec une armée de trente mille hommes, entrèrent de bonne heure en Piémont par le Pas-de-Suse et marchèrent à Veillane, qui n'est qu'à trois lieues de Turin. Ce n'est qu'un méchant bourg, où il y a un château que les Piémontois avoient fortifié le mieux qu'ils avoient pu, [sans toutefois le rendre bon, parce que ce poste leur étoit très important pour empêcher les courses de la garnison de Suse et tenir le dégorgement de la vallée dans le Piémont]. M. de Catinat le fit attaquer, l'emporta, et le démolit[1]. Le comte de Tessé, maréchal de camp[2], fut blessé à cette attaque, et plusieurs autres; car les Savoyards ne se défendirent pas mal par rapport à leur petit nombre.

De Veillane, l'armée vint camper à la vue de Turin. Les habitants crurent qu'ils seroient assiégés, et la chose n'étoit pas impossible, quoique M. de Savoie eût fort muni cette place [et qu'il y eût jeté toute son infanterie, qui consistoit en cinq ou six mille hommes,

1. Veillane fut emportée le 29 mai (*Gazette*, p. 410-411).
2. René de Froullay, comte de Tessé (1650-1725), était maréchal de camp depuis 1688; il deviendra maréchal de France en 1703, et nous le verrons, à la fin de la présente guerre, négocier le mariage du duc de Bourgogne avec la fille aînée de Victor-Amédée.

et qu'il eût passé avec sa cavalerie sur les hauteurs voisines, au delà du Pô, dont il étoit couvert]. Mais M. de Catinat jugea plus à propos d'aller prendre Carmagnole, où il y avoit deux mille hommes, la plupart milices, qui tinrent trois jours de tranchée[1]. Il s'empara une seconde fois de Saluces, Fossano et Savillan, et envoya le marquis de Feuquière, maréchal de camp[2], avec un gros détachement, pour prendre Coni, qui valoit peu et dont la garnison étoit très foible.

Quand il fut devant la ville, ceux de dedans, qui attendoient un secours des Barbets, l'amusèrent par une feinte capitulation qu'ils proposèrent. Ce pendant le secours arriva, et fut attaqué par M. de Feuquière, qui ne put si bien faire qu'il n'y en entrât une bonne partie : de sorte qu'il en fallut venir à une attaque régulière. Les assiégés se défendant vigoureusement, M. de Catinat fut obligé d'envoyer de nouvelles troupes sous M. de Bulonde, lieutenant général[3]. [On redoubla les efforts, et ceux de dedans de courage.] Sur ces entrefaites, les troupes d'Espagne et deux ou trois régiments impériaux joignirent M. de Savoie, qui étoit retranché à Moncalieri. Ce prince résolut de secourir Coni, et, pour cela, il détacha le prince Eugène de Savoie, avec quatre mille chevaux et autant de fantassins en croupe, qui marchèrent droit

1. Carmagnole capitula le 9 juin (*Gazette*, p. 425).
2. Antoine de Pas, marquis de Feuquière (1648-1711), avait été fait maréchal de camp en 1689; il deviendra lieutenant général en 1693, mais sera disgracié à cause de son caractère difficile et ne servira plus après la paix de Ryswyk. Il est l'auteur de Mémoires estimés sur les guerres de son temps.
3. Tome I, p. 215.

à Coni, et devoient encore être joints par les milices [de Mondovi]. M. de Catinat ne fut averti que tard de cette marche, par la faute du maréchal des logis de la cavalerie, qui oublia d'envoyer, ainsi qu'il le lui avoit ordonné, un parti croiser sur l'armée ennemie, et il apprit seulement le lendemain [en se promenant] que le prince Eugène avoit passé avec ses troupes, tirant sur Coni. Aussitôt il en informa M. de Bulonde, et lui envoya sur cela un ordre ambigu, que ce dernier, à la persuasion de M. de Feuquière, prit pour un commandement de lever le siège, quoique M. de Catinat lui mandât en même temps qu'il lui envoyoit en grande diligence M. de Saint-Silvestre[1], maréchal de camp, avec de nouvelles troupes. M. de Bulonde, interprétant encore cet article comme un secours pour faire plus sûrement sa retraite à Pignerol, se hâta encore plus de lever le siège : ce qu'il exécuta avec tant de précipitation, qu'il laissa deux de ses canons aux attaques et plusieurs munitions de guerre et de bouche, avec ses blessés. A la vérité, cette dernière faute fut imputée à M. de Feuquière, parce qu'il se chargea du soin de vider les tranchées et le camp, pendant que M. de Bulonde songeoit aux affaires du dehors.

Le prince Eugène n'arriva à Coni que cinq heures après la levée du siège, et M. de Saint-Silvestre, avec ses troupes, joignit M. de Bulonde avant ce temps-là, ce qui aggrava encore la faute ; car, dans les occasions comme celle-là, quand un officier subalterne reçoit des ordres ambigus, il doit toujours

1. Tome I, p. 125.

les interpréter du côté de l'épée, et alors il ne peut jamais manquer.

Au retour de cette expédition, M. de Feuquière fut envoyé changer la garnison de Casal, où il réussit mieux que devant Coni; mais, quand on sut à la cour la levée de ce siège, il en vint ordre d'envoyer le pauvre M. de Bulonde prisonnier à la citadelle de Pignerol, où il demeura quelque temps, et n'en sortit qu'après qu'on eut éclairci cette affaire, dont M. de Feuquière se seroit mal trouvé à cause de ses mauvais, et on peut dire malicieux conseils[1], si M. de Louvois ne fût mort sur ces entrefaites et si M. de Pomponne, parent de M. de Feuquière[2], ne fût rentré depuis peu dans le ministère. M. de Bulonde n'a plus servi depuis, quoiqu'il soit un brave et galant homme, et qu'il n'eût péché que par le conseil d'autrui[3].

Peu de temps après l'affaire de Coni, l'électeur de

1. M. de Feuquière, dit Saint-Simon (*Mémoires*, t. X, p. 91), était « le plus méchant homme qui fût sous le ciel, qui se plaisoit au mal pour le mal, et à perdre d'honneur qui il pouvoit, même sans aucun profit », etc.

2. Le grand-père de M. de Feuquière, Manassès de Pas, avait épousé Anne Arnauld de Corbeville, cousine du ministre.

3. Sur ce siège de Coni, sur ses suites et sur l'emprisonnement de Bulonde, voyez la *Gazette*, p. 459, 460 et 470, l'*Histoire militaire*, t. II, p. 423-424, les vol. Guerre 1095 et 1099, le *Journal de Dangeau*, t. III, p. 352, 354, 357 et 358, les *Mémoires de Sourches*, t. III, p. 427-428 et 432-434, ceux *de Catinat*, t. III, p. 205-211, ceux *de Saint-Simon*, éd. Boislisle, t. X, p. 92, l'*Histoire de Louvois*, par C. Rousset, t. IV, p. 488-497, les *Mémoires de Feuquière*, t. IV, p. 196, et les *Lettres inédites des Feuquières*, t. V, p. 380-386. Bulonde resta enfermé à Pignerol jusqu'à la fin de l'année. Il envoya au ministre un essai de justification qui est dans le volume Guerre 1099.

Bavière arriva en Piémont avec douze ou quinze mille hommes des troupes de l'Empereur, et l'armée des confédérés, après cette jonction, monta, à ce qu'on disoit, à plus de quarante mille hommes.

Sur ces nouvelles, M. de Catinat repassa le Pô[1], et le prince Eugène, qui voulut alors charger son arrière-garde, tomba dans une embuscade dont il eut bien de la peine à se tirer. M. de Catinat se retira vers Pignerol, abandonnant Savillan, Fossano et Saluces; mais il laissa M. du Plessis-Bellière[2], brigadier d'infanterie, dans Carmagnole, avec douze à quinze cents hommes, dans la pensée que les ennemis ne manqueroient pas de s'amuser à prendre cette place, au lieu de se mettre à ses trousses pour le hâter de repasser les monts. Ils assiégèrent en effet Carmagnole, qui les tint quinze jours entiers, quoique la place fût fort mauvaise[3]. M. de Catinat profita de ce temps pour pourvoir Pignerol; et, sur la nouvelle qu'il eut que M. de Savoie, après la prise de Carmagnole, vouloit marcher à Suse, il le devança avec l'armée et se campa en un poste avantageux entre Rivoli et Veillane, où M. de Savoie n'osa l'attaquer.

Peu de jours après, la saison étant déjà avancée, les confédérés se séparèrent pour prendre leurs quartiers d'hiver : les Piémontois restèrent dans leur pays; les

---

1. Le 6 août, sur deux ponts qu'il avait fait construire (*Gazette*, p. 329).

2. François-Henri de Rougé, marquis du Plessis-Bellière, fils de l'amie de Foucquet, venait d'être fait brigadier; il mourut au mois de février de l'année suivante.

3. C'est le 28 septembre que la place fut investie; elle se rendit le 8 octobre (*Histoire militaire*, p. 426).

Espagnols retournèrent dans le Milanois, et les Impériaux, au lieu de s'en aller en Allemagne, prirent des quartiers d'hiver dans le Mantouan, le Parmesan et le Modénois, et tirèrent de grosses contributions des Génois et de plusieurs autres États d'Italie, qui, à ce qu'on disoit alors, prenoient des mesures secrètes avec la France pour s'unir à elle et faire la guerre aux Espagnols en Italie; mais ces mesures furent rompues et déconcertées par ce moyen.

L'armée des confédérés étant séparée, M. de Catinat marcha à Suse et établit un camp à la tête de cette ville pour la couvrir. Il le fortifia par un bon retranchement, qu'il fit même revêtir : la gauche étoit protégée et défendue par le château de Suse, situé sur la pointe d'un rocher fort escarpé; la droite étoit couverte par une branche des Alpes. Il laissa huit ou dix bataillons et quelque cavalerie en ce camp, et repassa avec le reste de l'armée en Dauphiné et en Savoie, [partie par le Mont-Cenis, et l'autre par le Mont-Genèvre].

Pendant la campagne, M. de la Hoguette, maréchal de camp[1], avec un petit corps de troupes, avoit tenu bloqué le château de Montmélian et la ville de Saint-Jean, qui est située au pied[2]. Il avoit ensuite levé le blocus pour entrer, par la Tarentaise et le Mont-Saint-Bernard, dans le Val-d'Aoste en Piémont. Il se saisit de

---

1. Charles Fortin, marquis de la Hoguette, sous-lieutenant aux mousquetaires gris, était maréchal de camp depuis 1688; il deviendra lieutenant général en 1693 et périra à la bataille de la Marsaille.

2. C'est la ville basse de Montmélian que notre auteur désigne ainsi.

la ville[1], et, après avoir fermé tous les passages qui pouvoient communiquer de ce côté-ci avec la Savoie, il s'en revint, suivi du reste de ses troupes, assiéger la ville de Saint-Jean, qu'il prit en huit jours de tranchée malgré le grand feu du château[2], que M. de Catinat vint assiéger après avoir fini sa campagne en Piémont.

Siège et prise de Montmélian en Savoie. — Il[3] est situé sur la cime d'un rocher fort escarpé, qui s'étend dans toute la circonférence et rend les approches fort difficiles. Il étoit bien bastionné et revêtu, et, dans la partie la plus accessible, muni d'un bon fossé taillé dans le roc[4]. La tranchée y fut ouverte la nuit du 17 au 18 novembre[5] et fut conduite avec beaucoup d'art et de peine jusque sur le bord du fossé, où l'on creusa des fourneaux pour en faire sauter la contrescarpe; mais, comme le rocher se trouva très vif, ce travail dura jusqu'au 14 décembre. On fit ensuite la descente du fossé et une galerie à travers pour attacher le mineur au bastion et le servir. Les assiégés, qui s'étoient tou-

---

1. Il entra le 22 juin dans Aoste, dont les magistrats lui ouvrirent les portes.
2. La ville capitula le 9 août (*Histoire militaire*, p. 429-431).
3. Le château de Montmélian.
4. Il y en a une description sommaire dans le *Dictionnaire géographique* de la Martinière.
5. Sur le siège et la prise de Montmélian, voyez la *Gazette* de 1691, p. 701-703, 715-716, 727-728, 739-740, et celle de 1692, p. 10-11, le *Mercure* de janvier 1692, p. 247-287, les *Mémoires de Catinat*, t. II, p. 62-66, ceux *de Sourches*, t. III, p. 486-492, l'*Histoire militaire*, p. 431-437, etc. Les relations et correspondances sont dans les volumes 1100 et 1109 du Dépôt de la guerre.

jours bien défendus par rapport à leur petit nombre, travaillèrent à des contre-mines; mais le malheur voulut pour eux qu'une bombe des assiégeants tomba à l'entrée de la contre-mine, roula dedans et y mit le feu, avec un tel effet que la meilleure partie du bastion sauta et donna une entrée libre aux assiégeants, qui y firent un bon logement après avoir bien reconnu la brèche, profitant pour cela du désordre des assiégés, qui perdirent beaucoup de monde par cet accident[1]. Le marquis de Bagnasque[2], qui défendoit la place, se retira dans le donjon avec quatre ou cinq cents hommes qui lui restoient, et y fit sa capitulation. On trouva dans cette ville soixante pièces de canon et quantité de munitions de guerre et de bouche, quoiqu'elle fût bloquée depuis longtemps[3]. Les François y eurent environ mille hommes tués ou blessés, et personne de considération que le marquis de Braque, colonel d'infanterie[4].

Cette place ainsi réduite, l'armée se sépara et alla prendre ses quartiers d'hiver, principalement dans le Dauphiné et dans les Vallées de Piémont; et l'on y fit vigoureusement la guerre aux Barbets, qui incommodoient fort les convois qu'on vouloit introduire dans Pignerol. M. de Catinat s'établit à l'abbaye d'Oulx[5],

1. C'est le 20 décembre qu'arriva cet « accident ».
2. Les *Mémoires de Sourches*, t. III, p. 492, rapportent les « étranges discours » que ce gouverneur tint à Catinat après la capitulation.
3. La garnison sortit le 22 décembre.
4. François-Albert, marquis de Braque, colonel du régiment de la Sarre depuis février 1685.
5. Où il avait déjà passé l'hiver la campagne précédente (ci-dessus, p. 152).

près d'Exilles, où il étoit à portée de donner ses ordres de tous côtés et de pourvoir à tout suivant les occurrences.

Campagne de Catalogne. — On pressa un peu plus les Espagnols du côté de la Catalogne. Le comte d'Estrées[1], avec douze vaisseaux et trente-cinq galères, alla bombarder Barcelone et y fit un grand dommage; puis il vint devant Alicante, qu'il traita de même, et il revint dans les ports de Provence, où il désarma[2].

Le duc de Noailles, qui commandoit l'armée de terre, prit d'abord la Seu d'Urgel[3], qui est aux pieds des Pyrénées et qui est une des villes du comté de Cerdagne. Il vint ensuite à Bellver, dont il s'empara, et le fit fortifier; de là, il envoya plusieurs partis et détachements vers les frontières du royaume d'Aragon, qui y firent des courses et s'emparèrent de divers châteaux, qu'ils ruinèrent, et se retirèrent à l'armée, qui campa à Puigcerda. Elle n'y fut pas longtemps; car le duc de Medina-Sidonia[4], vice-roi de Catalogne, s'étant mis en campagne avec douze ou quinze mille hommes, voulut reprendre Bellver; mais le duc de Noailles y arriva avant lui et se posta si bien, que les

---

1. Victor-Marie, comte d'Estrées (1660-1737), faisait les fonctions de vice-amiral en survivance de son père depuis 1684; il sera créé maréchal de France en 1703.

2. *Histoire militaire*, t. II, p. 446-451.

3. La place, où il y avait neuf cents hommes de garnison, capitula le 11 juin, après trois jours de tranchée ouverte (*Gazette*, p. 436 et 447-448).

4. Jean-Claros-Alphonse Perez de Guzman, duc de Medina-Sidonia, était vice-roi de Catalogne depuis le commencement de l'année; majordome-major du roi en 1699, il sera un des plus fidèles serviteurs de Philippe V et mourra en 1713.

Espagnols n'osèrent l'attaquer, quoiqu'ils en témoignassent grande envie[1]. Ils allèrent assiéger Prats-de-Mollo[2], qu'ils manquèrent, et ils s'en retournèrent prendre leurs quartiers d'hiver; les François repassèrent en Roussillon, et la campagne finit.

[*Campagne de mer*. — Outre l'armée de mer de la Méditerranée, dont j'ai parlé, les François en eurent encore une autre sur l'Océan, de soixante vaisseaux de ligne[3], avec lesquels ils prétendoient enlever la flotte marchande de Smyrne, appartenant aux Anglois et aux Hollandois, et qu'on disoit être très richement chargée; mais ceux-ci lui firent prendre un grand détour et mirent une puissante armée en mer, avec laquelle ils allèrent au-devant d'elle et la rencontrèrent dans les mers d'Irlande, d'où ils la conduisirent en sûreté dans les ports d'Angleterre. De là, ils revinrent croiser sur les côtes de Bretagne, à la hauteur de l'île d'Ouessant, où ils ne firent rien; car l'armée de France étoit déjà rentrée dans ses ports et avoit désarmé. Ainsi, ils s'en retournèrent dans les leurs en faire autant. Mais les armateurs françois firent bien des prises sur eux, surtout les Malouins et les Dunkerquois[4]. Le capitaine Jean

---

1. *Histoire militaire*, p. 444-445.
2. Actuellement ch.-l. de cant. du dép. des Pyrénées-Orientales, sur la Tech. Le général espagnol avait à peine eu le temps d'établir ses quartiers aux environs, lorsque l'approche du duc de Noailles l'obligea à se retirer.
3. Soixante-treize vaisseaux de ligne et vingt et un brûlots, divisés en trois escadres, sous le commandement de M. de Tourville. L'*Histoire militaire* (p. 451-454) donne la liste des bâtiments.
4. *Gazette*, p. 204, 252, 263, 400, 505-506, 518, etc.

Bart[1], étant sorti du port de Dunkerque avec plusieurs frégates, malgré une escadre angloise qui croisoit à vue, courut sur les mers de Hollande et en ramena bien des prises[2].]

M. de Louvois mourut subitement dans le mois d'août de cette année, et sur le point de tomber dans une disgrâce trop évidente; car il essuyoit bien des bourrasques de la part du Roi, [qui étoient sur le point de dégénérer en une grande tempête[3]]. Il s'étoit attiré une redoutable ennemie, qu'il avoit mortellement offensée [en servant généreusement son maître, et on imputa à cette intrigue, que je dois reprendre de plus haut, toutes les fausses démarches dont sa mémoire est accusée, tendantes à allumer et entretenir le feu de cette guerre afin de se rendre absolument nécessaire et, à ce moyen, éviter une chute certaine[4]]. Cette dame étoit Françoise d'Aubigné, veuve du poète Scarron, et connue présentement par sa grande fortune sous le

1. Né à Dunkerque en 1659, Jean Bart était entré dans la marine royale en 1679 et était capitaine de vaisseau depuis 1689.
2. Cette phrase semble inspirée du passage suivant de la *Gazette* (p. 506) : « Le capitaine Jean Baert sortit du port de Dunkerque la nuit du 25 au 26 juillet, malgré trente-sept vaisseaux anglois et hollandois qui bloquoient la rade, et on a eu avis qu'il a pris quatre vaisseaux, montés chacun de trente-six pièces de canon, » etc.
3. Saint-Simon dit que, si Louvois « n'étoit pas mort le jour qu'il mourut », il auroit été arrêté le lendemain même et envoyé à la Bastille (*Mémoires*, éd. Boislisle, t. VI, p. 348, XV, p. 39, et XVI, p. 492, et éd. 1873, t. XII, p. 28 et suiv.). Notre auteur est d'accord sur ce point avec beaucoup de ses contemporains.
4. Voyez ci-dessus, p. 113 et 146.

nom de Mme de Maintenon. Elle eut l'adresse de se placer dans la maison de Mme de Montespan, qui étoit alors la maîtresse favorite du Roi, et elle eut le soin des enfants qu'il eut avec cette dame. Elle se tint quelque temps avec eux dans deux villages près de Paris, où ils étoient élevés secrètement; mais, dès que le Roi les eut reconnus, Mme de Maintenon les ramena chez leur mère et s'insinua si bien dans les bonnes grâces de sa maîtresse, [par ce même esprit qui l'a élevée au point où on la voit aujourd'hui,] qu'elle entra dans toute sa confidence et répondoit pour elle aux billets qu'elle recevoit du Roi[1]. Ces réponses avoient un tour si nouveau, si délicat et si plein d'esprit et d'agrément, que le Roi s'aperçut bientôt que Mme de Montespan, quoique très spirituelle, ne faisoit plus que prêter sa main; et, l'ayant un jour fort pressée sur cet article, elle ne put s'empêcher de lui avouer qu'une de ses femmes lui avoit paru si savante sur ces sortes de matières, qu'elle s'étoit servie de ses expressions afin de le toucher plus sensiblement. Le Roi, [naturellement fort amateur des singularités, et qui a beaucoup de délicatesse dans l'esprit,] demanda à voir cette femme, qui lui parla avec tant de justesse et d'esprit, qu'il fut tout à fait prévenu en sa faveur et rechercha d'autant plus sa conversation, que sa passion pour Mme de Montespan avoit déjà reçu des atteintes.

[Cette dame fut un temps sans se douter de rien, parce que Mme de Maintenon n'étoit plus jeune ni

---

1. Cette légende, car il semble bien que ce ne soit qu'une légende, fut assez répandue alors pour que Voltaire ait pris soin de la réfuter dans le *Siècle de Louis XIV*.

belle[1] ; mais elle suppléa si bien à ces défauts essentiels en matière d'amour par une conduite fine, adroite et spirituelle, qu'elle a supplanté sa maîtresse et engagea si fortement le Roi, naturellement très incliné aux dames, qu'il n'en a jamais aimé aucune avec tant de passion et de constance. Ayant si bien réussi, elle aspira encore plus haut et espéra de remplir la place de la Reine, qui vint à mourir sur ces entrefaites[2], et se servit si utilement de l'étude qu'elle avoit faite du Roi et de sa conscience timorée, qu'elle chargeoit, avec beaucoup de ménagements, de scrupules sur sa vie passée et sur l'embarras de la présente, qu'elle le conduisit à son point et engagea avec tant d'esprit et de belles paroles le conseil de conscience[3], qu'il rompit non seulement la glace, mais porta encore le Roi à l'épouser secrètement. On tient même pour certain que M. de Harlay, alors archevêque de Paris[4], en fit l'office[5]. Ce grand coup étant fait, Mme de Maintenon porta le Roi entièrement à la dévotion et le tira avec grand soin de toutes

1. Mme de Maintenon, née en 1635, avait trois ans de plus que Louis XIV.
2. Marie-Thérèse mourut le 30 juillet 1683.
3. C'est-à-dire le confesseur du Roi, le P. de la Chaise.
4. François de Harlay-Champvallon (1625-1695), archevêque de Rouen en 1653, succéda en 1671 à M. de Péréfixe sur le siège de Paris.
5. Bien des contemporains, Mme de Caylus, le marquis de la Fare, l'abbé de Choisy, Languet de Gergy, Saint-Simon, Voltaire, etc., ont parlé du mariage du Roi et de Mme de Maintenon, et il semble certain qu'il eut lieu réellement ; mais les témoignages ne sont d'accord ni sur la date, 1683, 1684 ou 1685, ni sur les assistants : on croit néanmoins que les officiants furent le P. de la Chaise et l'archevêque de Paris, et les témoins Louvois, Montchevreuil et le valet de chambre Bontemps.

les occasions prochaines de péché. Mme de Montespan se retira de la cour, qui se réforma, aussi bien que la ville, du moins en apparence, et la dévotion et les dévots devinrent fort à la mode. Mais Mme de Maintenon ne fut pas encore contente : il falloit, pour surmonter les scrupules qui lui restoient, ou plutôt pour contenter son ambition, que son mariage fût déclaré, et être reconnue reine. Elle fut longtemps à négocier cette grande affaire et y trouva de grandes difficultés dans l'esprit du Roi, qui fut près, à la fin, de vaincre la répugnance que sa gloire y apportoit; mais, ayant consulté là-dessus M. de Louvois, comme il faisoit sur toutes les grandes affaires, ce ministre l'en détourna entièrement, et le Roi n'en voulut plus entendre parler[1]. On verra par cette petite histoire que les dames, par la foiblesse des hommes, ont de grandes influences sur les affaires de ce monde. Revenons à notre discours.]

Après la mort de M. de Louvois, bien des gens crurent que les affaires de la guerre, dont il avoit tenu le timon, alloient changer de face. Chacun convenoit qu'il les avoit fort bien entendues; mais on ajoutoit que le Roi étoit délivré d'un ministre fâcheux, qui lui avoit trop taillé de besogne et dont l'humeur brusque et sans ménagement n'avoit suivi que son caprice et avoit rebuté non seulement les bons sujets, auxquels il substituoit, autant qu'il pouvoit, d'indignes créatures dévouées sans réserve à toutes ses volontés, mais aussi presque tous les princes étrangers, qu'il avoit traités à baguette, [et notamment le duc de Savoie, qui n'avoit jamais pu tirer satisfaction du Roi sur ses

1. Voyez le récit bien plus dramatique de Saint-Simon (*Mémoires*, éd. 1873, t. XII, p. 28-30).

griefs, parce qu'il lui en avoit ôté la connoissance, à cause de son intérêt sordide, en supprimant les lettres que ce prince lui avoit écrites[1]; ce que voyant, il avoit été forcé de prendre les armes contre la France, et, par ce moyen, lui causoit une dépense prodigieuse et ruineuse pour la soutenir. On lui attribua encore la reddition de Mayence par son ordre[2] et plusieurs autres choses de moindre importance]. On ajoutoit que le Roi, étant d'un esprit supérieur et également consommé dans les affaires politiques et militaires, se passeroit bien d'un homme qui ne faisoit qu'exécuter ses ordres quand les affaires alloient bien. Effectivement, Sa Majesté voulut que toute la terre en fût persuadée; car elle mit M. de Barbezieux[3] à la place de son père [et ne pouvoit mieux choisir en cette intention; car c'étoit un jeune homme sans aucune expérience, libertin, inappliqué, glorieux et fantasque, et dont les mauvaises qualités dominoient[4]].

L'hiver ayant mis fin aux opérations militaires, on ne songea de part et d'autre qu'à recruter les troupes et à trouver les fonds nécessaires pour la continuation de la guerre. Cela commençoit à devenir difficile du côté de la France, où les espèces circuloient difficilement et où les fonds de terre étoient fort diminués à

1. Ci-dessus, p. 146.
2. Ci-dessus, p. 113.
3. Louis-François-Marie Le Tellier, marquis de Barbezieux, n'avait que vingt-trois ans lorsque Louis XIV le choisit pour remplacer son père, qu'il aidait déjà depuis deux ans; il mourut en janvier 1701.
4. Portrait conforme à ceux donnés par Saint-Simon, Spanheim, les ambassadeurs vénitiens, le Chansonnier et les recueils de portraits et caractères.

cause des grandes charges publiques qui augmentoient tous les jours. Ceux d'entre les possesseurs qui étoient encore un peu à leur aise avoient déserté les provinces et étoient venus demeurer à Paris pour s'y mettre à l'abri des persécutions, et je puis dire de l'insolence des intendants qui régissoient les provinces. La plupart s'attachoient à la cour ou à la guerre dans l'espérance de faire fortune, et, en l'attendant, achevoient de se ruiner par le luxe auquel ils étoient excités par l'exemple du Roi, qu'ils vouloient faussement imiter [suivant le proverbe : *Regis ad exemplum totus componitur orbis*]. On ne voyoit depuis quelque temps que meubles et équipages magnifiques, bâtiments, maisons et jardins superbes, qui ont insensiblement ruiné bien des familles. [A la vérité, l'impuissance où chacun est tombé a depuis corrigé de ce vice, et cette mode n'est plus que chez les partisans, qui se sont démesurément enrichis aux dépens du public et sont devenus un mal nécessaire dans l'État par le dérangement des finances et la convoitise de ceux qui en ont eu l'administration, et par les grandes levées de deniers qu'on a été nécessité de faire sous ce règne pour soutenir une guerre presque perpétuelle et fournir en même temps à la magnificence du Roi.]

[A la fin de cette année, on créa encore deux millions de rente au denier dix-huit sur la ville de Paris[1], dont les habitants remplirent quasi tout le fonds, l'argent des provinces y ayant son rendez-vous, et parce qu'il en faut du comptant pour y subsister, et que ces arrérages ont toujours été bien payés. Les affaires du Roi requièrent cette ponctualité : ce qui a jusqu'ici donné

1. Édit de mai 1691.

grand crédit à cette marchandise, et l'a tellement multipliée, qu'elle pourroit bien à la fin être décriée. Par un trait de bonne politique, et qui n'eut pourtant guère de lieu à cause que le temps n'y étoit pas propre, les étrangers furent invités à acquérir de ces rentes, et, pour cela, il y eut une déclaration portant que, à leur égard, elles seroient exemptes de droit d'aubaine, de confiscation et autres, tant pour cause de guerre qu'autrement[1].]

Année 1692. — Au commencement de cette année, le prince d'Orange obtint du roi d'Espagne la révocation de M. de Gastanaga, gouverneur des Pays-Bas, et l'on en donna le gouvernement perpétuel à l'électeur de Bavière[2], [ce que tous les confédérés négocioient depuis longtemps comme une affaire très importante au bien de la cause commune]. Ce prince vint en prendre possession et y fit passer une partie de ses troupes. Le prince d'Orange, ayant achevé la conquête d'Irlande, en retira l'armée qui y avoit servi et l'envoya en Flandres; il y eut alors une si grande quantité de troupes, qu'il paroissoit comme impossible d'y faire aucune entreprise, [tant les ennemis se tenoient sur leurs gardes]; mais le Roi, qui vouloit, après la mort de son ministre, témoigner à l'univers que les

1. C'était en effet un des articles de l'édit; mais il n'y eut pas de déclaration spéciale.
2. Dangeau annonce cette nouvelle dès le 21 décembre 1691 (*Journal*, t. III, p. 444); le 27 octobre précédent (p. 423), il avait écrit cette phrase laconique : « M. de Gastanaga, gouverneur de Flandre, a demandé son congé; il est mal avec le prince d'Orange. » Gastanaga se justifia en 1693 et fut alors nommé vice-roi de Valence.

grandes choses qui s'étoient passées sous son règne étoient émanées directement de lui, fit faire plusieurs mouvements pendant l'hiver à ses troupes. Elles se trouvèrent sur les frontières de Flandres au nombre de cent vingt mille hommes[1]. Il s'y rendit en personne au commencement du mois de mai et divisa ses troupes en trois corps d'armée. Il se mit à la tête du premier, qui campa à Civry[2]; l'autre, sous M. de Luxembourg, vint à Estinnes[3], et le troisième, commandé par M. de Boufflers, alla camper à Jemeppe, près Marche-en-Famène.

Siège de Namur[4]. — Les deux premières armées commencèrent à marcher en même temps; [celle du Roi vint au Piéton, et l'autre, qu'on appela de Luxembourg, à Feluy, le 24.[5] à Fleurus et Marbaix[6]. Le 25, le

1. Il y a dans l'*Histoire militaire* (p. 472-473) l'énumération des corps qui composaient cette armée.
2. Sur la Trouille, à une douzaine de kilomètres de Mons.
3. Il y avait deux localités de ce nom voisines l'une de l'autre, Estinnes-au-Mont et Estinnes-au-Val, au sud-est de Mons.
4. Sur le siège de Namur, on peut consulter les relations de la *Gazette*, p. 271-380 *passim*, et du *Mercure*, juin et juillet, les lettres et le récit de Racine, qui avait suivi le Roi comme historiographe (*Œuvres*, t. V, p. 305-348, et VII, p. 47 et suiv.), le *Journal de Dangeau*, t. IV, p. 73-124, les *Mémoires de Sourches*, t. IV, p. 32-89, les *Mémoires de Saint-Simon*, éd. Boislisle, t. I, p. 35-47, l'*Histoire militaire*, par le marquis de Quincy, t. II, p. 474-521. Les ordres et instructions sont dans les volumes 1136 et 1137 du Dépôt de la guerre; il n'y eut point de lettres ni de correspondances, puisque le Roi se trouvait à l'armée. Notre auteur, témoin oculaire, va donner de ce siège un journal détaillé, qui avait été fort abrégé dans l'édition de 1762.
5. Le 24 mai.
6. Feluy, village au nord-est de Mons, à peu de distance de Seneffe; Marbaix-lès-Thuin, au sud de Fleurus.

Roi campa au Masy, et M. de Luxembourg, qui devoit couvrir le siège, à Gembloux]. Ce même jour, Namur fut investi de l'autre côté de la Meuse par l'armée de M. de Boufflers, en deçà par la cavalerie de l'armée du Roi, [et entre la Sambre et la Meuse par un corps que M. de Ximénès, lieutenant général, y conduisit, ayant devant lui le château de Namur, et les bois de Marlagne derrière[1]]. On travailla incontinent aux lignes de circonvallation [et de contrevallation, qui commençoient, en deçà de la Meuse, depuis le bord de dessus jusques à la Sambre, près le village de Flawinne[2], et de là se prolongeoit tout autour de la place jusques à la Meuse, au-dessous de la ville, et, de l'autre côté de ladite rivière, depuis l'abbaye du Jardinet[3], au-dessus, jusques, au-dessous, vis-à-vis dudit village de Flawinne. On fit des ponts de communication sur les deux rivières.] Le Roi visita tous les postes, donnant partout ses ordres, et fit le tour devant la ville. Le prince de Barbançon en étoit gouverneur et avoit huit à neuf mille hommes de toutes les nations confédérées, excepté des Anglois; elle étoit munie de toutes les choses nécessaires pour une bonne défense.

La tranchée fut ouverte le 30 mai au soir [devant la ville et, au-dessous, le long de la Meuse] et fut avancée jusqu'à soixante toises de la palissade de l'avant-chemin couvert. Il y avoit une flaque d'eau assez spacieuse et

1. Ces bois de Marlagne couvraient les deux rives de la Meuse au sud de Namur; il s'y trouvait un couvent de carmes que Saint-Simon visita cette année même, et dont il a donné une description (*Mémoires*, t. 1, p. 48-49).
2. Sur la rive gauche de la Sambre.
3. Abbaye fondée au xive siècle pour des Cisterciennes, et qui passa au siècle suivant aux moines du même ordre.

peu profonde au pied du glacis, laquelle étoit produite par un petit ruisseau qui couloit le long d'icelui et étoit retenu par un bâtardeau à l'endroit de sa décharge dans la Meuse. On ouvrit encore une seconde branche de tranchée au bas de la montagne du Coquelet[1], qui se conduisit sur la droite de la première, et le marquis de Boufflers en fit ouvrir une troisième au delà de la Meuse, pour établir des batteries, qui virent l'attaque à revers. Elle[2] comprenoit deux bastions revêtus, une demi-lune de terre qui couvroit la courtine, une contre-garde revêtue devant la face du bastion de la gauche, près la Meuse, deux chemins couverts l'un devant l'autre, une petite redoute à la tête de l'écluse qui retenoit les eaux; et, derrière tous ces ouvrages, il y avoit l'ancienne enceinte de la ville flanquée de tours et couverte d'un fossé.

On eut avis, le même jour, que le prince d'Orange, arrivé depuis peu à Bruxelles, y assembloit une armée avec l'électeur de Bavière, et qu'ils devoient venir camper près de Louvain. Comme cela ne déterminoit rien encore, M. de Luxembourg ne fit aucun mouvement.

[La nuit du 30 au 31, on fit quatre batteries de canons et une de mortiers, et deux autres aussi de canons au quartier de M. de Boufflers. Toutes ces batteries tirèrent le 31, et celles du delà de la Meuse désolèrent les ennemis, les battant à revers dans leurs ouvrages, et ouvrirent les écluses.]

[Pendant la nuit du 31 au 1er juin, les tranchées de la grande attaque furent continuées jusques au pied

1. Colline située sur la rive gauche de la Meuse.
2. L'attaque, c'est-à-dire la partie des fortifications de la ville qui était attaquée.

du glacis de l'avant-chemin couvert et se prolongèrent sur le bord de la Meuse, afin d'embrasser tout le front de l'attaque et ôter aux ennemis le moyen de faire des sorties dans le revers. On perfectionna la communication des tranchées de la droite et de la gauche, et on poussa des demi-sapes en avant sur le glacis, sur lequel on fit un très bon logement à la faveur du feu continuel qui se fit des tranchées et des batteries.]

[De l'autre côté de la Meuse, M. de Boufflers fit attaquer par ses grenadiers et ses dragons le faubourg de Jambes, situé à la tête du pont de Namur sur la Meuse[1], et en chassa ceux qui l'occupoient, qui se retirèrent à une redoute de pierre à la tête du pont, contre laquelle on se retrancha à travers la rue du faubourg, dont on fit sortir un boyau de tranchée, qui fut conduit à travers des jardins pour joindre celle qu'on avoit poussée au-dessous, parallèlement à la Meuse.]

[Le 2 juin, sur les dix heures du matin, on fit attaquer le premier chemin couvert par six compagnies de grenadiers, qui firent plier les ennemis; mais, comme on ne voulut point faire de logement dans le dedans, les grenadiers eurent ordre de revenir au logement du glacis. Un d'entre eux fit une action d'une singulière amitié envers un de ses camarades, qui étoit demeuré blessé dans le chemin couvert ; il s'en retourna le charger sur ses épaules, à travers une grêle de mousquetades et du feu du canon de la ville, et le rapporta dans la tranchée sans avoir été blessé.]

[Le feu du canon des assiégeants ayant augmenté par de nouvelles batteries qui battoient la face du bas-

---

1. Vis-à-vis la citadelle.

tion et le bâtardeau qui retenoit les eaux du fossé du corps de la place, les ennemis se trouvèrent si incommodés du grand feu de toutes les batteries, qu'ils abandonnèrent les chemins couverts, la demi-lune du front de l'attaque et la lunette à gauche, tellement qu'ils ne firent plus de feu que de la courtine et du bastion de droite. Cela étant remarqué, quinze ou vingt travailleurs passèrent sur le pont de communication de cette demi-lune, et, se coulant sur la berme le long de la face gauche, où ils étoient à couvert du feu de l'ennemi, se grimpèrent sur la fraise, arrachèrent quelques palissades et firent un petit retranchement sur la pointe, pendant que d'autres travailleurs firent un pont de fascines à travers le fossé, au moyen duquel on entra tout à fait dans la demi-lune, où on fit un bon logement, qui se perfectionna pendant la nuit. On se logea pareillement dans la lunette, et on fit de bons épaulements sur les ponts pour se couvrir de l'ennemi et du feu du bastion gauche, qu'il n'occupoit que pendant la nuit à cause du canon du delà de la Meuse et de celui de deçà, qui battit si bien les deux faces et la pointe du bastion, qu'elle en fut émoussée et qu'on entra dedans pour le reconnoître; mais, comme on jugea que la brèche n'étoit pas encore suffisante, le logement fut différé. Cependant les ennemis ne faisoient plus de feu que des murailles de la vieille enceinte.]

[Cette même nuit du 3 au 4 juin, on poussa l'attaque de l'autre côté de la Meuse vers la redoute du pont, et on fit des batteries contre cette redoute, et aussi contre les piles du pont, afin de le rompre et d'empêcher la retraite dans la ville à ceux qui la défendoient; ce que voyant, ils l'abandonnèrent, et on s'y logea.]

Le siège étoit en cet état, quand le prince d'Orange

s'avança avec une armée de plus de soixante-dix mille hommes, à dessein de secourir la place. Alors M. de Luxembourg quitta Gembloux et vint à Longchamp[1], se couvrant de la rivière de Méhaigne, [dont les bords sont très marécageux en cet endroit, ce qui la rend très difficile à passer]. Il appuya sa droite au village d'Harlue, [où la Méhaigne fait un retour, et sa gauche au petit bois du Buc, par delà la commanderie de Brouart[2], ayant devant elle le village et la trouée de Saint-Denis[3]]. Le front de bandière occupa deux lieues de terrain, et l'on demeura quelques jours en cette situation, en attendant le parti que prendroient les ennemis.

Cependant ceux de Namur, se trouvant fort pressés, demandèrent à capituler, et, comme il y avoit plus de troupes qu'il n'en falloit pour la défense du château, ils proposèrent qu'il plût à Sa Majesté d'accorder un passeport à une partie de la garnison pour rejoindre leur armée. On refusa cet article; mais on lui accorda que le château ne seroit point attaqué par la ville, et, comme on étoit bien aise de la conserver saine et entière, cela fut accepté; mais on ne tarda pas à s'en repentir; car cette attaque étoit très bonne, et on y revint à la fin du siège, malgré la convention.

[Le château de Namur[4] est assis sur une montagne de rocher, presque dans la pointe de l'angle que la Meuse et la Sambre forment en joignant leurs eaux.

---

1. Près de la Méhaigne, sur la route de Namur à Tirlemont et Louvain.
2. Ancienne commanderie de Malte, aujourd'hui disparue.
3. Saint-Denis-sur-Méhaigne.
4. Il y a une courte description du château de Namur dans le *Grand dictionnaire géographique* de Bruzen de la Martinière.

Le reste de cet angle est occupé par une petite partie de la ville et communique au reste d'icelle par un beau pont de pierre sur la Sambre. Le rocher est fort vif, et escarpé le long de la Meuse, qui sert de fossé à un des flancs du château, et aussi du côté de la ville où est placé l'ancien château, qui est fort petit et d'une forme presque triangulaire; mais il est fort prolongé du côté de la campagne par deux grandes enveloppes bastionnées et revêtues, qui s'étendent de droite et de gauche à mesure que le terrain s'élargit[1]. Le flanc du château qui regarde la Sambre s'éloigne de ladite rivière à mesure qu'il laisse la ville derrière, et devient moins escarpé. Les ennemis, pour le mieux défendre, avoient nouvellement bâti dans le dehors du château, et sur une hauteur à la tête d'icelui, un ouvrage assez grand, bastionné et revêtu, qu'ils appeloient le fort d'Orange[2], lequel voyoit le revers de ce flanc et étoit séparé du château par un espace de terrain et un grand ravin, qui régnoit tout le long de la tête et lui servoit d'une espèce d'avant-fossé. Au delà de ce fort, en avançant sur la campagne, il y avoit un autre grand ravin, à l'extrémité duquel on trouvoit une grande redoute de terre bien fraisée et palissadée, avec un bon chemin couvert, qu'on appeloit la Cassotte. Les ennemis avoient encore quelques postes sur cette tête, dans des maisons qu'ils avoient fortifiées, dont il les falloit chasser afin de conduire les tranchées au château,

1. Il y a un plan du siège dans l'*Histoire militaire*.
2. Ou plutôt fort Guillaume. C'est l'ingénieur Coehorn qui l'avait bâti, et qui lui avait donné le nom du roi d'Angleterre, et lui-même va, dans le présent siège, le défendre contre les attaques de Vauban.

qu'on vouloit attaquer par cette tête, dont la superficie étoit couverte d'un peu de terre, et le fond d'un rocher feuillu et ardoisé.]

Après la prise de la ville, le 6 du mois de juin, le Roi détacha de son armée un gros corps de troupes, parmi lequel étoient ses gardes du corps, gendarmes et chevau-légers, et l'envoya, avec dix pièces de canon d'augmentation, à M. de Luxembourg, dont l'armée fut alors de quatre-vingt-seize bataillons, cent soixante-dix escadrons et quatre-vingt-quatorze pièces de canon; et, sur l'avis qu'il reçut le même jour que les ennemis avoient décampé de Jodoigne pour venir à Hannut, sur la Geete, il quitta son camp de Longchamp sur les quatre heures du soir, et vint à Hemptinne[1].

Le 7, le prince d'Orange fit faire deux mouvements à son armée par sa droite et par sa gauche, afin d'intriguer M. de Luxembourg, qui s'étoit avancé pour les observer; mais, ayant remarqué qu'ils reprenoient leur même camp, il revint à son armée, qui ne fit aucun mouvement.

Ce jour-là, le Roi fit passer son armée entre Sambre et Meuse pour faire commencer les attaques du château de Namur, et, ayant reconnu lui-même les postes que les ennemis tenoient dans le dehors sur les avenues du château, il fit avancer trois régiments de dragons à pied, soutenus de huit bataillons. Ces dragons escarmouchèrent vivement et chassèrent si bien les ennemis, qu'ils firent place nette et qu'on fit un grand logement sur la croupe de cette tête, qui resserra les ennemis de manière qu'ils ne purent plus passer outre.

1. Hemptinne-lès-Éghezée, à vingt kilomètres au nord de Namur.

Le 8, le prince d'Orange décampa d'Hannut et vint se poster sur les hauteurs au bas desquelles est la Méhaigne. Il mit à sa droite le village de Thisnes[1] et celui de Latinne[2]. M. de Luxembourg, qui avoit fort considéré la marche des ennemis de dessus une hauteur, s'apercevant qu'ils couloient par sa droite pour venir passer la Méhaigne dans ses derrières, s'il ne s'y opposoit promptement, fit vite marcher son armée et la mena dans la plaine d'Acosse[3], vis-à-vis le terrain que l'ennemi venoit occuper, ayant la Méhaigne entre deux. [Toute l'armée se tint en bataille jusques à ce qu'on eût vu toute leur armée campée, et, dans cet entre-temps, ils firent descendre quelques troupes sur le bord de la Méhaigne, contre un gué qu'il y avoit en cet endroit. Alors M. de Luxembourg fit avancer vingt pièces de canon, qui firent quelques décharges pour faire retirer ces troupes. Les ennemis dressèrent incontinent plusieurs batteries, et tirèrent avec peu de succès, parce que les lignes étoient presque hors de portée ; puis, ayant campé toute leur armée, M. de Luxembourg en fit autant à la sienne.]

On demeura tout le lendemain dans cette situation et jusqu'au jour suivant. M. de Luxembourg, considérant que les ennemis hasarderoient plutôt un combat d'infanterie qu'un combat général, parce qu'ils avoient moins de cavalerie et que celle du Roi étoit beaucoup meilleure, prit le parti de ne plus défendre le passage de la Méhaigne, sur laquelle ils jetèrent plus de cent

---

1. Thisnes-lès-Hannut ou en-Hesbaye.
2. Sur la rive gauche de la Méhaigne.
3. Acosse-en-Hesbaye, sur un petit affluent de droite de la Méhaigne.

ponts, et il retira ses lignes en arrière, afin d'avoir un terrain plus étendu pour mieux mouvoir sa cavalerie et tomber sur l'ennemi avec toute son armée, [quand il auroit à moitié passé la rivière]. Ce mouvement [se fit le 10 juin au soir et] ôta l'envie au prince d'Orange de passer la Méhaigne et d'attaquer les François. Il eut eu une belle occasion pendant que ce mouvement se faisoit, [dont heureusement il ne fut point averti;] car, quoiqu'il ne fût que d'environ un quart de lieue en arrière, la nuit et les ordres mal exécutés mirent toute notre armée dans une confusion non pareille, qui fut encore augmentée par un grand orage. Il étoit neuf heures du matin avant que ce désordre fût réparé. Dans ce camp, l'armée du Roi eut sa droite à la Tombe de Vissoul, la cense derrière, et sa gauche au château et au village de Montigny[1], celui d'Hemptinne et le ruisseau devant, et les Tombes de Séron entre les lignes[2]. M. de Luxembourg fit faire quelques retranchements devant son infanterie.

Le Roi fit ouvrir la tranchée en deux endroits devant le château de Namur, la nuit du 8 au 9, [qui ne fut guère avancée pendant icelle, à cause qu'il fallut faire des lignes parallèles pour resserrer les ennemis du dehors. Le 10, on dressa plusieurs batteries de canons et de mortiers, et on en plaça d'autres sur le bord de la Sambre et de l'autre côté de la Meuse, afin de battre les ouvrages de revers. La nuit suivante, on avança les tranchées de cent cinquante toises, en effleurant la pointe du chemin couvert du retranchement ou fort

1. Actuellement ferme dépendant de la commune de Hanret.
2. Tous ces lieux-dits se retrouvent assez facilement sur la carte de Belgique au 20 000e éditée par le gouvernement belge.

de la Cassotte, dans lequel on jeta plusieurs bombes, qui incommodèrent beaucoup les assiégés].

[La nuit du 10 au 11, on continua la tranchée par sapes en avant et en embrassant tout le front de la croupe de la hauteur, où les ennemis avoient un retranchement sur le flanc de la Cassotte, et embrassant pareillement cette redoute et une maison, dont on leur ôta la communication, en sorte que tout le front fut parfaitement assuré contre les sorties qu'ils auroient pu faire.]

[Celle du 11 au 12, on ne fit que prolonger quelques sapes et élargir les boyaux; on prit aussi un petit poste qui gardoit une fontaine très utile aux assiégés.]

[La nuit du 12 au 13 fut employée à élargir la tête de la tranchée et à faire des parapets en rampe pour faciliter la sortie des travaux aux troupes qui devoient attaquer la Cassotte et le retranchement voisin. A cette fin, M. de Vauban, qui conduisoit le siège, fit les dispositions suivantes : quatre bataillons montèrent la tranchée, et quatre autres se postèrent dans un ravin qui étoit à la queue, pour soutenir les premiers en cas que les ennemis, qui étoient en force dans le château, fissent quelque sortie; et, pour attaquer les ouvrages, on fit venir à la tête de la tranchée quinze compagnies de grenadiers, cent cinquante de ceux qu'on appelle à cheval, deux cents mousquetaires du Roi et quinze cents fusiliers détachés de l'infanterie, qui formèrent trois rangs derrière ces troupes. Les bataillons de tranchée furent mis en bataille dans les places d'armes et un régiment de dragons à la queue de tout, avec un de cavalerie dans le dehors, pour soutenir ces troupes, en cas qu'il en fût besoin.]

[Elles sortirent toutes des tranchées dès qu'elles entendirent le signal, et attaquèrent en même temps le retranchement et la redoute de la Cassotte, où il y avoit dans chacun quatre cents hommes. Elles entrèrent dedans après avoir essuyé à bout portant la décharge de l'ennemi, qui plia incontinent. Alors, on le chassa entièrement de ces ouvrages, et on le suivit, la baïonnette au bout du fusil, jusques au chemin couvert du château, où il se retira. On leur tua environ quatre cents hommes, et entre autres un grand d'Espagne qu'on appeloit le comte d'Alme[1]. Pendant cette action, on fit un grand logement sur le sommet d'une hauteur voisine, d'où on découvroit entièrement les ouvrages du château; car jusque-là le terrain s'étoit trouvé fort bossu.]

[Il fit alors, et plusieurs jours après la fin du siège, un temps si pluvieux et si épouvantable, que je ne crois pas qu'il s'en soit jamais vu un pareil dans une saison semblable. Les tranchées, qui alloient de bas en haut, recevoient toutes les eaux et en étoient inondées, joint à cela que, le fond du terrain étant ardoisé, il se faisoit une boue grasse dont on ne pouvoit se tirer. Les avenues du camp et de l'attaque étoient impraticables, tous les chevaux de harnois péris ou rebutés, si bien que le Roi fut obligé de donner ses mulets et toutes les bêtes de somme de ceux de sa cour et de l'armée pour voiturer les munitions de guerre et les porter aux attaques. Il sembloit que les éléments avoient conjuré, plus que le prince d'Orange, contre le bon succès de ce siège, et il ne fallut pas moins que la présence du

---

1. C'était François-Charles de Castro, fils du comte de Lemos, âgé de vingt-deux ans.

Roi, tous ses soins et toute sa constance, pour en avoir une heureuse issue[1]. Malgré tous ces obstacles, le siège continua toujours, et on ne perdit aucun moment de temps.]

[La nuit du 13 au 14 juin fut employée à assurer les logements commencés et à rétablir les travaux, où les assiégés avoient aussi jeté quantité de bombes, tant du château que du fort d'Orange, que l'on commença d'embrasser par de nouvelles tranchées. On fit aussi des batteries de canons et de mortiers sur la hauteur.]

[Celle du 14 au 15, la tranchée fut poussée sur le glacis de l'ouvrage à corne, ou première enveloppe du château. On assura les communications de la droite à la gauche, et on ouvrit des sapes pour embrasser l'ouvrage d'Orange, contre lequel on fit une nouvelle tranchée du bas de la Sambre contre l'abbaye de Salzinne[2], qui fut poussée cent cinquante toises en avant. On continua aussi de bien établir la tête des travaux.]

[La nuit du 15 au 16, on poussa sur la droite plusieurs sapes en avant pour embrasser les ouvrages. On s'étendit pareillement à la gauche, de même qu'à l'attaque de l'abbaye, où l'on fit un grand travail, afin d'embrasser une hauteur sur laquelle ceux du fort d'Orange avoient un avant-chemin couvert; on se logea à mi-côte de cette hauteur.]

[Celle du 16 au 17 juin, on continua les communica-

---

1. Voyez le récit conforme du duc de Saint-Simon, témoin oculaire (*Mémoires*, t. I, p. 42-43 et 45), au sujet de ce mauvais temps exceptionnel.
2. Abbaye de cisterciennes fondée au XIIe siècle et située sur la rive droite de la Sambre, au pied de la citadelle.

tions des travaux sur le glacis, en engageant le chemin couvert du premier ouvrage à corne du château, et on poussa une double sape entre les ouvrages du château et ceux du fort d'Orange, pour essayer d'en ôter la communication, et on s'étendit beaucoup sur les têtes. On poussa aussi une ligne le long du bord de la Sambre jusques à une redoute de la ville, afin d'ôter tout à fait l'eau de ladite rivière aux assiégés et celle qu'ils pouvoient puiser dans des sources au versant de la montagne.]

[Le même jour 17, l'armée du prince d'Orange décampa de Thisnes et vint à Taviers[1], mettant sa droite à Perwez[2] et sa gauche à Branchon[3], ayant toujours la Méhaigne en tête. Ce mouvement fit revenir M. de Luxembourg à Longchamp. Cette marche se fit avec tant de justesse, que les têtes et les arrière-gardes de ces deux armées marchèrent toujours à même hauteur et à vue l'une de l'autre, la Méhaigne entre deux. M. de Luxembourg mit sa droite près Boneffe[4] et sa gauche vers Bovesse[5].]

[La nuit du 17 au 18, ceux du château firent une sortie sur les travailleurs et bouleversèrent environ trente toises de tranchée. A la faveur de cette sortie, ils établirent un logement en dehors de leur chemin couvert, sur la crête de la hauteur, et le fortifièrent de palissades et de chevaux de frise.]

---

1. Taviers-sur-Méhaigne.
2. Perwez-le-Marché, en s'éloignant de la rivière dans la direction de Bruxelles.
3. Sur la Méhaigne, en aval de Taviers.
4. Petit village à cheval sur la rivière.
5. Dans le voisinage sud de Saint-Denis-sur-Méhaigne.

[Le 18 juin, on canonna et bombarda vivement ce logement et les bastions de l'ouvrage, et, la nuit suivante, on étendit la droite en approchant la palissade, de manière qu'on embrassa de fort près le chemin couvert de l'ouvrage à corne du château et celui du fort d'Orange, ce qui le serra de très près. Les sapes de la tête se continuèrent, et on fit deux batteries au delà de la Sambre, qui voyoient le fort à revers.]

[La nuit du 19 au 20, on travailla sur la droite à prolonger les sapes, tant sur l'ouvrage à corne du château que sur le fort d'Orange; on leur fit des communications, et tous ces travaux occupèrent un grand terrain. Pendant le jour, on battit en brèche l'un et l'autre ouvrage, et on y jeta beaucoup de bombes. Pendant la même nuit, on tira une grande ligne en remontant tout le long du flanc du château, depuis la redoute sur la Sambre près la ville, en tirant sur le fort d'Orange, afin de voir le revers de la communication du château et du fort et quelques maisons dans un fond où les ennemis tenoient du monde.]

[La nuit du 20 au 21, on ne fit qu'élargir les travaux et aller un peu en avant, en embrassant toujours la tête du chemin couvert du fort d'Orange.]

[Le 22 juin, le prince d'Orange quitta les bords de la Méhaigne et vint camper à Sombreffe[1]. Il mit sa droite au Sart-Dame-Aveline[2] et sa gauche à Bertinchamps[3], et donna à croire par ce mouvement qu'il pourroit bien s'approcher de la Sambre pour la passer

1. Village au delà de Gembloux, vers Fleurus.
2. Localité à quelques kilomètres plus au nord sur la route de Bruxelles.
3. Dépendance de la commune du Grand-Manil.

vers l'abbaye d'Hautmont[1] et faire une tentative par l'entre Sambre et Meuse pour secourir Namur, s'il pouvoit une fois gagner le bois de Marlagne. Quoiqu'on ne jugeât pas ce dessein fort sérieux, à cause de la difficulté de l'exécution, M. de Luxembourg ne laissa pas de s'approcher de la Sambre, sur laquelle il fit jeter plusieurs ponts, et fit camper sur le bord un gros corps d'infanterie, afin qu'il fût plus à portée de la passer et de se poster dans les bois de Marlagne, en attendant que le reste de l'armée y pût être, en cas que l'ennemi tournât tête de ce côté. Pour lui en ôter entièrement la pensée, M. de Boufflers, qui étoit resté jusque là campé en son premier camp devant Namur, en partit avec un corps de cavalerie et de dragons, et, après avoir passé la Meuse, s'en vint camper au village d'Auvelois[2] à vue de la Sambre, et Mgr le duc de Chartres, qui commandoit le corps de réserve de l'armée de M. de Luxembourg, en partit pour passer la Sambre et venir camper à Fosse[3]. De cette manière, il fut du tout impossible aux ennemis de passer la Sambre et de secourir Namur, dont le reste du siège se fit plus à l'aise; car M. de Luxembourg étoit plus à portée d'y envoyer de l'infanterie fraîche, en cas qu'il en fût besoin.]

[Le Roi, ayant vu que toutes les tranchées et les travaux étoient assez avancés, fit attaquer, le soir du 22, le chemin couvert du fort d'Orange par quatorze compagnies de grenadiers et huit cents fusiliers

---

1. Abbaye bénédictine sur la Sambre, à peu de distance en aval de Maubeuge.
2. Village situé sur la rive droite de la Sambre.
3. Dans la plaine, à huit kilomètres sud d'Auvelois.

détachés de l'infanterie de l'armée, soutenus de sept bataillons. Ces troupes attaquèrent le chemin couvert par la tête de l'ouvrage, et, s'étant jetées dedans, elles passèrent au fil de l'épée cinq cents hommes qui le défendoient. Les François, poursuivant leur pointe, nettoyèrent le chemin couvert le long des deux branches de l'ouvrage à corne et y firent de bons logements. Alors ceux de dedans, qui eurent peur d'être emportés par les brèches, et principalement par celle de la gorge de l'ouvrage, battirent la chamade et capitulèrent. On leur accorda qu'ils en sortiroient en gens de guerre et seroient conduits à Gand par le chemin le plus court. Ils étoient encore deux mille hommes des troupes qui avoient été mises dans ce fort au commencement du siège. Ainsi, le fort d'Orange étant pris, on y fit plusieurs ouvertures pour passer le canon qu'on vouloit mettre en batterie sur la courtine et la gorge pour battre encore le château, dont on se mit à couvert par les mêmes boyaux que les assiégés avoient faits dans le dedans de l'ouvrage pour se garantir du canon des assiégeants.]

[La nuit du 23 au 24, on poussa la tranchée qui avoit été commencée sur le bord de la Sambre jusques à une redoute casematée qui étoit sur le flanc du château, et on en ouvrit une nouvelle, laissant le fort d'Orange à gauche pour gagner le glacis du château en cette partie. On y fit force retours en manière de places d'armes, qu'on creusa beaucoup pendant le jour, parce qu'elles étoient dominées par les assiégés.]

[Celle du 24 au 25 juin, on fit une communication de ces tranchées avec celles de la droite et de la gauche, tellement que tout le reste du front de l'attaque fut embrassé. On poussa aussi une sape sur le glacis, en s'allongeant au-dessus de la communication. Cette nuit, les assiégés firent un plus grand feu et firent rouler des bombes sur les travaux au moyen d'une grande pente qui les y conduisoit en partant de leur chemin couvert.]

[Celle du 25 au 26, on continua les sapes de communication avec l'attaque de la gauche, et on en fit encore une autre pour communiquer avec celle de la droite.]

[La nuit du 26 au 27, on prolongea les sapes sur la droite, en resserrant toujours le chemin couvert. On commença les rampes des tranchées, et les batteries de canons et de mortiers du fort d'Orange battirent de grande furie les faces des bastions et la contre-garde qui étoit à la pointe de celui de la gauche, et achevèrent en peu de temps d'y faire de grandes brèches.]

[Celle du 27 au 28, on acheva toutes les communications nécessaires, on élargit les tranchées pour y loger les troupes destinées à l'attaque du chemin couvert, et on perfectionna les rampes pour les faire sortir. On s'avança aussi à la gauche, du côté de la Sambre, jusque vis-à-vis la porte du flanc du château, et on tira une parallèle devant la barrière de cette porte, afin d'empêcher que les assiégés ne pussent par là faire aucune sortie sur le flanc de l'attaque. On poussa aussi une sape de cette ligne pour descendre dans le chemin couvert, et une seconde derrière, qui traversa toute la hauteur par le revers de la montagne, pour former une grande place d'armes, et rentra dans celle de droite.]

[Le Roi, ayant vu qu'on étoit assez près du chemin couvert pour le faire attaquer, fit commander mille grenadiers, autant de fusiliers tirés des régiments, qui devoient soutenir les grenadiers, avec sept bataillons, qui demeurèrent dans les tranchées, postés de manière qu'ils en pouvoient sortir en bataille au moyen des rampes qu'on y avoit faites.]

[Pendant que ces troupes se plaçoient dans les travaux, toutes les batteries redoublèrent leur feu, et, le Roi s'étant placé dans le chemin couvert de droite du fort d'Orange, dans un lieu qui lui avoit été préparé, on fit le signal de l'attaque sur le midi, et les troupes commandées sortirent toutes à la fois des tranchées et chassèrent sans résistance les assiégés de leur premier chemin couvert dans le second. Puis elles les poussèrent jusque dans le fossé de l'ouvrage à corne ou première enveloppe, dans lequel ils se retirèrent par plusieurs poternes, non sans qu'il y en eût bon nombre de tués. On monta en même temps sur les contre-gardes des bastions, et on y découvrit un fourneau que les assiégés n'eurent pas le temps de faire jouer. Les travailleurs arrivèrent incontinent, et on fit un bon logement dans les contre-gardes, malgré le grand feu que les assiégés firent de leurs ouvrages intérieurs.]

[La nuit du 28 au 29 juin, on perfectionna à la droite le logement qu'on avoit commencé le jour sur le chemin couvert, et on descendit par les contre-gardes dans le fossé vis-à-vis les faces des bastions, et on fit au travers les épaulements. Incontinent, on attacha le mineur aux faces des bastions, à cinq ou six toises des angles flanqués, et une partie des travailleurs fut employée à faire glisser les décombres des brèches, sur lesquelles on tailla des espèces de degrés soutenus par des fascines piquetées, afin de rendre les brèches plus accessibles. A l'attaque de la Sambre, on se rendit maître de la barrière de la porte du flanc du château, et on fit un bon logement sur la voûte de la porte avancée.]

[On travailla, la nuit du 29 au 30, à un nouveau logement et à des batteries de petits mortiers dans les contre-gardes. On fit aussi abandonner aux assiégés deux retranchements de gabions qu'ils avoient dans le fossé de la face droite de la contre-garde gauche, à la pointe de laquelle on attacha aussi le mineur, tellement qu'il le fut en trois endroits. Cependant le canon battoit toujours les brèches et les élargissoit; celui qu'on avoit posté nouvellement sur les remparts de la ville malgré la capitulation, voyoit les ouvrages attaqués à revers et incommodoit beaucoup ceux qui les défendoient.]

[Sur les onze heures du soir, on s'aperçut que le feu des assiégés déclinoit fort, ce qui donna lieu de faire monter un petit détachement sur la brèche du bastion gauche, qui fut suivi de plusieurs autres. Quand on eut reconnu qu'il y avoit peu de monde derrière, on entra dans le bastion, et ceux qui le devoient défendre l'abandonnèrent, et coulèrent, le long de la courtine, dans celui de la droite. On commença un bon logement dans la gorge du bastion dont on s'étoit rendu maître, et on apprit incontinent que les assiégés avoient encore abandonné l'autre bastion. On y marcha aussitôt, et on n'y trouva plus qu'une sentinelle, qui avoit ordre, avant de se retirer, de mettre le feu à un fourneau qui y étoit prêt à sauter. On en retira aussitôt le saucisson, et on se logea à la gorge du bastion. La communication de l'un à l'autre se fit promptement, et on poussa deux sapes de droite et de gauche dans l'ouvrage, lesquelles se joignirent à la tête, et on y plaça des grenadiers. Les ennemis se retirèrent dans le cornichon ou seconde enveloppe. Ainsi les François se rendirent entièrement maîtres de la première, qui ne leur coûta pas plus de vingt hommes.]

Sur les six heures du matin du 30 juin, M. le prince de Barbançon fit battre la chamade. A six heures du soir, les assiégés livrèrent une porte du château, et sortirent par la brèche le lendemain vers les trois heures après-midi, avec leurs armes et bagages, deux mortiers, quatre pièces de canon, et au nombre d'environ cinq mille hommes.

Pendant ces deux sièges, les François n'eurent pas deux mille hommes tués ou blessés, et peu de gens de considération, par les grandes précautions que M. de Vauban, [qui a toujours épargné les hommes[1], fit prendre en la conduite des travaux].

[J'ai fait un journal exact de ce siège, parce qu'il a été le plus hasardeux et le plus considérable que le Roi ait fait en personne. Le temps fâcheux, qui ne discontinua point, l'a rendu sans contredit le plus pénible, et le prince d'Orange, venu à la tête d'une puissante armée pour tenter le secours, en a augmenté le mérite ; c'est pourquoi j'ai décrit les mouvements des armées, afin de donner une idée juste de tout ceci à ceux qui ne se sont point encore trouvés en de pareilles occasions[2].]

1. Tous les contemporains s'accordent pour reconnaître qu'il était, suivant l'expression de Saint-Simon, « le plus avare ménager de la vie des hommes ».

2. Comparer cette dernière phrase avec ce qu'il a déjà dit, dans le tome I, p. 2, sur l'intention qu'il a eue en écrivant ses Mémoires.

Après cette belle conquête, le Roi s'en retourna à Versailles[1], et M. de Luxembourg, ayant fait passer la Sambre à toute son armée, la mena camper dans la plaine de Saint-Gérard[2], où elle séjourna cinq jours. Dans ce temps-là, le prince d'Orange vint camper à Genape[3] et témoigna, par les grands préparatifs qu'il tenoit embarqués sur la Tamise, en Angleterre, avoir formé quelque dessein sur Dunkerque. Cela obligea M. de Luxembourg à repasser la Sambre [à Merbes-Bouveries[4]], et à venir se poster à Soignies, afin de couper le chemin aux ennemis et de les jeter en arrière, s'ils avoient cette pensée. Et comme, dans cette situation, ils donnoient également de l'inquiétude pour Namur, qui n'étoit pas encore réparé, et qu'ils avoient même pour cela, à Maëstricht, de la grosse artillerie embarquée sur la Meuse, M. de Boufflers, avec une armée de vingt-quatre bataillons, soixante escadrons et trente pièces de canon, se tint près de quinze jours à Bossière[5], sans passer la Sambre, en état de se porter vers Namur et de servir d'avant-garde à M. de Luxembourg en cas que les ennemis eussent fait quelque mouvement qui l'eût

1. Le Roi revint à Dinant chercher les dames, et, passant par Givet, Rocroy, Laon et Villers-Cotterets, il arriva à Versailles le 16 juillet à six heures du soir.
2. Saint-Gérard est une commune du canton de Fosse, à dix-huit kilomètres sud-ouest de Namur.
3. Sur la Dyle, à mi-chemin entre Bruxelles et Charleroy.
4. Merbes-le-Château, en amont de Thuin, très près de la frontière française; Bouveries est un hameau dépendant de Merbes. Le manuscrit porte *Merbes-Potterie;* mais nous croyons qu'il faut lire plutôt *Merbes-Bouveries.*
5. Petit village au nord de la Sambre, à quinze kilomètres de Namur, sur la route de Bruxelles.

appelé de ce côté-là; mais, comme ils ne bougeoient pas, M. de Luxembourg manda à M. de Boufflers de passer la Sambre pour s'approcher de lui, et de venir camper à Ville-sur-Haine[1], près de Mons.

Quelques jours après[2], M. de Boufflers eut ordre d'envoyer dix bataillons à Namur, dont on étoit toujours inquiet. Le prince d'Orange, qui fut bientôt averti de cette marche, feignit de faire un gros détachement de son armée pour les accabler en chemin. Cette démarche obligea M. de Boufflers de partir en diligence de son camp de Ville-sur-Haine, avec toute sa cavalerie, pour aller au secours de ses dix bataillons.

Cette ruse du prince d'Orange ayant réussi, il décampa de Genape et vint à Hal, espérant d'occasionner quelque mouvement à M. de Luxembourg et de l'attirer dans quelque situation où il le pût combattre avec avantage, ce qui ne manqua pas d'arriver; car, sur cette nouvelle, M. de Luxembourg résolut de venir prendre le camp de Hoves, près Enghien[3], et l'alla reconnoître avec plusieurs officiers généraux, qui tâchèrent de l'en dissuader : ils lui représentèrent que, dans ce camp, qui étoit fort coupé et très couvert, il ne pouvoit se servir de la supériorité que le nombre et la bonté de sa cavalerie lui donnoient sur l'ennemi, auquel il fourniroit l'occasion qu'il rechercholt de donner un combat où sa cavalerie, en laquelle il ne se confioit pas, eût peu ou point de

1. Entre Mons et Rœulx.
2. Le 1er août.
3. Hoves-lès-Enghien, à trois kilomètres sud de cette dernière localité.

part. M. de Luxembourg répondit à ces représentations qu'on feroit force abatis et quantité de communications, mais qu'en tout cas il ne comptoit pas séjourner longtemps dans ce camp.

Il avoit déjà mandé à M. de Boufflers de rappeler les dix bataillons qui avoient marché vers Namur, de retourner avec sa cavalerie joindre le reste de son armée, et de la mener camper à Masnuy[1], afin de l'approcher de lui. Quand il fut de retour à Soignies, il donna ordre à toute l'armée de marcher le lendemain, 2 août, dès le point du jour. Son artillerie, qui étoit demeurée au camp sous Mons pendant le séjour de Soignies, vint le joindre dès le même jour.

La tête de l'armée arriva au camp de Hoves sur les neuf heures du matin. La droite, où étoit la Maison du Roi, fut appuyée au village de Steinkerque[2], faisant un coude et étant couverte par le ruisseau et une espèce de marais qui n'étoit pas impraticable, non plus que le ruisseau, sur lequel il y avoit un pont au village de Steinkerque. On campa devant elle la brigade de Bourbonnois[3]. Depuis ce village, les lignes se conduisoient par derrière Enghien, [qui se trouva vis-à-vis et devant le centre,] et finissoient contre le village d'Hérinnes[4], où la gauche étoit appuyée,

---

1. Masnuy-Saint-Pierre et Masnuy-Saint-Jean sont deux villages situés à dix kilomètres au nord de Mons.
2. Steenkerque-lès-Enghien ou Steenkerque-sur-Senne, à mi-chemin entre Enghien et Braine-le-Comte.
3. Elle se composait de deux bataillons de Bourbonnais, deux de Limousin, un de Hainaut, un de Périgord, un de Foix et un de Montferrat; elle était commandée par le brigadier de la Vaisse, colonel de Bourbonnais.
4. Hérinnes-sur-Marcq, au nord d'Enghien.

ayant derrière elle le ruisseau de Marcq, au delà duquel campoit le corps de réserve, afin qu'il pût servir d'avant-garde à l'armée, si les ennemis marchoient à Ninove ainsi que M. de Luxembourg le croyoit. Le quartier général fut à Hoves, et on mit la brigade des gardes dans Enghien.

Tout le front de bandière étoit fort couvert et coupé de fossés, [de watergans[1]] et de ravines, principalement vers la droite, où le terrain étoit un peu plus élevé. La droite, qui formoit le haut de la figure de l'écharpe sur laquelle l'armée étoit campée[2], avoit devant elle le hameau du Haut-Bucq[3], et, un peu par delà, un petit bois appelé le Bois-Moriau. Ce bois finissoit par son derrière à la hauteur de Stoquois, chargée de haies, de lisières de bois, de vergers et de maisons, [qui tomboient aux chemins creux du Haut-Bosquet,] et au château de Warelles, auprès duquel il y avoit un pré large de quatre à cinq cents pas, tra-

---

1. Fossés, ou même petits canaux pratiqués dans les terres soit pour les irriguer, soit pour séparer les héritages, soit même pour servir de communication par eau entre les villages.

2. Tel est bien le texte du manuscrit.

3. Presque tous les lieux-dits dont les noms vont suivre se retrouvent encore actuellement sur la récente carte de Belgique au 20,000e. Il est à remarquer que beaucoup de ces noms sont estropiés par Saint-Hilaire et que les mêmes fautes, avec la même orthographe défectueuse, se retrouvent dans le récit de l'*Histoire militaire*, par le marquis de Quincy. C'est ainsi qu'on trouve des deux côtés le hameau de Beuf ou du Haubeuf (pour Bucq), la hauteur de Stocou (pour Stoquois), le bois de Triou (pour Strihoux), etc. Dans l'Introduction, on approfondira la question des rapports qui semblent ainsi exister entre l'œuvre de notre auteur et celle de son collègue en artillerie le marquis de Quincy.

versé par trois ou quatre rangs de haies bordées de rigoles pleines d'eau. Ce pré finissoit au bois de Strihoux, qui faisoit un coude sur Enghien, et, au delà, [se prolongeoit de gauche en arrière, et s'éloignoit à mesure du terrain que la gauche de l'armée occupoit. Devant ce terrain que je viens de décrire,] il y avoit une campagne assez découverte, où la cavalerie ennemie se tint pour soutenir son infanterie, [qui se jeta en avant dans tout le front de droite, jusque dans le pré du château de Warelles et au bord du bois de Strihoux, et y fit ses attaques seulement dans un bon quart de lieue].

Le prince d'Orange, qui connoissoit parfaitement la situation du pays et qui recherchoit l'occasion de donner un combat d'infanterie, eut bien de la joie de savoir l'armée dans ce camp, dont le sien n'étoit qu'à trois lieues. Il crut même qu'il pouvoit la surprendre par sa diligence, et que le pays couvert par lequel il projetoit de marcher y contribueroit. Aussi ne se trompa-t-il pas. Mais un autre incident favorisa beaucoup son entreprise. M. de Luxembourg avoit intelligence avec un musicien de l'électeur de Bavière, qui avoit de l'esprit et l'avertissoit ponctuellement des mouvements des ennemis, quand ils vouloient en faire de considérables; et même, lorsque les armées étoient fort proches, il se déroboit du camp sur le soir et venoit trouver M. de Luxembourg. Je l'ai vu arriver plusieurs fois chez lui[1]. Ce musicien, ayant vu que le prince

1. Cette anecdote, pour laquelle Saint-Hilaire se donne comme témoin oculaire, a été reproduite par le marquis de Quincy, dans l'*Histoire militaire*, p. 527-528. Le musicien s'appelait Millevoix ou Millevoye.

d'Orange se préparoit à venir attaquer notre armée, voulut en donner avis lui-même à M. de Luxembourg; mais, comme les ennemis gardoient, ce jour-là, très exactement les avenues de leur camp, le porteur d'avis fut arrêté, et la lettre interceptée. L'auteur fut incontinent arrêté, et on l'obligea d'écrire sur-le-champ une autre lettre, par laquelle il manda que, le lendemain 3 août, le prince d'Orange feroit faire un grand fourrage en avant, qu'ainsi on ne s'étonnât pas si on voyoit beaucoup de troupes, mais qu'il assuroit que les ennemis n'avoient point d'autre dessein. M. de Luxembourg reçut cette lettre, et y ajouta foi, parce que le donneur d'avis ne lui avoit jamais manqué.

Bataille de Steinkerque[1]. — Le prince d'Orange fit partir son armée du camp de Hal et de Lembecq[2], le 3 août, sur minuit; et, vers les deux heures de jour, le sieur de Tracy[3], que M. de Luxembourg avoit envoyé

---

1. Sur cette bataille, on peut voir la *Gazette*, p. 415-418 et 437-440, le *Journal de Dangeau*, t. IV, p. 137-141, les *Mémoires de Sourches*, t. IV, p. 104-109, ceux *de Feuquière*, t. II, p. 180-184, et III, p. 276-287, ceux *de la Fare*, p. 299, le *Siècle de Louis XIV*, par Voltaire, ch. xvi, l'ouvrage du comte P. de Ségur, *le Tapissier de Notre-Dame*, p. 297 et suiv. Les relations, correspondances, états de situation des troupes, listes des blessés, etc., sont dans les volumes Guerre 1138, 1139, 1142, 1143, 1146 et 1150. Le récit officiel de la bataille adressé au Roi par le maréchal de Luxembourg (vol. Guerre 1142, n° 85) fut imprimé à part comme appendice de la *Gazette* et a été reproduit par les éditeurs du *Journal de Dangeau*, p. 141-150, note; il y a des lettres de MM. de Vigny, d'Artagnan, de la Motte-Houdancourt dans le volume Guerre 1146, n°s 96, 98, 106 et 108, et la copie de celle de M. du Montal dans le volume 1139.

2. Lembecq-sur-Senne.

3. Jean-Louis du Halegoët, marquis de Tracy, était exempt

en parti sur l'ennemi, lui fit dire qu'il voyoit, de la hauteur [près Tubize[1], où il étoit alors], une colonne de troupes déboucher du village de Sainte-Renelle[2]. Peu après, un capitaine de carabiniers qui étoit avec un autre parti sur la hauteur du moulin de Haute-Croix[3], lui envoya dire qu'il voyoit aussi une colonne, mais qu'il jugeoit que ce pouvoit être des fourrageurs, en ce que plusieurs se détachoient et fauchoient déjà. Comme cela se rapportoit à la lettre que M. de Luxembourg avoit reçue le jour précédent, il ne fit aucun mouvement. Sur les huit heures du matin, M. de Tracy revint avec son parti, et dit à M. de Luxembourg qu'il n'y avoit rien de plus certain que les ennemis marchoient droit à lui pour l'attaquer, et couloient sur sa droite. M. de Luxembourg monta à cheval, et fit battre la générale. Quand il fut arrivé sur la hauteur de Stoquois, l'avant-garde des ennemis poussoit déjà ses gardes, et leurs colonnes d'infanterie étoient déjà fort proches. Il manda aussitôt les trois brigades d'infanterie de sa droite pour venir joindre celle de Bourbonnois, qui cependant souffrit beaucoup; car les ennemis se jetèrent d'abord sur la hauteur de Stoquois, dans le Bois-Moriau, et dans tous les autres postes du front de la droite, et firent un feu terrible de canon et de mousqueterie sur cette brigade, qui étoit encore occupée à déplier son camp et à prendre les armes.

des gardes du corps depuis 1686; il mourut fou en 1704. C'était « un des meilleurs partisans de l'armée » au dire de Saint-Simon.

1. Sur la route de Hal à Enghien.
2. Village au confluent de la Senne et de la Senette, très près de Lembecq.
3. Hameau entre Hérinnes et Hal.

Certainement, si, dans cette première surprise, qui dura plus d'une heure, le prince d'Orange avoit brusquement poussé sa pointe, toute la Maison du Roi auroit été entièrement défaite; car elle étoit dans un terrain où elle ne se pouvoit manier, [et réduite à faire plastron de son corps]. Toute l'armée se trouvoit dans une grande confusion; mais, par un bonheur singulier, les ennemis voulurent faire une attaque régulière et attendre la colonne droite de leur infanterie, qui s'étoit égarée pendant sa marche. Ce retardement donna le temps à M. de Luxembourg de faire venir les trois brigades d'infanterie et son artillerie, qu'il avoit envoyé chercher. Elles firent trois lignes : la première doubla sur la brigade de Bourbonnois, les dragons du Roi[1], pied à terre, étoient à la droite, et le canon à la tête, dans les postes les plus avantageux.

Pendant cette manœuvre, M. de Luxembourg craignant d'être encore attaqué par son centre et par la gauche, dont le terrain étoit encore plus mauvais pour la cavalerie, n'osoit la dégarnir d'infanterie; mais, ayant reconnu en peu de temps que l'ennemi se préparoit à faire tous ses efforts sur sa droite, il retira la brigade des gardes d'Enghien, et y envoya celle de Lyonnois, qui étoit moindre, et la fit marcher à la droite avec celle des gardes suisses. Ceux-ci se mirent en quatre et cinq lignes derrière les trois autres, le terrain ne permettant pas de s'étendre davantage.

Ces dispositions étant faites, le prince d'Orange, ayant achevé les siennes vers une heure après midi, fit commencer les attaques par un feu prodigieux, qui

1. Ce régiment, levé en 1656, était alors commandé par le marquis d'Alègre.

partit de tous les postes occupés près de nos lignes. La droite fut un peu ébranlée, et se remit bientôt par le grand soin qu'on y apporta; mais le centre, sur lequel l'ennemi fit son principal effort, plia. Les trois premières lignes, qui se soutenoient fort près les unes des autres, furent culbutées; les ennemis s'avancèrent sur le terrain qu'elles venoient de perdre, se rendirent maîtres, chemin faisant, d'une batterie de six pièces de canon, plantèrent devant eux les chevaux de frise dont ils se servent[1], et firent un feu terrible pendant une grosse demi-heure qu'on fut à se reconnoître.

M. de Luxembourg vit bientôt l'importance qu'il y avoit de débusquer brusquement l'ennemi, et, faisant avancer les brigades des gardes françoises et des gardes suisses, voulut mettre pied à terre pour les mener à la charge; mais on l'en empêcha. Monsieur le Duc, lieutenant général de jour, M. le prince de Conti[2], M. de Vendôme, le duc de Villeroy[3], le marquis de Tilladet[4] et le chevalier de Gassion[5] se mirent à leur tête, et les

---

1. Voici ce que dit à ce sujet l'annotateur des *Mémoires de Sourches* (t. IV, p. 104) : « Ils portoient certains bâtons ferrés par les deux bouts, avec certains rouleaux de bois percés, dans lesquels fourrant ces bâtons, ils formoient tout d'un coup des chevaux de frise, qu'ils mettoient devant eux, et cela étoit bon en certaines occasions. »

2. François-Louis de Bourbon (1664-1709), d'abord prince de la Roche-sur-Yon, avait succédé en 1686 au titre de son aîné.

3. François de Neufville, maréchal de France en 1693.

4. Jean-Baptiste de Cassagnet, marquis de Tilladet, neveu de Louvois, était lieutenant général depuis 1678 et capitaine des cent-suisses; il fut blessé à mort dans cette charge.

5. Jean, chevalier puis comte de Gassion, lieutenant des gardes du corps depuis 1687, sera nommé maréchal de camp après Steinkerque et mourra en 1713.

menèrent, l'épée à la main, charger les ennemis, qui les attendoient de pied ferme; mais ils furent bientôt ébranlés. On en tua un grand nombre à coups de piques et d'épées, et on les chassa de ce poste[1]. En les poursuivant en bon nombre, on leur fit aussi quitter la hauteur de Stoquois, et l'on s'y établit, [en bordant la haie contre la cavalerie ennemie qui étoit en bataille au delà]. On se maintint dans cette situation, après avoir repris le canon qu'on avoit perdu et dix pièces de celui des ennemis. Ceux-ci, ayant rallié quelques bataillons, les firent couler sur le flanc droit de la ligne; mais cette manœuvre fut remarquée par M. le prince de Conti, qui se porta de ce côté avec le chevalier de Gassion et six bataillons, qui chassèrent l'ennemi des haies du flanc, dont il s'étoit déjà emparé; il le mena battant de haie en haie jusque sur sa cavalerie, qui s'avança inutilement pour faire reprendre poste à l'infanterie.

Sur cette droite, l'ennemi tenoit encore le Bois-Moriau, et, Monsieur le Duc ayant joint M. le prince de Conti, ils résolurent de l'en chasser. Ils le firent charger par une brigade d'infanterie, qu'ils y conduisirent eux-mêmes, secondés par M. de Vendôme. Les ennemis, après quelque résistance, quittèrent ce poste, et furent poursuivis jusque sur le bord d'une petite plaine où étoit leur cavalerie[2]. Les princes mirent leurs troupes en bataille [derrière la haie qui la bor-

---

1. Il faut lire dans la relation du maréchal de Luxembourg (*Dangeau*, p. 145, note) les éloges qu'il donne à la bravoure des deux régiments des gardes et des princes et officiers généraux qui marchèrent à leur tête.

2. Voyez la même relation, p. 146, note.

doit à l'entrée, tellement que toute la droite et le centre se trouvèrent joints à même hauteur dans le terrain qu'on avoit fait perdre aux ennemis]. Mais il y avoit encore bien à faire sur la gauche, entre le château de Warelles et le bois de Strihoux. Les ennemis, ayant rallié leurs bataillons qui avoient combattu à la droite et au centre, firent de grands efforts de ce côté sur les brigades de Champagne, du Roi et du Dauphin, conduites par MM. le duc d'Elbeuf[1] et du Montal[2], avec toute la valeur possible. Le prince d'Orange menoit lui-même les bataillons à la charge, et le combat devenoit inégal, lorsque M. de Boufflers arriva avec ses quatre régiments de dragons et sa cavalerie, son infanterie et son artillerie suivant du plus près qu'il étoit possible. Il fit aussitôt mettre pied à terre à ses dragons[3], qui prirent la gauche de l'infanterie, contre le bois de Strihoux ; et, chargeant avec leur courage ordinaire, ils obligèrent l'ennemi à reculer et gagnèrent sur lui quelques haies qu'il avoit occupées. M. de Luxembourg, [qui s'étoit aussi porté de ce côté, ayant jugé qu'il falloit faire en cet endroit les derniers efforts et qu'il se faisoit trop tard pour que les ennemis en fissent aucun sur Enghien et sur la gauche de l'armée, en fit sortir la brigade de Lyonnois et] manda les trois brigades d'infanterie de la gauche, et leur fit occuper les haies derrière le poste des dragons de M. de Bouf-

---

1. Henri de Lorraine, né en 1661, maréchal de camp depuis le mois d'avril 1691, venait de succéder à son père, mort le 4 mai 1692, comme duc d'Elbeuf et gouverneur de Picardie.

2. Tome I, p. 43.

3. C'étaient les régiments de Fimarcon et d'Asfeld, d'après la relation de M. de Luxembourg.

flers. Elles furent soutenues par deux brigades de cavalerie. Celle de M. de Boufflers passa toute entière à la droite, et l'aile gauche, que M. le duc du Maine conduisoit, eut ordre de marcher en avant, afin de venir achever le même front de bandière; mais, comme elle avoit devant elle un terrain très fâcheux pour la cavalerie, je ne sais si elle put exécuter son ordre [1].

L'armée étant ainsi disposée, le combat se ralentit et ne dura plus qu'en escarmouches et en canonnades. Là-dessus arrivèrent l'infanterie et l'artillerie de M. de Boufflers, [qui étoient parties de son camp de Masnuy [2] sur le midi], et le prince d'Orange, le voyant arriver, commença à faire sa retraite vers le camp d'où il étoit parti, et par le même chemin qu'il avoit tenu à travers les bois. Toute cette armée se retira en bon ordre, faisant face de temps en temps dans les occasions nécessaires, et ne fut point inquiétée dans sa retraite. La nuit survenant, M. de Luxembourg se contenta de faire marcher son armée en bataille dans le terrain que celle des ennemis venoit de quitter et qu'elle avoit occupée pendant la journée.

Le nombre des morts et des blessés fut à peu près égal, et monta de part et d'autre à environ douze mille hommes [3]. Les ennemis y perdirent deux lieute-

1. « M. du Maine m'envoya dire par Watteville que c'étoit un pays tellement fourré qu'on n'y pouvoit mettre un escadron en bataille; qu'il s'avançoit pourtant aussi vite qu'il lui étoit possible, bien fâché de n'avoir rien de meilleur à faire » (relation de Luxembourg).

2. Ci-dessus, p. 230.

3. L'*Histoire militaire* (p. 538-542) donne un état des tués et blessés de l'armée française conforme à celui qui est dans

nants généraux et en eurent deux autres de blessés. On leur prit dix pièces de canon, cinq drapeaux, et environ mille prisonniers[1], dont la plupart étoient blessés. Ils eurent huit colonels tués, quatorze lieutenants-colonels et cent cinquante autres officiers tués, et un bien plus grand nombre de blessés[2].

M. le duc de Chartres, qui commandoit le corps de réserve, ne sut se contenir dans son poste et le quitta, pour venir prouver, à la tête de l'armée et dans les endroits les plus périlleux, que son courage égaloit sa haute naissance. Il fut blessé au bras, mais sans aucun danger[3].

le volume Guerre 1143, n° 86 *bis*, qui s'élève à 2,457 tués, dont 112 officiers, et 4,509 blessés, dont 507 officiers; il fait monter la perte des ennemis à environ 10,000 hommes.

1. Au total, 889, d'après l'état envoyé par l'intendant de Bagnols (vol. Guerre 1139).

2. Ce furent surtout les troupes anglaises et danoises qui souffrirent.

3. « J'avois supplié M. le duc de Chartres de se tenir à sa réserve, lui donnant ma parole que je trouverois un temps pour le faire agir et satisfaire l'extrême envie qu'il avoit de donner des marques de son courage. Il vint me trouver pour cela dès le commencement, lorsque nous observions les ennemis; mais, pour ne point trop l'exposer, je le conjurai de s'en retourner, ce qu'il fit avec sa douceur ordinaire, m'envoyant pourtant des gens de sa maison pour me dire qu'il seroit bien aise de voir le commencement du combat. Comme je ne me laissai point vaincre à leurs instances, M. d'Arcy me vint dire de sa part qu'il étoit si touché de s'en aller et avoit tant d'envie de voir quelque chose, qu'il vouloit que je le laissasse un moment. Je ne pus résister à ses empressements, non plus qu'aux prières de M. d'Arcy; c'est ce qui fit qu'il demeura et que, dans le commencement du combat, il reçut un coup dans son justaucorps, qui traversa d'une épaule à l'autre. La frayeur

Le prince de Turenne[1], qui mourut dans ce combat, fut fort regretté pour sa valeur et ses belles qualités; MM. de Tilladet[2], lieutenant général, Lucan, maréchal de camp[3], Saint-Florentin[4], Porlier[5], Stoppa[6], brigadiers[7], eurent le même sort, aussi bien que le marquis de Bellefont[8], le chevalier d'Estrades[9], MM. de Fimarcon[10] et de Mursay[11], colonels; on perdit cent

que j'eus du hasard qu'il avoit couru m'obligea de lui dire qu'il s'en retournât à sa brigade, ce qu'il me promit » (relation de M. de Luxembourg).

1. Louis-Charles de la Tour d'Auvergne, fils aîné du duc de Bouillon, avait servi dans les troupes vénitiennes contre les Turcs; il mourut le 4 août, lendemain de la bataille.

2. Ci-dessus, p. 236.

3. Patrick de Sarsfield, lord Lucan, venu en France avec Jacques II, ne fut pas tué à Steinkerque, mais à Nerwinde; il n'obtint le grade de maréchal de camp qu'en 1693.

4. Balthazar Phélypeaux, comte de Saint-Florentin, frère du secrétaire d'État Châteauneuf, commandait le régiment Colonel-Général des dragons.

5. Jean Porlier, d'une famille bernoise, avait eu un régiment suisse en octobre 1690, après M. de Salis, mort des blessures qu'il avait reçues à Fleurus.

6. Jean-Baptiste de Stoppa, colonel d'un régiment suisse, était brigadier depuis 1684.

7. MM. de Saint-Florentin et Porlier n'étaient pas brigadiers.

8. Louis-Christophe Gigault, fils du maréchal, était colonel du régiment Royal-Comtois et premier écuyer de la Dauphine en survivance de son père.

9. Gabriel-Joseph, chevalier d'Estrades, colonel du régiment de Chartres.

10. Gaston-Paul de Cassagnet, marquis de Fimarcon, parent de M. de Tilladet, était, depuis 1678, colonel du régiment des dragons de Monsieur.

11. Philippe de Valois de Villette, marquis de Mursay, second fils du lieutenant général des armées navales et frère de la

cinquante officiers subalternes, il y en eut bien davantage de blessés.

[Voilà ce que le camp de Hoves coûta, et un peu trop de sécurité, qui dominoit quelquefois M. de Luxembourg.] On peut ajouter que notre général fut fort heureux de ce que le prince d'Orange lui laissa le temps de se reconnoître, et d'avoir eu les princes pour seconds, qui payèrent admirablement bien de valeur et de tête, et dont le bon exemple donna aux troupes une émulation sans pareille.

Le lendemain du combat, M. de Boufflers se sépara de l'armée de M. de Luxembourg et mena la sienne camper à l'abbaye de Cambron[1], où les dix bataillons qui avoient été détachés pour Namur le rejoignirent.

Le même jour, les ennemis voulant fourrager à leur droite, firent avancer un corps de cavalerie vers la gauche de l'armée de France, afin de couvrir leurs fourrageurs. Il se rencontra que cette gauche alloit aussi au fourrage et se trouva engagée dans le même défilé que les ennemis. M. de Rosen, lieutenant général, qui commandoit l'escorte des fourrageurs françois, fit charger brusquement la cavalerie ennemie qui étoit dans le défilé, et la renversa. Celle qui étoit dans la plaine se retira sans délai; ainsi, M. de Rosen fit fourrager le canton que les ennemis s'étoient destiné[2].

marquise de Caylus, était colonel du régiment des dragons de la Reine depuis 1688; il mourut trois jours après le combat.

1. Abbaye cistercienne fondée au XIIe siècle, à trois lieues ouest de Mons : ci-dessus, p. 140.

2. Cette escarmouche se donna le 4 août. Voici ce qu'en écrit M. de Luxembourg dans sa lettre du 5 (vol. Guerre 1143, n° 86) : « Il y a eu ce matin une petite aventure assez jolie. J'avois envoyé M. de Rosen avec cinq cents chevaux et cent

Peu de jours après cette affaire, M. de Luxembourg fit marcher son armée sur six colonnes et se campa, sa droite au bois d'Enghien et sa gauche au Bois-de-Lessines[1]; Bassilly[2] fut le quartier général; le corps de réserve porta sa droite au Bois-d'Acren[3] et sa gauche au faubourg de Lessines. On fit trois ponts de bateaux sur la Dendre; trois bataillons allèrent garder la ville et le pont de Lessines, et on mit des postes d'infanterie dans les châteaux voisins sur les avenues du camp, afin d'être mieux et plus tôt averti qu'on ne l'avoit été à celui de Hoves. Ensuite, l'armée de M. de Luxembourg passa la Dendre, ayant sa droite contre Lessines, où étoit le quartier général, et sa gauche un peu au delà du moulin de la Hamaïde[4], et, devant elle, le ruisseau d'Acren. On campa la réserve

dragons pour reconnoître les chemins de Haute-Croix à leur camp. Il a rencontré la tête de l'escorte du fourrage des ennemis, dont trois troupes étoient formées dans une petite plaine à la sortie d'une haie. M. de Rosen y marchoit par un chemin assez serré. Dès qu'il a vu les ennemis, il a fait charger les trois troupes, qui se présentoient assez bien, mais qui s'en sont enfuies. Les ennemis ont eu cinquante maîtres de tués et vingt prisonniers. S'ils ne s'étoient pas retirés par un chemin étroit, il s'en seroit moins sauvé. Les prisonniers ont été faits, pour la plupart, étant à pied dans les blés où ils se cachoient, parce que leurs chevaux, étant culbutés dans le chemin, en empêchoient le passage. »

1. Bois-de-Lessines, village à quelques kilomètres est de Lessines; le bois d'Enghien est une petite forêt sur la route de Lessines à Soignies. C'est le 11 août que Luxembourg quitta Steinkerque, chassé par la puanteur du champ de bataille.

2. Village sur la route d'Enghien à Ath.

3. Au nord de Lessines.

4. La Hamaïde est un village sur la route de Lessines à Tournay.

derrière la droite de l'armée, et, le même jour, celle de M. de Boufflers vint camper à Chièvres, près d'Ath.

Le lendemain, M. de Luxembourg fit fourrager tout ce qui étoit entre le ruisseau d'Acren et Grammont; et, le jour suivant, il marcha lui-même avec beaucoup de troupes et fit fourrager encore tout ce qui est entre Grammont et Ninove, se doutant que les ennemis ne tarderoient pas d'y venir camper, comme ils le firent.

Ils mirent leur gauche à Ninove, où étoit le quartier général, et leur droite à Alost, la Dendre derrière leurs lignes. Peu de jours après, ils décampèrent à l'entrée de la nuit et vinrent à Gavere[1], sur l'Escaut. M. de Luxembourg, en étant averti, envoya ses pontons à M. de Boufflers avec ordre de marcher en diligence à Hérinnes[2] et à Pottes, sur l'Escaut[3], et d'y faire dresser des ponts. Il prit aussitôt la même route et passa promptement l'Escaut avec la tête de l'armée, qu'il mena à Harlebecque, sur les nouvelles que les ennemis, après avoir passé cette rivière, prenoient le chemin de Deynze pour venir occuper ce poste, qui l'auroit resserré dans les lignes d'Espierres[4]. Par la diligence dont il usa il prévint les ennemis, qui campèrent au delà de la Lys, leur gauche à Deynze et leur droite sur Thielt[5]. Cette disposition obligea M. de Luxembourg de passer la Lys et de mettre sa droite

---

1. Entre Audenarde et Gand.
2. Hérinnes-lès-Pecq, ou sur-l'Escaut, qu'il ne faut pas confondre avec Hérinnes-lès-Enghien (ci-dessus, p. 230).
3. Ces deux localités sont entre Tournay et Audenarde.
4. Sur la rive gauche de l'Escaut.
5. Ch.-l. d'arr. de la Flandre occidentale.

à Courtray, où fut le quartier général, et sa gauche au village de Morseele[1], [le ruisseau d'Heule devant les lignes]. Comme ce terrain étoit fort couvert, et que l'affaire de Steinkerque le faisoit tenir sur ses gardes, il fit faire de grands abatis de bois, [afin de n'avoir rien devant lui qui pût lui nuire]. M. de Boufflers vint camper contre Menin, sans passer la Lys; car les Anglois avoient débarqué à Ostende dix mille hommes de nouvelles troupes. On craignoit que le prince d'Orange ne les voulût joindre et faire quelque entreprise sur Ypres; c'est pourquoi M. de Luxembourg y envoya M. de Boufflers avec son armée.

A quelques jours de là, M. de Luxembourg, voulant obliger les ennemis à quelque diversion, parce qu'ils tiroient fort du côté de la mer et qu'ils sembloient avoir envie d'y faire quelque établissement, fit partir M. de Boufflers de son camp d'Ypres, seulement avec sa cavalerie et son artillerie, pour prendre la route de la Meuse. Il envoya M. le duc de Choiseul, lieutenant général[2], avec un corps de cavalerie tiré de son armée, au camp d'Ypres. M. de la Valette[3], avec un camp volant, se posta à Cassel ou Poperinghe, pour couvrir ce pays-là; mais on ne put empêcher que les Anglois nouveaux débarqués, joints par un autre corps de troupes que le prince d'Orange détacha de

1. Morseele-lès-Heule, à huit kilomètres ouest de Courtray.
2. César-Auguste de Choiseul, d'abord chevalier du Plessis-Praslin : ci-dessus, tome I, p. 198; il était lieutenant général depuis 1677.
3. Louis-Félix de Nogaret, marquis de la Valette, était alors maréchal de camp; il devint lieutenant général en 1693 et mourut en 1695.

son armée, ne se portassent à Furnes et à Dixmude, dont ils relevèrent les anciennes fortifications.

Cependant, le marquis d'Harcourt, lieutenant général et commandant dans le Luxembourg, se tint, pendant la campagne, sur les frontières de cette province, tantôt d'un côté, tantôt d'un autre, avec deux ou trois mille chevaux, pour la garantir des incursions des troupes palatines, [commandées par le comte d'Autel[1], qui détacha de sa petite armée, vers la fin de la campagne, le général Wedel[2], avec deux mille chevaux et trois mille hommes de pied, pour déposter le marquis d'Harcourt, qui étoit alors campé à Ourtheville, sur la petite rivière d'Ourthe, qui est guéable partout en cet endroit]. Le général Wedel eut si grande peur de manquer le marquis d'Harcourt, qu'il s'avança en grande diligence, laissant derrière lui son infanterie, qui ne le put suivre si vite, et, trouvant le marquis d'Harcourt qui l'attendoit de pied ferme, il ne le put déposter sans en venir à un combat, où les troupes palatines furent battues, et ce général fait prisonnier[3]. Cette aventure doit apprendre qu'un commandant de corps, allant sur l'ennemi, doit tenir toutes ses forces ensemble, afin d'aller à coup sûr, [et que, s'il a à être battu, il le soit au moins dans toutes les formes].

Peu de jours après cette défaite, M. de Boufflers

1. Jean-Frédéric, comte d'Autel (1645-1706), était lieutenant général au service d'Espagne; il eut en 1697 le gouvernement de Luxembourg.

2. Cet officier, qui appartenait à une famille danoise, commandait les troupes du duc de Neubourg.

3. *Gazette*, p. 499-500; Quincy, *Histoire militaire*, p. 546.

partit de Namur avec quatre-vingts escadrons, à la vérité un peu foibles, vingt pièces de canon, et neuf bataillons qu'il prit en cette ville, vint passer la Méhaigne à Boneffe, et s'avança jusques à Montenaeken[1], d'où il détacha beaucoup de partis pour aller faire contribuer le pays ennemi; ils ramenèrent plusieurs otages. M. de Boufflers reprit ensuite le chemin de Namur; mais ce ne fut pas sans beaucoup d'inquiétude, car il eut nouvelles que M. de Tserclaës-Tilly[2], qui étoit à Liège avec six ou sept mille hommes, se mettoit en campagne pour venir à lui, et qu'il devoit joindre un corps de douze mille hommes de troupes de Brandebourg, [qui étoient campés à Huy. Notre armée étant en marche pour revenir à Boneffe, on aperçut dans la plaine, vers la cense du Soleil[3], vingt escadrons des Brandebourgeois, qui se tenoient en bataille à la tête d'un village, à un petit quart de lieue de la marche que l'armée tenoit, et n'en étoient séparés par aucun bois, défilé ni ruisseau. La bonne contenance qu'ils tinrent fit croire à M. de Boufflers qu'ils étoient soutenus du reste de leurs troupes, et que même ils avoient donné rendez-vous en cet endroit à M. de Tserclaës, qui devoit arriver dans le moment. Tous les officiers le pressèrent de faire charger l'ennemi; mais leurs remontrances furent inutiles, et il manqua ce beau coup en alléguant sa maxime ordinaire, qui étoit de ne jamais outrepasser ses ordres et de les suivre au pied de la lettre;

1. Dans le Limbourg belge, à treize kilomètres sud de Saint-Trond.
2. Ci-dessus, p. 180.
3. Dépendance de la commune d'Ambresin.

que, ayant suivi ceux qu'il avoit reçus de faire contribuer le pays ennemi et d'y enlever des otages, il ne s'agissoit plus que de ramener les troupes à Namur, ainsi qu'il lui étoit ordonné; et il n'en voulut jamais démordre, dont bien en prit aux vingt escadrons des ennemis, qui s'étoient seuls avancés jusque-là fort imprudemment].

[M. de Boufflers, ayant laissé l'ennemi dans sa même position sans lui donner aucunes inquiétudes, poursuivit sa marche vers Boneffe, et, y étant arrivé, il campa ses troupes en bataille, avec défense de tendre, et les y tint jusque sur le minuit, que quantité de ponts qu'il fit faire sur la Méhaigne furent achevés. Alors toutes les troupes passèrent cette rivière avec autant de précaution que si l'ennemi eût été dessus. Cependant, il n'en parut aucun[1]], et l'armée arriva à Namur sur le midi. Elle repassa la Meuse pour venir camper le lendemain à Ciney[2], et y séjourna environ quinze jours.

M. de Luxembourg se tint pendant tout ce temps-là dans son camp de Courtray, et le prince d'Orange s'en retourna en Hollande, ayant laissé son armée sous le commandement de l'électeur de Bavière. Le maréchal décampa de Courtray le 3 octobre, alla repasser l'Escaut à Pottes, et fit cantonner son armée dans la châtellenie d'Ath, ayant sa droite à Baudour[3], près de la rivière d'Haine, et sa gauche à Vaulx[4], sur l'Escaut.

1. On a déjà eu occasion de remarquer que Saint-Hilaire n'appréciait pas la circonspection de Boufflers.
2. A quinze kilomètres ouest de Dinant.
3. Baudour, à dix kilomètres ouest de Mons.
4. Vaulx-lès-Tournay, à quatre kilomètres en amont de cette ville.

Peu de jours après, ce général envoya vingt bataillons à M. de Boufflers, qui, étant parti de son camp de Ciney le 12 octobre, arriva le 14 devant Charleroy pour bombarder cette place. [Le 15 et le 16 furent employés à porter les troupes et à faire voiturer et débarquer les munitions de guerre qui étoient venues par la Sambre de Namur et Maubeuge.]

A cette fois pourtant, M. de Boufflers ne put exécuter au pied de la lettre son ordre, qui portoit de s'emparer de la basse ville de Charleroy et de la détruire totalement; il y trouva des difficultés insurmontables [en ce que, pour venir à bout de ce dessein, proposé par M. de Luxembourg comme d'une exécution facile], il falloit y faire une attaque régulière, et les approches en étoient interdites par une grande flaque d'eau, qu'on ne put faire écouler; il fallut donc se réduire à un simple bombardement. On fit un logement ou ligne de feu parallèle à la ville basse, à l'extrémité du village de Marcinelle[1]; on y plaça quarante pièces de canon et vingt mortiers. Les deux villes furent foudroyées pendant trois jours, et le feu en consuma la plus grande partie[2]. L'artillerie fut renvoyée à Philippeville, et l'armée vint camper à Walcourt, où elle se sépara; celle de Luxembourg en fit autant le 17 et le 28 octobre. Les ennemis ravi-

1. Petit village à un kilomètre de Charleroy.
2. M. de Boufflers arriva devant Charleroy le 13 octobre; les travaux d'approche et la construction des batteries prirent jusqu'au 18; le bombardement ne commença que le 19 et dura jusqu'au 21; Boufflers se retira le 23 (*Gazette*, p. 559-560 et 571-572). Il y a quelques documents sur ce bombardement dans les volumes Guerre 1144 et 1147.

taillèrent Charleroy, qui en avoit grand besoin après ce bombardement.

Tout fut tranquille aux Pays-Bas jusques à la fin du mois de décembre, que M. de Boufflers assembla un corps de troupes vers Huy, pour donner le change aux ennemis, pendant que M. de la Valette en formoit un autre près de Dunkerque, avec lequel il investit Furnes[1]. M. de Villars, qui commandoit à Tournay, en assembla un troisième, qu'il mena vers Ath. Il vint ensuite repasser l'Escaut, laissa son infanterie et huit pièces de canon qu'il avoit dans les lignes d'Espierres pour en fortifier la garde, et, avec sa cavalerie, il joignit M. de Boufflers, qui se rendit devant Furnes le 28 décembre pour en commencer le siège[2].

M. de Bavière, qui étoit gouverneur des Pays-Bas espagnols, se tenoit fort alerte sur les mouvements de nos troupes. Ayant appris qu'elles en vouloient à Furnes, il rassembla celles qu'il avoit en quartier d'hiver à Bruges, à Gand et dans d'autres places voisines, et les mena à Nieuport, où elles arrivèrent le 2 janvier. Elles ne purent rien faire pour la délivrance de Furnes, parce que notre armée étoit déjà postée et que le gouverneur ne tint que vingt-quatre heures de tranchée. Il s'excusa sur ce que sa place n'étoit pas encore en état de défense, dont bien prit à nos gens, qui étoient accablés de pluies continuelles qui tom-

---

1. Sur la prise de Furnes et de Dixmude, on peut voir le récit de l'*Histoire militaire*, p. 549-550, la *Gazette* de 1693, p. 22-23, 35-36 et 47, le *Journal de Dangeau*, p. 215, 216, 218-221, les *Mémoires de Sourches*, p. 152-154, et le volume n° 1202 du Dépôt de la guerre.

2. La ville capitula le 5 janvier.

boient, dans un pays coupé et plein de marécages, [où les hommes s'ensevelissoient dans la fange]. On trouva quantité de munitions de guerre et de bouche dans cette ville. Ceux de Dixmude n'attendirent pas le siège et abandonnèrent la place, sans dégrader le peu de fortifications qu'ils y avoient faites. On y mit M. de Boisseleau avec une garnison, qui n'y demeura que pendant l'hiver; car, l'été, la place n'étoit pas tenable. A l'égard de Furnes, on la garda, et on l'a bien fortifiée depuis, [au moins à ce que j'en ai appris; car je ne l'ai pas vue jusques à présent].

Les troupes retournèrent dans leurs quartiers d'hiver, et M. de Bavière à Bruxelles; mais M. de Villars eut ordre de le côtoyer jusques à l'Escaut par le dedans des lignes, de peur qu'il n'entreprît quelque irruption, chemin faisant.

Campagne d'Allemagne. — Il s'en fallut bien que la campagne fût si vive en Allemagne, où le maréchal de Lorge commanda encore l'armée de France, qui ne fut que de vingt-cinq mille hommes. Celle des Impériaux devoit être de cinquante mille; mais, sur le point d'ouvrir la campagne, l'électeur de Saxe, qui devoit commander cette armée, rappela ses troupes, qui avoient hiverné dans le Palatinat, au delà du Rhin, et qui devoient en faire partie.

Cette nouvelle surprit fort la cour de Vienne, qui s'en vengea sur le baron de Schöning, favori de l'électeur, qu'elle accusa d'intelligence avec la France; et, sous ce prétexte, elle le fit arrêter dans ses terres de Bohême, où il étoit. On commença de lui faire son procès comme étant né sujet de l'Empereur[1]. L'élec-

1. Voyez une correspondance insérée dans la *Gazette*, p. 509.

teur s'intéressa dans cette affaire, et, après quelque raccommodement que la cour de Vienne fit avec lui, on lui rendit le baron de Schöning, auquel il en coûta la peur et deux ans de prison.

Au défaut de l'électeur, le landgrave de Hesse et le marquis de Bareith[1] commandèrent conjointement cette armée, qui fut de trente-cinq mille hommes[2]; mais, suivant la coutume des Allemands, ils ne se mirent que tard en campagne, et, avant qu'ils s'ébranlassent, le maréchal de Lorge eut le temps de manger tout le pays, depuis Spire, Frankenthal, Alzey[3] jusqu'à Kreuznach, et donna l'alarme à Mayence, qui eut peur d'être bombardé.

Enfin, les Impériaux passèrent le Rhin près de Mayence le 23 août, et, sur les avis qu'en eut le maréchal de Lorge, il se rapprocha de Worms. Les ennemis, divisés en deux corps sous leurs deux généraux, marchèrent en avant, et les François se retirèrent derrière le ruisseau de Beindersheim[4], près de Frankenthal, laissant dans l'église de Worms[5] un poste de trois cents hommes d'infanterie, sous le lieutenant-colonel du régiment de Normandie, appelé Lécossois.

---

1. Christian-Ernest, marquis de Brandebourg-Bareith ou Bayreuth (1644-1712), était maréchal de camp général de l'armée des cercles d'Allemagne.
2. Tous les pays de l'Empire avaient fourni des contingents ; il s'y trouvait même trois mille Suédois.
3. Ville de la principauté de Hesse-Darmstadt, à égale distance, vers l'ouest, de Worms et de Mayence.
4. Petit village au nord de Frankenthal, sur le bord d'un affluent du Rhin.
5. Non pas dans l'église principale, mais dans celle d'un faubourg.

A peine s'y étoit-il établi avec son monde, que le landgrave de Hesse le fit attaquer par un détachement de son armée, qui s'avança près de Worms. Lécossois avoit fait palissader le tour de l'église et former une espèce de redan de palissades devant la porte. Les ennemis, après l'avoir sommé inutilement de se rendre, attaquèrent vigoureusement le redan et la palissade, qui furent encore mieux défendus, et ce ne fut qu'après plusieurs assauts que Lécossois fut contraint de se retirer dans l'église avec le reste de son monde. Les Impériaux trouvèrent le moyen d'enfoncer la porte avec une bombe qui leur servit de pétard, et furent bien étonnés, en entrant dans l'église, de trouver les François derrière un retranchement qu'ils avoient fait à l'entrée du chœur. L'attaque recommença, et fut fort bien soutenue; mais Lécossois, jugeant qu'il seroit bientôt emporté par la multitude, offrit de se rendre la vie sauve, ce qui lui fut accordé; mais, les Allemands ayant égorgé les quatre premiers François qui se rendirent, Lécossois reprit les armes, résolu de vendre chèrement sa vie, et se défendit avec toute la vigueur et l'industrie possible jusques à l'arrivée de quelques officiers généraux des ennemis, qui s'avancèrent à la tête de l'attaque en donnant leur parole. Lécossois se rendit à eux, avec trois officiers et quarante-six soldats qui lui restoient de ses trois cents hommes. Les Impériaux en perdirent huit cents à cette attaque[1].

---

1. L'*Histoire militaire* dit seulement trois cents; les correspondances du volume Guerre 1215 ne parlent pas de ce petit fait d'armes.

Ils continuèrent leur marche en avant, et le maréchal de Lorge se mit derrière la seconde branche du Spirebach, qui est une petite rivière dont l'un des bras se décharge dans le Rhin un peu au-dessus de Worms, et l'autre à la hauteur de Spire. Le maréchal, par ce poste, leur fit une barrière, et ils n'osèrent jamais l'y attaquer.

Quelques jours se passèrent en cette situation, et les ennemis firent remonter leur pont de bateaux à la hauteur de leur camp, afin de le tenir plus à portée d'eux et d'envoyer plus facilement des troupes couvrir leur pays en cas que le maréchal prît le même parti que l'année précédente, c'est-à-dire de passer au delà du Rhin, à Philipsbourg, afin de les attirer à la défense de leur pays.

Il n'en arriva pas tout à fait de même; car, le maréchal de Lorge ayant repassé le Rhin à Philipsbourg[1], les Impériaux se contentèrent d'envoyer un corps de quatre mille chevaux, sous le duc-administrateur de Würtemberg[2], au débouché de la vallée de Pforzheim, pour couvrir ce duché. Ils partagèrent leur armée sous leurs deux chefs; le marquis de Bareith en prit une moitié, qu'il mena camper à Heilbronn, pour soutenir l'administrateur, et le landgrave de Hesse, avec l'autre, alla assiéger le château d'Ébernbourg, que les François avoient rendu assez bon, et

---

1. Les 21 et 22 septembre, non pas à Philipsbourg même, mais à Hagenbach, entre cette ville et le Fort-Louis.
2. Frédéric-Charles de Würtemberg (1652-1698), second fils du duc Éverard VIII, était administrateur du duché pendant la minorité de son neveu Éverard-Louis.

où ils avoient une garnison de six ou sept cents hommes.

Le maréchal de Lorge ayant appris ce partage au delà du Rhin, où il étoit alors, se mit à la tête de son avant-garde et entra si brusquement dans le Würtemberg, qu'il surprit les troupes de l'administrateur et tomba sur elles avant que le marquis de Bareith en eût aucunes nouvelles pour les pouvoir secourir. Elles furent entièrement défaites; on prit le duc-administrateur prisonnier, et on le conduisit en France[1]. [Cette affaire ayant ouvert entièrement le pays, le maréchal y fit entrer plusieurs partis, qui le mirent en contributions, dont on tira de grosses sommes.]

Après cela, le maréchal repassa le Rhin avec toute son armée et marcha au landgrave pour lui faire lever le siège d'Ébernbourg, que ce prince avoit battu fort mollement. Il leva le siège dès qu'il apprit que le maréchal venoit à lui, et se retira à Mayence, où il repassa le Rhin[2]. Peu de jours après, les deux armées des Impériaux prirent leurs quartiers d'hiver, et les François en firent autant; mais, à la fin du mois de décembre, ils formèrent une entreprise dont je vais parler, et qui ne leur réussit pas[3].

1. Ce combat, dit de Pforzheim ou de Heitersheim, se donna le 27 septembre (*Gazette*, p. 517-524, Extraordinaire, et p. 535; *Histoire militaire*, p. 559-561; vol. Guerre 1159).

2. Ébernbourg fut investi le 22 septembre; mais le landgrave leva le siège le 8 octobre, dès qu'il sut que le maréchal, ayant repassé le Rhin, était arrivé à Flonheim (*Histoire militaire*, p. 562-564; *Gazette*, p. 547).

3. Ce n'est pas le maréchal de Lorge qui fit « l'entreprise » qui va être racontée; c'est, ainsi que Saint-Hilaire va le dire plus loin, M. de Tallard, qui commandait un corps séparé sur

Il y a sur le Rhin, au-dessous de Mayence, un château assez bien fortifié qu'on appelle Rheinfels; c'étoit l'apanage d'un cadet de la maison de Hesse, qui le gardoit avec une cinquantaine d'hommes. Ce château est situé sur une grande hauteur fort escarpée jusques au Rhin, qui baigne une des extrémités, [à la réserve toutefois d'une tête, qui est accessible et défendue par de petits bastions bien revêtus et quelques menus ouvrages de chicane qui rendent l'attaque difficile. Cette tête est encore défendue par un bon fossé et une contrescarpe, et son avenue du côté de droite est fort escarpée et domine un espace de terrain qui reste jusques aux bords du Rhin].

Il y a une petite ville appelée Saint-Goar, seulement enceinte de murailles, et qui communique au château par le moyen d'un chemin couvert qui commence le long du Rhin[1]. [Cette ville, ainsi fermée au-dessous par le château, a un de ses flancs couvert par le Rhin, et l'autre par une chaîne de montagnes si escarpée qu'il n'y a aucun chemin pour y descendre que quelques sentiers, si ce n'est à deux lieues au-dessus, qu'on trouve une gorge par laquelle on peut gagner le chemin de charroi qui conduit à la ville entre le Rhin et les montagnes. Vis-à-vis de cette ville, et de l'autre côté du fleuve,] il y a une autre petite ville, qu'on appelle Caub[2], qui appartient au landgrave de Hesse et est une des clefs de son pays.

la Moselle depuis la séparation des troupes, et qui ne fit qu'exécuter les ordres qui lui vinrent de Versailles.

1. Le château de Rheinfels et la ville de Saint-Goar ou Saint-Gower sont situés tout deux sur la rive gauche du Rhin.

2. La ville qui est vis-à-vis de Saint-Goar, de l'autre côté du

Le maréchal de Lorge, désirant y pénétrer, avoit eu quelque envie, après la levée du siège d'Ébernbourg, d'attaquer Rheinfels; mais il y avoit renoncé, soit qu'il y trouvât trop de difficultés sur une fin de campagne, où les troupes sont d'ordinaire fort harassées, soit qu'il manquât alors des matériaux nécessaires. Ce dessein fut repris pendant l'hiver par le comte de Tallard, maréchal de camp[1], qui avoit servi sous M. de Lorge pendant la campagne et avoit fort entendu discuter cette matière.

Il étoit demeuré à Hombourg pour commander les troupes qui étoient en quartier dans la province de la Sarre. Comme il avoit beaucoup d'envie de se distinguer, [et par-dessus cela beaucoup de courage,] il minuta cette entreprise et en dressa le plus beau plan du monde, qu'il envoya à la cour pour le faire agréer[2]. [Mais, comme peut-être elle n'auroit pas été d'humeur à déranger bien des choses pour cette exécution et à faire de la dépense,] M. de Tallard, dans son plan, ne prétendit se servir que des troupes qui étoient à ses ordres, ainsi que des vivres et des voitures du pays pour porter ses munitions, tant de guerre que de bouche; il demanda seulement en plus cent chevaux d'artillerie pour trainer son gros canon.

Il y avoit dans la province de la Sarre un intendant

---

fleuve, est Saint-Gewershausen; Caub est à plusieurs kilomètres en amont, sur la rive droite, et vis-à-vis d'une île sur laquelle est bâti le château de Pfalz.

1. Camille de la Baume d'Hostun, comte de Tallard (1652-1728), était maréchal de camp depuis 1688; il deviendra maréchal de France en 1703.

2. Tallard n'envoya pas de plan proprement dit; il proposa l'entreprise et ne fit qu'exécuter les instructions de la cour.

qui y avoit été mis de la main de feu M. de Louvois[1]. Cet homme étoit un maître gonin[2] et grand pillard de son métier. Il y a apparence que M. de Tallard ne le connoissoit pas sur ce pied. Quoi qu'il en soit, il fut obligé de se servir de lui pour tirer du pays les choses qui lui étoient nécessaires. Il lui communiqua son dessein, auquel l'intendant applaudit fort, dans l'espérance de moissonner sur les prétendues contributions qui se tireroient de Hesse; mais il arriva que cet homme ne se put contenter de cela, et qu'il voulut gagner encore sur le pays en faisant racheter les corvées par ceux qui les devoient fournir sous ses ordres : d'où il arriva que, la cour ayant permis à M. de Tallard d'attaquer Rheinfels, il ne lui vint pas la moitié des voitures dont il étoit convenu avec cet homme, et que sa petite armée manqua de tout. Cependant, comme il le leurroit toujours qu'elles arriveroient, il ne laissa pas de partir avec ce qui étoit prêt. Lorsqu'il y fut arrivé, il reconnut la place et jugea qu'il falloit se rendre maître de Saint-Goar; mais, comme il cherchoit un chemin pour y faire descendre ses troupes, un régiment de dragons hessois passa le Rhin sur un pont volant et s'y jeta. Ces dragons firent feu, et M. de Tallard y fut blessé dangereuse-

---

1. Antoine Bergeron de la Goupillière, maître des requêtes, avait été nommé intendant de la « province de la Sarre et des pays de frontières » dans le courant de 1684; il fut rappelé en août 1696. Il y a diverses lettres de lui, relatives au siège de Rheinfels, dans le volume Guerre 1218, n°s 61-63, 66, 68-71.

2. « Ce mot n'est en usage que dans cette phrase populaire : *c'est un maître gonin*, c'est-à-dire un homme fin et rusé » (*Académie*, 1718).

ment, et, par conséquent, mis hors de combat[1]. Les Hessois entrèrent aussi dans le château, et toutes leurs troupes, qui étoient en quartier au delà du Rhin, se rassemblèrent et vinrent à Caub, avec du canon qu'ils tiroient de leur camp, et faisoient passer à Rheinfels et à Saint-Goar, par le moyen de leur pont volant et des bateaux qu'ils avoient ramassés, toutes les troupes qu'ils vouloient, sans qu'on pût les en empêcher. [Mais, comme ce ne fut que les jours suivants, et que M. de Tallard, qui ne se croyoit pas si blessé, ne voulut pas avoir le démenti de sa première entreprise, il ne laissa pas de faire attaquer le château, dans l'espérance qu'il se rendroit bientôt. Pour ce qui est de Saint-Goar, il y fallut renoncer dès que les troupes ennemies s'y furent jetées.]

[Cependant, la blessure de M. de Tallard empira et l'obligea de se retirer.] M. de Choisy, maréchal de camp, ingénieur et gouverneur de Sarrelouis[2], vint prendre sa place[3]; mais il n'avoit pas assez de troupes

1. C'est le 15 décembre que Tallard, s'étant approché pour reconnaître la place, reçut un coup de feu dans le côté gauche de la poitrine.
2. Thomas de Choisy s'attacha à Vauban et construisit avec lui en 1668 les fortifications de Charleroy; nommé brigadier en 1676 et gouverneur de la citadelle de Cambray en 1677, il eut le gouvernement de Sarrelouis en 1679, devint maréchal de camp en 1689, lieutenant général en 1704 et mourut le 26 février 1710.
3. Il arriva dès le lendemain, 16 décembre. Il y a dans le volume Guerre 1218 (n° 44) une lettre de lui du 25 décembre, et (n° 77) la copie du rapport qu'il adressa au ministre après la levée du siège, le 5 janvier; il y donne une description du château et de ses fortifications et énumère les causes de l'insuccès.

pour forcer les ennemis qui étoient dans Saint-Goar, [il fallut se réduire à l'attaque du château, où ils relevoient les postes toutes les vingt-quatre heures, et où ils jetoient toutes les troupes qu'ils vouloient. Ce ne fut pas le seul obstacle qui survint en ce siège. On n'avoit pas mené assez de canon;] tantôt la poudre, tantôt les boulets ou le plomb manquoient, faute de voitures; la subsistance manquoit aussi aux hommes et aux chevaux, et, par-dessus cela, il faisoit un temps et des pluies épouvantables. Malgré tous ces inconvénients et la bonne défense des assiégés, on ne laissa pas de pousser la tranchée en avant et d'attaquer la contrescarpe, qui fut emportée. On y perdit bien du monde et on n'y put faire de logement, à cause du grand feu des ennemis [qui partoit continuellement des caponnières, d'où ils tiroient à l'abri et qui dominoient le chemin couvert].

On en étoit là, lorsque M. de Choisy fut averti que le landgrave de Hesse, si fort intéressé à la conservation de cette place, qui auroit mis son pays en proie, marchoit à Coblenz avec toutes ses forces pour y joindre un autre corps de troupes impériales qui hivernoient dans l'électorat de Cologne, [et qu'ils passoient ensemble le fleuve à Coblenz pour venir délivrer Rheinfels, soit de vive force ou en se postant entre ce château et Mont-Royal, d'où seul on pouvoit tirer les vivres et les munitions dont on avoit besoin]. Cela, [joint à ce que les ennemis étoient beaucoup plus forts et qu'ils auroient facilement coupé sa petite armée,] persuada à M. de Choisy qu'il falloit lever le siège : ce qui fut exécuté sur-le-champ et approuvé par M. d'Harcourt, qui arrivoit dans ce temps, dépêché par le Roi pour prendre le commandement de l'armée[1]. Elle se retira à Mont-Royal sans aucun empêchement de la part des ennemis, qui s'en retournèrent dans leurs quartiers aussitôt après la levée du siège.

Le Roi me fit aussi l'honneur de m'envoyer pour ce siège, auquel je n'arrivai pas; car je ne partis qu'après M. d'Harcourt[2]. Je me consolai facilement d'avoir manqué cette occasion, où il n'y avoit ni honneur ni profit à acquérir; car en France il n'y a guère que les bons succès qui en procurent : encore faut-il être né heureux.

Le pauvre M. de Tallard fut bien mortifié de cette

1. Le siège fut levé définitivement le 2 janvier. Sur cette attaque manquée de Rheinfels, on peut voir l'*Histoire militaire*, p. 565-567, dont le récit est assez sommaire, la *Gazette* de 1692, p. 656, et de 1693, p. 46-47, le *Journal de Dangeau*, p. 209-213 et 215-218, les *Mémoires de Sourches*, p. 147-149 et 152-153, et les volumes 1159, 1163 et 1218 du Dépôt de la guerre. M. de la Bretesche écrivait au ministre le 26 décembre : « A l'occasion du siège de Rheinfels, si je l'avois su, j'aurois donné de bons mémoires pour cette entreprise, ayant eu beaucoup de liaison et d'honnêtetés avec le prince dudit Rheinfels pendant la paix, étant venu manger chez moi, et moi chez lui. Il n'y a point d'endroit dans le château où je n'aie été; j'ai même vu fonder son ouvrage nouveau, et, quand il a été fait, j'ai entré dans tous les souterrains, ayant bien examiné tout ce qu'il y avoit à faire pour l'attaquer... J'ai toujours jugé cette entreprise assez difficile, et estimé qu'il falloit au moins douze mille hommes de pied pour en faire sûrement le siège... Je prends la liberté de vous dire qu'il y a à craindre, s'il n'arrive promptement un corps considérable d'infanterie au siège pour fortifier celle qui y est... » (vol. 1218, n° 45).

2. La commission de notre auteur ne se trouve pas dans les volumes du Dépôt de la Guerre indiqués ci-dessus.

aventure, qui lui auroit nui considérablement, sans le crédit du maréchal de Villeroy, son parent[1], [qui étoit revenu sur l'eau après avoir essuyé bien des bourrasques]. L'intendant, sur lequel on rejeta la faute, eut de terribles alarmes. Elles auroient été bien fondées, s'il n'avoit demandé en mariage une pauvre demoiselle de Saint-Cyr, parente du feu poète Scarron, qui lui fut accordée[2]; mais, après ce mariage, croyant qu'il pouvoit toujours voler impunément, il continua ses exercices; mais il se trompa. Il fut révoqué, perdu de réputation; mais la protection que son mariage lui avoit acquise le mit à l'abri de la recherche de mille crimes de péculat dont il étoit aisé de le convaincre, et desquels il étoit coupable[3].

Campagne d'Italie. — Du côté de l'Italie, le Roi avoit espéré de faire une ligue avec quelques princes qu'on se persuadoit voir à regret les Allemands en ce pays-là. Le nouveau pape[4], qui paroissoit dans les intérêts de la France, y donnoit les mains; mais cela fut cause seulement que le Roi, ayant besoin de ses troupes en plus d'un endroit, n'eut pas une si grosse

1. La grand'mère maternelle de M. de Tallard était Marie de Villeroy, tante du maréchal.
2. M. de la Goupillière épousa en 1693 une fille de Nicolas Scarron, frère consanguin du mari de Mme de Maintenon; celle-ci signa au contrat, ainsi que le secrétaire d'État Barbezieux (Papiers du P. Léonard, aux Archives nationales, MM 825, fol. 50).
3. Sur les malversations commises dans l'intendance de Hombourg, on peut voir la *Correspondance des contrôleurs généraux*, t. I, n° 1501; le maître des requêtes de la Boutière fut envoyé pour faire une enquête en 1696, et, le 22 août, M. de la Goupillière fut révoqué.
4. Innocent XII (Antoine Pignatelli), élu pape en 1691.

armée en Italie pendant cette campagne que durant la précédente, parce qu'il y espéroit quelque diversion : d'où il arriva que les ennemis y furent maîtres de la campagne. Tout ce que put faire M. de Catinat fut de garder les avenues du Dauphiné tant bien que mal; car, M. de Savoie ayant reçu un renfort de troupes impériales et angloises, avec des régiments de François réfugiés, sous le duc de Schönberg[1], un des fils du feu maréchal de ce nom, et une bonne somme d'argent, il fut en état de prendre l'offensive. Il partagea son armée en cinq corps, afin de donner partout de l'exercice à M. de Catinat et l'obliger à diviser ses forces. Le premier corps, sous le marquis de Pianesse, rentré dans les bonnes grâces de son maître[2], alla camper à Fressines du Pô[3], près de Casal, pour resserrer la garnison de cette place et la bloquer. L'autre, sous le général Palffy[4], s'avança du côté de Suse. Le troisième, sous M. de Leganès, vice-roi de Milan[5], alla se placer aux Hoquets, près de Pignerol. Le marquis de Parelle mena le quatrième dans la vallée de Barcelonnette, et le cinquième, composé de vingt mille hommes, dont une partie étoit des religionnaires soudoyés par l'Angleterre, entra dans le Dauphiné par le col de Guillestre. Il étoit conduit par M. de Savoie, qui en chassa quelques milices envoyées pour défendre le passage,

1. Charles de Schönberg, qui fut tué l'année suivante à la bataille de la Marsaille.
2. Ci-dessus, p. 144-145.
3. Frassineto, petit village à peu de distance à l'est de Casal.
4. Jean, comte Palffy (1663-1651), originaire de Croatie.
5. Diégo-Marie de Guzman, marquis de Léganès, était gouverneur et vice-roi du Milanais depuis 1691; disgracié à l'instigation de Mme des Ursins, il mourut interné à Paris en 1711.

qui étoit le plus difficile de tous. Ce prince y fit aussi passer quelques pièces d'artillerie, avec des peines infinies, et vint assiéger Embrun, qui n'est fortifié que de quelques murailles mal flanquées.

M. de Catinat y jeta trois mille hommes sous M. de Larray, maréchal de camp[1] et très brave officier; il envoya aussi des troupes à Grenoble pour rassurer cette capitale, en fit passer d'autres à Pignerol, qui se retranchèrent sur la hauteur de Sainte-Brigitte, en mit également à Briançon, et se tint, avec le reste de l'armée, sur le Mont-Genèvre, pour tenir le passage contre ce qui pourroit venir par la vallée de Saint-Martin et le Pragelas.

Cependant l'entrée du duc de Savoie en Dauphiné ne laissa pas de donner grandes alarmes. Le prince d'Orange fit afficher des placards en plusieurs lieux de cette province, par lesquels il exhortoit tous les religionnaires ou nouveaux convertis voisins de prendre les armes sous sa protection, et de se joindre à ses troupes, pour se venger, disoient-ils, des insultes qui leur avoient été faites, et des persécutions qu'ils avoient souffertes pour cause de religion, et pour rétablir la liberté de conscience dans tout le royaume : à quoi il ajoutoit beaucoup d'autres grandes et magnifiques promesses, qui n'eurent aucun succès; car, par une fidélité que l'on ne sauroit trop louer, et à laquelle on ne s'attendoit pas, aucun des nouveaux convertis ne remua. Au contraire, avec les anciens catholiques, ils abandonnèrent les bourgs et les villages, après avoir gaspillé le peu de vivres qu'ils ne purent emporter,

1. Louis de Lenet, marquis de Larray, maréchal de camp en 1688, lieutenant général en 1693.

et brûlé tous les fourrages, en sorte que l'armée ennemie ne put subsister plus longtemps en cette province, fort stérile d'elle-même, et fut obligée, par la disette qu'elle y souffroit, de se retirer en Piémont après la prise d'Embrun, qui se défendit bravement[1]. [Elle fit quelques courses en cette province, où elle mit le feu en plusieurs endroits[2], et notamment dans les terres du comte de Tallard[3], par vengeance de quelques brûlements qui s'étoient faits sous sa conduite dans les terres de l'Empire d'où il étoit chargé de tirer des contributions.]

[Cette armée se retira donc en Piémont, après avoir rasé les murailles d'Embrun et avoir employé six ou sept semaines à ce voyage, pendant lequel elle souffrit de grandes peines et de grandes incommodités par la difficulté des chemins et la rareté des vivres, qu'elle étoit obligée de tirer du Piémont à force de bêtes de somme.] M. le duc de Savoie tomba dangereusement malade de la petite vérole, qui le prit en Dauphiné, d'où il fut contraint de partir étant encore en danger, tant les besoins de son armée étoient pressants. M. de Catinat auroit bien souhaité de charger l'arrière-garde lorsqu'elle repassa les montagnes; mais il ne le put, à cause des longs défilés qui étoient entre lui et l'en-

1. Embrun, investi le 5 août, capitula le 15, lorsque les batteries ennemies furent prêtes à tirer; la place manquait de munitions et n'aurait pu se défendre.
2. Gap, abandonné par ses habitants, fut entièrement détruit; voyez une lettre de M. Bouchu, intendant en Dauphiné, datée du 11 septembre, dans la *Correspondance des contrôleurs généraux* (t. I, n° 1114), ainsi que les autres lettres indiquées à cette occasion.
3. Son château de la Baume fut livré aux flammes.

nemi, qui s'étoit fort précautionné. [Ainsi M. de Catinat le laissa aller, et, après avoir rassemblé les troupes qu'il avoit été obligé de disperser dans le Dauphiné, il les fit descendre en Piémont dans la vallée de Suse, d'où le général Palffy se retira incontinent, et il ravitailla Pignerol par les montagnes. Peu de jours après, les ennemis se retirèrent des environs de cette ville et allèrent prendre leurs quartiers d'hiver, et les François défilèrent peu à peu dans ceux qui leur avoient été assignés dans le Dauphiné et les provinces voisines.]

Campagne de mer et de Normandie. — Le roi dépossédé de l'Angleterre, qui s'étoit flatté d'avoir des intelligences infaillibles dans ce royaume, [et que plus de la moitié de l'armée de mer angloise viendroit se joindre à celle de France dès qu'elle la verroit paroître pour le conduire en Angleterre,] obtint du Roi, [qui a donné dans ce panneau, soit par désir d'un bon succès, soit par un pur effet de sa générosité,] des troupes et des vaisseaux pour remonter sur son trône.

A cet effet, on arma quantité de vaisseaux de guerre, on prépara des bâtiments de transport, des armes, des outils à remuer la terre, des munitions, et même, à ce que j'ai ouï-dire, des pierres toutes taillées pour construire un petit fort dans l'endroit où on devoit descendre. On fit passer vingt mille hommes de troupes réglées en Normandie, dont la moitié étoit des Irlandois réfugiés. Le roi Jacques partit pour commander cette armée, ayant sous lui le maréchal de Bellefont et plusieurs officiers généraux.

Il publia, avant son départ du château de Saint-Germain, où il résidoit, une déclaration qui contenoit plusieurs articles, dont je ferai ici une déduction sommaire, afin de conserver la mémoire de cette tragédie[1]:

1° Que le Roi Très Chrétien, en exécution de ses promesses, l'a mis en état de recouvrer ses royaumes;

2° Que, néanmoins, il n'a pas jugé à propos de prendre des forces si nombreuses qu'elles pussent donner de l'ombrage à la nation et priver les bons Anglois de la part qu'ils peuvent prendre à l'exécution de son dessein;

3° Que c'est aussi par ce même motif qu'il promet de renvoyer toutes les troupes étrangères aussitôt qu'il sera rétabli dans la paisible possession de ses royaumes;

4° Que, bien que l'affaire parle d'elle-même, cependant, quand il considère le grand nombre de ses sujets qui se sont laissé entraîner dans la dernière révolte, il veut bien entrer dans une sommaire déduction de ce qui est arrivé, afin qu'ils ne puissent désormais s'excuser sur la surprise, ni se justifier sous prétexte d'ignorance. Il fait ici un assez long examen du passé, dont il tire diverses conséquences pour l'avenir; il cite l'exemple de Néron, [je ne sais à quel propos,] et celui des longues et sanglantes guerres entre les maisons d'York et de Lancastre touchant la succession, afin de leur inspirer la crainte des mêmes événements;

5° Il représente combien cette guerre empêche d'étendre les bornes de l'empire chrétien et prive de la plus belle espérance qu'on ait jamais eue de détruire l'empire du Turc;

6° Qu'il n'y avoit aucun sujet d'espérer la paix géné-

1. Cette déclaration, datée du 20 avril, très longue et confuse, fut imprimée comme supplément à la *Gazette*.

rale sans son rétablissement; qu'on n'en peut même former aucun projet, mais que, s'il étoit rétabli, toutes les difficultés s'aplaniroient par sa médiation et ses bons offices auprès du Roi Très Chrétien ;

7° Que, sur ces fondements, il espère trouver très peu d'opposition, et qu'au contraire, tous les Anglois le secourront, comme il le leur commande et les en requiert par la présente ;

8° Il leur défend de soutenir le nouveau gouvernement et de payer aucune des taxes imposées depuis peu sur la nation ;

9° Il promet, en parole et foi de roi, une amnistie générale à tous ceux qui, retournant promptement dans leur devoir, lui en donneront des preuves signalées, en exceptant toutefois trente personnes qu'il nommoit[1], parmi lesquelles étoient un archevêque, trois évêques, dont l'un étoit le fameux docteur Burnet[2], quatorze milords, et quelques-uns qu'il ne nommoit pas. Il exceptoit encore tous les espions, ceux qui avoient trahi ses conseils pendant son absence d'Angleterre, et tous les autres qui, comme juges, jurés ou autrement, ont eu part aux condamnations rendues contre ceux qui étoient dans ses intérêts : tellement que cette prétendue amnistie qu'il promettoit étoit plutôt une menace sanglante qu'un pardon ;

10° Il promettoit de payer les arrérages aux officiers

1. On peut en voir l'énumération dans l'imprimé de la *Gazette*.
2. Gilbert Burnet (1643-1715), d'origine écossaise, chapelain et conseiller intime du prince d'Orange, était évêque de Salisbury depuis 1689; il composa une Histoire de la révolution d'Angleterre, qui ne fut publiée qu'en 1724.

et soldats de terre et de mer qui accepteroient le pardon avant de s'engager en aucun combat contre ses troupes;

11° Qu'il maintiendroit l'église anglicane ainsi qu'elle étoit établie par les lois;

12° Que, pour faire cesser à l'avenir tout prétexte de divisions au sujet des sentiments différents de religion, et, étant persuadé que la liberté de conscience est conforme aux lois et à l'esprit de la religion chrétienne, il est résolu de recommander fortement à son Parlement de l'établir d'une manière si avantageuse, qu'elle pût attirer une bénédiction de longue durée sur son royaume;

13° Qu'il s'emploiera à chercher et exécuter tout ce qui pourra contribuer à rétablir la grandeur de la monarchie angloise sur ses anciens et véritables fondements, qui sont l'intérêt commun et l'affection du peuple;

14° Il concluoit que, si les Anglois demeuroient assez obstinés pour prendre les armes contre lui, ils mériteroient d'être traités suivant toute la rigueur de la justice.

Pour peu qu'on fasse réflexion sur cet écrit, on jugera qu'il fut publié sur l'un ou l'autre de ces deux motifs: ou le roi Jacques comptoit sur ses intelligences en Angleterre et croyoit son rétablissement inmanquable; ou bien on étoit persuadé que les grands préparatifs de la France pour ce rétablissement et tout le fracas qui s'en faisoit étoient pour empêcher le passage du prince d'Orange en Flandre et donner plus de facilité au Roi d'exécuter le projet qu'il avoit formé. Quoi qu'il en soit, le prince d'Orange ne donna point là-dedans;

il laissa de bons ordres à la princesse sa femme, qui étoit très habile, et, jugeant mieux que personne qu'il n'avoit rien à craindre des Anglois, ni de l'armement du roi Jacques, il passa en Flandre, où il arriva ce que j'ai déjà rapporté.

Le roi Jacques, étant arrivé en Normandie vers la fin du mois d'avril, y fit embarquer, sur quantité de bâtiments de transport qu'on avoit préparés, les équipages et les chevaux de la cavalerie. Puis, sur les nouvelles qu'on reçut que l'armée navale, commandée par M. de Tourville[1], avoit été contrainte par une rude tempête de relâcher dans les ports de Bretagne, en attendant qu'elle pût se remettre en mer, ces troupes débarquèrent et se tinrent à Cherbourg, la Hougue et le Havre, où elles devoient s'embarquer.

Enfin M. de Tourville se mit en mer, seulement avec quarante-quatre vaisseaux de ligne[2], et, comme il avoit eu avis que les ennemis y étoient déjà, et que son ordre étoit de les aller chercher fort ou foible, il marcha droit à eux, sans attendre le comte d'Estrées[3], qui venoit de la Méditerranée avec plusieurs autres vaisseaux pour le joindre. [Cela confirma l'espérance qu'on s'étoit donnée que l'armée angloise, ou tout au moins partie, prendroit le parti du roi Jacques, car on savoit de science certaine qu'eux et les Hollandois avoient le double de vaisseaux; mais on fut fort étonné

1. Anne-Hilarion de Costentin, comte de Tourville (1642-1701), avait été nommé vice-amiral du Levant en novembre 1689; le Roi lui donna le grade de maréchal de France en mars 1693.
2. Trente-sept vaisseaux seulement et sept brûlots.
3. Victor-Marie : ci-dessus, p. 198.

qu'il ne s'en joignît aucun lorsque M. de Tourville arriva sur eux dans la Manche, le 30 juin, d'autant plus que la manœuvre qu'on fit d'abord de gagner le vent l'un sur l'autre y étoit très favorable.]

Le combat commença sur les onze heures du matin[1] et dura jusques à une brume qui survint vers les huit heures du soir, sans aucun désavantage pour les François, nonobstant l'inégalité du nombre. La brume étant dissipée au bout de deux heures, le combat recommença au clair de la lune. Plusieurs de nos vaisseaux se trouvèrent fort en presse, et surtout celui de M. de Tourville, dont toute l'armée se trouva fort séparée et doublée en arrière par le tiers de celle des ennemis, qui lâcha plusieurs brulôts sur les vaisseaux françois, dont ils se garèrent.

Vers les onze heures, ceux des vaisseaux ennemis qui avoient doublé arrière firent une faute considérable pour regagner leur ligne : ils passèrent de proue le long du flanc des vaisseaux françois et essuyèrent toutes leurs bordées, au lieu que, s'ils se fussent tenus derrière pendant que leur ligne attaquoit M. de Tourville par devant, où il y avoit plusieurs vaisseaux endommagés et séparés du reste de l'armée, il eût eu bien de la peine à leur échapper sans une perte considérable.

Le combat cessa après cette manœuvre, et tous les vaisseaux françois qui le purent vinrent se ranger,

1. Sur le combat de la Hougue, qui eut lieu le 30 mai, voyez l'*Histoire militaire*, p. 578-590, la *Gazette*, p. 274-276, les *Mémoires de Saint-Simon*, t. I, p. 50-52, et surtout (p. 528-538) l'appendice où M. de Boislisle a publié la relation de M. de Bonrepaus et indiqué les références bibliographiques qui se rapportent à ce désastre.

sans ordre, auprès du premier pavillon qu'ils rencontrèrent. Le jusant étant venu environ une heure après, M. de Tourville, qui en voulut profiter, fit tirer le coup de canon pour le signal d'appareiller, et mit à la voile avec huit vaisseaux qui s'étoient ralliés autour de lui. MM. d'Amfreville[1] et de Villette, lieutenants généraux[2], en firent autant, l'un avec quinze vaisseaux, et l'autre treize; [mais ils ne purent se joindre à M. de Tourville que sur les sept heures du matin, à cause d'une autre grande brume qui revint]. Ainsi, il se trouva avec trente-cinq vaisseaux, et il ne lui en manquoit plus que neuf, dont six, avec M. de Nesmond, lieutenant général, avoient pris la route de la Hougue[3], et les trois autres, montés par MM. de Langeron[4], de Gabaret[5] et de Combes[6], celle des côtes d'Angleterre, pour se rendre à Brest.

1. André-Michel-Alexandre du Poirier, comte d'Amfreville, enseigne de vaisseau en 1665, capitaine en 1666, chef d'escadre en 1677, lieutenant général des armées navales en 1688, mourut le 2 novembre 1692.
2. Philippe de Valois, marquis de Villette, cousin germain de M*me* de Maintenon, avait été fait lieutenant général des armées navales en novembre 1689; il mourut en 1707. Il est l'auteur de *Mémoires* publiés en 1844 par M. Monmerqué, pour la Société de l'Histoire de France.
3. André, chevalier puis marquis de Nesmond, n'était que chef d'escadre à cette époque; il ne fut lieutenant général qu'en 1693, et mourut en 1702, sur le point d'être fait maréchal de France.
4. Joseph Andrault, comte de Langeron (1649-1711), chef d'escadre en 1689, lieutenant général naval en 1697.
5. Jean Gabaret, capitaine de vaisseau en 1653, chef d'escadre en 1673, lieutenant général en 1689, mourut le 26 mars 1697.
6. Le chevalier de Combes était capitaine de vaisseau depuis

Comme on avoit navigué toute la nuit, on se trouva, à huit heures du matin, à une lieue au vent des ennemis. Cette avance auroit pu suffire pour se tirer d'affaire, si *le Soleil*[1], monté par M. de Tourville, le plus beau et magnifique vaisseau qu'il y ait jamais eu, n'eût mal navigué parce qu'il avoit été très maltraité pendant le combat. Ainsi, il retardoit toute l'armée. Vers les six heures du soir, on fut obligé, pour étaler le flot, de mouiller par le travers de Cherbourg, à demi-lieue des ennemis, qui suivoient l'armée.

Cela fit prendre deux partis à M. de Tourville : le premier, de changer de vaisseau, ce qu'il n'avoit pas voulu faire plutôt dans la crainte que *le Soleil* ne tombât entre les mains des ennemis; le second, de prendre la route du Raz-de-Blanchart, qu'il espéroit de passer par le jusant, et, par le moyen des courants, devancer les ennemis, qui prenoient celle des Casquets. [Le Raz-de-Blanchart est un canal qui est formé d'une part par la côte du Cotentin depuis le cap de la Hougue jusques à Flamanville, et de l'autre par les îles d'Aurigny et de Guernesey. Il a environ cinq lieues de long et une lieue et demie de large; les courants y sont très violents, et le fond mauvais.]

On leva l'ancre de devant Cherbourg à onze heures du soir, et on entra dans le Raz. Cette route avoit presque réussi, et, à cinq heures du matin, on se voyoit à quatre lieues des ennemis, et, des trente-cinq vaisseaux, vingt avoient déjà passé le Raz, et les quinze autres, dont étoit M. de Tourville, n'en étoient

1689; il deviendra en 1703 commissaire général de l'artillerie de la marine à Brest.

1. Ou plutôt le *Soleil-Royal*.

éloignés que d'une portée de canon, lorsque, le jusant venant à leur manquer, ils furent obligés d'y mouiller; mais, comme le fond y est très mauvais, les ancres chassèrent, et les courants firent dériver, en sorte qu'on se trouva sous le vent des ennemis, séparés des autres vaisseaux.

De quinze vaisseaux qui se trouvèrent en cette extrémité, il y en eut trois, [les plus maltraités,] qui gagnèrent Cherbourg, [savoir *le Soleil, l'Admirable* et *le Triomphant.* Le premier entra dans la fosse du Gallet, et les deux autres dans la petite rade du port]. M. de Tourville, suivi de dix autres, vint se réfugier à la Hougue; [il prit cette résolution parce que, n'ayant plus d'ancres, il ne pouvoit plus naviguer]. Il y arriva le soir, et fut joint en cette rade par deux des six vaisseaux de M. de Nesmond, qui prit, avec les quatre autres, la route du nord de l'Écosse, d'où il arriva heureusement à Brest, ainsi que les trois vaisseaux de MM. de Gabaret, de Langeron et de Combes. Ainsi M. de Tourville se trouva à la Hougue avec douze vaisseaux.

D'un autre côté, l'armée des ennemis se partagea en trois pour poursuivre les trois débris de celle de France. Une partie s'attacha aux vingt vaisseaux qui avoient passé le Raz; mais ce fut inutilement, car, ces navires ayant de beaucoup devancé les autres, elle ne put les atteindre, et ils se retirèrent à Saint-Malo.

Une autre partie de l'armée des ennemis se tint devant Cherbourg, pour enlever les trois vaisseaux qui y étoient entrés. Ils vinrent les attaquer avec quantité de chaloupes et de brûlots, qui les consumèrent entièrement; mais les officiers et les équipages furent sauvés.

L'autre corps, de plus de cinquante vaisseaux et beaucoup de brûlots, se présenta devant la Hougue, et renferma en cette rade les douze vaisseaux de M. de Tourville. Il vint à terre avec une chaloupe pour conférer avec le roi d'Angleterre et le maréchal de Bellefont, qui étoit sur le rivage avec l'armée de terre. Dans un conseil qui se tint sur-le-champ, et où les principaux officiers de marine se trouvèrent, on arrêta que, pour sauver les vaisseaux du Roi, qui couroient grand risque d'être enlevés, on les feroit incessamment échouer, et que, par le moyen des chaloupes qu'on armeroit, on tâcheroit d'empêcher les ennemis de les brûler. On fit donc échouer six de ces vaisseaux à côté du petit fort de l'Islet, et les six autres derrière celui de la Hougue. On en retira le plus d'agrès qu'il fut possible, et on prépara les chaloupes; mais, comme il ne s'en trouva que douze, on y joignit toutes les barques qu'il fut possible de ramasser. On ne put les armer que d'équipages abattus et effrayés, si bien qu'on ne put empêcher que les ennemis, arrivés avec un détachement de deux cents chaloupes bien armées, ne brûlassent, le soir du 2 juillet[1], les six vaisseaux échoués à l'Islet, et dont on avoit retiré tous les équipages.

Le lendemain 3, au flot du matin, sur les dix heures, les ennemis étant entrés dans la petite rade de la Hougue avec un plus grand nombre de chaloupes et de canots, soutenus d'une frégate à rames de trente canons et d'une demi-galère, on ne put les empêcher non plus de brûler les six vaisseaux qui y étoient

---

1. C'est 2 juin, et non 2 juillet.

échoués. Ils mirent aussi le feu à quelques bâtiments de transport, les plus éloignés du rivage où l'infanterie de l'armée étoit en bataille. Elle eut ce spectacle, ainsi que le roi d'Angleterre et le maréchal de Bellefont, sans qu'il fût possible d'y remédier; et tout ce grand dessein s'en alla en fumée.

Au partir de là, l'armée ennemie alla croiser vers Ouessant, sur les mers de Bretagne, pour s'opposer à la jonction du comte d'Estrées avec le débris de la flotte, et tint quelque temps les vaisseaux retirés à Saint-Malo bloqués dans le port, où on les désarma; et, de peur qu'il ne leur arrivât pareil accident, on les fit entrer dans la rivière, où ils furent bien à couvert.

Le roi d'Angleterre revint à Saint-Germain, [aussi triste qu'on le peut bien penser,] et le maréchal de Bellefont demeura pendant toute la campagne pour garder les côtes. Comme il n'avoit pas besoin de tant de troupes, il eut ordre d'envoyer les Irlandois dans les autres armées, où ils étoient plus nécessaires.

[Le Roi étoit devant Namur lorsqu'il apprit la mauvaise aventure de son armée de mer[1], et les courtisans, peu charitables, blâmoient impitoyablement M. de Tourville d'avoir été chercher les ennemis avec quarante-quatre vaisseaux, sachant qu'ils en avoient le double; mais Sa Majesté ferma toutes les bouches en déclarant que c'étoit par son ordre, et qu'il lui avoit commandé de les aller charger fort ou foible : d'où on se confirma que le roi Jacques avoit été trompé et que le nôtre l'avoit bien voulu être, ou avoit été trop crédule.]

---

1. Voyez, dans les *Mémoires de Saint-Simon*, t. I, p. 52-54, l'anecdote des deux courriers successifs, dont le premier annonça la victoire, et le second la défaite.

Campagne de Catalogne. — Le duc de Noailles commanda encore cette année l'armée de France en Catalogne, où il ne se passa rien de considérable. Les deux armées se contentèrent de s'observer mutuellement, et M. de Noailles fut trop foible pour rien entreprendre; car, lorsque le duc de Savoie entra en Dauphiné, on détacha trois ou quatre mille hommes de l'armée de Catalogne pour venir joindre M. de Catinat, [dont les Espagnols furent ravis; car ils ne perdirent rien cette année en Catalogne].

[Pendant que je suis sur leur chapitre, il faut que j'égaie un peu cet écrit à leurs dépens. Dans ce temps-là, un tailleur de la reine d'Espagne fut déféré aux inquisiteurs de Madrid, et aussitôt arrêté par leur ordre. Le sujet étoit assez grave et sérieux; car on l'accusoit de sortilège sur ce qu'on avoit trouvé du plomb cousu dans les manches d'un des habits de la reine, sur lequel il y avoit quelques caractères imprimés. On examina fort sérieusement ce que ce pouvoit être, et, après une recherche fort exacte, on conclut que ce plomb ne servoit qu'à tenir les manches en état, comme il est d'usage en France, et que, pour cela, le tailleur avoit employé des plombs que les marchands mettent aux étoffes avec leurs marques; mais les inquisiteurs ne vouloient pas se rendre, ni que l'accusé fût relâché, soutenant que ces caractères étoient magiques. Par bonheur pour lui, on trouva le marchand qui vendoit les étoffes : on lui fit reconnoître et certifier son plomb dans toutes les formes. Après cela, le tailleur fut relâché, malgré le murmure des inquisiteurs, qui, malgré cet éclaircissement, vouloient toujours qu'il y eût en cela de la magie.]

Affaires d'Italie. — Le Roi avoit envoyé cette année en Italie M. de Rébenac[1], pour y négocier. [Quoiqu'il n'eut d'autre succès que celui d'être bien reçu dans les cours des princes, et notamment à Rome par le pape Innocent XII, qu'on disoit être grand ami de la France, je ne laisserai pas de rapporter ce qui se passa à ce sujet, afin que, suivant les règles que je me suis prescrites, je n'omette rien de ce qui est venu à ma connoissance d'un peu considérable.]

Le but de la négociation de M. de Rébenac étoit de former en Italie un parti qui pût contraindre les troupes de l'Empereur et celles du prince d'Orange d'en sortir. Il s'étendit fort sur l'ambition coutumière de la maison d'Autriche et l'envie qu'elle avoit de subjuguer toute l'Italie, démontrant que les troupes de l'Empereur y étoient entrées dans cette vue, et non pour secourir M. de Savoie, qui n'avoit servi que de prétexte : ce qu'il s'efforça de prouver par le peu d'égard que les Impériaux avoient pour lui à présent qu'ils le tenoient engagé, et par les contributions qu'ils exigeoient des princes d'Italie. Il ajouta qu'il étoit facile de juger, par les vexations et les brigandages que les Allemands exerçoient dans leurs États, que leur principal dessein étoit de les réduire dans l'impuissance de se pouvoir défendre, quand l'Empereur jugeroit à propos de tomber sur eux ; qu'il les exhortoit, pendant qu'il en étoit encore temps, de songer à leur propre sûreté et à leurs intérêts les plus intimes ; qu'il venoit donc leur offrir, de la part du Roi, une puissante protection et des

---

1. François de Pas-Feuquière, comte de Rébenac (1649-1694), avait eu des missions en Suède (1677), puis en Danemark et à Berlin, enfin en Espagne (1688).

armées de terre et de mer si nombreuses et si accoutumées à vaincre, qu'en une seule campagne ils seroient assurés d'être entièrement délivrés du péril imminent dans lequel ils étoient.

Ces princes, [dont la foiblesse est évidente et] qui n'aiment pas la guerre, et encore moins les François, qu'ils craignent et redoutent, ne voulurent point prendre parti, et aimèrent mieux se reposer sur la parole que l'Empereur leur avoient donnée de ne rien entreprendre de contraire à leur liberté et à leur souveraineté, que de se livrer à la France, dont la bonne foi leur étoit suspecte.

M. de Rébenac employa les mêmes discours auprès du Pape, auquel il remontra vivement le péril de la religion catholique, disant que les hérétiques avoient déjà les pieds dans le sanctuaire (c'est ainsi qu'il appeloit l'Italie), où, sous la protection de la maison d'Autriche, ils exerçoient publiquement toutes les fonctions de leur nouvelle religion et répandoient à pleines mains le venin de leur hérésie. [« Qui est-ce, disoit-il,
« qui les tient les armes à la main dans l'Italie, tout
« prêts à se venger des injures qu'ils prétendent avoir
« reçues de l'Église? Qui est-ce qui s'est uni si intime-
« ment avec eux, dont s'est déjà ensuivi le détrône-
« ment d'un roi si zélé pour la foi? Qui leur fait faire
« la guerre à un autre roi qui vient de donner, quoique
« contre ses intérêts, de si grandes preuves de son
« zèle pour la religion catholique?] C'est la maison
« d'Autriche. — Très Saint Père, ajoutoit-il, je ne pré-
« tends point pourtant parler de ses augustes chefs;
« leur piété est connue dans tout le monde, et le Roi
« mon maître puniroit sévèrement en moi la faute que

« je commettrois, si je m'éloignois de mon devoir en
« cette occasion ; mais c'est de leurs ministres, qui,
« toujours poussés d'une ambition outrée et d'une
« haine implacable contre la France, ne se soucient
« guère de mettre l'Église en un péril évident, pourvu
« qu'ils donnent des marques de leur animosité contre
« le Roi mon maître.

« Qu'il plaise donc à Votre Sainteté, continua-t-il,
« de se ressouvenir du respect et de l'attachement
« que les rois de France ont toujours eu pour le saint-
« siège, et de l'état auquel la maison d'Autriche a réduit
« quelques-uns de ses prédécesseurs. Quel rapport de
« l'un à l'autre! Mais, ajouta-t-il, quand j'ai l'honneur
« de parler ainsi à Votre Sainteté, ce n'est point que
« le Roi mon maître redoute leurs armes ; ils savent
« combien les siennes sont pesantes, et ce n'est que le
« péril évident de l'Église et la désolation de l'Italie qui
« le font gémir.

« On leur impute de contribuer à la destruction de
« l'Église catholique : qu'ils abandonnent le prince
« d'Orange ; qu'ils ne remplissent plus l'Italie de
« troupes hérétiques ; qu'ils ne protègent plus les pro-
« testants. On leur reproche de vouloir s'emparer de
« l'Italie et des États qui ne leur appartiennent pas :
« qu'ils n'exercent plus de violences. [S'ils trouvent
« mauvais qu'on les accuse de manquer de respect
« pour le saint-siège, ils ont des troupes dans les fiefs
« qui en dépendent : qu'ils les retirent.] Le Roi mon
« maître ne veut point par là diminuer le nombre de
« ses ennemis ; il ne craint point qu'ils viennent l'atta-
« quer dans ses propres États : il méprise leurs efforts ;
« mais il demande que l'Église soit délivrée, au moins

« en Italie, du péril évident qui la menace, et que les
« Impériaux cessent de la ravager et d'y établir une
« autorité tyrannique, sous le prétexte chimérique des
« anciens droits des empereurs. »

[J'ai fait ici le précis de ce discours, qui fut beaucoup plus long et rendu public[1], afin de démontrer que les princes mettent toutes pièces en œuvre pour arriver à leur but.]

L'effet de toute cette rhétorique fut que le Pape envoya des brefs à l'Empereur et au roi d'Espagne pour les exhorter à la paix. Leur réponse contint une espèce de récrimination [et servit d'une ample critique à cet écrit]. Ils offrirent toutefois d'entendre à une paix raisonnable, du consentement de leurs alliés.

Le Roi dépêcha M. de Chamlay en particulier au duc de Savoie, et lui écrivit de sa propre main, pour l'exhorter à une réconciliation. On a dit qu'il ne voulut pas recevoir la lettre, afin de ne pas donner de défiance aux Impériaux. Je ne déciderai point là-dessus; mais je ne feindrai pas de dire que ce prince, étant dégoûté du mauvais succès qu'il avoit eu en Dauphiné, et des généraux de l'Empereur, qui lui sembloient ne pas assez déférer à ses ordres, [comme aussi de la cour de Vienne, qui ne lui tenoit pas tout ce qu'elle lui avoit promis,] ne tarda guère à se rendre à quelques propositions secrètes. Elles aboutirent depuis à une paix particulière avec la France; mais il

1. Il n'en courut sans doute que des copies; car ni la *Bibliothèque historique* du P. Lelong ni le *Catalogue de la Bibliothèque nationale* n'en indiquent l'impression. Les volumes *Rome* 355, fol. 274, et 356, fol. 86 et 130, renferment divers mémoires de Rébenac sur ce sujet; mais aucun ne correspond exactement au texte donné par notre auteur.

fut trois ans à la marchander, afin de faire ses conditions meilleures, comme je le dirai dans son temps, après avoir déduit toute la trame de cette négociation.

[Les partisans en France devenoient de plus en plus en vogue par le besoin pressant qu'on en avoit pour soutenir la guerre, et on mit de nouveaux impôts jusque sur l'eau[1]. Tous les donneurs d'avis étoient bien reçus, et, ce qui parut affreux, c'est que des gens entre les premiers de la cour produisoient ces gens-là au ministre, qui leur en faisoit récompense[2]. Ainsi la pauvre France étoit sucée par ces sangsues, qui augmentoient tous les jours comme les insectes au soleil qui leur donne la vie. Aussi le Roi les gorgeoit-il de biens et leur abandonnoit le quart de toutes les levées qui se faisoient, dont un dixième se prenoit sur le public, qui étoit encore accablé des frais que les partisans lui faisoient en la perception des impôts. Ce qu'il y a de surprenant en tout cela, c'est qu'il n'y eut jamais le moindre soulèvement, tant l'autorité du Roi étoit absolue.]

Année 1693. — [Le Roi fit, au commencement de cette année, sept maréchaux de France[3], qui furent le

---

1. Nous ne savons de quelle mesure fiscale veut parler Saint-Hilaire; nous n'avons trouvé que l'établissement de droits sur les *eaux-de-vie* en février 1692.

2. C'était ce qu'on appelait le droit d'avis. Saint-Simon cite les principaux personnages de la cour comme ne négligeant pas ces petits bénéfices : notamment, le comte de Marsan, de la maison de Lorraine, la duchesse de Ventadour, la princesse d'Harcourt, le comte de Matignon, le grand écuyer comte d'Armagnac, la maréchale de Noailles, etc.

3. Promotion du 27 mars (*Dangeau*, p. 251; *Sourches*, p. 170).

duc de Villeroy[1], les comtes de Choiseul[2] et de Joyeuse[3], le marquis de Boufflers, le duc de Noailles[4], MM. de Catinat et de Tourville; et une autre grande promotion de lieutenants généraux, de maréchaux de camp et de brigadiers[5].]

[Il institua encore un ordre de chevalerie, sous le nom de Saint-Louis, en faveur des gens de guerre mutilés, ou vieillis dans le service[6], et y attacha quelques pensions, mais non pas pour tous. Sa Majesté se déclara chef et grand maître de cet ordre, qu'il voulut porter lui-même, aussi bien qu'il le donna aux princes du sang et à tous les maréchaux de France, qui furent censés chevaliers-nés. Il le conféra aussi à presque tous les officiers généraux d'armée, et à quelques autres d'un mérite distingué; mais depuis il a été fort avili, car on l'a donné sans limite, au lieu de récompense pécuniaire, à presque tous les officiers militaires qui avoient quelque droit d'en requérir. Il est vrai

---

1. François de Neufville : tome I, p. 60.
2. Claude de Choiseul-Francières : tome I, p. 66.
3. Jean-Armand, marquis de Joyeuse, avait eu un régiment de cavalerie dès 1650; il était lieutenant général depuis 1677 et mourut le 1er juillet 1710. Il ressemblait à un « roi des Huns », dit Saint-Simon.
4. Anne-Jules de Noailles : ci-dessus, p. 118.
5. Cette promotion du 30 mars comprit vingt-huit lieutenants généraux, vingt-six maréchaux de camp et soixante-cinq brigadiers (*Dangeau*, p. 253-255; *Sourches*, p. 171-180).
6. Fondé par lettres patentes d'avril 1693, qui furent complétées par un règlement de mars 1694, l'ordre de Saint-Louis devait se composer de huit grands-croix, de vingt-quatre commandeurs, et d'un nombre illimité de chevaliers. M. Mazas a publié en 1860-61 l'*Histoire de l'ordre royal et militaire de Saint-Louis*, 3 vol. in-8°.

que, depuis peu, le Roi paroît avoir envie de purger cet ordre; car il a mis les preuves qu'il faut faire pour y entrer à trente années de service, au lieu qu'il n'en falloit que dix dans son institution[1]; mais il ne laisse pas, de temps en temps, de faire grâce à plusieurs qui l'importunent pour des récompenses, auxquels on donne des croix afin de les apaiser. Voilà le génie des François, qui le plus souvent se repaît de fumée et mène une vie dure sur la seule espérance.]

Le Roi fit assembler, pour la campagne qui alloit s'ouvrir, deux puissantes armées, qui devoient agir en Flandres, et voulut les commander en personne, ayant sous lui, dans l'une, M. de Luxembourg, et, dans l'autre, le maréchal de Boufflers. Ces deux armées furent pourvues d'une nombreuse artillerie et faisoient ensemble deux cent soixante-sept escadrons et cent vingt-six bataillons[2] : ce qui revient au nombre de cent vingt-cinq mille hommes.

Monsieur, frère du Roi, alla en Bretagne avec le titre de généralissime, pour commander vingt mille hommes de troupes réglées, l'arrière-ban et les milices, qui furent répandues en Normandie, en Bretagne et dans le pays d'Aunis, pour la garde des côtes. Il eut

---

1. Dangeau dit au 20 février 1700 : « Le Roi a réglé qu'on n'entreroit point dans l'ordre de Saint-Louis que l'on eût trente ans de service ou que l'on fût estropié » (tome VII, p. 261). Notre auteur rédigeait donc ce passage peu après cette date.

2. L'*Histoire militaire* (p. 624) donne à l'armée de Luxembourg 78 bataillons et 152 escadrons, à celle de Boufflers 51 bataillons et 112 escadrons : ce qui fait au total 264 escadrons et 129 bataillons; mais ces chiffres diffèrent aussi de ceux que donne Dangeau (p. 290-291).

sous lui, pour généraux, les maréchaux d'Humières, de Bellefont et d'Estrées.

L'armée d'Allemagne, composée de quarante mille hommes, fut encore commandée par le maréchal de Lorge, qui eut sous lui le maréchal de Choiseul. M. de Catinat eut soixante-dix ou quatre-vingts bataillons à ses ordres, [qui tinrent tous les postes depuis Nice jusques en Savoie,] et cinq à six mille chevaux. Le duc de Noailles commanda l'armée de Catalogne, qui fut augmentée de quelques troupes.

Outre ces six armées, il y eut encore un camp volant dans le Luxembourg, sous le marquis d'Harcourt, et un autre dans les lignes de Flandres, du côté de la mer, sous le marquis de la Valette. [On répandit aussi quelques régiments dans les provinces, pour contenir les nouveaux convertis.]

Il y eut aussi deux armées de mer : une, de soixante-neuf vaisseaux de ligne, dans l'Océan sous le maréchal de Tourville, et l'autre, de vingt vaisseaux et trente-cinq galères, dans la Méditerranée, sous le comte d'Estrées.

Campagne de Flandres. — Le Roi partit de Versailles le 16 mai[1] pour se rendre en Flandres, où il mena encore les dames[2], compagnie très embarrassante pour les expéditions militaires. Il se mit à la tête de l'armée que M. de Boufflers assembla contre Tournay, pendant que M. de Luxembourg, qui eut

1. Non pas le 16, mais le 18, à dix heures du matin, et la première couchée fut à Chantilly, où il séjourna le lendemain (*Dangeau*, p. 287-290).

2. Dangeau et Sourches donnent les noms des dames qui accompagnèrent le Roi.

sous lui les maréchaux de Joyeuse et de Villeroy, formoit la sienne auprès de Mons.

Sa Majesté, en partant de Tournay, alla camper à Obourg[1], près de Mons. [M. de Luxembourg en décampa et vint à Feluy]; puis le Roi à Fleurus, et de là à Gembloux. M. de Luxembourg alla asseoir son camp à Tourinnes-lès-Ourdons, deux lieues plus avant que Gembloux, sur le chemin de l'abbaye du Parc[2], près de Louvain, où le prince d'Orange se tenoit bien retranché avec une armée de cent quarante escadrons, soixante-huit bataillons et quatre-vingts pièces de canon, après avoir jeté environ vingt mille hommes dans les retranchements que les ennemis avoient faits contre Liège pour couvrir la ville.

Quand on sut le Roi à Gembloux, personne ne douta que son dessein ne fût d'aller forcer le prince d'Orange dans ses retranchements et d'emporter Liège; mais on fut bien surpris quand on vit, deux jours après, que Sa Majesté détacha Mgr le Dauphin pour passer en Allemagne avec une armée de trente mille hommes, et qu'il reprenoit brusquement le chemin de Versailles, sans avoir rien entrepris. Chacun raisonna sur cet événement inopiné; et moi je crois, avec beaucoup d'autres, que les représentations de Mme de Maintenon en furent la véritable cause, fondées sur ce que l'expédition qui se présentoit paroissoit trop hasardeuse, et que le Roi y risqueroit trop sa personne[3].

1. Village situé sur un petit affluent de gauche de la Haine.
2. Abbaye de bénédictins fondée au xiie siècle par Geoffroy le Barbu, duc de Lorraine.
3. Il faut voir dans les *Mémoires de Saint-Simon* (édit. Boislisle, t. I, p. 229-235) le récit, un peu dramatisé sans doute,

Je ne connois point la situation de l'abbaye du Parc, ni ne sais au vrai la force des retranchements de l'armée des ennemis; mais il est à présumer que le prince d'Orange n'y avoit rien oublié. Malgré cela, j'ai ouï dire à des gens qui en savoient plus que moi, qu'il auroit été battu indubitablement[1], et que ses retranchements, quelque bons qu'ils eussent pu être, n'auroient point été à l'épreuve contre deux armées de François animés par la présence de leur Roi. Quelle gloire auroit-ce été pour Sa Majesté, et quels avantages n'en eût-elle point tirés pour faire la paix ou pour continuer la guerre!

Après le départ du Roi, M. de Luxembourg s'approcha plus près de l'armée des ennemis et se mit à les harceler. Il reçut un avis dans ce temps-là que huit régiments de cavalerie, sous le comte de Tilly[2], étoient partis de Maëstricht pour joindre le prince d'Orange. Le maréchal se mit aussitôt à la tête d'un gros détachement de son armée, dans le dessein de les aller enlever à Tongres, où ils étoient venus camper; mais le comte de Tilly fut averti à temps par un prêtre et se retira promptement à Maëstricht. Son

---

de ce départ subit du Roi, des supplications de Luxembourg pour l'empêcher, et de l'effet qu'il produisit sur l'armée. Quant à la cause du départ, les documents cités dans le commentaire de M. de Boislisle montrent qu'elle ne fut pas celle que notre auteur et Saint-Simon lui-même lui attribuent, mais bien l'intention arrêtée de forcer l'Empereur et les princes de l'Empire à la paix en portant de ce côté-là le principal effort des armées françaises, tout en restant sur la défensive en Flandre.

1. Ce fut l'opinion de tous les contemporains, et, si l'on en croit Saint-Simon, celle du prince d'Orange lui-même.

2. Ci-dessus, p. 180.

arrière-garde fut pourtant un peu écornée, et on lui prit quelques bagages[1].

Ce coup étant manqué, M. de Luxembourg revint à son camp et envoya le maréchal de Villeroy prendre Huy, que les ennemis avoient raccommodé, principalement le château. Ce siège ne dura que quatre jours, et les deux mille hommes qui défendoient cette place eurent bonne capitulation et furent conduits à Liège[2].

Le prince d'Orange, qui craignoit pour cette ville quoiqu'elle fût fortifiée par de bonnes lignes défendues par vingt mille hommes de bonnes troupes, et qu'il se tînt à portée de la soutenir avec son armée, y jeta encore dix bataillons. Il crut parvenir à en détourner entièrement M. de Luxembourg en faisant un gros détachement de son armée, sous le duc de Würtemberg, pour aller forcer les lignes d'Espierres, qui couvroient les châtellenies de Lille et de Courtray. M. de la Valette, qui avoit joint M. de Luxembourg avec son camp volant, y retourna, et l'on fit marcher en apparence sur la même route le maréchal de Joyeuse, avec un corps plus considérable ; mais le dessein du général étoit tout autre que de vouloir défendre des lignes[3].

1. *Gazette*, p. 363-364 ; *Dangeau*, t. IV, p. 323-324 ; *Sourches*, t. IV, p. 223-228 (relation de Ricous) ; *Mémoires de Saint-Simon*, t. I, p. 235-237 ; vol. Guerre 1201. Ce combat se livra le 14 juillet.

2. Ce fut le 19 juillet que Villeroy investit la place, et elle se rendit le 23 (*Histoire militaire*, p. 622-623 ; *Mémoires de Saint-Simon*, t. I, p. 237-238).

3. En effet, le duc de Würtemberg, avec onze régiments d'infanterie et autant de cavalerie, attaqua le 18 juillet les lignes, que défendit mollement M. de la Valette, et il fit quelques courses du côté de Douay, tandis que M. de Luxembourg allait battre le prince d'Orange à Nerwinde.

Incontinent après la prise de Huy, M. de Luxembourg alla lui-même reconnoître les lignes de Liège, et, étant de retour à son camp, il commanda à toute l'armée une grande quantité de fascines, et donna l'ordre pour marcher. Tout le monde crut qu'on alloit attaquer les lignes; mais, au lieu de cela, M. de Luxembourg marcha droit au prince d'Orange, qui étoit campé à sept grandes lieues de là, et envoya ordre au maréchal de Joyeuse de suivre sa marche avec le corps qu'il avoit feint de lui donner pour aller défendre les lignes d'Espierres. M. de Luxembourg se mit à la tête de sa droite, qui devint sa gauche dans cette marche, et il passa le Geer[1] à Waremme; il apprit que les ennemis étoient encore dans leur même camp.

Après une petite halte qu'il fit en cet endroit pour donner temps au reste de l'armée de le suivre de plus près, il continua sa marche et se hâta d'arriver à la vue de l'ennemi, dans le dessein de le contenir dans son camp, ou de charger son arrière-garde en cas qu'il prît le parti de repasser la rivière de Geete[2], qu'il avoit alors derrière lui, ainsi qu'il y en avoit apparence; car l'armée du Roi étoit presque de moitié plus forte. M. de Luxembourg, en arrivant en vue de l'ennemi, fit occuper les villages de Landenfermé[3], de Sainte-Gertrude[4]

---

1. Affluent de gauche de la Meuse, dans laquelle il se jette à Maëstricht.
2. La Geete est une petite rivière à bords escarpés, guéable en peu d'endroits.
3. Landenfermé, ainsi appelé parce qu'il était clos d'une muraille, et pour le distinguer de Neerlanden (ci-après).
4. Hameau proche de Landenfermé.

et d'Overwinde[1], afin d'être maître du terrain qui étoit entre lui et l'ennemi. Il donna ses ordres pour mettre les troupes en bataille à mesure qu'elles arriveroient. Les dernières tardèrent jusques à onze heures du soir. Ainsi le combat fut remis au lendemain; cependant on observa fort l'ennemi toute la nuit.

Bataille de Nerwinde, donnée le 29 juillet 1693[2]. — Le prince d'Orange ne voulut point profiter de cet intervalle pour mettre son armée à couvert en lui faisant repasser la Geete, malgré les remontrances des députés des États-Généraux qui étoient près de lui. Il entreprit de suppléer à l'inégalité du nombre par l'avantage que la situation du terrain lui donnoit, et par de grands retranchements qu'il fit faire toute la

---

1. Cette localité est située entre Nerwinde et Sainte-Gertrude.
2. Les relations de la bataille de Nerwinde sont nombreuses : Saint-Simon, qui y assista, a inséré dans ses *Mémoires* (t. I, p. 239-264) celle qu'il envoya à sa mère et à ses amis; celle de M. d'Artagnan a été donnée par les éditeurs du *Journal de Dangeau*, t. IV, p. 420-423; l'auteur des *Mémoires de Sourches* reproduisit une longue lettre du prince de Conti au prince de Condé (t. IV, p. 243 et 484-491); la *Gazette* consacra à la bataille un Extraordinaire (p. 393-400), et le *Mercure* un volume entier du mois d'août; enfin, il en est parlé dans les *Mémoires de la Farc* (p. 301), *de Berwick* (p. 339), *de Feuquière* (t. III, p. 291). Le marquis de Quincy, dans son *Histoire militaire*, en a fait un long récit (t. II, p. 624-637), qui résume tous les témoignages contemporains, et M. le comte P. de Ségur lui a consacré un chapitre dans le *Tapissier de Notre-Dame*, p. 356 et suivantes. Quant aux correspondances et relations manuscrites, elles se trouvent dans les volumes du Dépôt de la guerre n°s 1206 et 1207, et spécialement, dans le premier, les pièces 214, 215, 217 et 222 sont les lettres ou relations de MM. d'Artagnan, de Guiscard, de la Taste.

nuit. Il posta sa droite au village de Nerwinde, qu'il fit occuper par un gros corps d'infanterie, qui y trouva de bons retranchements naturels, et, depuis ce village, il tira un retranchement tout le long de la crête de la hauteur qui couvroit son camp jusqu'à Neerlanden[1], qu'il occupa par sa gauche, dont tout le flanc étoit couvert par un bon ruisseau et des haies terrassées par les gens du pays pour la conservation de leurs héritages, de sorte que ce flanc étoit tout à fait inaccessible. [Le droit, où étoit le village de Laer[2], n'étoit pas si bien garanti. Je ne sais si on négligea de le bien reconnoître; mais il est certain qu'on est convenu depuis que, si on avoit attaqué d'abord les ennemis par ce flanc en se prolongeant jusques à la Geete, ce qui se pouvoit facilement exécuter, et sans dégarnir le front devant le retranchement des ennemis, auxquels on étoit de beaucoup supérieur, on est convenu, dis-je, que l'affaire auroit été beaucoup plus tôt décidée, et avec moins de perte.]

Au lieu de cela, M. de Luxembourg se détermina à faire attaquer le village de Nerwinde, et, par les raisons que j'ai données, de feindre seulement une attaque sur celui de Neerlanden. Il fit avancer, par la petite plaine qui avoit en tête le retranchement ennemi, sept brigades d'infanterie, qui tirèrent sur Nerwinde, et, sur leur droite, cinq autres brigades vers Neerlanden. L'espace du terrain qui demeuroit vide entre ces brigades fut occupé par deux lignes de cavalerie, qui furent soutenues par une ligne d'infan-

1. Ou Bas-Landen, sur le petit ruisseau de Molembeck, à deux kilomètres nord de Landenfermé.
2. Hameau tout proche de Nerwinde vers l'ouest.

terie. Il mit ensuite deux autres lignes de cavalerie, et derrière elles le reste de l'infanterie. L'artillerie fut postée à la tête de toutes ces lignes, et répondit à cent pièces de canon de l'ennemi, [avec cette différence qu'elle voyoit peu ses lignes, couvertes par le retranchement et la hauteur, tandis que le canon du prince d'Orange, posté à couvert sur la crête de la hauteur, d'où il dominoit, ne manquoit guère de porter à tout coup dans cette multitude de troupes en bataille dans un terrain serré et désavantageux].

Sur les neuf heures du matin, la fausse attaque commença au village de Neerlanden, et la véritable à celui de Nerwinde par les sept brigades d'infanterie. Elles s'en rendirent maîtres après un rude combat, où il y eut bien du monde de tué de part et d'autre; mais le prince d'Orange y envoya aussitôt un corps d'infanterie fraîche tiré de sa ligne, qui attaqua le village avec tant d'ordre et de vigueur, que les François en furent chassés. M. de Luxembourg fit charger de nouvelles brigades, qui chassèrent une seconde fois les ennemis hors du village. Comme le prince d'Orange faisoit son capital, aussi bien que M. de Luxembourg, d'avoir ce poste, il le fit encore attaquer par un nouveau détachement, qui en chassa les troupes du Roi jusques aux haies qui étoient à l'autre extrémité. Alors M. de Luxembourg fit avancer une brigade fraîche d'infanterie, qui reprit poste à l'entrée du village malgré le feu terrible des ennemis; et en même temps il fit avancer droit à leurs retranchements les lignes en la disposition que je les ai décrites. Cette fière marche les intimida un peu; mais, n'étant pas encore forcés dans leur village, et leurs retranchements étant dans leur entier, ils ne s'ébranlèrent pas. La Maison du Roi et la cavalerie, s'en étant approchées, trouvèrent des ravins et des parapets où les chevaux ne pouvoient monter, et elles étoient foudroyées du canon de l'ennemi, qui la voyoit en plein.

Cependant le prince d'Orange couroit partout où il croyoit sa présence nécessaire, et, ayant remarqué que les François ne s'ébranloient pas du feu terrible de son canon, il courut aux batteries pour juger lui-même d'où cela pouvoit provenir. Il vit que tous les boulets portoient et que les troupes du Roi essuyoient tous ces coups avec une intrépidité admirable, et ne faisoient que reformer leurs rangs. Il s'en retourna, en s'écriant : « Quelle nation[1] ! » [Belle louange, certes, en la bouche d'un ennemi !]

M. de Luxembourg, voyant de son côté qu'à midi il n'y avoit encore rien de décidé, résolut une troisième attaque au village de Nerwinde, et y porta six nouvelles brigades d'infanterie, qui se firent une entrée dans les haies de la gauche de ce village. Les deux brigades des gardes françoises et suisses le côtoyèrent sur la droite et s'avancèrent jusques au pied du retranchement qui y aboutissoit. Alors le combat recommença avec une vivacité extrême et dura plus d'une grosse heure avant de chasser les ennemis hors du village. Les gardes françoises, voyant arriver quelques escadrons de la Maison du Roi, éboulèrent du retranchement pour leur faire un passage : les escadrons entrèrent aussitôt et trouvèrent plusieurs lignes de cavalerie ennemie qui les chargèrent si vertement,

---

1. « L'insolente nation ! », d'après Saint-Simon (p. 260).

qu'ils furent contraints d'en sortir et de venir se rallier sous la protection du feu des gardes.

Le village de Nerwinde étant pris à demeure, et l'infanterie des ennemis rompue, M. de Luxembourg étendit sa gauche du côté du village de Laer, que les ennemis abandonnèrent après un léger combat : en sorte que la cavalerie françoise eut une entrée facile pour tomber sur le flanc droit de l'ennemi, qui lui opposa quelques escadrons. Alors M. d'Harcourt, qui venoit de Huy, sur l'avis du combat, avec son camp volant[1], tomba aussi sur le flanc de l'ennemi par le village de Laer, pendant que M. de Luxembourg fit entrer par Nerwinde et le côté du retranchement qui en étoit proche et qui avoit été abattu la meilleure partie de sa cavalerie. Le prince d'Orange chargea lui-même avec la sienne, qui ne rendit pas grand combat, étant prise en tête et en flanc. L'épouvante devint bientôt générale ; le prince d'Orange ne put plus rallier sa cavalerie, et il fut emporté, aussi bien que l'électeur de Bavière, par les fuyards, qui se jetèrent confusément dans la Geete et y firent en un instant des ponts d'hommes et de chevaux.

La gauche des ennemis se retira en meilleur ordre, parce qu'elle fut protégée par l'infanterie qui sortit de Neerlanden quand elle vit le combat perdu. Cette infanterie fit bonne contenance et vint passer la Geete sur

1. Il était à cinq lieues du champ de bataille ; mais, au bruit du canon, dès cinq heures du matin, il partit avec ses vingt-quatre escadrons et arriva assez tôt pour prendre une part active à la victoire (voir sa lettre du 30 juillet dans le volume Guerre 1206, n° 218, citée en partie dans les notes des *Mémoires de Saint-Simon*).

des ponts qu'elle y trouva. Elle borda la rivière au delà, pour favoriser la retraite de la cavalerie, qui ne fut guère poussée au delà du champ de bataille, quoique la victoire fût bien complète. La raison de cela, suivant ce qu'on en a dit, étoit que M. de Luxembourg ne vouloit pas finir la guerre[1].

M. le duc de Chartres combattit en cette bataille avec une valeur digne de sa haute naissance[2]; Monsieur le Duc et le prince de Conti ne lui cédèrent en rien[3] et eurent une grande part à la victoire. La nation en général y acquit beaucoup de gloire; mais il en coûta la vie à cinq cents officiers, dont les plus considérables furent MM. de Montchevreuil, lieutenant général[4], le prince Paul de Lorraine[5], Lucan, maréchal de camp[6], le duc d'Uzès[7], le comte de Gassion[8], le mar-

1. Saint-Simon reproduit le même bruit (t. I, p. 262) et ajoute d'autres accusations contre le maréchal.
2. Il chargea plusieurs fois à la tête des escadrons de la Maison du Roi.
3. Les deux princes conduisirent l'attaque des gardes françaises et suisses contre Nerwinde, comme ils l'avaient déjà fait à Steinkerque (ci-dessus, p. 236).
4. Gaston-Jean-Baptiste de Mornay, comte de Montchevreuil, était colonel du régiment du Roi, gouverneur d'Arras et lieutenant général de la dernière promotion; il fut tué à la première attaque du village de Nerwinde.
5. Jean-Paul de Lorraine-Lillebonne, né en 1672, était colonel de cavalerie.
6. Ci-dessus, p. 241; il venait d'être nommé maréchal de camp le 30 mars précédent.
7. Louis de Crussol, devenu duc d'Uzès en 1692 à la mort de son père, était brigadier de cavalerie; il eut les deux jambes emportées par un boulet de canon.
8. Henri, comte de Gassion, était enseigne des gardes du corps et brigadier de cavalerie.

quis de Rebé[1], de Ligneris, commandant la Maison du Roi[2], le marquis de Rothelin[3], Champvallon[4], Bohlen[5], Quadt[6], le comte de Montrevel[7], le chevalier de Clermont[8], et plusieurs autres dont je ne me souviens pas.

1. Claude-Hyacinthe de Faverges, marquis de Rebé, colonel du régiment de Piémont depuis 1680, brigadier en 1690, mourut le 4 août, de ses blessures, à Namur.
2. Joseph d'Espinay, marquis de Ligneris, lieutenant des gardes du corps depuis 1677, venait d'être nommé maréchal de camp et avait commandé la Maison du Roi dans les campagnes précédentes.
3. C'est par erreur qu'il est parlé ici du marquis de Rothelin. Henri II d'Orléans, marquis de Rothelin, avait été tué en 1690 au combat de Leuze et n'avait laissé qu'un fils âgé de deux ans, et son père Henri-Auguste était mort en 1692. Peut-être Saint-Hilaire veut-il parler du marquis de Rochefort, qui fut blessé, mais non tué, à Nerwinde.
4. François de Harlay, marquis de Champvallon, était guidon des gendarmes du Roi; il n'avait que vingt et un ans et était cousin germain de Saint-Simon.
5. M. Bohlen était colonel du régiment Royal-Allemand depuis 1688 et brigadier depuis 1690.
6. M. Quadt, protestant allemand converti, avait eu un régiment de cavalerie en 1685.
7. Jacques-Marie de la Baume, comte de Montrevel, colonel de cavalerie, était brigadier de la dernière promotion.
8. N., chevalier de Clermont-Gallerande, de la branche de Loudon, tué en effet à Nerwinde d'après les généalogies, mais qui n'est pas mentionné par les autres relations parmi les morts de marque; il en est parlé ici parce que son frère, Charles-Léonor, marquis de Clermont-Gallerande, avait épousé en 1681 Madeleine de Mormès de Saint-Hilaire, sœur de notre auteur. A ce propos, il faut rectifier l'erreur du *Moréri* et du *Dictionnaire* de la Chenaye des Bois, qui font de cette Madeleine la fille, et non la sœur de notre lieutenant général de l'artillerie; celui-ci, né en 1651, ne pouvait avoir en 1681 une fille bonne à marier. Les généalogies du Cabinet des titres ne laissent d'ailleurs pas de doute sur ce point.

Le nombre des officiers blessés fut encore plus grand, et il y eut dix à douze mille soldats tués ou blessés[1].

La perte des ennemis fut à peu près égale[2]; mais on fit sur eux environ deux mille prisonniers, parmi lesquels on trouva le duc d'Ormond[3], lieutenant général, M. de Zuilestein, major général[4], Sgravenmoer[5], le comte de Lippe[6], et quelques autres généraux. Le prince de Barbançon, général de leur cavalerie et

1. Ce chiffre est exagéré. Voici ce que l'intendant de Bagnols écrivait le 2 août (vol. Guerre 1207, n° 10) : « Des quatre mille blessés de la bataille de Nerwinde, j'en ai fait passer deux mille à Huy, et de là à Namur; il y en a encore deux mille au moins qui sont restés à Sainte-Gertrude, près de Landenfermé. M. de Luxembourg y a laissé M. de Bezons avec une brigade de cavalerie et une d'infanterie pour couvrir l'hôpital. Les chirurgiens, les commissaires des guerres et une partie des Récollets y sont aussi restés. J'espère que tout partira le 4e de ce mois avec le secours des charrettes des vivres, des chariots des paysans des villages voisins, des charrettes des vivandiers de l'armée et des équipages des officiers généraux, qui tous ont offert de les donner pour le soulagement de ces malheureux. » Il y a des états des principaux officiers tués ou blessés, et des pertes des compagnies des gardes du corps et des gendarmes, dans le volume 1206, n°s 214 bis, 223 et 224, mais pas d'états généraux.

2. Voyez le volume Guerre 1206, n° 216.

3. Jacques Butler, duc d'Ormond (1665-1747), s'était rallié à Guillaume III, qui le fit capitaine de ses gardes; lieutenant général en 1695, puis vice-roi d'Irlande et généralissime des troupes anglaises après Marlborough, il fut disgracié par Georges Ier et se réfugia en France, où il mourut.

4. Conrad de Zuilestein, major des troupes hollandaises.

5. Il était général de la cavalerie des Provinces-Unies et il mourut à Bruxelles au mois de décembre suivant.

6. Ferdinand-Christian, second fils du prince régnant de Lippe, commandait la cavalerie du duché de Zell.

ci-devant gouverneur de Namur[1], fut tué en cette journée. On prit aussi aux ennemis soixante-seize pièces de canon, huit mortiers ou obusiers, neuf pontons[2], et quantité de drapeaux et étendards[3].

Après la bataille, l'armée alla camper dans la plaine de Landen, la droite à Runsdorp[4], et la gauche à Elixem[5]; Landenfermé fut le quartier général. M. d'Harcourt alla camper avec sa cavalerie à Fumal, sur la Méhaigne, d'où il couvrit contre ceux de Liège les convois qui venoient à l'armée de Huy et de Namur. [Puis elle décampa[6] et vint à Corswarem[7], où la droite fut à Lich et la gauche à Corthys[8].] Peu de jours après, M. de Rosen, lieutenant général, s'avança avec six mille chevaux dans la mairie de Bois-le-Duc, d'où il tira de grosses contributions. L'armée vint camper à l'abbaye de Boneffe, ayant la Méhaigne derrière ses lignes. Pendant ce temps-là, l'armée du prince d'Orange, qui étoit dispersée aux environs de Bruxelles, se rassembla et vint camper le 17 août à Hal, où fut le quartier général, [la droite vers Limbeck et la

1. Ci-dessus, p. 123 et 208.
2. Ces chiffres sont conformes à l'état officiel (vol. Guerre 1207, n° 16).
3. Trente-sept drapeaux ou étendards, d'après une liste insérée dans le même volume (n° 17); cinquante-sept étendards et vingt-deux drapeaux, d'après la lettre écrite par le Roi à Monsieur le 5 août (n° 28).
4. Village à quinze cents mètres au nord de Landen.
5. Sur la Geete, dans la direction de Tirlemont.
6. Dès le 2 août, chassée par l'infection du champ de bataille.
7. Sur un petit affluent de la Geete, à peu de distance de Waremme.
8. Corthys est à peu de distance à l'ouest de Corswarem; quant à Lich, nous n'avons pu l'identifier.

gauche près Tubize, la rivière de Senne derrière les lignes]. Le duc de Würtemberg la rejoignit avec son détachement, après avoir forcé les lignes d'Espierres et tiré de grosses contributions des pays qu'elles couvroient[1].

Le mouvement que le prince d'Orange avoit fait sur Hal obligea M. de Luxembourg de quitter son camp de Boneffe pour venir à Nivelle, ensuite à Soignies, où il fut joint par quelques troupes qui lui vinrent de Normandie[2]. Il alla ensuite camper à Haine-Saint-Pierre et Haine-Saint-Paul[3], et enfin à Vanderbeck[4], d'où il fit investir Charleroy par le maréchal de Villeroy, qui en commença le siège. La tranchée fut ouverte depuis le 15 septembre jusqu'au 10 octobre, que la place fut rendue. Comme on ne craignoit pas qu'elle pût manquer d'être prise, on fit ce siège avec beaucoup de précaution et on se donna tout le loisir nécessaire, tellement qu'on y perdit peu de monde, quoique les assiégés se défendissent mieux qu'ils n'avoient coutume[5]. Les ennemis ne songèrent pas à secourir cette

1. Ci-dessus, p. 288.
2. Notamment par les régiments de dragons de la Reine et de Sailly, que le Roi retira de l'armée des côtes commandée par Monsieur.
3. Villages situés à une vingtaine de kilomètres à l'est de Mons.
4. Localité qu'on n'a pu identifier; c'est peut-être Anderlues, près de Fontaine-l'Évêque, sur la route de Mons à Charleroy.
5. Le journal de ce siège est dans l'*Histoire militaire*, p. 637-645; voyez aussi la *Gazette*, p. 470-471, 482-484, 505-506 et 516-517. Saint-Hilaire n'était pas présent, ayant accompagné la portion de l'armée que le maréchal de Luxembourg ramena sous Mons.

place et furent ravis d'en être quittes à si bon marché après leur défaite. Ils ne s'occupèrent plus que de leur subsistance le reste de la campagne et transportèrent leur camp à Ninove avant la fin du siège de Charleroy. M. de Luxembourg s'y étoit rendu en personne, et il en partit avec une moitié de l'armée, qu'il mena camper à Saint-Symphorien[1], près de Mons, afin de les observer de plus près. Il envoya M. d'Harcourt, avec son petit corps, camper sous Tournay; M. de la Valette eut ordre de mener le sien sous Courtray, pour tenir cette tête et y faire construire un réduit palissadé qui tînt cette ville. Mais le prince d'Orange, qui n'étoit pas en état de rien entreprendre après l'échec qui lui étoit arrivé, quitta bientôt son camp de Lessines et repassa en Hollande. M. de Luxembourg alla camper à Courtray et fit palissader Dixmude, pour y tenir des troupes en quartier d'hiver avec sûreté. M. de Villeroy acheva le siège de Charleroy, et, après en avoir fait sortir la garnison ennemie et donné les ordres nécessaires pour munir et réparer la place, [il mena les troupes qui avoient servi à la prendre cantonner dans la partie de la châtellenie d'Ath qui est aux environs de Tournay]. Les ordres pour les quartiers d'hiver arrivèrent bientôt après, et les armées se séparèrent.

Campagne d'Allemagne. — Le maréchal de Lorge assembla l'armée d'Allemagne aux environs de Landau vers la fin du mois de mai, et la mena aussitôt assiéger Heidelberg, que les Impériaux avoient tâché de rétablir et où ils tenoient une petite garnison[2]. La ville

1. A quatre kilomètres à l'est de Mons, sur la route de Thuin.
2. M. de Lorge passa le Rhin le 17 mai à Philipsbourg, et

fut rendue immédiatement après[1], et les Allemands se retirèrent au château, qu'ils rendirent assez brusquement[2], quoiqu'ils l'eussent pu défendre encore quelques jours. La garnison, qui en sortit par capitulation, fut conduite à l'armée impériale ainsi qu'elle l'avoit demandé, et le prince Louis de Bade[3], qui en étoit le général, fit honteusement dégrader des armes le commandant[4], pour avoir trop peu défendu la place qui lui avoit été confiée.

Heidelberg étant ainsi pris, le maréchal de Lorge mit garnison dans le château, et, ayant fait sortir de la ville tous les habitants, elle fut abandonnée au pillage. On en brûla ensuite toutes les maisons[5], et l'armée marcha sur Heilbronn, où le prince de Bade assembloit celle de l'Empereur, qui n'étoit encore que de vingt mille hommes. Ce général les avoit campés le long du Neckar, et le maréchal de Lorge les trouva en cette situation lorsqu'il arriva sur le bord. Les rives étoient basses et commodes, la rivière peu large et guéable, et personne ne doutoit que M. de Lorge ne

arriva le 20 devant Heidelberg, avec le corps qui devait faire le siège tandis que la plus grande partie de l'armée, sous le maréchal de Choiseul, tenait en respect le prince Louis de Bade.

1. La ville fut emportée de vive force le 22 mai et pillée immédiatement par les soldats (*Gazette*, p. 264).

2. Dès le lendemain, 23 mai.

3. Louis-Guillaume, margrave de Bade (1655-1707), feld-maréchal des armées de l'Empereur depuis 1691.

4. Il s'appelait M. de Heidersdorf.

5. La *Gazette* raconte l'incendie autrement (p. 264) : « Trois cents soldats prisonniers, qui avoient été mis dans la grande église, mirent le feu aux deux clochers, qui se communiqua à la ville, et, quoi qu'on pût faire pour l'éteindre, il en consuma une grande partie. »

profitât des mouvements confus qu'on voyoit faire aux ennemis pour les attaquer; mais il se contenta de les canonner dans leur camp, et il s'en revint sur Heidelberg. Cependant il ne l'eut jamais si beau, et il n'est pas excusable d'avoir manqué ce coup, à moins qu'il n'eût reçu des ordres précis de la cour de ne rien entreprendre qui pût engager une affaire générale[1].

Il voulut tenter une autre entreprise sur quinze mille Saxons qui, après avoir traversé le Mein à Francfort, venoient joindre l'armée impériale. Dans ce dessein, il passa le Neckar sur des ponts qu'il fit élever au-dessous d'Heidelberg, vis-à-vis de la petite ville de Ladenbourg, et marcha avec beaucoup de diligence le long du Bergstrass, tenant le grand chemin de Francfort. Lorsqu'il fut arrivé dans le pays de Darmstadt, il trouva la petite ville de Zwingenberg[2], située sur le bord d'un défilé, où les Saxons avoient jeté douze ou quinze cents hommes de pied pour assurer leur retraite. Le maréchal les fit attaquer vivement; une partie fut forcée dans cette ville, qui n'étoit qu'une méchante bourgade; l'autre se sauva du mieux qu'elle put; et, à cela près, le corps entier des Saxons lui échappa, et joignit peu de jours après l'armée du prince de Bade, sans plus trouver de difficulté[3]. Cette

1. M. de Lorge essaya de forcer le passage du Neckar à diverses reprises, et il y eut même, le 6 juin, un combat assez sérieux à Wimpfen, sur les bords du fleuve; mais, voyant l'armée du prince de Bade augmenter tous les jours, il se résolut à la retraite.
2. A trois kilomètres sud-ouest de Darmstadt.
3. C'est dans la nuit du 10 au 11 juillet que M. de Chamilly, envoyé par le maréchal, attaqua ce petit poste (*Gazette*, p. 350; *Histoire militaire*, p. 651-652).

attaque coûta au maréchal cinq ou six cents hommes tués ou blessés; le prince d'Espinoy[1] fut du nombre des derniers[2].

Dans ce temps, Mgr le Dauphin, qui venoit de Flandres[3], arriva avec son armée dans la partie du Palatinat en deçà du Rhin[4], et il courut quelque bruit qu'il assiégeroit Mayence pendant que le maréchal de Lorge s'en approcheroit de l'autre côté du fleuve et feroit tête au prince de Bade. M. de Lorge, auteur de ce projet, qui vraisemblablement auroit réussi, avoit assemblé à Philipsbourg tous les matériaux nécessaires à l'entreprise; mais la cour, qui avoit en vue de faire une grande irruption en Allemagne, ne fut pas de cet avis, qui se trouva le meilleur dans la suite; car on ne fit que battre le pays pendant tout le reste de la campagne. Je ne sais si le maréchal de Lorge en fut fort fâché; mais il n'en est pas moins certain qu'il n'y avoit guère d'hommes qui abondassent plus que lui dans leur sens et qui fussent plus aises de le suivre[5].

Sur la nouvelle de l'approche de Monseigneur, le maréchal de Lorge fit passer le Neckar à son armée et la ramena sur Philipsbourg. La jonction se fit au village de Graben, à une lieue au delà de cette place[6], et on entra dans le pays de Würtemberg par la vallée

1. Louis de Melun, prince d'Espinoy (1673-1704), était colonel du régiment de Picardie.
2. Il reçut un coup de mousquet dans la cuisse.
3. Ci-dessus, p. 286.
4. Le prince arriva le 26 juin près de Mont-Royal.
5. Comparer à ces critiques le tableau élogieux que Saint-Simon a fait des talents militaires du maréchal son beau-père (*Mémoires*, éd. Boislisle, t. X, p. 353-354).
6. La jonction eut lieu le 16 juillet.

de Pforzheim[1] avec une armée de soixante-dix mille hommes et un prodigieux attirail de guerre.

Le prince Louis de Bade se tenoit toujours près d'Heilbronn avec l'armée impériale et y avoit été joint par les Saxons, quelques régiments de l'électeur de Brandebourg, du landgrave de Hesse et des cercles de l'Empire : ce qui formoit le nombre d'environ cinquante mille hommes. Comme le projet de la cour étoit de marcher droit à lui pour le combattre, on ne songea plus qu'à l'exécuter et à passer le Neckar.

Il y avoit quelque apparence que les Impériaux s'opposeroient à ce passage; mais, comme il se fit tranquillement, et qu'il ne parut que quelques escadrons ennemis au delà du fleuve, [lesquels s'étoient seulement avancés pour prendre langue et faire la découverte,] les plus sensés de l'armée jugèrent, comme cela étoit effectivement, que le prince Louis avoit pris un poste inattaquable. Après le passage du Neckar[2], l'armée séjourna trois ou quatre jours au delà, dans une petite plaine qui se trouva sur le rivage, et ce fut autant de temps qu'on donna aux ennemis pour changer leur logement et prendre de bons postes, qu'ils assurèrent par des redoutes et de bons retranchements.

Au départ de ce camp[3], l'armée vint d'une seule marche en vue de celle des ennemis. On trouva[4] un

---

1. Cette ville appartient aujourd'hui au grand-duché de Bade.
2. Le passage se fit le 27 juillet sur des ponts supportés par les pontons en cuivre qui accompagnaient l'armée.
3. Le 31 juillet.
4. Saint-Hilaire n'était pas en Allemagne avec Monseigneur; il était resté à l'armée de Flandre. La description si précise

petit ruisseau qui tomboit contre le retranchement de leur droite, et lui servoit d'avant-fossé. Ce retranchement, qui s'étendoit jusques au delà du centre, étoit assis sur une hauteur escarpée, fortifiée d'un grand ravin large et profond, qui tenoit lieu de fossé. Leur gauche étoit appuyée à de hautes montagnes, qui empêchoient qu'on ne la pût tourner par son flanc, et,

qu'il va donner de la position du prince de Bade, bien plus complète que celles de l'*Histoire militaire* ou de la *Gazette*, semblerait indiquer un témoin oculaire. Évidemment, il a eu communication de relations ou correspondances envoyées par des officiers de l'armée du Dauphin. On peut rapprocher de son récit les lettres de MM. de Chamlay, de Lorge et de Saint-Pouenge, en date des 3, 4, 5 et 7 août (vol. Guerre 1215, n°s 1, 2, 8 et 13), qui en confirment l'exactitude. On en pourra juger par le passage suivant de la lettre de Chamlay du 3 août : « ... Le front du camp de la gauche des ennemis [étoit] couvert d'un grand et profond ravin, qui tenoit d'un côté aux grandes montagnes couvertes de grands bois et aboutissoit de l'autre au grand ravin ou fond dans lequel coule le ruisseau de Schalbach et sur le bord duquel étoit posté le centre et la droite de l'armée ennemie. Les bords de ce ravin... étoient fort étroits et fort élevés; ... il est couvert de vignes fort épaisses et coupé d'un fort grand retranchement, accompagné d'espace en espace de grosses redoutes. Les bords du ravin qui couvre le centre et la droite des ennemis... étoient aussi fort hauts et fort escarpés..., et plantés de vignobles, particulièrement sur la droite, lesquels vignobles sont élevés les uns sur les autres par plusieurs terrasses de murailles ; dans lesdits vignobles régnoit un retranchement jusques à la droite, avec des redoutes de distance en distance, ainsi que du côté de la gauche... La gauche des ennemis aboutissoit à une espèce de montagne faite en pain de sucre..., qui étoit coupée de trois retranchements par étages les uns sur les autres, et, tout à fait sur la cime, les ennemis y avoient pratiqué une grande redoute. »

[sur celles qui étoient détachées de la chaîne qu'elles font en cet endroit et qui se trouvoient devant la gauche de leurs lignes,] ils avoient construit de bonnes redoutes garnies d'infanterie et de canon. Le front de cette gauche étoit encore couvert, depuis les montagnes jusques au centre, par un grand bois si fourré qu'il étoit impraticable à des troupes, et, au débouché, on trouvoit un grand retranchement parallèle qui communiquoit aux redoutes des montagnes. En descendant vers le centre de la ligne des ennemis, il y avoit un grand chemin à travers le bois, qui se trouvoit à gauche côtoyé par une hauteur fort escarpée, et à droite par un grand fond, en sorte que ce chemin étoit un défilé qui périssoit au village de Weinsheim[1], enveloppé dans le retranchement des Impériaux. Le bois se prolongeoit encore tirant vers leur droite, et laissoit vers leur centre une clairière de sept à huit cents pas de large, qui périssoit de leur côté au bord du ravin dont j'ai parlé, et qui étoit si escarpé, qu'aucune cavalerie ne le pouvoit descendre ni monter. Le retranchement étoit sur la crête au delà, et finissoit sur le bord du Neckar, de manière qu'on ne pouvoit, non plus que par la gauche, tourner le flanc de l'ennemi.

Au delà de ce retranchement, et dans tout le front que je viens de décrire, l'armée impériale étoit campée dans un terrain encore plus élevé et qui tomboit presque partout en glacis sur le bord du retranchement, qui étoit encore bordé de distance en distance, à l'endroit où le grand bois finissoit, par de petits bosquets qui cachoient la vue, et dans lesquels

1. Weinsheim, à peu de distance à l'est d'Heilbronn.

les Impériaux mirent des postes d'infanterie. Cette situation obligea de marcher en corps d'armée jusques aux bois qui bordoient le retranchement, pour juger de toutes ces choses et connoître s'il y auroit jour à l'attaquer.

L'armée françoise, s'étant donc portée sur l'ennemi, se mit en bataille, et se trouva en quelques endroits à une bonne portée de mousquet du retranchement. On travailla à faire des batteries sur le bord du ravin, à la faveur de quelques troupes qu'on fit avancer dans un terrain où l'ennemi ne les pouvoit découvrir. [Il ne s'émut aucunement de toute cette manœuvre, et demeura tranquillement dans son camp sans se mettre en bataille. Le prince de Bade se contenta de faire garnir son retranchement par des détachements d'infanterie et de faire tirer force coups de canon sur les François, qui n'en reçurent pas grand dommage, parce que presque toute l'armée s'en trouvoit à couvert au moyen des grands bois, et que, à l'endroit des clairières, il y avoit des hauteurs qui couvroient les fonds où les troupes étoient en bataille.]

On demeura dans cette situation depuis le commencement du jour jusque sur les trois heures après midi, et on employa ce temps-là à parcourir tout le front de bandière de l'ennemi et à chercher inutilement quelque endroit favorable pour l'attaquer. On trouva la chose impossible, à moins qu'on ne voulût s'exposer à tout perdre, parce que, supposé que notre infanterie eût pu pénétrer jusques au dedans du retranchement, elle en auroit été chassée par la cavalerie ennemie, et que la nôtre ne la pouvoit soutenir, par la difficulté insurmontable de lui faire descendre et remonter le ravin. [On auroit bien pu canonner le camp et l'obliger à se déplacer ; mais on jugea plus à propos de n'en rien faire, peut-être par la raison que, n'ayant pu faire le plus, il ne falloit pas se réduire au moins.] Ainsi, on prit le parti de se retirer au camp, au grand regret de Monseigneur, qu'on embarqua un peu inconsidérément ; [car il ne faut point exposer à un démenti un aussi grand prince].

Après cette échauffourée, l'armée demeura encore quelques jours dans son camp de Wiblingen[1], et elle revint à celui qu'elle avoit déjà occupé vers le Neckar, qu'elle repassa sans aucune inquiétude de la part de l'ennemi, et séjourna environ un mois dans le camp qu'elle prit au delà de cette rivière. Alors les soldats françois se débandèrent pour piller le pays. Plusieurs d'entre eux coururent jusque vers Nordlingue et la Bavière, brûlant et saccageant tout, sans en avoir reçu aucun ordre. La plupart d'entre eux n'en revinrent pas, furent assommés par les paysans qui prirent les armes, ou par les partis que le prince de Bade envoya sur eux, et ces désordres durèrent longtemps, [parce qu'on ne réprima pas de bonne heure par des exemples la licence que le soldat prend facilement. Il arriva encore un autre mal, causé par l'intempérance : le pays regorgeoit de vin et de subsistances ; ces biens furent bientôt gaspillés par le peu d'ordre qu'on y apporta, les maladies se mirent dans l'armée, qui tomba presque en disette au milieu de l'abondance].

Cependant M. de Lorge fit occuper Stuttgart et les

---

1. Village avec un château, à trois kilomètres nord-est de Laupheim.

autres villes de Würtemberg, [où les vivres ne furent pas mieux ménagés,] et tira quelques contributions du pays. Il se rapprocha de la petite ville de Vaihingen[1], où l'on faisoit le pain de munition avec des farines qu'on tiroit des places du Rhin [par une multitude de chariots qu'on avoit fait venir jusque de la Champagne]. Le feu prit par accident à cette ville, où les foins et les magasins de farine furent brûlés : ce qui obligea l'armée de quitter le Würtemberg et de se rapprocher du Rhin [plus tôt qu'on ne l'avoit projeté[2]. Elle s'en retourna par la vallée de Pforzheim vers le Fort-Louis-du-Rhin,] où Monseigneur la quitta pour retourner en France.

La gendarmerie fut envoyée en Piémont, aux ordres de M. de Catinat, qui devoit y entrer. Le maréchal de Boufflers, qui avoit passé en Allemagne avec Monseigneur, s'en retourna par Philipsbourg en Flandres, avec vingt mille hommes. Le maréchal de Lorge acheva la campagne dans la plaine de Weil, près de Fribourg, et on perdit dix mille hommes dans le Würtemberg pendant le séjour que l'armée y fit, soit par les maladies, ou par le débandement des soldats ; il n'en auroit peut-être pas coûté davantage dans une grande bataille, [et l'ennemi auroit eu au moins la moitié de la peur ; même on l'auroit déposté pour le combattre en lieu plus avantageux, et, si on avoit su se servir avec économie de l'abondance du pays où on étoit, il est fort apparent qu'on auroit pu s'y maintenir pendant l'hiver avec cette précaution, et y garder les villes qui étoient

1. A cinq ou six kilomètres nord-ouest de Stuttgart.
2. C'est le 29 août qu'arriva l'incendie, et l'armée décampa dès le lendemain.

bien fermées et qui n'étoient pas entièrement dénuées de fortifications. Mais, comme l'on n'avoit pris que l'unique vue de combattre le prince Louis, cela manquant, il fut peut-être trop tard pour en prendre d'autres. Cependant le chemin de Nordlingue et de la Bavière n'étoit pas inconnu à nos armées; Brisach et Fribourg étoient à nous; nous avions une armée supérieure, un Dauphin à la tête, un pays ouvert, des magasins de vivres et de munitions très amples dans nos places, de l'argent, des charrois en abondance; que falloit-il de plus?]

Campagne d'Italie. — L'armée du duc de Savoie fut plus nombreuse cette année qu'elle ne l'avoit été les précédentes; car l'Empereur lui envoya plus de troupes[1]. Ainsi le duc se vit en état de réduire le maréchal de Catinat, pendant quelque temps, à garder les passages et les avenues de la Provence et du Dauphiné depuis Nice jusques à Suse, et à soutenir une guerre fatigante et pénible contre les montagnards et Barbets, dont le nombre augmentoit tous les jours. Ils avoient grande envie de faire une irruption en Dauphiné et de fermer la communication de cette province avec Pignerol et Suse : ce qui contraignit M. de Catinat à demeurer sur la défensive jusque vers la fin de la campagne, où il reçut alors un bon renfort de troupes, principalement de cavalerie[2], avec lesquelles il entra en Piémont.

Il s'attacha donc, au commencement de cette campagne, à bien fermer les passages des montagnes à

---

1. Il eut environ cinquante mille hommes sous ses ordres.
2. Ci-dessus, p. 309.

l'ennemi et à conserver ses communications avec Suse et Pignerol, qu'il pourvut abondamment de tout ce qui étoit nécessaire à leur défense; mais, pour les assurer davantage contre l'ennemi, il fit tirer un grand retranchement à la tête de Suse, [et le fit revêtir, lequel fermoit la gorge de la vallée depuis la montagne jusques à la rivière de Doire, et ne se pouvoit tourner à cause de la hauteur et de l'âpreté des montagnes]. Il y établit un camp d'infanterie pour le défendre; il y joignit quelque cavalerie pour la soutenir en cas qu'elle vînt à être attaquée. A l'égard de Pignerol, il éleva un fort sur la montagne de Sainte-Brigitte, qui dominoit un peu la citadelle, et se campa [à Fénestrelles], dans la vallée de Pragelas, avec son principal corps d'armée, où il tenoit la communication avec Pignerol, et étoit en état de se poster dans le retranchement de Suse en cas que le duc de Savoie entreprît de l'attaquer.

Ce prince faisoit continuer le blocus de Casal par un petit corps de troupes, plutôt pour satisfaire les Impériaux et les Espagnols, que par envie de réduire cette place, parce qu'il craignoit que les Impériaux ne la voulussent garder si elle étoit prise. Ce même raffinement de politique lui fit manquer Pignerol, qu'il auroit pu prendre, [si on en croit la voix commune]; il se contenta d'y mener son armée et de l'investir. Il attaqua assez mollement le nouveau fort de Sainte-Brigitte, qui ne fut pas défendu de même. A la fin, les Savoyards s'en approchèrent de si près, que les François l'abandonnèrent et se retirèrent dans la citadelle. Après cette expédition, M. de Savoie hésita de commencer le siège, et s'en tint au bombardement de la ville. Il fit raser le fort de Sainte-Brigitte[1], et il temporisa tant, que le maréchal de Catinat, ayant reçu le renfort qui lui vint des armées d'Allemagne et de Catalogne, et ramassé toutes ses troupes, entra dans le Piémont par le Pas-de-Suse, dans le dessein de le combattre [ou de lui faire quitter Pignerol, devant lequel il étoit toujours campé].

Bataille de la Marsaille. — [Sur ces nouvelles, M. de Savoie renvoya sa grosse artillerie par le Pô, et leva son camp pour combattre M. de Catinat, qu'il ne pouvoit plus éviter.] Les deux armées arrivèrent en présence l'une de l'autre le 4 octobre[2], dans la plaine de la Marsaille, entre Turin et Pignerol. Le combat commença sur les sept heures du matin[3]. L'aile gauche du duc de Savoie plia à la première charge, et se renversa sur l'infanterie, qui fut mise en désordre. L'aile droite, où étoit la cavalerie impériale, soutint mieux les charges; mais, ayant été prise en flanc et par derrière par la cavalerie françoise, qui avoit battu ce qui lui avoit été opposé au commencement du combat, elle fut aussi mise en fuite. L'infanterie, qui se trouva dans un terrain favorable de vignes qui palissadoient son front, combattit quelque temps avec fermeté; mais, se trouvant entièrement abandonnée de

---

1. *Mémoires de Saint-Simon*, éd. Boislisle, t. I, p. 273; *Mémoires de Sourches*, t. IV, p. 268-269.
2. Le manuscrit porte : septembre, par mégarde.
3. *Dangeau*, t. IV, p. 373-377 et 423-427 (relation de Catinat); *Sourches*, t. IV, p. 269-273 et 491-495; *Gazette*, p. 517-518; *Mercure* d'octobre, volume supplémentaire. Les lettres et relations se trouvent dans le volume 1224 du Dépôt de la guerre, n°s 6-17.

la cavalerie et ayant beaucoup souffert, [principalement les bataillons de religionnaires françois qui étoient dans cette armée,] elle se débanda et abandonna le champ de bataille. Le duc se retira avec le débris de son armée à Moncalieri, où il passa le Pô et se retrancha. Il perdit trois à quatre mille hommes[1], deux mille prisonniers, trente-quatre pièces de canon et cent drapeaux ou étendards. [Le comte de Schönberg[2], chef des religionnaires, mourut le lendemain des blessures qu'il reçut en ce combat.] La perte des François fut d'environ deux mille hommes, et entre les gens de considération étoient le marquis de la Hoguette, lieutenant général[3], et celui de Druy[4], major de la gendarmerie. Après cette journée, l'armée de France fut maîtresse de la campagne et des petites villes de Piémont, d'où le maréchal de Catinat tira de grosses contributions et quantité de grains et de vins, dont il ravitailla Pignerol et Casal. Puis, sur les ordres qu'il reçut de la cour, [il se prépara à assiéger Coni, et à faire hiverner son armée en Piémont. Mais, soit que l'entreprise de Coni fût plus difficile à cause du vilain temps et de la saison avancée (c'étoit en décembre), ou bien qu'on voulût ménager le duc de Savoie et venir plus aisément à bout de le détacher de la ligue, la cour changea d'avis et envoya ordre au

1. Toutes les autres relations parlent de sept, huit ou même dix mille hommes tués du côté des ennemis.
2. Charles de Schönberg : ci-dessus, p. 263.
3. Charles Fortin de la Hoguette : ci-dessus, p. 195.
4. Eustache-Louis Marion, chevalier de Druy, exempt des gardes du corps depuis 1676 et major de la gendarmerie depuis 1690; c'est son frère aîné qui portait le titre de marquis.

maréchal de Catinat d'abandonner l'entreprise de Coni] et de faire repasser les Alpes à toute l'armée, pour lui donner des quartiers d'hiver dans la Savoie, le Dauphiné et la Provence.

Campagne de Catalogne. — La campagne en Catalogne commença par le siège de Roses, que les François investirent par mer et par terre, le 29 mai[1]. La tranchée y fut ouverte la nuit du 1er au 2 du mois suivant, et les attaques continuèrent jusques au 8, que le gouverneur espagnol[2] rendit la place[3]. Il avoit eu un bras emporté d'un coup de canon, dont il mourut peu de jours après. Le maréchal de Noailles, qui commandoit l'armée de France, alla assiéger le château d'Ampurias, qui se rendit le 12 juin, et tira ensuite sur Palamos, dans le dessein d'aller bombarder Barcelone; mais, ayant reçu ordre d'envoyer une partie de ses troupes au maréchal de Catinat, cette entreprise échoua. On rétablit les fortifications de Roses, on y mit une bonne garnison, et l'armée repassa les monts pour entrer dans ses quartiers d'hiver.

Campagne des côtes. — Sur les nouvelles du grand armement que les Anglois et les Hollandois avoient fait sur mer, et du grand nombre de bâtiments propres à faire des descentes qu'ils avoient préparés, le Roi fit Monsieur, son frère, généralissime des troupes et milices qui devoient défendre les côtes. Il eut sous lui trois maréchaux de France : le maréchal d'Humières, qui se tint près de sa personne à Vitré en Bretagne; le

---

1. Dès le 27, le comte d'Estrées avait bloqué le port avec son escadre (*Gazette*, p. 285 et 312).
2. Il s'appelait Don Pedro de Roblès.
3. *Gazette*, p. 285, 295-297 et 312-313.

maréchal de Bellefont en Normandie, et celui d'Estrées à la Rochelle et pays d'Aunis. Mais tous les grands préparatifs des ennemis s'en allèrent en fumée par le bon ordre qu'on y apporta. Ainsi il ne se passa rien sur ces côtes de toute la campagne, et Monsieur revint à la cour au mois de septembre[1].

Campagne de mer. — L'armée navale, que le maréchal de Tourville commanda, fut de soixante-onze vaisseaux de ligne, vingt-sept brûlots, et vingt bâtiments de charge, qui servirent d'hôpital et de magasins de vivres[2]. Elle mit à la voile le 24 juin[3] et doubla la pointe de Belle-Isle, et, sur les avis que M. de Tourville reçut, par deux vaisseaux qu'il avoit envoyés à la découverte, qu'il paroissoit une flotte ennemie vers le cap Saint-Vincent, il fit voile de ce côté-là pour lui couper le chemin, jugeant bien que cette flotte étoit le convoi de Smyrne, et lui tomber dessus. Elle étoit environ de cent voiles, escortée par vingt vaisseaux de guerre, commandée par le chevalier Rooke[4]. M. de

1. Après son départ, la flotte anglaise bombarda Saint-Malo, sans grand dommage, du 26 au 29 novembre.
2. Ce sont les chiffres donnés par l'*Histoire militaire*, p. 706. D'après les états conservés dans les archives de la Marine, vol. B⁴ 14, la flotte comprenait soixante-douze vaisseaux, quinze frégates et corvettes (dont ne parlent ni notre auteur ni l'*Histoire militaire*, quoique la *Gazette*, p. 204, les mentionne), vingt-cinq brûlots, deux galiotes à bombes, trois « traversiers » et vingt-deux bâtiments de charge.
3. C'est une erreur d'un mois. Tourville quitta Brest le 26 mai (*Gazette*, p. 264), et il arriva le 4 juin à la baie de Lagos, près du cap Saint-Vincent, à la pointe sud-ouest du Portugal, où il était encore le 24 (*ibidem*, p. 316 et 352).
4. Georges Rooke (1650-1709) avait été fait chevalier à la suite du combat de la Hougue, où il commandait l'escadre

Tourville lui en prit deux et en brûla deux autres, et s'empara de vingt vaisseaux marchands. Il en brûla autant, et fit de vains efforts sur le reste, qui avoit vent arrière et qui se sauva dans les ports d'Espagne[1], où il ne les put insulter, si ce n'est à Malaga, où il fit brûler sept ou huit bâtiments hollandois qui s'y étoient réfugiés[2]. La perte des Anglois et des Hollandois fut estimée à plus de vingt millions, et nos armateurs troublèrent fort leur commerce pendant cette guerre, et firent sur eux quantité de bonnes prises, qui enrichirent beaucoup de particuliers.

Après cette action, le maréchal de Tourville eut ordre de passer le détroit et d'entrer dans la Méditerranée, où il fut joint par les galères de France et vingt-deux vaisseaux de ligne sous le comte d'Estrées[3]. Il vogua sur Barcelone, qu'on avoit eu dessein d'assiéger;

bleue avec le titre de vice-amiral; il devint commandant en chef des flottes anglaises en 1702.

1. Combat du 27 juin : *Gazette*, p. 357-358 et 374-376; *Mercure* d'août, p. 156-228; *Journal de Dangeau*, p. 324, 326-329 et 337; *Sourches*, p. 228 et 231-232; *Histoire militaire*, p. 707-709. Dans le volume de la Marine B⁴ 14, il y a un journal de la campagne, avec un récit de la bataille, rédigé par l'intendant Vauvré.

2. Cette dernière action n'eut lieu que les 20 et 21 juillet (*Gazette*, p. 417-418).

3. Le comte d'Estrées avait quitté Toulon le 14 mai; il contribua à la prise de Roses (ci-dessus, p. 314) et fit sa jonction avec M. de Tourville dans les derniers jours de juillet. L'armée navale comptait alors, sans y comprendre les galères, quatre-vingt-quatorze vaisseaux, vingt-huit frégates et corvettes, quatre galiotes à bombes, trente brûlots, trois hôpitaux, et trente et un bâtiments de charge, soit cent quatre-vingt-dix bâtiments, portant 7,654 canons et près de 45,000 hommes de troupes et d'équipage (archives de la Marine, B⁴ 14).

mais, ayant été averti par le maréchal de Noailles que cette entreprise étoit différée parce qu'il avoit reçu ordre d'envoyer des troupes au maréchal de Catinat pour la guerre de Piémont[1], il ramena l'armée dans les ports de Provence, où les vaisseaux furent désarmés.

Affaires. — Outre la disette d'argent qu'il y eut cette année dans le commerce et dans les coffres du Roi, [où on tâchoit d'en faire venir par toutes sortes de moyens forcés,] la France fut encore attaquée par un plus grand mal, qui fit périr beaucoup de peuple et causa quelques petits soulèvements qui pouvoient devenir de conséquence : c'est de la disette des blés dont je veux parler[2]. La récolte fut fort mauvaise l'année précédente; les usuriers, [et même les personnes notables, tant l'avarice et la cupidité étoient à l'excès,] firent enlever tous les vieux blés et les faisoient revendre sous mains à un prix si exorbitant, que le setier de froment, qui n'avoit pas passé quinze francs depuis longtemps, se vendoit cinquante; encore n'en pouvoit-on avoir]. Pour remédier à ce mal, on se servit d'abord de moyens qui l'augmentèrent; car on fixa le prix des blés dans les marchés, et on n'y en portoit plus. La populace s'élevoit partout et crioit à la famine, [principalement à Paris, où elle étoit fort

---

1. Ci-dessus, p. 312.
2. Sur cette disette de 1693-94, qui fut beaucoup moins grave que celle de 1709, dont notre auteur parlera dans la suite, on peut voir la *Correspondance administrative* de Depping, t. II, p. 631-702, le tome I de la *Correspondance des contrôleurs généraux*, publiée par M. de Boislisle, n°s 1170 à 1273, *passim*, l'*Histoire de Colbert*, par Pierre Clément, t. I, p. 363 et suiv., et la *Police sous Louis XIV*, du même, p. 260-264.

nombreuse]. Comme le mal étoit pressant, le plus prompt remède qu'on y trouva fut que le Roi fît fournir du pain à cette populace, à un prix modéré, par un de ses entrepreneurs des vivres d'armées; mais cela ne put durer longtemps, parce que la distribution à cette multitude étoit difficile et que, étant attroupée, les suites en devenoient dangereuses. On eut donc recours à d'autres moyens. Les magistrats s'en mêlèrent; on punit quelques usuriers convaincus de fraude; on laissa la liberté du prix du blé dans les marchés; et le Roi ordonna, sous des peines rigoureuses, qu'on y apportât tous les blés des greniers et granges de la campagne, et que chaque propriétaire n'en gardât que ce qu'il en falloit pour la subsistance de sa famille jusques à la récolte prochaine. Il fit venir quelques blés des côtes d'Afrique, et donna quelque argent pour subvenir aux besoins des pauvres. Les riches se cotisèrent aussi pour les soulager; et toutes ces choses endormirent un peu le mal et firent diminuer le prix du blé. Mais Dieu, [qui ne vouloit point perdre entièrement la France et la livrer en proie à ses ennemis, dont elle étoit environnée de toutes parts, envoya une bonne récolte, et] inspira au Roi une sérieuse envie de faire la paix, que la nécessité présente lui fit envisager comme un point absolument nécessaire. Le premier pas pour y parvenir étoit de déterminer le duc de Savoie à quitter la ligue. M. de Chamlay fut envoyé, l'année suivante, le trouver pour lui faire de nouvelles propositions. D'un autre côté, le roi de Suède fit à l'Empereur quelques ouvertures de la part du Roi, qui lièrent des conférences secrètes en Suisse [entre leurs ministres qui y passèrent sous des noms supposés[1]. Ces conférences servirent à dresser le plan de la paix de Ryswyk]; mais elles n'eurent pas d'effet alors, parce que l'heure n'en étoit pas venue; et l'on se porta encore à la continuation de la guerre pour la campagne suivante.

Année 1694. — Campagne de Flandres. — Mgr le Dauphin, qui commanda cette année les armées en Flandres[2], eut sous lui M. de Luxembourg et une armée de quatre-vingt-deux bataillons et de cent soixante-deux escadrons[3]. Dès qu'elle fut assemblée, il la mena camper à Fleurus, et de là à Gembloux, ensuite à Saint-Trond, petite ville du pays de Liège. Le maréchal de Boufflers, qui commandoit sous Monseigneur une autre armée de quinze à seize mille hommes[4], alla camper à Horion, village à deux lieues de la ville de Liège, entre la Meuse et le Jaar[5], et de là à Waremme. Le marquis de

[1]. Le principal chargé d'affaires de France était l'abbé Morel, que nous retrouverons plus loin lors des négociations préliminaires de la paix de Ryswyk.
[2]. Saint-Hilaire servit cette année encore dans l'armée de Flandre; son récit peut donc être regardé comme celui d'un témoin oculaire, ou au moins bien informé. Les correspondances et relations relatives à cette campagne de Flandre sont conservées dans les volumes 1255 à 1259 du Dépôt de la guerre (avril à septembre 1694).
[3]. Quatre-vingt-dix-huit bataillons et cent quatre-vingt-dix escadrons, d'après l'*Histoire militaire*, t. III, p. 2, qui ajoute que l'artillerie se composait de soixante-six pièces de canon, sous les ordres de M. de Vigny. Les chiffres donnés par l'état de contrôle du 3 mai (vol. Guerre 1255, n° 82 *bis*) sont conformes à ceux donnés par notre auteur.
[4]. Quinze bataillons et vingt-trois escadrons (*ibidem*, n° 82 *ter*).
[5]. Le Jaar ou plutôt Geer est un affluent de gauche de la Meuse, dans laquelle il se jette à Maëstricht.

la Valette commanda aussi sous les mêmes ordres un petit camp volant du côté de la mer, et le marquis d'Harcourt un autre dans le pays de Luxembourg, pour s'opposer au comte d'Autel[1], qui couvroit le pays de Juliers avec les troupes palatines.

Le prince d'Orange avoit aussi assemblé près de Louvain une armée de cent trente bataillons et de cent quarante escadrons. L'électeur de Bavière campoit sur son flanc avec un corps de dix à douze mille hommes, composé de ses troupes et de celles d'Espagne. Le comte de Thian[2] avoit un petit camp volant sous Gand; et les troupes de Brandebourg et celles de Liège, faisant environ vingt mille hommes, campoient et gardoient de grandes lignes qu'elles avoient faites en dehors de cette ville, pour lui servir de première enceinte. Ainsi, les Pays-Bas étoient couverts de troupes, et l'on s'attendoit à de grands événements, [sans considérer que de si puissantes armées se combattent difficilement et cherchent plutôt à se dérober quelques avantages].

Le premier mouvement que fit le prince d'Orange fut d'aller camper à l'abbaye de S'Hertogendael[3], de là à Tirlemont, qu'il mit devant les lignes qu'il fit faire et qui furent couvertes par la rivière de Geete. Il demeura là pendant tout le temps que l'armée de France fut campée à Saint-Trond et à Oreye[4] près de

---

1. Ci-dessus, p. 246.
2. Il était général-major des armées impériales.
3. L'abbaye de Vau-le-Duc, en flamand S'Hertogendael, avait été fondée au xiiie siècle pour des cisterciennes, au milieu de la forêt de Meerdael, à quelques kilomètres au sud de Louvain.
4. Sur le Jaar, en amont de Tongres.

Tongres, où elle alla après avoir consommé tous les fourrages des environs de Saint-Trond. [La droite, au camp d'Oreye, fut appuyée à Tongres, et la gauche au village de Münster. L'armée de M. de Boufflers campa à cette gauche et faisoit les escortes des convois de vivres qui venoient de Huy et de Namur.]

Les armées demeurèrent dans cette situation jusques au 22 juillet, et il ne s'étoit encore rien passé que quelques enlèvements de chevaux aux fourrages, lorsque le prince d'Orange, qui vouloit tirer l'armée de France du voisinage de Liège, et lui donner de l'ombrage à son tour, décampa de Tirlemont et s'en vint au Mont-Saint-André[1], près de la Méhaigne, où il appuya sa droite. Ce mouvement détermina Monseigneur à mener son armée sur les hauteurs de Vinalmont[2], près de Huy. Sa gauche fut appuyée à la Méhaigne, et sa droite se prolongea du côté de Liège[3]. [Les troupes de M. de Boufflers campèrent en retour derrière cette gauche, faisant face du côté de Liège, puis se mêlèrent dans les lignes, lorsque le grand retranchement que Monseigneur fit faire à la tête de son camp et sur son flanc gauche, pour se couvrir des troupes de Liège, fut achevé. Il vouloit, au moyen de ce retranchement, s'assurer la liberté de faire les détachements qu'il conviendroit pour les escortes de ses convois et

---

1. Sur un petit affluent de la Geete, à six kilomètres à l'est de Perwez.
2. Cette localité, que notre auteur, comme l'*Histoire militaire*, appelle Vignamont, est au nord d'Huy, sur la route de Saint-Trond.
3. Lettre de Saint-Pouenge, du 23 juillet (vol. Guerre 1257, n° 114).

de ses fourrages, qui devinrent bientôt rares et difficiles ; car les ennemis barroient le front du camp, les derrières étoient fermés par la Meuse, la droite avoit été fourragée par les précédents camps, et la gauche étoit contrainte par la Méhaigne, que les ennemis tenoient aussi. Outre cela, tout le pays au delà étoit assez stérile et ruiné par le précédent siège de Namur, sans compter qu'il est parsemé de bois très propres pour les embuscades.]

[Pour obvier à ces inconvénients, pendant près d'un mois qu'on fut dans ce camp,] Monseigneur fit construire des ponts sur la Meuse, derrière son camp, pour aller fourrager au-delà : ce qui fut fort pénible et embarrassant, à cause des grands défilés et de la côte roide dont la Meuse est bordée en cet endroit, et qu'il falloit monter et descendre. Ces incommodités firent juger que le dessein du prince d'Orange étoit de contraindre Monseigneur, par la nécessité et l'embarras des fourrages, de passer la Meuse sur ces ponts, afin de charger son arrière-garde, [à moins qu'il n'aimât mieux passer la Méhaigne pour tirer sur Namur : ce qui paroissoit encore plus périlleux, en ce que le prince d'Orange n'auroit pas manqué de la passer aussi et de faire joindre à son armée le grand corps d'infanterie qui étoit resté jusque-là dans les lignes de Liège. Par ce moyen, son armée auroit été de beaucoup supérieure, et auroit contraint infailliblement celle de France à combattre avec désavantage dans un terrain où sa cavalerie ne lui auroit pas été d'un grand usage[1]].

1. Il y a des considérations analogues dans une longue lettre chiffrée du maréchal de Luxembourg au Roi, datée du 6 août (vol. Guerre 1258, n° 27).

Mais en peu de temps on fut hors de cet embarras. Le prince d'Orange, qui avoit déjà fait son projet pour la campagne, voulut prendre Huy, ou du moins arriver si brusquement sur l'Escaut, qu'il le pût passer et se rendre maître des lignes d'Espierres, qui couvroient le Tournaisis et la châtellenie de Lille, avant que notre armée pût s'y opposer. Il ne réussit pas dans ce dernier projet, par la diligence extrême que firent les François pour y arriver à temps, quoiqu'ils eussent deux grandes marches de plus à faire.

Le prince d'Orange, pour l'exécution de son dessein, renvoya ses gros bagages à Louvain, et, délogeant en même temps du Mont-Saint-André, il [alla camper le même jour[1] à Sombreffe, et le lendemain à Arquennes et Feluy, d'où il] poursuivit sa route vers l'Escaut, après avoir démembré deux détachements de son armée : l'un étoit de vingt mille hommes sous le duc de Würtemberg, qui alla passer l'Escaut à Audenarde pour s'avancer sur les lignes d'Espierres et favoriser la construction des ponts qu'il vouloit faire jeter sur l'Escaut [vis-à-vis du village d'Hauterive] par le second détachement, que commandoit le général Tettau[2], et que le prince d'Orange suivit avec le reste de son armée.

Monseigneur, [ayant été incontinent averti que l'ennemi étoit décampé du Mont-Saint-André et qu'il tiroit sur Sombreffe,] envoya ordre au marquis d'Harcourt de s'avancer avec vingt escadrons qu'il commandoit dans le Luxembourg, et de venir couvrir Huy. Puis

---

1. Le 19 août.
2. Daniel de Tettau était général-major de l'infanterie prussienne.

il décampa brusquement de Vinalmont avec toute l'armée, et vint camper au château de Soye-sur-Sambre[1]; il y fit jeter des ponts pour le passage d'un gros détachement de troupes, qui eut ordre de marcher en grande diligence, par l'Entre-Sambre-et-Meuse, pour aller joindre le camp du marquis de la Valette, qui étoit alors à Espierres[2]. Puis, [sur l'avis qu'il reçut le lendemain et les jours suivants que le prince d'Orange continuoit sa marche droit à l'Escaut, et qu'il avoit fait devant lui des détachements en conséquence,] il ordonna au maréchal de Villeroy d'aller au plus tôt avec vingt mille hommes à Espierres, et le suivit même de fort près avec le reste de l'armée, qui fit quarante-quatre lieues en cinq jours[3].

Lorsque le premier détachement joignit M. de la Valette à Espierres, le général Tettau avoit déjà fait passer l'Escaut dans des bateaux à quelques troupes, et s'étoit emparé du méchant château d'Hauterive. Il commençoit déjà ses ponts; mais, le détachement ayant marché en avant et étant joint, peu d'heures après, par celui que le maréchal de Villeroy conduisoit, et enfin par toute l'armée, [le duc de Würtemberg, qui n'avoit pu arriver à la hauteur d'Hauterive si tôt que le général Tettau, à cause du détour qu'il avoit pris par Audenarde, voyant que toute notre armée arrivoit, se retira d'Audenarde avec son corps de troupes]. Le

---

1. En amont de Namur; il y arriva le 19 août au soir.
2. Lettre de M. de Saint-Pouenge, du 20 août (vol. Guerre 1258, n° 85).
3. Lorsque Monseigneur mourut en 1711, cette marche « vers le pont d'Espierres » fut citée comme son principal titre de gloire militaire (*Gazette* de 1711, p. 204).

général Tettau retira son monde du château d'Hauterive et rompit les ponts qu'ils avoient commencés. [La tête de leur armée commença de paroître dans ce temps-là; mais, comme toute la nôtre étoit arrivée et l'attendoit, elle n'osa plus tenter le passage et longea, pendant tout le reste du jour, en colonne le long de l'Escaut, et essuya bien des coups de canon qui lui furent tirés, cette rivière entre deux, sans lui faire beaucoup de mal, à cause d'un marais qui empêcha qu'on pût loger le canon plus près[1].]

Le prince d'Orange ayant manqué le passage, si tant est que ce dessein fût sérieux, comme il est à en douter par la suite, mena son armée passer l'Escaut à Audenarde et camper à Cruyshautem[2], tirant sur la Lys; et on apprit qu'il faisoit assiéger Huy par M. de Holstein-Ploën[3], auquel il avoit laissé un corps de cavalerie, qu'il joignit à l'infanterie qui étoit restée dans les lignes de Liège. Il prit Huy dans quatre ou cinq jours[4]. Cette place étoit mauvaise, mais de grande conséquence en ce qu'elle couvroit Namur et lui servoit d'avant-garde; mais on l'oublia trop, et l'événement l'a assez prouvé.

La marche du prince d'Orange à Cruyshautem fit

1. *Histoire militaire*, p. 10-12; *Gazette*, p. 419-421. M. de Saint-Pouenge écrivit les 24-25 août au ministre une longue lettre rendant compte de tous ces mouvements (vol. Guerre 1258, n° 107).

2. Sur la route de Deynze.

3. Jean-Adolphe, duc de Holstein-Ploën, mort en 1704, était gouverneur de Maëstricht et maréchal général des troupes hollandaises.

4. La ville, investie le 17 septembre, se rendit le lendemain, et la garnison se retira dans la citadelle, qui capitula le 28 (*Gazette*, p. 476-477 et 490-491; *Histoire militaire*, p. 16-29).

venir Monseigneur à Harlebecque; mais le premier, ayant passé la Lys et étant venu loger à Thielt, obligea Monseigneur de la passer aussi et de camper dans la plaine de Courtray, où il se retrancha. Les ennemis firent relever les fortifications de Deynze et y mirent un poste, et Monseigneur celles de Courtray. Le prince d'Orange vint camper à Rousselaere, et fit aussi relever les fortifications de Dixmude, [pour nous attacher de ce côté-là et poursuivre plus facilement le projet qu'il avoit formé pour la campagne suivante]. Il quitta son armée vers la fin de septembre et repassa en Hollande. Ainsi on compta la campagne finie. Monseigneur revint en France[1], et peu après les armées de part et d'autre se séparèrent pour entrer en quartiers d'hiver.

Campagne d'Allemagne. — La campagne ne fut pas plus vive du côté de l'Allemagne. L'armée de France qui agit de ce côté-là sous le maréchal de Lorge, fut de quarante-cinq bataillons et de cent trente-trois escadrons, avec une artillerie proportionnée. Celle de l'Empereur, que le prince Louis de Bade commanda, ne fut d'abord que de soixante-dix escadrons et de quarante bataillons, avec lesquels il se posta à Heilbronn en attendant le reste des troupes qui devoient le venir joindre.

Le maréchal de Lorge auroit bien voulu le combattre avant cette jonction; mais il savoit, par sa propre expérience, qu'il n'y avoit pas moyen de réussir en ce

---

1. Le Dauphin quitta l'armée le 18 septembre et arriva à Fontainebleau le 20, à cinq heures du soir. Luxembourg écrivait au Roi le 19 : « Je crois qu'il ne se passera plus rien en ce pays-ci qui puisse faire regretter à Monseigneur de l'avoir quitté. »

poste[1]. Il chercha donc les moyens de l'en tirer, et, ayant passé le Rhin à Philipsbourg[2], il marcha au Neckar, qu'il passa à Ladenbourg, entre Heidelberg et Mannheim. Il s'étendit le long du Bergstrass, où son armée fit grand dégât, et, ayant appris que le prince Louis avoit été joint par quelques troupes, et qu'il s'ébranloit pour venir à Sinzheim, il repassa le Neckar dans l'intention de lui prendre ce camp. Il fut prévenu par ce prince, qui avoit dessein de lui couper le Rhin et Philipsbourg, d'où il tiroit ses vivres. En effet, il fit une marche en avant ; mais le maréchal, qui avoit moins de chemin à faire, se retira sous cette place, et repassa le Rhin peu de jours après, [sur les nouvelles qu'il eut que le prince de Bade avoit été joint par un autre renfort de dix ou douze mille hommes de différents princes d'Allemagne]. Quand l'armée eut repassé le Rhin, elle vint camper près de Frankenthal et de Worms, et s'appliqua à empêcher que le prince de Bade ne passât le Rhin entre Philipsbourg et Mayence. [Il[3] fit faire le dégât aux environs de cette ville, et même jusqu'à Bingen, afin d'ôter aux Impériaux l'envie de passer le fleuve, et leur ôter les moyens de subsister en deçà.]

Pendant ce temps, le prince de Bade envoya ses houssards et quelque cavalerie à Mayence, pour réprimer les courses des François et les incommoder dans leurs fourrages. [Il y eut à ce sujet quelques petites escarmouches, en l'une desquelles M. de la Bretesche, lieutenant général, fut blessé et pensa être pris[4].]

1. Ci-dessus, p. 304.
2. L'armée passa le fleuve les 10 et 11 juin.
3. Le maréchal de Lorge.
4. Le 11 août; il reçut deux coups de mousquet au bras

[Le prince de Bade, qui avoit ses vues, ainsi que je le dirai, faisoit tenir le landgrave de Hesse avec un petit corps d'armée au delà du Rhin, près Mayence, et cependant fit semblant de faire relever les fortifications de Mannheim. Il envoya aussi plusieurs partis faire des courses jusques aux portes de Philipsbourg, afin de ruiner la campagne des environs, et prenoit à tâche de donner à connoître qu'il n'avoit d'autre dessein que de faire subsister son armée au delà du Rhin jusques au quartier d'hiver, et de couvrir l'Allemagne. Le maréchal de Lorge, qui le crut effectivement, fit prendre des quartiers à son armée, parce que la saison s'avançoit, et les étendit jusques à Kreuznach, afin qu'elle subsistât plus commodément.]

Le prince de Bade, ayant observé parfaitement toutes ces choses, crut qu'il pourroit passer le Rhin au-dessus de Philipsbourg et faire des courses dans la Basse-Alsace, pour la mettre à contribution avant que le maréchal de Lorge pût arriver sur lui et s'y opposer. En effet, ayant ramassé secrètement les matériaux nécessaires pour dresser un pont, il fit marcher son armée à Dourlach, de là à Stolhoffen et au bord du Rhin, sur lequel il fit faire un pont près de Lauterbourg[1]. Il fit passer une bonne partie de son armée, laissant l'autre au delà, et détacha plusieurs partis pour obliger l'Alsace de contribuer. Ils enlevèrent les grains et les

gauche et au côté; Saint-Simon, qui était à l'armée d'Allemagne (*Mémoires*, t. II, p. 172-174), a raconté en détail cette escarmouche.

1. C'est à Hagenbach que le prince, trompant le maréchal de Lorge, passa le Rhin le 14 septembre. Saint-Simon a prétendu (*Mémoires*, t. II, p. 163-165) que le maréchal, qui vouloit

bestiaux jusque par-delà Haguenau, brûlèrent les magasins de fourrages qui étoient à Wissembourg, et firent le dégât dans le plat pays et les petites villes, où les maraudeurs se jetèrent et mirent tout au pillage.

Dès que le maréchal de Lorge apprit le passage des Allemands, il envoya vite le marquis d'Huxelles avec un corps de troupes, qui passa par les montagnes pour se porter derrière Haguenau, afin de couvrir le pays au delà. Il fit aussi marcher à Landau M. de Chamilly, avec un corps d'infanterie, pour conserver cette place, [qui n'étoit pas encore fortifiée au point où on l'a vue depuis,] et il détacha M. de Mélac[1], avec de la cavalerie, pour s'avancer sur l'ennemi et le reconnoître; [puis, ayant rassemblé le plus vite qu'il lui fut possible tout le reste de ses troupes, il se mit en marche avec elles pour venir à l'appui des corps qu'il avoit détachés, et combattre l'ennemi, ou lui faire repasser le Rhin].

Le prince de Bade, ayant appris que toute l'armée de France s'approchoit de lui, rappela tous les détachements qu'il avoit en campagne. Il repassa promptement, avec toutes ses troupes, dans une île au milieu du Rhin, où aboutissoit son pont[2], et le rompit par la

laisser des troupes en Alsace, en avait été empêché par les représentations que l'intendant la Grange fit à la cour sur le dommage qui en résulterait pour la province. M. de Lorge, obligé d'aller chercher ses subsistances en Allemagne, laissa le champ libre à l'incursion ennemie.

1. Ézéchiel de Mélac, un des plus hardis officiers de cavalerie de l'armée française, était lieutenant général et gouverneur de Landau; il avait alors près de soixante-dix ans et mourut en 1704.

2. Le corps ennemi repassa le Rhin le 23 septembre, n'étant resté que dix jours en Alsace (Saint-Simon, *Mémoires*, t. II, p. 169-170).

partie qui, du bord de l'Alsace, aboutissoit à cette île; mais, comme les maraudeurs ne reviennent guère à point nommé, il y en eut beaucoup de pris dans l'Alsace, qui ne purent se retirer[1], leur pont étant rompu plus tôt qu'ils ne l'avoient cru. [Toute cette échauffourée, qui pouvoit facilement devenir une affaire plus considérable, se passa en quelques petits combats de cavalerie de part et d'autre, en l'un desquels M. de Girardin, brigadier de cavalerie[2], fut blessé[3]. Cependant la marche diligente que fit M. de Lorge, et qui obligea les Impériaux à repasser brusquement le Rhin, leur fut très favorable en ce qu'il survint, six heures après qu'ils eurent passé, une prodigieuse crue d'eau, qui auroit infailliblement rompu ou couvert leur pont[4] : ainsi ils auroient du moins été contraints de combattre avec beaucoup d'inégalité, puisqu'ils avoient, comme je l'ai déjà dit, laissé une partie de leur armée au delà du Rhin, ayant seulement projeté de faire des courses dans l'Alsace et de la mettre sous contributions.]

L'armée impériale s'étant rassemblée au delà du Rhin, le prince de Bade la mena camper à Rastadt et finir la campagne aux environs. Celle de France se sépara en trois corps : le premier, sous le maréchal de Lorge, demeura aux environs de Landau, pour ôter au

1. La *Gazette* (p. 488 et 501) rapporta que la perte des ennemis atteignait quatre mille hommes et qu'il y eut plus de mille prisonniers.
2. Claude-François Girardin de Vauvré, dit le comte de Léry-Girardin, était brigadier et inspecteur général de la cavalerie depuis 1688; il mourut en 1699 maréchal de camp. On le citait comme un des plus gros buveurs de l'époque.
3. Il reçut une légère blessure au ventre.
4. Une partie des bateaux et matériaux des ponts fut même entraînée jusqu'à Philipsbourg.

prince de Bade l'envie de rétablir son pont et pour couvrir cette place ; le second, avec le maréchal de Joyeuse, alla sur la rivière de Nahe, vers Kreuznach, pour s'opposer au landgrave de Hesse, qui avoit passé le Rhin à Mayence et menaçoit Ébernbourg et Kirn, occupés par les François. M. de Tallard, qui conduisoit le troisième corps, le mena cantonner à l'appui de ces places, et le landgrave, se hâtant de repasser le Rhin, se retira en son pays avec ses troupes. [Peu après, les quartiers d'hiver arrivèrent, et l'armée se sépara.]

Campagne d'Italie. — [On croyoit vulgairement qu'il se passeroit de grandes choses en Italie cette campagne ; mais elles aboutirent à peu.] Le duc de Savoie, par des raisons particulières, ne voulut pas tirer tout le parti qu'il auroit pu du nombre de ses troupes, [qui montoient à plus de quarante mille hommes, y compris quelques régiments de l'électeur de Brandebourg qui le joignirent avec deux princes de ce nom, dont l'un mourut de maladie pendant la campagne[1]]. D'un autre côté, le maréchal de Catinat, qui n'avoit point assez de troupes pour entrer en Piémont et s'y rendre maître de la campagne, ne pouvant y subsister autrement, se réduisit à pourvoir à la conservation de Pignerol et de Suse, et à garder les vallées qui peuvent conduire du Piémont en Dauphiné, afin d'en interdire l'entrée à l'ennemi. [Et, comme il avoit sujet d'inquiétude du côté de la Provence et de Nice, à cause des grands amas de vivres que le duc de Savoie faisoit faire du côté de Final, et qu'une armée navale d'Angleterre et de Hol-

---

1. Charles-Guillaume, frère de l'électeur régnant Frédéric III, né en 1672, mourut pendant le siège de Casal, le 25 juin.

lande devoit passer dans la Méditerranée,] il envoya en Provence, sous M. de Vendôme, dix-huit bataillons et trente escadrons, qui campèrent sous Fréjus.

[Ces dispositions étant faites, M. de Catinat se campa à Dibbon[1] avec un corps de troupes, et en envoya un autre camper dans les retranchements qu'il avoit fait faire à la tête de Suse, avec lequel il communiquoit au moyen du Pas-de-Suse.] Dans l'incertitude où il étoit du parti que M. de Savoie prendroit, il tenoit aussi un corps avancé à Fenestrelle, dans la vallée de Pragelas, [pour s'avancer sur Pignerol en cas que les ennemis y marchassent, pendant qu'il le suivroit avec celui de Dibbon, et que les troupes des retranchements de Suse passeroient par les montagnes de Rochecotelle pour le venir joindre vers Fenestrelle, ou bien se rejetteroient promptement dans le retranchement de Suse, si les ennemis ne faisoient qu'une feinte sur Pignerol. En même temps, il auroit fait aussi une contre-marche pour entrer dans lesdits retranchements avec le corps qu'il menoit, et celui de Fenestrelle l'auroit suivi en diligence : de manière que, si M. le duc de Savoie en vouloit à l'une ou l'autre de ces deux places, il se tenoit en état de s'y opposer avec une armée capable de rompre son dessein, ou du moins d'en rendre l'exécution très difficile; mais il étoit beaucoup plus attentif du côté de Suse, parce que sa principale défense étoit le retranchement, et que cette vallée étoit l'entrée la plus avantageuse pour la guerre de Piémont, et que, pour ce qui regardoit Pignerol,

1. Dublione, hameau de la commune actuelle de Pinasca, dans le Val Perosa.

c'étoit une place régulièrement fortifiée et de longue haleine à conquérir. Ainsi, il auroit eu le temps de prendre son parti pour le mieux. Pour ce qui est de Casal, il étoit abandonné à sa propre défense, et ne se pouvoit soutenir que de lui-même].

Par cette disposition que je viens de décrire, on connoîtra facilement que les troupes de M. de Catinat étoient fort dispersées, et qu'il avoit une guerre pénible à ménager dans toutes ces montagnes des Alpes, où il étoit encore incommodé par les Barbets, dont les retraites étoient inaccessibles. Ainsi, il avoit besoin de toute sa science et de toute son activité.

Le duc de Savoie, s'étant mis en campagne seulement vers la mi-juin, divisa son armée en plusieurs corps, afin de jeter l'alarme partout. [Après plusieurs manèges de troupes, tantôt vers Coni, tantôt vers Pignerol et Suse,] il se détermina à renouveler le blocus de Casal dans toutes les formes. Il s'y rendit lui-même, et se borna pour cette fois à faire l'attaque du château de Saint-Georges, près Casal, [où les François avoient un capitaine et cinquante hommes, qui y furent pris[1]. Puis il s'en revint en Piémont et rassembla toutes ses troupes, non sans beaucoup temporiser, et les mena camper à Veillane, afin de contenter ses alliés, qui le pressoient fort d'entreprendre le siège de Suse, et surtout M. de Ruvigny, autrement Mylord Gallway[2], qui

1. Le fort Saint-Georges, attaqué le 13 août, se rendit le 28.
2. Henri II de Massué, marquis de Ruvigny (1648-1720), avait été créé vicomte de Gallway en 1691 par Guillaume III, qui l'avait envoyé en Savoie en 1694 avec un régiment de religionnaires français et le titre de résident britannique auprès du duc; comme son père (tome I, p. 133), il avait été de 1677 à 1685 député général des églises protestantes.

commandoit les religionnaires et que le prince d'Orange avoit envoyé en Piémont avec le caractère d'ambassadeur, pour éclairer de près la conduite du duc, qui lui paroissoit suspecte; mais il eut beau faire : l'armée des alliés ne passa pas Veillane, M. de Savoie trouvant trop de difficulté à l'entreprise de Suse. Aussi est-il vrai que M. de Catinat étoit bien préparé à s'y opposer; car il avoit retiré ses troupes de Provence, où elles n'étoient plus nécessaires, et avoit rassemblé toutes les autres pour soutenir Suse, puisque la saison qui s'avançoit ne permettoit plus d'autre entreprise aux ennemis. Ils n'osèrent tenter celle de Suse et s'en allèrent camper à Chivas, derrière Turin, où ils se séparèrent peu de temps après pour aller prendre leurs quartiers d'hiver.]

Campagne de Catalogne. — La guerre fut plus animée du côté de la Catalogne. Le Roi [voulut presser les Espagnols par leur endroit le plus sensible et] envoya pour cet effet en cette province une armée nombreuse, toujours sous le maréchal de Noailles, et fit passer dans la Méditerranée M. de Tourville, avec cinquante à soixante vaisseaux de guerre, tant pour s'opposer à l'armée angloise et hollandoise, que pour favoriser les entreprises qui se feroient du côté de la Catalogne.

Le maréchal de Noailles fut assez heureux pour commencer sa campagne par la défaite de vingt mille Espagnols, [sous le duc d'Escalona[1], vice-roi de la pro-

1. Jean-Emmanuel Pacheco, marquis de Villena et duc d'Escalona (1648-1725), était vice-roi de Catalogne depuis 1686 et eut ensuite la vice-royauté de Naples et de Sicile; il devint majordome-major du roi Philippe V en 1713.

vince,] qui s'étoient retranchés sur la rivière du Ter pour en défendre le passage[1]. Il reconnut avec ses officiers généraux la situation de l'armée ennemie, et le moyen de passer la rivière et de l'attaquer. Après y avoir employé le reste de la journée, pendant laquelle on tira quelques coups de canon de part et d'autre, on conclut de passer la rivière vers la droite des ennemis, où l'on s'étoit aperçu que le retranchement étoit moins bon et la situation moins avantageuse. Il se trouva même en cet endroit un gué commode et assez large. Les troupes françoises s'y jetèrent au petit point du jour du 27 mai et s'avancèrent au retranchement opposé, en essuyant un fort grand feu. L'infanterie espagnole plia et abandonna les retranchements, sans plus se rallier. Les François, qui s'en étoient rendus maîtres, s'étendirent au delà et soutinrent vigoureusement la charge de la cavalerie espagnole, qui se fit avec valeur ; mais, le nombre des François augmentant à mesure qu'ils passoient la rivière, ils chargèrent à leur tour la cavalerie ennemie, qui soutint encore assez de temps pour sauver leur infanterie et lui donner le loisir de se retirer à la faveur des défilés et des montagnes qui étoient derrière. Cette cavalerie gagna les mêmes défilés [en tournant tête de temps en temps tant qu'elle fut dans la plaine, les François la chargeant toujours. L'arrière-garde y étant entrée,] les François ne les poursuivirent plus, ne jugeant pas à propos de

1. *Gazette*, p. 283-284; *Histoire militaire*, t. III, p. 56-60; *Mercure* de juin; *Journal de Dangeau*, t. V, p. 21; *Mémoires de Sourches*, t. IV, p. 338-339; *Mémoires de Saint-Simon*, t. II, p. 153-155; Dépôt de la guerre, vol. 1282, lettres du maréchal de Noailles et de M. de Chazeron.

s'aventurer après avoir gagné le combat. Ils firent prisonnier le marquis de Grigny, général de la cavalerie espagnole[1], le commissaire général[2] et plusieurs autres officiers, et environ deux mille hommes; ils en tuèrent à peu près autant[3]. Seize drapeaux, quelques étendards, beaucoup de munitions de guerre, toutes les tentes et les équipages des Espagnols furent pris, [même ceux du vice-roi]; mais ils sauvèrent leur canon.

Après cette victoire, le maréchal de Noailles emporta d'assaut la ville de Palamos; les châteaux se rendirent par composition[4]; et, voulant poursuivre sa pointe et exécuter l'ordre qu'il avoit de s'avancer vers Barcelone pour en tenter le siège à la faveur de l'armée navale, il s'ébranla pour ce projet, qu'il changea bientôt, soit qu'il manquât des choses nécessaires pour l'exécution, ou bien qu'il craignît que la flotte angloise et hollandoise, qu'on attendoit dans la Méditerranée, ne lui fût un obstacle invincible. Au lieu de Barcelone, il vint assiéger Girone, qu'il prit en peu de jours[5]. Ensuite il

---

1. N. du Buis, vieil officier de fortune d'origine wallonne, que le roi d'Espagne avait absolument voulu avoir en Espagne en 1692 pour commander sa cavalerie, malgré l'opposition du prince d'Orange, et auquel il avait donné le titre de marquis de Grigny. En 1700, il se rallia à Philippe V, qui le nomma capitaine général à Naples.

2. Le commissaire général des troupes allemandes, dit la *Gazette*.

3. Les autres relations donnent des chiffres très supérieurs : cinq mille tués ou blessés et trois mille prisonniers.

4. Palamos fut pris le 7 juin, et la citadelle se rendit le 10. Le Roi écrivit une lettre de félicitation à la mère du vainqueur, la vieille duchesse de Noailles.

5. Girone capitula le 29 juin.

se rendit maître d'Hostalrich et de Castelfollit[1]. Pendant ce temps-là, le marquis de Conflans, général espagnol[2], ramassa quelques troupes, et voulut reprendre Hostalrich; mais M. de Noailles marcha à lui et le fit retirer à Barcelone.

Sur les nouvelles qu'on reçut à la cour des progrès du maréchal de Noailles, le Roi lui envoya dix bataillons d'augmentation, afin de les continuer, et donna ordre au maréchal de Tourville, qui avoit relâché à Toulon avec sa flotte, de se remettre en mer pour aller combattre l'armée angloise et hollandoise qui étoit entrée dans la Méditerranée, [seulement forte de cinquante vaisseaux de ligne, non compris quelques vaisseaux espagnols mal équipés et mal armés, qui les avoient joints]. Le maréchal de Tourville ne put exécuter son ordre : car, s'étant remis en mer, il éprouva une si rude tempête et en fut si maltraité, qu'il fut contraint de revenir à Toulon pour s'y radouber, et y désarma peu de temps après.

Cet incident rompit le dessein qu'on avoit repris sur Barcelone, et, la saison se trouvant avancée, l'armée françoise entra en quartiers d'hiver dans les villes et pays de ses nouvelles conquêtes, et y subsista aux dépens des Espagnols [et des contributions qu'elle tira des autres provinces ennemies, où l'épouvante se répandit généralement,] ce qui obligea l'armée navale d'Angleterre et de Hollande à hiverner dans les ports

---

1. Petites villes de Catalogne, aux environs de Girone. La première fut prise le 20 juillet, et la seconde le 9 septembre.

2. Jean-Charles de Watteville, marquis de Conflans, gouverneur de Pampelune, vice-roi de Navarre et lieutenant général des troupes espagnoles, mourut en 1699.

espagnols de la Méditerranée [contre l'intention qu'elle en avoit, à cause de la grande dépense, et des agrès et autres choses nécessaires qu'elle étoit obligée de tirer d'Angleterre, ce qui ne se pouvoit faire qu'avec beaucoup d'inconvénients et de grosses escortes].

Le maréchal de Noailles fut récompensé du service qu'il avoit rendu par la patente de vice-roi de Catalogne, que le Roi lui envoya[1]. Il se fit recevoir en cette qualité à Girone, avec tout le faste [et l'ostentation dont il est capable[2]].

Campagne de Normandie. — Les Anglois et les Hollandois eurent encore une armée navale [sur l'Océan, sur laquelle ils firent embarquer des troupes] pour faire une descente sur les côtes de France. Pour la rendre plus facile, ils avoient préparé quantité de petits bâtiments propres à cet usage. Après avoir couru le long des côtes de Normandie sans y rien faire, ils vinrent à celles de Bretagne, et tentèrent leur descente à la pointe de Camaret, qui ne leur réussit pas[3]. Cette plage se trouva gardée et défendue par de bons retranche-

1. M. de Noailles avait reçu ces pouvoirs dès le commencement de la campagne (lettre de lui citée dans les *Mémoires de Saint-Simon*, t. II, p. 157, note 3).

2. Cette phrase avait été modifiée en « avec beaucoup de pompe et de faste » par l'éditeur de 1766. Il est curieux de rapprocher les termes de Saint-Hilaire de ceux employés par Saint-Simon (t. II, p. 157) : « M. de Noailles n'oublia rien de toutes les cérémonies et les distinctions qui le pouvoient flatter. »

3. Le débarquement des Anglais eut lieu le 18 juin; la *Gazette* (p. 309-311) publia une lettre de Brest qui donne le détail du combat. Les troupes françaises ne se composaient que d'un bataillon de la marine et de quelques milices, sous les ordres du marquis de Langeron.

ments, quantité de batteries de canon, et six ou sept mille hommes de troupes de marine ou de milices de la province, qui n'eurent pas grand'peine à défaire mille ou douze cents Anglois, qui avoient déjà mis pied à terre [et ne furent pas secourus à temps par leurs autres troupes de débarquement, ni assez favorisés du feu de leurs vaisseaux, qui ne purent approcher assez près de terre à cause du manque de fond, et aussi à cause du grand feu que les batteries de terre faisoient sur eux : tellement que les Anglois qui avoient mis pied à terre furent taillés en pièces, avant de se pouvoir poster et retrancher]. Leur général Talmash[1] et le premier ingénieur furent tués, et tous les petits bâtiments qui approchèrent de terre furent fort endommagés, [principalement deux frégates et une galiote à bombes, qui ne purent se retirer et demeurèrent au pouvoir des François].

Après cette équipée, la flotte se retira et vint bombarder Dieppe, où le feu se communiqua facilement parce que la plus grande partie des maisons n'étoient que de bois[2]. Ils firent moins de ravage au Havre, où

1. Thomas Talmash ou Tollemache, né vers 1651, et qu'on prétendait être fils naturel de Cromwell, avait eu une compagnie aux gardes du roi d'Angleterre en 1678, devint colonel d'un régiment en 1685, mais se rallia au prince d'Orange, qui le fit gouverneur de Portsmouth et major général; blessé grièvement au débarquement de Camaret, il fut ramené à Plymouth et y mourut le 12 juin 1694.

2. La flotte anglaise, commandée par l'amiral Berkeley, parut devant Dieppe le 17 juillet; mais, à cause du mauvais temps, elle ne put commencer le bombardement que le 22, et jeta sur la ville plus de trois mille bombes (*Gazette*, p. 371; lettres de MM. de Beuvron et d'Ormesson, des 22, 25 et 26 juillet, vol. Guerre 1257, n°s 118, 135 et 140).

ils allèrent ensuite; car les bombes qu'ils y jetèrent firent peu d'effet, soit qu'on s'y précautionnât davantage, ou qu'elles y rencontrassent des matières moins combustibles[1].

[Quoique ces entreprises fussent peu de chose, elles ne laissèrent pas de causer beaucoup d'alarmes, et, pour en empêcher de mauvaises suites,] le Roi envoya en Normandie les troupes de sa Maison qu'il avoit gardées près de sa personne, et on donna les meilleurs ordres le long des côtes de cette province; mais toutes ces précautions devinrent inutiles: la saison s'avançoit, et les Anglois se retirèrent dans leurs ports, où ils désarmèrent.

Affaires. — J'ai dit ci-devant[2] que le Roi, pressé par la difficulté de trouver des fonds suffisants pour la dépense de la guerre, songeoit sérieusement à la paix, et que le roi de Suède en avoit fait plusieurs ouvertures, tant en Hollande qu'à la cour de Vienne, [donnant à connoître que le Roi se relâcheroit considérablement en faveur d'une bonne paix]. Les Anglois et les Hollandois, guidés par le prince d'Orange, n'y avoient pas donné grande attention, quoiqu'ils supportassent eux seuls tout le faix et la dépense de cette guerre, et que leur commerce souffrît beaucoup des prises considérables que les armateurs françois faisoient journellement sur eux. Les Espagnols se tenoient toujours fort fiers, s'imaginant que leurs alliés étoient

---

1. Le Havre fut bombardé le 26 (*Gazette*, p. 371; lettre du maréchal de Choiseul du 29 juillet, vol. Guerre 1257, n° 150). Calais reçut aussi leur visite le 27 septembre; mais ils ne purent y causer aucun dégât (*ibidem*, n° 199).

2. Ci-dessus, p. 317-318.

indispensablement obligés de leur faire recouvrer tout ce qu'ils avoient perdu depuis la paix des Pyrénées; mais, comme, dans ce temps-là, les Turcs reprenoient le dessus en Hongrie, [et que l'armée impériale se trouvoit fort pressée par eux, et même dans une espèce de péril évident[1],] l'Empereur rechercha d'entrer en une négociation secrète avec la France [pour éviter les oppositions et les longueurs qui ont coutume de survenir dans un traité public. Il se flatta que, faisant ses conditions particulières bonnes, et celles de ses alliés, il les porteroit facilement à accepter le traité, d'autant plus que le parlement d'Angleterre se lassoit fort de fournir des subsides dont la cause commune ne tiroit pas de grands avantages. Il y a de l'apparence que le Roi se persuada de son côté que, en faisant le parti de l'Empereur un peu bon, il passeroit par-dessus bien des considérations à l'égard des autres, pourvu toutefois que la sûreté commune de son parti s'y rencontrât, et que, en signant un traité général avec ce prince, il en arriveroit que le reste de la ligue seroit bientôt contrainte de l'accepter. Outre cela, le Roi eut peut-être en pensée que l'Empereur seroit bien aise de rendre la pareille aux Hollandois et de leur faire ressentir qu'il n'avoit pas perdu la mémoire de la manière dont ils en avoient usé à son égard à la paix de Nimègue[2]]. Ainsi l'Empereur convint avec le Roi d'envoyer incessamment leurs ministres en Suisse, où ils traiteroient cette affaire en grand secret.

1. Voyez les correspondances de la *Gazette* pour les mois de mai, juin, juillet et août 1694.
2. Tome I, p. 296.

Sa Majesté y fit passer l'abbé Morel[1] et le comte de Crécy, ci-devant connu sous le nom de Verjus[2]. L'un se fit appeller M. de Boursière, et l'autre M. du Breuil. L'Empereur y envoya le comte de Velos, et M. de Seilern[3], qui depuis a été un de ses plénipotentiaires à la paix de Ryswyk. Ces quatre ministres se joignirent à la fin du mois d'août, dans un bourg de Suisse appellé Steckborn[4], près du lac de Constance, et eurent ensemble sept conférences, qui furent bientôt interrompues par le soupçon et le bruit qui se répandit dans le pays d'une partie de ce qui se passoit. [L'évêque de Constance[5] fut le premier averti, ensuite le baron Neveu, ministre de l'Empereur près des Cantons, puis ceux des puissances étrangères.] Les espions se mirent en campagne, et s'en vinrent loger à Steckborn, dans

1. L'abbé Jean Morel, conseiller clerc au parlement de Paris depuis 1674, avait été envoyé près du duc de Mantoue en 1680, puis à Vienne en 1685; il avait déjà pris part aux conférences secrètes qui s'étaient tenues en Suisse en 1693 (ci-dessus, p. 318). « C'étoit une excellente tête, dit Saint-Simon, pleine de sens et de jugement, mais ami de la table et du plaisir. »

2. Louis Verjus, comte de Crécy, d'abord secrétaire du cardinal de Retz, avait été chargé de nombreuses missions diplomatiques, dans lesquelles il réussit presque constamment; conseiller d'État et membre de l'Académie française, nous le verrons prendre la part la plus importante au traité de Ryswyk; il mourut en 1709. « C'étoit une homme sage, mesuré, et qui, sous un extérieur et des manières peu agréables, cachoit une adresse et une finesse peu commune » (*Saint-Simon*).

3. Jean-Frédéric, baron de Seilern, conseiller aulique, fut par la suite un des plénipotentiaires impériaux à Ryswyk.

4. Steckborn, petit bourg à quelques kilomètres à l'ouest de Constance, sur un bras du lac, vers Schaffouse.

5. C'était, depuis 1689, Rodolphe de Rodt, qui mourut en 1704.

les mêmes hôtelleries où se tenoient les ministres incognito. Ils démêlèrent bientôt, par les visites qu'ils se rendoient alternativement, par la chaleur et l'attention avec laquelle les matières étoient débattues, qu'il falloit qu'elles fussent de grande conséquence, surtout quand ils eurent reconnu que deux de ces ministres étoient François. [L'évêque de Constance en redoubla de soins, de peur qu'il ne se tramât quelque chose contre les intérêts de son maître[1], et même fit armer des barques sur le lac.]

Les négociateurs, qui s'étoient déjà aperçus qu'ils étoient curieusement observés, furent bientôt avertis que des gens armés rôdoient autour de Steckborn. Le sieur de Seilern, le plus ombrageux des quatre, en prit le premier l'alarme, et s'enfuit de peur d'être arrêté et que le secret de l'Empereur ne fût découvert. Le comte de Velos se retira à Schaffouse, et les deux autres à Soleure[2]. Ils convinrent, avant de se séparer, d'envoyer des courriers à leurs maîtres, et de continuer leur négociation par écrit jusqu'à une entière conclusion, [et de prendre lieu et jour pour signer le traité, qui étoit déjà fort avancé; car on étoit convenu de tout le principal. Je n'en ferai point ici le détail, quoique les papiers de cette négociation me soient tombés entre les mains[3], parce que le traité de Ryswyk, dont je parlerai en son lieu, a été fait et conclu sur le plan de celui-ci, à l'exception toutefois que le Roi étoit tombé

---

1. L'Empereur, qui n'avait mis dans la confidence ni son ministre en Suisse, ni l'évêque son vassal.
2. Soleure était la résidence de l'ambassadeur français auprès des Cantons suisses.
3. Serait-ce les papiers de Crécy dont notre auteur aurait eu connaissance?

d'accord de renoncer à pur et à plein à la succession d'Espagne, quand elle seroit ouverte, et d'en passer un acte en la meilleure forme qu'il se pourroit, laquelle même, pour plus grande sûreté, seroit dévolue à l'Archiduc ou à tel autre prince qui ne posséderoit pas en même temps la couronne impériale. Je n'ai pas appris jusques à présent que cette matière ait été débattue au congrès de Ryswyk. Il est même à présumer que le Roi éloigna ce débat autant qu'il fut possible, pour avoir terme, et que le prince d'Orange, qui vouloit toujours des réserves de noise[1], ne se mit pas beaucoup en peine que cette affaire y fût agitée. Pour ce qui est de l'Empereur, je ne sais point les raisons qu'il eut alors de n'en point traiter; peut-être se fia-t-il à un ancien traité qu'il avoit fait avec le Roi sur cette succession, lequel a été tenu secret jusques ici. Je reviens à nos quatre ministres : la promesse réciproque qu'ils s'étoient faite, en se séparant, de reprendre la négociation par écrit, n'eut point de lieu, en ce que les Impériaux eurent ordre de ne la point poursuivre.

Dans ce temps-là, le général Caprara[2] tira d'embarras avec gloire l'armée de l'Empereur en Hongrie[3], et les Vénitiens prirent l'île de Chio sur les Turcs, ce qui mettoit les intérêts de cette puissance en mauvais état. D'ailleurs, le prince d'Orange, qui fut bientôt averti par ses émissaires de ce qui s'étoit traité en Suisse entre les négociateurs, fit des plaintes de ce

1. Se réserver des occasions de conflit.
2. Tome I, p. 136; il était feld-maréchal général de l'armée impériale.
3. Les Turcs avaient amené une formidable armée jusqu'à Peterwaradin, sur le Danube; M. de Caprara réussit à les faire rétrograder à la fin de septembre.

secret, et, pour s'en venger en quelque façon, il demanda que le Roi envoyât à Maëstricht un ministre avec lequel il pût aussi traiter à l'insu de l'Empereur. M. de Harlay[1] s'y rendit donc de la part de la France, sous le nom de M. de Saint-Martin; mais on se moqua de lui[2]; car le prince d'Orange vouloit encore continuer la guerre, et par cette démarche rendre la pareille à l'Empereur, et empêcher qu'il ne se passât rien au sujet de la paix dont il n'eût une entière connoissance. Peut-être aussi fut-il bien aise de manifester à tous les alliés que l'empressement de la France pour la paix étoit une marque certaine du besoin pressant qu'elle en avoit, et qu'il n'y avoit qu'à continuer la guerre pour en obtenir encore des conditions plus avantageuses. On ne songea donc de part et d'autre qu'à se bien servir de son épée.

[Pendant l'hiver, le Roi fit faire de nouvelles lignes en Flandres, qui prenoient depuis l'Escaut, vis-à-vis du village de Pottes, jusques à Courtray, où on fit un chemin couvert. Ces lignes s'appelèrent les lignes de Clare; elles eurent trois grandes lieues d'étendue, et

---

1. Nicolas-Auguste de Harlay, seigneur de Bonneuil, avait été intendant de Bourgogne en 1683 et était conseiller d'État; il prit une part importante au traité de Ryswyk et mourut en 1704.

2. « Les Hollandois eurent l'imprudence de faire sentir à M. de Harlay, dont la maigreur et la pâleur étoient extraordinaires, qu'ils le prenoient pour un échantillon de la réduction où se trouvoit la France. Lui, sans se fâcher, répondit plaisamment que, s'ils vouloient lui donner le temps de faire venir sa femme, ils pourroient en concevoir une autre opinion de l'état du royaume; en effet, elle étoit extrêmement grosse et très haute en couleurs. Il fut assez brutalement congédié. » (*Mémoires de Saint-Simon*, t. II, p. 245.)

fermoient le terrain entre la Lys et l'Escaut[1]. Par ce moyen, les châtellenies de Lille et de Courtray en partie, et le Tournaisis, se trouvèrent à l'abri des courses de l'ennemi, qui n'en pouvoit plus tirer que des contributions volontaires. Cela ne laissoit pas d'arriver malgré les défenses; car les habitants du dedans, pour la plupart, afin de se mettre à couvert de l'incendie en cas que les lignes fussent forcées, ainsi qu'il est arrivé deux fois pendant le cours de cette guerre, contribuoient sous main à l'ennemi et lui portoient leur argent : d'où on peut inférer que ces lignes ne servirent pas fort utilement, joint à cela qu'elles assujettissoient beaucoup et qu'on ne pouvoit les conserver qu'avec un gros corps de troupes, ce qui affoiblissoit fort les armées. Ainsi, elles ne servirent, à proprement parler, qu'à garantir de la contribution les voyageurs du dedans et les derrières plus éloignés. On fit aussi d'autres lignes vers Ypres aux mêmes fins. Pendant qu'on y travailloit, l'électeur de Bavière, gouverneur des Pays-Bas espagnols, mit en campagne un corps de troupes pour s'y opposer. Les François en assemblèrent un autre afin de les soutenir, et il y eut quelque apparence qu'on en viendroit à une action; mais le tout se passa sans coup férir[2], et les lignes s'achevèrent tranquillement.]

Année 1695. — Campagne de Flandres. — Le maréchal de Villeroy, qui étoit fort bien en cour, eut

1. Commencées le 6 avril par vingt mille pionniers, ces lignes furent achevées en huit jours.
2. Le duc se retira quand il vit que M. de Boufflers, qui commandait en Flandres pendant l'hiver, avait réuni soixante-six bataillons et cent escadrons pour l'arrêter.

cette année le commandement de la principale armée de Flandres, devenu vacant par la mort de M. de Luxembourg[1], [causée par un excès qu'on doit éviter à son âge[2]]. Le prince d'Orange, en conséquence d'un grand projet qu'il avoit formé, assembla ses troupes de meilleure heure, et les divisa en plusieurs corps, afin de donner plus de jalousie et de cacher son véritable dessein. Le plus considérable vint camper à Deynze sur la Lys, d'où il marcha bientôt à Rousselaere, [puis à Bewelaere,] à une lieue des lignes d'Ypres. Cette armée étoit commandée par le prince d'Orange en personne.

M. de Rosen, lieutenant général, qui veilloit à la conservation de nos lignes d'Ypres avec un petit corps de troupes pendant que le reste de l'armée s'assembloit près de Valenciennes, côtoya la marche du prince d'Orange, et fut seul avec ce petit corps dans les lignes d'Ypres pendant vingt-quatre heures, non sans beaucoup de risque, à une lieue de l'armée ennemie, composée d'environ cinquante mille hommes. Le maréchal de Villeroy y accourut avec toute l'armée, qu'il avoit achevé d'assembler, et le prince d'Orange fit un détachement de la sienne, sous le duc de Würtemberg,

---

1. Il mourut à Paris le 4 janvier 1695.
2. « A soixante-sept ans, il s'en croyoit vingt-cinq, et vivoit comme un homme qui n'en a pas davantage », dit Saint-Simon (*Mémoires*, t. II, p. 229), qui attribue sa mort à une « péripulmonie ». La *Gazette d'Amsterdam* (p. 19) écrivait de son côté : « On parle diversement de la cause de sa maladie, et quelques-uns n'en veulent pas juger si favorablement que les autres, à cause qu'elle vint à la suite de quelques repas et divertissements qu'il avoit pris avec d'autres seigneurs. »

pour attaquer le fort de la Kenoque, situé à une lieue d'Ypres sur le bord du canal[1].

Pendant ce temps-là, M. de Bavière assembloit une autre armée de trente mille hommes aux environs de Bruxelles. Le comte d'Athlone[2], général de la cavalerie des États, étoit avec six à sept mille chevaux aux environs de Louvain, et les troupes de Brandebourg, Cologne, Münster et Liège s'assembloient sur la Meuse, près de Vizé, entre Liège et Maëstricht, pour former un corps d'environ vingt-cinq mille hommes.

Le maréchal de Boufflers, qui commanda la seconde armée de Flandres, eut ordre d'observer M. de Bavière et de veiller aux places de la Meuse. Il envoya quinze bataillons camper dans le nouveau retranchement qu'on avoit fait à la tête du château de Namur, afin d'assurer cette place, et, avec soixante escadrons qui lui restèrent, il observa de loin les mouvements du duc de Bavière, qui vint bientôt passer l'Escaut à Gavere et s'approcha des lignes de Clare.

M. de Boufflers s'y rendit avec ses soixante escadrons et son artillerie. Il y trouva cinq bataillons et quelques autres escadrons de dragons, qui y étoient pour la garde ordinaire des lignes. M. de Villeroy lui envoya six bataillons de renfort et quelques pièces d'artillerie, et, avec ces troupes, il se mit en posture de soutenir l'attaque de l'Électeur. Ces lignes, ainsi que

1. La première attaque eut lieu le 19 juin (voyez ci-après, p. 350).
2. Godart de Reede de Ginckel, d'abord colonel de cavalerie en Hollande, suivit en Angleterre le prince d'Orange, qui le créa comte d'Athlone (1691); il devint feld-maréchal en 1702 et mourut en 1703.

je l'ai déjà dit, avoient trois grandes lieues d'étendue, et il avoit peu de troupes pour les défendre en comparaison de celles qui se présentoient pour les attaquer. De plus, il se rencontroit à ces lignes un grand inconvénient pour les bien défendre : elles étoient construites avec des espèces de bastions fermés par la gorge, dont il ne voulut jamais permettre l'ouverture, quelque représentation qu'on lui en fît. Ainsi on ne pouvoit y introduire du monde qu'un à un, pour soutenir ceux qui les défendoient, en cas qu'ils fussent attaqués; et, étant emportés une fois, les ennemis s'y maintenoient comme dans des citadelles, et se rendoient maîtres des courtines de droite et de gauche pour introduire leur armée dans les lignes avec toutes sortes de facilités. La seule raison que M. de Boufflers opposa là-dessus étoit que, le Roi ayant vu le plan de ces lignes et l'ayant approuvé, il n'avoit garde d'y rien changer. [Belle défense, certes! mais qui se seroit trouvée fort préjudiciable à son service dans le fond. Ainsi je tiens pour maxime incontestable que, tout bien examiné, il faut faire en pareil cas toutes choses pour le mieux et n'être pas si courtisan; car un général qui se conduit sagement selon les occasions n'en peut être que loué; autrement il court grand risque, en s'attachant si fort au pied de la lettre, de faire mal les affaires de son maître et d'en être blâmé; outre cela, il met sa réputation fort en péril.]

Dans cette situation, M. de Boufflers se tenoit fort alerte et envoyoit continuellement de petits partis sur l'ennemi, afin d'être averti de ses démarches. Il arriva un matin que le duc de Bavière vint reconnoître les lignes avec cinq ou six mille hommes, et fit pousser les gardes qui étoient en dehors jusques à la hauteur du moulin de Clare. M. de Boufflers sortit des lignes avec plusieurs troupes pour les soutenir; et il s'engagea là une assez vive escarmouche, pendant laquelle le général françois fut obligé de retirer ses troupes contre ses retranchements. Elles auroient eu de la peine à y rentrer commodément, si les ennemis avoient eu le reste de leur armée; mais heureusement ils n'étoient pas venus en assez grand nombre pour entreprendre une plus grande affaire, et il faut croire que M. de Boufflers en étoit bien averti : car autrement il auroit été imprudent d'engager au combat une partie de l'armée qui n'étoit pas même suffisante pour défendre les lignes en dedans, et de s'exposer à y faire entrer l'ennemi pêle-mêle avec elle. [Les troupes de France, s'étant ainsi rapprochées de leurs retranchements, donnèrent jour à leur artillerie de faire grand feu sur l'ennemi, qui se retira après en avoir essuyé quelques décharges et avoir perdu quelque monde.]

Cependant l'attaque de la Kenoque alloit fort lentement, et ces amusettes dégénérèrent bientôt en une action plus sérieuse : car le prince d'Orange, ayant disposé tout ce qu'il lui falloit en Hollande et à Maëstricht, fit lever son prétendu siège de la Kenoque[1], envoya ordre au duc de Bavière de repasser l'Escaut avec son armée, et suivit sa marche avec la sienne, en laissant toutefois un corps d'armée de quarante bataillons et soixante escadrons sur la Lys, près de Deynze, sous le commandement du prince de Vaudémont, pour amuser encore le maréchal de Villeroy.

1. Le duc de Würtemberg leva son camp de devant ce fort le 27 juin, n'y étant resté que huit jours.

Les choses étant ainsi disposées en cette partie, le prince d'Orange envoya ordre au comte d'Athlone, qui s'étoit toujours tenu aux environs de Louvain, d'aller investir Namur en deçà de la Meuse, avec son corps de cavalerie, et les troupes de Brandebourg, de Münster, de Cologne et de Liège, qui étoient restées aux environs de cette ville, en partirent pour l'investir [du côté du Condroz] et dresser des ponts de communication sur la Meuse.

Sur les premiers avis de cette détermination du prince d'Orange, le maréchal de Boufflers partit des lignes de Clare avec sa cavalerie et ses dragons, et marcha jour et nuit par Dinant, si bien qu'il se jeta dans Namur avec six régiments de dragons [avant que les troupes de Brandebourg l'eussent investi du côté du Condroz; puis il renvoya sa cavalerie au marquis d'Harcourt pour couvrir le Luxembourg et harceler les ennemis dans leurs fourrages]. Après ce renfort, la garnison de Namur se trouva de quinze mille hommes d'excellentes troupes[1], et cette ville étoit pourvue abondamment de toutes les choses nécessaires à une bonne et longue défense. Les fortifications étoient en bon état; depuis la conquête que le Roi en avoit faite, on y en avoit ajouté de nouvelles, qui la rendoient plus difficile à prendre. Ainsi, on comptoit que le prince d'Orange y échoueroit, et qu'avant qu'il fût besoin que l'armée marchât au secours de cette place, on auroit le temps d'exécuter différentes entreprises sur l'ennemi du côté de la partie des Pays-Bas qu'on appelle la Flandre.

1. On trouve la composition de la garnison dans l'*Histoire militaire*, t. III, p. 108-109.

Suivant ce plan, le maréchal de Villeroy conçut divers projets et reçut plusieurs ordres de la cour, dont le premier portoit de chasser le prince de Vaudémont des environs de Deynze, où le prince d'Orange l'avoit laissé. Le maréchal se trouvoit alors au delà de l'Escaut, près du village de Pottes, jusques où il avoit côtoyé l'armée du prince d'Orange qui marcha à Namur. Il en partit le 12 juillet sur le minuit, avec une armée de soixante-douze bataillons, cent soixante-douze escadrons et une nombreuse artillerie[1]. Il repassa l'Escaut sur plusieurs ponts, ensuite la Lys près de Courtray, et, d'une seule marche bien concertée et bien exécutée, l'armée se trouva, sur les quatre heures du soir, à une lieue de celle des ennemis, qui à peine en avoit eu des nouvelles. [Elle auroit pu arriver sur eux le même jour, si on ne s'étoit pas amusé mal à propos à faire attaquer deux méchants châteaux sur la route[2], dans lesquels les ennemis avoient mis du

---

1. Sur l'affaire qui va suivre, on peut voir la *Gazette*, p. 237-238, dont le récit très court est intentionnellement peu précis, la *Gazette d'Amsterdam*, n° LVIII et Extraordinaire, les *Mémoires de Sourches*, t. V, p. 7, 8 et 11, ceux *de Dangeau*, t. V, p. 240 et 242-243, le *Mercure* du 5 juillet, p. 280-299, les *Mémoires de Berwick*, édit. Michaud, p. 341-342, ceux *de Feuquière*, t. II, p. 160 et 240, et surtout ceux *de Saint-Simon*, t. II, p. 314-318, avec le commentaire qui y est joint. Les correspondances officielles qui y ont trait devraient être dans le volume 1310 du Dépôt de la guerre; mais il ne s'y trouve que deux lettres du maréchal de Villeroy, très peu explicites, et dont on donnera ci-après (p. 359) quelques extraits, sans aucune du duc du Maine ni des autres officiers de l'armée; il semble qu'ils aient cru préférable de se taire sur une faute grave du général en chef et du fils favori du roi, ou que, de propos délibéré, leurs lettres n'aient point été conservées.

2. Ils furent pris le 13 juillet, et la *Gazette* donne leurs noms.

monde pour leur servir d'avis. Ce retardement leur donna le temps de faire un petit mouvement en arrière et de se mieux poster.] Leur armée étoit placée sur un petit coteau, sa droite débordant un peu le village d'Aerseele, tirant sur celui de Vynckt, et sa gauche approchant de la Lys. Tout son front se conserva sur le coteau, qui diminuoit pourtant vers la gauche et périssoit dans un terrain plat et uni. La plaine de Deynze étoit derrière, et les ennemis en occupoient une des extrémités. Ils se retranchèrent toute la nuit dans le terrain que je viens de décrire, et parurent résolus d'attendre le combat.

Le 13 juillet, à une heure de jour, M. de Villeroy, avec la droite de son armée marchant sur plusieurs colonnes, arriva au village de Denterghem, qui se trouva seulement éloigné d'une bonne portée de mousquet de la gauche du retranchement des ennemis. Il ne fit pas mettre ses troupes en bataille : ce qui donna lieu de douter qu'il eût intention d'attaquer leurs retranchements, et de croire que son dessein étoit plutôt de charger leur arrière-garde dans la retraite ; car il n'y avoit pas d'apparence qu'ils pussent tenir leur poste avec des forces si inégales. [On pouvoit en effet facilement tomber sur leur flanc droit avec une partie de l'armée, pendant que l'autre les attaqueroit par le front et les obligeroit par ce moyen, presque sans coup férir, à se retirer sur Deynze dans un grand désordre, et non sans une grande défaite.]

D'une autre part, M. le duc du Maine, qui conduisoit la gauche de l'armée, arriva presque en même temps sur une hauteur séparée par un fond de celle d'Aerseele, [où étoit le retranchement droit de celle des ennemis, et qui n'en étoit éloignée que de la portée d'un petit canon]. Il vint aussitôt chercher M. de Villeroy à Denterghem, où il savoit qu'il étoit arrivé. Le maréchal faisoit, dans ce temps-là, observer l'armée des ennemis du clocher du village; car on ne pouvoit bien la découvrir autrement, quoiqu'on en fût fort proche, parce que le terrain d'entre deux étoit fort couvert de haies et de vergers, [et continuoit de même le long du front des ennemis jusques aux troupes de M. du Maine]. Il y avoit aussi un petit ruisseau sur la droite et contre le village de Denterghem, et, parce qu'il empêchoit de faire un front parallèle à l'ennemi, M. de Villeroy ordonna qu'on y fit plusieurs ponts, afin de s'étendre au delà. Cela étant fait, [on alla déjeuner; incontinent après,] le maréchal remonta à cheval, et fit avancer devant lui deux compagnies de grenadiers. Il prit le chemin de la gauche, où étoient les troupes de M. du Maine, à travers un terrain fort couvert et fourré, distant seulement d'une portée de mousquet du retranchement des ennemis.

J'avois l'honneur de suivre M. de Villeroy, et fus fort étonné de voir qu'on s'attachoit moins à reconnoître ces bois et ces buissons, et la face du retranchement des ennemis qui y aboutissoit, et prendre de promptes et bonnes mesures pour l'attaque, qu'à faire une simple promenade : ce qui me donna occasion de douter que M. de Villeroy eût la permission du Roi de les attaquer.

Jusque-là, je ne m'étois pas imaginé qu'on pût, avec une si belle et si nombreuse armée, se contenter d'une simple charge d'arrière-garde. Je pris donc la liberté d'en demander la raison à M. le duc du Maine; il me répondit de ne pas douter que M. de Villeroy n'eût cette permission. Cependant on continua de se promener, sans s'appliquer à autre chose. Quand le maréchal fut parvenu sur la hauteur de la gauche, où les troupes de M. du Maine étoient en halte, et où on voyoit fort à plein la droite des ennemis derrière leur retranchement, percé de plusieurs embrasures, il m'appela pour me demander si leur canon pouvoit porter jusqu'à l'endroit où nous étions alors ; car ils ne tiroient aucun coup, quoique le cortège fût gros. Je l'assurai que les plus petites pièces de campagne porteroient fort au delà. Un quart d'heure après, ce général prit congé de M. du Maine, en lui disant : « Monseigneur, « retournez, s'il vous plaît, à vos troupes ; il n'y a rien « à faire à présent. Vous savez ce dont nous sommes « convenus ; je vais rejoindre mon quartier de Denter- « ghem. Quand il y aura quelque chose de nouveau, je « vous le ferai savoir. » Après cela, ils se séparèrent; et M. du Maine, que je suivis, vint mettre pied à terre à la tête des troupes. A peu de temps de là, il étoit environ une heure après midi, je m'avançai seul sur le sommet de la hauteur pour considérer ce que les ennemis faisoient, et je fus quelque temps à raisonner sur ce sujet avec quelques officiers qu'une pareille curiosité y avoit attirés. Puis je rejoignis M. du Maine, et je l'avertis que les ennemis avoient cessé de travailler à leurs retranchements, au moins à celui de leur droite ; car je n'avois pu voir ce qui se passoit vers leur gauche. J'ajoutai qu'ils faisoient plusieurs mouvements le long de leurs retranchements, et que même l'aile droite de leur cavalerie étoit à cheval. Il ne conclut rien de mon rapport, jusques à ce que, environ deux heures après, M. de Bezons, maréchal de camp[1], vint lui dire que les ennemis quittoient leurs retranchements et se retiroient. Il ordonna sur-le-champ à la cavalerie de monter à cheval, et à l'infanterie de prendre les armes. L'artillerie de la gauche se mit aussi en mouvement, et M. du Maine envoya un de ses gentilshommes, nommé Bessac[2], à M. de Villeroy, pour lui faire part de l'avis qu'il avoit reçu. Cet avis lui fut encore confirmé dans ce moment, de la part du duc de Villeroy, fils du maréchal, ce qui est une circonstance que M. du Maine chargea fort Bessac de lui rapporter.

Les troupes marchèrent après le départ de Bessac. M. du Maine se mit à leur tête, et entra, sans aucune opposition, dans le retranchement droit des ennemis, qui n'étoit que de sable et fort mauvais. Leur arrière-garde se trouva alors à l'orée du village de Vynckt. M. du Maine y fit faire face, sans vouloir rien entreprendre qu'il n'eût reçu les ordres de M. de Villeroy, comme apparemment ils en étoient convenus. [Ces ordres apparemment ne pouvoient arriver si tôt ; car la droite, où étoit le maréchal, étoit séparée de la gauche par une grande lieue et demie de distance.] Comme les moments sont précieux à la guerre, plusieurs blâmèrent M. du Maine d'avoir laissé échapper l'ennemi sans le charger, ou tout au moins sans avoir retardé la marche par quelque escarmouche, [ainsi que

---

1. Jacques Bazin, comte de Bezons, était maréchal de camp depuis 1693 ; il devint maréchal de France en 1709.
2. Ce Bessac était frère d'un capitaine de vaisseau, chevalier de Saint-Louis en 1713 (*Mémoires de Sourches*, t. IX, p. 245, et t. XIII, p. 541).

MM. d'Elbeuf[1] et de Montrevel[2], lieutenants généraux, le lui proposèrent[3]. Il y en eut même qui disoient qu'un fils de roi comme lui auroit dû prendre sur soi, en cette occasion qui paroissoit un coup sûr, et qui lui auroit acquis beaucoup de gloire. D'autres alléguoient les règles militaires de ne rien entreprendre sans l'ordre du général; [qu'on ignoroit leur convention particulière, et que, quand même il n'y en auroit point eu, il étoit contre la prudence de charger l'armée ennemie, qui pouvoit être toute ensemble, avec une aile seule, pendant que l'autre en étoit éloignée d'une grande lieue et demie, et qu'on ne savoit pas seulement si elle avoit pris les armes]. Je rapporte les circonstances de ce fait comme témoin oculaire et bien informé, parce qu'il a fait dans la suite beaucoup de bruit; mais, comme je ne dois pas décider cette question, je poursuis ma narration[4].

Bessac, à son retour, dit à M. du Maine, dans les retranchements de l'ennemi où il le trouva, qu'il avoit eu peine à parler au maréchal parce qu'il reposoit;

1. Saint-Simon (*Mémoires*, t. II, p. 323) rapporte un mot sanglant que M. d'Elbeuf dit plus tard au duc du Maine, en allusion à son inaction à ce moment.
2. Nicolas-Auguste de la Baume, marquis de Montrevel (1645-1716), lieutenant général en 1693, devint maréchal de France en 1703.
3. Voyez le récit de Saint-Simon, t. II, p. 316.
4. Voyez ci-après, p. 359, quelques passages des lettres du maréchal de Villeroy. M. du Maine fut très blâmé de son inaction, que les mauvaises langues attribuèrent à incapacité et à couardise. Saint-Simon s'est fait l'écho de ces bruits malveillants, qu'il exagère certainement (*Mémoires*, t. II, p. 316-323), mais dont on trouve d'autres traces dans le commentaire du Chansonnier de Gaignières.

mais qu'à la fin, son écuyer l'ayant introduit, il s'étoit acquitté de la commission, et que, sur son exposé, le maréchal avoit fait appeler M. de Puységur, qui étoit alors maréchal des logis de l'armée, auquel il annonça cette nouvelle. M. de Puységur répondit qu'il descendoit du clocher de Denterghem, d'où il avoit vu l'armée des ennemis encore dans sa même situation ; qu'à la vérité ils faisoient quelques mouvements le long de leurs retranchements; qu'on en devoit inférer qu'ils cherchoient à se précautionner contre une attaque à laquelle ils s'attendoient de moment à l'autre. Il étoit bien vrai qu'à cette heure-là les ennemis tenoient encore leur retranchement de la gauche, parce qu'il étoit le plus près de nos troupes; mais M. de Puységur n'avoit pu découvrir, du clocher d'où il venoit de descendre, qu'ils avoient quitté celui de la droite, cette partie de leur armée devant se retirer par le chemin de Gand, et l'autre par celui de Deynze, afin de déblayer plus vite. Il est certain qu'en cela M. de Vaudémont se conduisit en habile général. Ainsi, M. de Puységur assura le maréchal de Villeroy que les ennemis ne se retiroient pas. Il fut cru, et on envoya Bessac dire à M. du Maine que ses avis n'étoient pas bons. Sur la relation qu'il lui fit, M. du Maine s'écria : « Quoi, M. le maréchal « n'a pas voulu croire que les ennemis se retirent? La « droite ne monte pas à cheval? Elle ne prend pas les « armes? » — « Non, Monseigneur, répondit Bessac; « et les troupes sont encore en halte en colonne où « elles sont arrivées ce matin. » — « Or çà, Bessac, « répliqua M. du Maine, retourne à toutes jambes, et « dis à Monsieur le maréchal que l'avis que je lui avois « donné est si certain, que tu m'as trouvé avec les

« troupes dans le retranchement des ennemis, le nez
« sur leur arrière-garde, lui dit-il en la lui montrant,
« et assure-le que son incrédulité nous fait manquer
« un beau coup. »

Quelque diligence que put faire Bessac, il se perdit plus de trois heures d'un temps irréparable à toutes ces allées et ces venues, et il revint dire à M. du Maine qu'à la fin la droite montoit à cheval, prenoit les armes, et alloit marcher avec M. le maréchal, qui lui mandoit de ne pas quitter le lieu où il le trouveroit jusqu'à nouvel ordre. Ainsi ce prince demeura dans l'inaction le reste de la journée, ce qui lui déplut fort. M. de Villeroy, s'étant mis en mouvement avec la droite, entra dans le retranchement des ennemis, où il se rangea en bataille, et tomba à une lieue de là, à l'entrée de la nuit, sur l'arrière-garde d'une colonne d'infanterie, qui se retiroit vers Deynze. Il y eut quatre ou cinq cents hommes de cette arrière-garde tués ou pris, et quelques officiers; mais, la nuit étant tout à fait survenue, cette colonne s'échappa, aussi bien que toute cette armée, et le maréchal ne la suivit plus. Il manda à M. du Maine de le rejoindre avec ses troupes; et l'armée passa le reste de la nuit sous les armes, à l'endroit où elle se trouvoit. Le lendemain, on eut le temps de reconnoître les fautes qu'on avoit faites, et, en considérant le terrain, de découvrir que l'armée ennemie pouvoit facilement être tournée par sa droite, coupée par ses derrières, et défaite sans aucun péril[1].

1. On a dit ci-dessus qu'il n'y a dans les volumes du Dépôt de la guerre que deux lettres du maréchal sur cette affaire. D'abord, une du 14 juillet (vol. 1310, n° 156) : « Les ennemis, dit-il, voyant qu'on ne perdoit pas un moment pour les atta-

Si cela étoit arrivé, le prince d'Orange eût été contraint de lever le siège de Namur, sa réputation étoit perdue, son parti abattu, et le Roi auroit été le maître de donner la paix aux conditions qu'il auroit voulu. [Même il auroit pu arriver que les Anglois, fatigués de fournir des sommes immenses pour cette guerre et de voir que leurs affaires alloient si mal, auroient entièrement abandonné le prince d'Orange; au moins c'étoit alors l'opinion commune de ceux qui croyoient bien connoître le génie de cette nation.]

M. de Villeroy ayant manqué cette belle occasion, [et les ennemis s'étant retirés sous Gand,] il amena l'armée camper à Rousselaere, d'où il détacha vingt bataillons et quelque cavalerie, sous M. de Rubentel, lieutenant général[1], pour aller investir Nieuport. On

quer, ont pris le parti, sur les cinq heures, de se retirer; nous nous en sommes aperçus une heure après, et tout s'est réduit à un petit combat d'arrière-garde ». Le lendemain, 15 juillet, seconde lettre plus longue, où il répète la même explication. Le seul passage relatif au duc du Maine est le suivant : « M. le duc du Maine, de son côté, qui étoit à notre aile gauche, *où il commandoit seul*, entra dans les retranchements des ennemis avant l'aile droite, ayant été informé plus tôt que nous de la retraite des ennemis, qui marchèrent si diligemment qu'il ne put jamais les joindre. » Les mots en italique semblent bien attribuer au prince toute la responsabilité de l'affaire. On a vu dans le récit de Saint-Hilaire que celui-ci cherche à disculper le duc du Maine et à excuser son inaction; mais il ne faut pas oublier que le prince est grand maître de l'artillerie, et que notre auteur avait bien des raisons pour essayer de justifier la conduite de son chef.

1. Denis-Louis, marquis de Rubentel, avait commencé par être lieutenant aux gardes françaises et était devenu lieutenant général en 1688; il quitta le service en 1697 et mourut en 1705.

lui donna quelques bateaux de cuivre pour faire des ponts de communication sur les canaux qui arrivent à cette place, et M. du Montal, autre lieutenant général qui commandoit un petit corps près de Dunkerque, eut ordre de l'investir du côté de cette ville, et d'amener le canon et les munitions nécessaires pour ce siège. M. de Villeroy se rendit devant Nieuport avec un renfort de troupes, ayant laissé le reste de l'armée sous le commandement de M. de Rosen, lieutenant général, campé à Rousselaere, et il trouva Nieuport investi, avec cette omission, [à laquelle il ne remédia pas,] qu'on n'avoit point fait de ponts sur le canal de Bruges, ni établi de quartiers dans le terrain qui est entre le canal et la mer du côté d'Ostende. Ce ne fut pas la seule faute, quoique très considérable, qui fit manquer cette entreprise; car les ennemis, profitant de ce vide, firent entrer en plein jour dans Nieuport, à la vue de M. de Villeroy et de toute l'armée, quinze bataillons que M. de Vaudémont y envoya de Gand, sans qu'on pût les en empêcher [faute d'avoir fait ces ponts et occupé ce terrain, qui ne nous parut pas être de plus d'un quart de lieue d'étendue]. La seconde faute est d'avoir négligé, pendant le temps de l'investiture, d'emporter d'emblée le fort de Niewerdam, situé à une petite portée de canon de la ville, et fait pour garder les écluses qui retiennent et font regonfler les eaux des canaux, avec lesquelles on inonde les environs de cette place assez avant dans le pays. [Cette attaque auroit vraisemblablement réussi, en ce que ce fort n'étoit qu'un méchant petit fortin de terre bas et mal entretenu, environné d'un fossé dans lequel il y a peu d'eau, à moins qu'on y en donne au moyen des écluses, et qu'il n'étoit alors gardé que par vingt hommes; mais, dès que le gouverneur de Nieuport vit qu'il étoit investi et qu'on avoit manqué le coup, il y en jeta bon nombre et fit lâcher toutes les écluses : de sorte qu'on ne fit plus rien devant cette place, que d'y voir entrer le secours et croitre les eaux jusques à ce qu'on jugea qu'elles alloient inonder les camps et qu'il étoit temps de les lever[1].]

Cette entreprise manquée, M. de Villeroy vint d'un côté investir Dixmude, et M. du Montal de l'autre[2]. Il y avoit dedans six mille hommes de bonnes troupes. A la vérité, la place avoit été démolie si souvent, qu'elle ne pouvoit pas passer pour bonne ; mais les ennemis l'avoient pourtant rétablie mieux qu'elle n'avoit encore été. Cependant ils n'en firent pas mieux leur devoir, et la tranchée étoit à peine ouverte, qu'ils se rendirent prisonniers de guerre[3]. [Celui qui y commandoit[4] n'en fut pas bon marchand :] à quelque temps de là, le prince d'Orange lui fit faire son procès, et il eut la tête tranchée.

Dixmude étant pris, le maréchal de Villeroy réunit toutes ses troupes à son camp de Rousselaere, d'où il décampa pour venir sur la petite rivière de Mandel,

1. En réalité, cette entreprise sur Nieuport dura deux jours. Rubentel arriva devant la place le 16 juillet; M. de Villeroy y vint le lendemain, et, reconnaissant que la peine passerait le profit, il fit décamper les troupes le 18 (*Histoire militaire*, p. 118-119).

2. Vol. Guerre 1311.

3. Dixmude, investi le 25 juillet, se rendit le 27 (*Gazette*, p. 253-254); les fortifications n'étaient que de terre. La capitulation est dans le volume Guerre 1311, n° 108.

4. C'était le général Hellenberg, danois de naissance.

entre Courtray et Deynze. Il détacha M. de Feuquière, lieutenant général, avec quelques troupes, pour assiéger cette dernière ville. Il y avoit dedans douze ou quinze cents hommes, sous un brigadier anglois, qui ne fit pas mieux que celui de Dixmude; car il se rendit de prime abord prisonnier de guerre avec sa garnison[1]. Il est vrai que ce poste ne valoit pas celui de Dixmude, à beaucoup près. En cette considération, le prince d'Orange [ne le fit pas mourir; mais il] le fit dégrader des armes, [ce qui est aussi grave pour un homme d'honneur].

[Ces expéditions achevées, M. de Villeroy songea à exécuter l'autre partie de ses ordres;] mais, avant de lever son camp, il eut avis que le maréchal de Boufflers avoit été contraint de rendre la ville de Namur au prince d'Orange, et qu'il s'étoit retiré dans le château avec toutes ses troupes, [et dans un petit angle de la ville, au pied du château, fermé d'un côté par la rivière de Meuse et de l'autre par celle de Sambre, qui se décharge en cet endroit dans cette grande rivière]. Il y a quelque apparence que cet événement, auquel on ne s'attendoit pas encore si tôt, rompit quelques mesures. Ce qu'il y a de certain, c'est que le maréchal de Villeroy mena son armée contre Bruxelles, qu'il fit seulement bombarder[2]; car le prince de Vaudémont,

1. Deynze capitula le 29 juillet (*Gazette*, p. 254).
2. Le bombardement de Bruxelles eut lieu les 13, 14 et 15 août; trois mille bombes et douze cents boulets rouges furent tirés sur la ville, et M. de Villeroy revint le 16 dans la direction de Mons (*Gazette*, p. 392-393; *Mercure* d'août, p. 307-327; *Gazette d'Amsterdam*, n°s LXXVII et LXXIX et Extraordinaires; *Mémoires de Berwick*, p. 342). Dans le volume 1311 du Dépôt de la guerre, on trouve, n° 85, « Sup-

avec la sienne, se tint en ce temps-là contre cette ville, qu'il mit devant lui, aussi bien que la rivière de Senne. Le maréchal, quoique de beaucoup supérieur, n'osa entreprendre de passer au-dessus pour l'attaquer, [quoique la chose ne parût pas absolument impossible].

Bruxelles fut cruellement maltraitée par les bombes[1], et, dès que la provision fut consommée, le maréchal

putation du temps qu'il faut pour aller bombarder Bruxelles et en revenir »; n° 86, « Équipage d'artillerie à préparer ». Dans le volume 1312, les lettres n°s 16, 55, 71, 134, et surtout 148 et 159, rendent compte de la marche de l'armée et du bombardement. L'électrice de Bavière, qui logeait au palais royal, accoucha la veille de l'arrivée de l'armée française, mais refusa de quitter la ville; on répandit dans le peuple qu'elle avait dit qu' « étant fille de roi, elle était incapable de peur ». Fille de Jean Sobieski, elle avait épousé l'électeur de Bavière juste un an auparavant, 15 août 1694. Ce bombardement fut exécuté en représaille de ceux que nous avons vus la flotte anglo-hollandaise faire subir à nos villes maritimes cette année et la précédente; voyez l'article, évidemment officieux, de la *Gazette*, p. 272.

1. L'*Histoire militaire* (p. 138) a donné le résumé de l'état que fit faire le magistrat de Bruxelles des églises, palais, maisons, effets et marchandises qui furent détruits par les bombes ou consumés par le feu; il y en a d'autres dans le volume Guerre 1313, n°s 3 et 4. C'était M. de Vigny qui commandait l'artillerie, et il semble que notre auteur, vu la brièveté de son récit, ne dut pas prendre part à l'expédition. M. de Vigny écrivait le 14 août (vol. Guerre 1312, n° 168) : « Nous voyons brûler la plus grande partie des maisons de la ville de Bruxelles. Toutes les hauteurs des environs sont remplies de quantité de gens, tant de l'armée du Roi que de celle des ennemis, qui regardent un si beau spectacle. J'ai été employé à faire plusieurs expéditions; mais je n'ai point encore vu un si grand feu, ni tant de désolations qu'il en paroît dans cette ville. Je crois que les intentions du Roi seront bien exécutées, et qu'on sera content de mes soins et de notre diligence. »

de Villeroy s'ébranla pour aller tenter le secours de Namur; mais, [comme il s'en revint par Mons afin de reconduire son attirail, qui n'avoit pas tout à fait besoin d'une si grosse escorte, au lieu de prendre brusquement la route de Nivelle à Genape,] il donna le temps à M. de Vaudémont de s'échapper et de conduire sans péril toutes ses troupes à l'armée du prince d'Orange devant Namur.

L'armée que M. de Villeroy menoit au secours de cette place étoit de cent mille hommes effectifs; [car on fit joindre les garnisons des places et le corps du marquis d'Harcourt. On assembla aussi un grand nombre de chariots du pays, outre les caissons de l'armée, pour porter suffisamment de vivres. En partant de Mons, on vint camper à la plaine de Fleurus, où on séjourna un jour mal à propos; car on donna autant de temps de plus à l'ennemi pour pourvoir à ses affaires. Au partir de Fleurus, l'armée vint du côté de la Méhaigne, et s'étendit d'abord depuis la hauteur devant le village et le défilé du Masy, que les ennemis tenoient avec de bons retranchements, jusques à celui des Cinq-Étoiles.]

[L'armée du prince d'Orange tenoit le défilé du Masy par sa gauche, et de là se prolongeoit le long du ruisseau de Gembloux, se repliant à la droite vers le village de Longchamp, la Méhaigne devant elle, et à son flanc la tête du ruisseau qui tombe dans la Méhaigne au village de Meeffe. Elle avoit partout de bons retranchements, redoublés aux endroits les plus foibles, et un terrain fort avantageux.]

[M. de Villeroy fit reconnoître le défilé du Masy, et la trouée de Saint-Martin, qui étoit à peu près dans le centre de l'ennemi, et, jugeant qu'il ne pouvoit être attaqué par là à cause de la multitude de retranchements et des bois, il fit faire un mouvement à son armée par la gauche, et la campa, la droite à Perwez et la gauche à Taviers, près l'abbaye de Boneffe. Lorsque cette gauche d'armée y arriva, on vit quelques escadrons des ennemis de l'autre côté de la Méhaigne, qui jusque-là avoient gardé le passage de la rivière en cet endroit; mais, quand ils virent que l'armée arrivoit et qu'une partie s'ébranloit pour marcher à eux, ils quittèrent le passage et commencèrent à se retirer vers leurs retranchements. M. de Villeroy fit passer la rivière à quelques escadrons, qui joignirent l'ennemi, et il y eut une petite charge de cavalerie, qu'il soutint assez bien; mais, comme de nouvelles troupes sortoient des retranchements pour faciliter la retraite, et qu'elles devenoient supérieures aux nôtres, on laissa l'ennemi continuer, sans rien faire de plus que de le harceler. Tout ce qui revint de cela fut d'approcher les retranchements des ennemis d'assez près en cette partie pour connoître qu'ils étoient tous des meilleurs et que la position en étoit parfaitement choisie. Ainsi, tout bien considéré, M. de Villeroy repassa la Méhaigne avec les troupes qu'il avoit menées au delà, et revint à son camp;] et on trouva tant de difficultés et de périls à attaquer un ennemi si ferme et si bien posté, qu'on désespéra alors de pouvoir sauver Namur.

En effet, le prince d'Orange, loin d'avoir discontinué le siège à l'approche de l'armée de France, le pressoit avec une vigueur extrême. Le château étoit rudement battu par plus de cent pièces de gros canon et cinquante mortiers, [qui faisoient un feu continuel, et, des remparts de la ville, où la plupart des batteries étoient portées, tous les ouvrages, et même le dedans du château étoient battus à revers,] tellement que personne ne pouvoit tenir contre cette grêle de bombes et de boulets, qui mettoient tous les jours cinq ou six cents hommes hors de combat; [car les souterrains manquoient pour tant de troupes]. Le fond du château étoit de roche, et on n'avoit point les matériaux nécessaires pour faire des épaulements et réparer les brèches, par le peu de soin qu'on avoit eu de s'en pourvoir.

Tous ces inconvénients pressoient fort la place, mais, plus que toute chose, la manière dont elle étoit attaquée; car le prince d'Orange la prit par son endroit le plus foible, qui étoit le flanc qui regarde la Sambre et l'abbaye de Salzinne, [au lieu que le Roi l'avoit fait attaquer par la tête, où on avoit encore ajouté de nouveaux ouvrages depuis la prise, selon la pensée abusive où j'ai remarqué que nous tombons toujours, de croire que les autres doivent suivre nos idées et les juger les meilleures. Dans cette persuasion, on avoit négligé de faire de nouveaux ouvrages sur ce flanc, où ils étoient les plus nécessaires, et le prince d'Orange se servit si utilement de notre présomption, que, par ce moyen, il abrégea beaucoup son siège. Une entreprise audacieuse acheva le reste].

Quoique le flanc attaqué fût sur une hauteur escarpée, et que les tranchées fussent encore à cinq ou six cents pas des murailles, le prince, qui se voyoit pressé par le voisinage de l'armée de France, entreprit d'emporter le château d'assaut, et de donner un exemple de témérité, je crois, inconnu jusqu'alors. Il fit marcher son armée en plein jour et à corps découvert, de ses tranchées droit à la brèche. Dix à douze mille hommes, choisis dans son infanterie, l'attaquèrent avec tant de vigueur, qu'ils la forcèrent. Plus de cinquante hommes étoient déjà entrés dans le château, lorsque le maréchal de Boufflers accourut avec de nouvelles troupes et les chassa. Celles du fort d'Orange en sortirent en même temps, et firent un feu prodigieux sur le flanc des attaquants, lequel, avec celui de la brèche, les obligea de quitter prise et de se retirer avec une perte considérable ; mais le maréchal de Boufflers, qui manquoit, ainsi que je l'ai dit, de matériaux pour réparer les brèches et se retrancher en dedans, ayant jugé, de l'avis du conseil de guerre, qu'il couroit risque d'être emporté de vive force dans un second assaut, fit battre la chamade le lendemain, et obtint une capitulation honorable[1]. Il sortit de la place six à sept mille hommes sous les armes ; le reste fut tué ou blessé. Le prince d'Orange en perdit beaucoup davantage, et fit arrêter le maréchal de Boufflers par représailles de ce que, au moyen de la rançon stipulée par le cartel, on avoit refusé de rendre les officiers et les soldats faits prisonniers de guerre à Dixmude et à Deynze[2]. On le

1. M. de Boufflers capitula le 2 septembre, après soixante-sept jours de siège. Voyez les correspondances de la *Gazette* et du *Mercure* d'août, et celles de la *Gazette d'Amsterdam ;* il y a un journal spécial du siège dans le volume supplémentaire du *Mercure* d'octobre ; les correspondances et relations sont dans les volumes Guerre 1311-1313.

2. On trouvera un curieux récit de cette arrestation dans le *Mercure* de septembre, p. 325-328 ; voyez aussi celui des *Mémoires de Saint-Simon*, t. II, p. 328-332 : « Cette violence se passa avec toute la politesse, les égards et le respect que les ennemis y purent mettre. »

conduisit à Maëstricht[1], où il fut traité fort honnêtement par l'ordre du prince, qui permit d'envoyer un courrier au Roi. Sa Majesté, par le retour du courrier, lui permit d'engager sa parole que les prisonniers de Dixmude et de Deynze seroient relâchés incessamment. Cette parole étant donnée, le prince d'Orange fit élargir le maréchal, qui s'en revint à la cour[2]. Le Roi le reçut bien au-dessus de sa pensée et le fit duc [à lettres[3]]. Il honora aussi du collier de son Ordre le comte de Guiscard[4], qui avoit commandé dans Namur sous M. de Boufflers, et qui lui étoit venu rendre compte de ce qui s'y étoit passé. On disoit alors qu'il avoit fort chargé M. de Mesgrigny, principal ingénieur[5], avec lequel il avoit eu de fortes prises. Celui-ci lui rendit la pareille à son retour, et le Roi connut qu'ils pouvoient tous

1. D'abord à Huy, puis à Maëstricht, où il ne resta qu'un jour ou deux.
2. Il arriva à Versailles dans l'après-midi du 21 septembre (*Dangeau*, t. V, p. 281).
3. C'est-à-dire dont les lettres d'érection étaient vérifiées au parlement de Paris, ce qui comportait l'hérédité, mais sans pairie; les ducs à brevet n'étaient qu'à vie.
4. Louis, comte de Guiscard (1651-1720), avait été colonel du régiment de Normandie et était lieutenant général de la promotion de 1693; c'est en 1692 que le Roi lui avait donné le gouvernement de Namur, et ce choix avait fait beaucoup de jaloux.
5. Jean, comte de Mesgrigny, s'était distingué comme ingénieur, surtout pour les travaux de mine, dans la plupart des sièges faits par Louis XIV, et il y avait gagné le grade de maréchal de camp et le gouvernement de la citadelle de Tournay; lors de la prise de cette place par les alliés en 1709, il passa à leur service pour conserver son gouvernement, et ne mourut qu'en 1720, retiré aux Pays-Bas.

deux avoir tort[1]. Ayant fait l'un chevalier de l'Ordre, il fit l'autre lieutenant général et commandeur de l'ordre de Saint-Louis. Les principaux officiers subalternes qui avoient servi en ce siège eurent aussi part aux récompenses et furent élevés en grade. Il est certain qu'ils servirent tous avec beaucoup de valeur, et que, si la tête avoit bien secondé leur courage, Namur auroit tenu plus longtemps, et le prince d'Orange n'auroit pu se vanter d'avoir pris cette place en moins de jours que le Roi n'y en avoit employés, quoiqu'elle fût beaucoup meilleure et défendue par un maréchal de France à la tête d'une garnison de quinze mille hommes de bonnes troupes, abondamment pourvue de toutes les choses nécessaires à une longue subsistance et à une bonne défense[2].

M. de Villeroy ayant appris, sur les bords de la Méhaigne, la reddition de Namur, fit décamper son armée avec un peu trop de précipitation, à ce qu'il nous parut; car il ne manquoit point de vivres, et l'ennemi n'auroit point passé la rivière devant lui pour l'attaquer, ni risqué une conquête glorieuse par l'événement incertain d'un combat. Quoi qu'il en soit, l'armée françoise décampa et marcha toute la nuit pour passer la Sambre à Charleroy; [puis elle la repassa à la Bus-

1. Il n'y a pas de trace de ces dissentiments dans les correspondances du Dépôt de la guerre.
2. « Le prince d'Orange, tout mesuré qu'il fût, ne put s'empêcher d'insulter à notre perte..., et dit que sa condition étoit bien malheureuse d'avoir toujours à envier le sort du Roi, qui récompensoit plus libéralement la perte d'une place que lui ne pouvoit faire tant d'amis et de dignes personnages qui lui en avoient fait la conquête » (*Mémoires de Saint-Simon*, p. 333-334).

sière, pour venir dans la plaine de Binche. Peu de jour après, elle fut passer l'Escaut et la Lys. M. de Villeroy la mit dans des quartiers de fourrages du côté de Dixmude et Furnes, où elle resta jusques à l'arrivée des ordres pour les quartiers d'hiver, qui ne tardèrent pas à venir.]

Pendant ce temps-là, le prince d'Orange envoya le duc de Würtemberg, avec un corps de quinze mille hommes, couvrir Bruges, Nieuport et Ostende, [et les troupes de Brandebourg et d'Hanovre subsistèrent à Fallais[1], sur la Méhaigne, et aux environs d'Huy, pendant qu'il fit, avec le reste de son armée, raser les travaux et les retranchements qu'il avoit ordonnés pour le siège de Namur]. Il pourvut aussi à tout ce qui regardoit la conservation de cette place, et il mena le reste de son armée camper à Hal, où elle se sépara quelques jours après qu'il en fut parti pour s'en retourner en Hollande, d'où il se rendit bientôt en Angleterre. Les troupes de Brandebourg et de Hanovre passèrent la Meuse à Vizé, et poursuivirent leur chemin vers leurs pays.

[Le marquis d'Harcourt, qui resta pendant une quinzaine de jours avec un petit corps d'armée sous Philippeville, en partit, et passa aussi la Meuse à Givet, d'où il s'avança à Rochefort et Fronville en Ardenne, pour observer les susdites troupes et couvrir le Luxembourg. Sitôt qu'elles furent hors de portée, il rompit son armée, qui entra en quartiers d'hiver.]

Campagne d'Allemagne. — Le maréchal de Lorge commanda toujours l'armée d'Allemagne, qui fut de

1. A quatorze kilomètres au nord-ouest d'Huy.

quarante mille hommes, [et il lui fit passer le Rhin à Philipsbourg les premiers jours de juin[1], pour la mener camper à Bruchsal, puis à Niederwesen[2], où elle s'étendit dans le pays].

L'armée de l'Empereur, suivant sa coutume, n'étoit pas encore toute assemblée, et le prince de Bade, qui la commandoit et avoit été fort malade, n'avoit pu mettre ensemble que vingt-cinq mille hommes. [Lorsqu'il apprit que les François avoient passé le Rhin, il envoya aussitôt des troupes pour hâter la marche du surplus de celles qui devoient le venir joindre, et, en les attendant, ne laissa pas de venir se poster à Sinzheim et Eppingen pour s'opposer au maréchal et empêcher qu'il ne se jetât sur le Würtemberg. Son autre vue fut de tâcher d'obliger les François de repasser le Rhin en leur donnant jalousie de ce côté-là. A cet effet, il fit passer à Mayence le landgrave de Hesse avec ses troupes, et lui envoya une quantité de houssards, qui firent des courses du côté de l'Alsace. Cela fut cause que le maréchal de Lorge envoya le comte de Tallard, avec vingt escadrons, camper sur le Spirebach, afin de réprimer les courses des houssards et veiller à ce qui se passeroit de ce côté-là, tant pour soutenir les redoutes que l'on avoit élevées le long du Rhin, aux endroits où les ennemis auroient pu faire des ponts, que pour les empêcher de les achever, en cas qu'ils voulussent l'entreprendre et lui donner le temps d'arriver. Après ces premières démarches, le maréchal de

1. Les 5 et 6 juin.
2. Cette localité, que les cartes du xviiie siècle appellent Niederwessing, au sud de Bruchsal, est appelée Wossingen sur les cartes modernes.

Lorge tomba malade et laissa l'armée sous le commandement du maréchal de Joyeuse[1]. Celui-ci la mena camper à Root et à Walsdorf, sur le chemin de Philipsbourg à Heidelberg.]

Le prince de Bade ne tarda pas à s'approcher de l'armée de France, et il y eut même un petit combat entre des partis de cavalerie, soutenus par de plus gros corps : la perte fut à peu près égale ; mais le prince de Bade fit tant de manèges de guerre, qu'il [vint camper à Langenbrucken[2], et, dans cette situation,] ôta au maréchal de Joyeuse la communication de Philipsbourg, d'où il tiroit ses vivres, et l'obligea de repasser le Rhin; [et, comme il ne le pouvoit faire à Philipsbourg, il en fit descendre un pont de bateaux, qui fut dressé vis-à-vis Mannheim, sur lequel il repassa le Rhin sans accident].

Alors, le landgrave de Hesse partit de Mayence pour aller joindre le prince d'Orange, qui assiégoit Namur, et le maréchal de Joyeuse fit un détachement de son armée pour passer en Flandres aux ordres du maréchal de Villeroy. Il s'avança ensuite vers Mayence, [qu'il fit mine de vouloir bombarder,] et il dévasta tout le pays. Le prince de Bade envoya aux ordres de M. de Thungen[3], qui étoit gouverneur de cette ville, un détachement de son armée d'environ quinze mille hommes, et vint lui-même camper à Dourlach, répan-

---

1. C'est le 23 juin que le maréchal de Lorge fut attaqué d'une « fièvre pourprée ».

2. A trois kilomètres nord-est de Bruchsal.

3. Jean-Charles, baron de Thungen (1648-1709), était gouverneur de Mayence depuis 1690 et avait eu en 1693 la charge de grand maître de l'artillerie impériale.

dant le bruit qu'il alloit passer le Rhin à cette hauteur, pour entrer dans l'Alsace ainsi qu'il avoit fait l'année précédente.

Le maréchal de Lorge, qui avoit rejoint l'armée[1], en eut peur, et la partagea en deux corps. Il marcha avec le premier du côté de Philipsbourg, pour s'opposer aux entreprises du prince de Bade; et l'autre, sous le maréchal de Joyeuse, alla camper à Kreuznach, afin d'empêcher que le général Thungen n'entreprît rien sur Ébernbourg et dans le pays des environs. [Le reste de la campagne se passa tranquillement dans les situations que je viens de décrire, et il n'y eut rien de vif; mais les houssards ne laissèrent pas de bien faire leurs affaires aux dépens de l'armée de France, à laquelle ils enlevèrent une grande quantité de chevaux aux fourrages.]

Campagne d'Italie. — Du côté du Piémont, M. de Catinat eut ordre de s'appliquer particulièrement à la conservation de Nice, de Pignerol et de Suse, [de garder les Vallées avec des forts et de les soutenir avec un camp qu'il établit à Dibbon,] et, au surplus, de laisser agir le duc de Savoie, qui devoit faire le siège de Casal; car on en étoit convenu secrètement avec lui, par préliminaire de paix, [et, de plus, que cette place capituleroit lorsque les travaux du siège seroient avancés jusques à un certain point,] à condition toutefois que cette place seroit incessamment démolie [par

---

1. C'est le 1er septembre que M. de Lorge revint à l'armée. Il faut lire dans les *Mémoires de Saint-Simon* (t. II, p. 292-297 et 334-335) les détails de sa maladie et de la joie de l'armée à son retour.

la garnison, qui n'en sortiroit pas que la démolition ne fût achevée].

Le duc ouvrit donc la campagne par ce siège, avec une armée de vingt-cinq mille hommes, composée d'Impériaux, d'Espagnols et de Savoyards. Il fit ouvrir la tranchée les premiers jours de juin[1]. M. de Crenan[2], gouverneur de cette place, se défendit d'abord assez vigoureusement pour mettre à couvert sa réputation et faire craindre aux alliés qu'ils auroient bien de la peine à la prendre de vive force; [car elle étoit la meilleure d'Italie;] mais, les travaux du siège étant arrivés au point convenu, M. de Crenan fit battre la chamade et proposa de capituler sous condition que la place seroit démolie, ou qu'autrement il la défendroit si bien, qu'ils courroient grand risque d'en lever le siège et d'y voir périr leur armée[3].

Je ne dirai point si les Impériaux disputèrent sur cette proposition, ou si M. de Savoie leur persuada de l'accepter, sans être soupçonné. Quoi qu'il en soit, elle fut accordée, et Casal rendu et démoli à la grande joie du duc et des Espagnols, qui étoient ravis de se voir cette épine hors du pied à cause de la proximité de leurs États, et surtout du duc, qui, pour toute chose au monde, n'auroit pas voulu qu'elle tombât au pouvoir des Impériaux ou des Espagnols, contre lesquels il n'étoit pas en état de la disputer.

---

1. La ville fut investie dès le mois d'avril; mais les opérations ne commencèrent réellement qu'en juin.
2. Pierre de Perrien, marquis de Crenan, était lieutenant général de la promotion de 1693 et avait succédé à Catinat, en 1687, comme gouverneur de Casal.
3. C'est le 11 juillet que fut signée la capitulation.

Campagne de Catalogne. — Les commencements de la campagne, du côté de la Catalogne, ne furent pas avantageux aux François. Un de leurs détachements, de six ou sept cents hommes, commandé par le sieur de Juigné, brigadier d'infanterie[1], fut attaqué par un plus gros corps. Il se jeta dans un couvent qu'il trouva sur sa retraite, et s'y défendit quelque temps; mais, les Espagnols ayant trouvé le moyen d'y mettre le feu, Juigné se vit contraint d'en sortir et d'ouvrir la porte pour se faire jour à travers les troupes espagnoles. Il fut tué en exécutant cette courageuse résolution, avec la plupart de son monde; le reste fut fait prisonnier, il s'en sauva peu[2].

[Un autre détachement, de cinq ou six cents chevaux et d'environ mille hommes de pied, qui escortoient un convoi de vivres qu'on vouloit introduire dans Castelfollit, fut aussi attaqué en chemin par un plus gros corps de miquelets et de troupes espagnoles, qui prirent une centaine de bêtes de somme chargées de farine, et firent quelques prisonniers. Le reste entra; mais, comme il n'étoit pas suffisant pour nourrir la garnison pendant toute la campagne, et qu'on craignoit qu'elle ne fût contrainte de se rendre faute de vivres, M. de Saint-Silvestre, lieutenant général, voulut y introduire un second convoi. Il rencontra les Espagnols, qui lui barrèrent les chemins; il les attaqua

---

1. Urbain Le Clerc de Juigné, brigadier depuis 1690, était lieutenant-colonel du régiment d'infanterie de Blainville.

2. C'est dans les premiers jours de mars qu'eut lieu ce fait d'armes; M. de Juigné, ayant été blessé à mort en se défendant dans le couvent des carmes de la petite ville d'Olot, où il s'était réfugié, capitula (*Gazette*, p. 116-117).

par deux endroits et força un des passages, sur lequel il avoit jeté la moitié de son convoi, qui entra heureusement dans Castelfollit; mais il ne put venir à bout du second, perdit quelque monde, et fut contraint de s'en revenir avec ses troupes et l'autre partie de son convoi[1].]

Tous ces petits désavantages mortifièrent le duc de Noailles, qui commandoit en Catalogne en qualité de vice-roi de la part de la France; on lui imputa bien des fautes, et, ne se sentant pas assez fort pour rétablir les affaires, il prétexta une maladie, et demanda son congé. Le Roi envoya M. de Vendôme à sa place[2].

Ce prince, ayant pris le commandement de l'armée, marcha pour dégager Castelfollit, que les Espagnols tenoient investi [par plusieurs troupes retranchées, et fit venir le chevalier d'Aubeterre, gouverneur de Collioure[3], avec quatre mille miquelets ou milices du Roussillon. Toutes ces troupes marchèrent sur Castelfollit et attaquèrent des retranchements des Espagnols,

1. Ces escarmouches se passèrent en mai et juin; voyez le récit de l'*Histoire militaire* (t. III, p. 170-171), qui ne les présente pas comme désavantageuses.
2. Notre auteur est d'accord avec Saint-Simon (*Mémoires*, t. II, p. 285-291) sur la maladie simulée du duc de Noailles; il semble bien néanmoins, d'après les documents publiés dans les *Mémoires de Noailles*, et par M. de Boislisle dans son commentaire de Saint-Simon, que c'est là une pure calomnie; mais il est non moins certain que ce bruit courut à la cour, et l'on en retrouve la trace dans les chansons du temps.
3. Léon d'Esparbès de Lussan, chevalier d'Aubeterre (1620-1707), était un des plus vieux lieutenants généraux des armées (1655) et avait depuis 1656 le gouvernement de Port-Vendres et de Collioure; il commandait en Roussillon pendant les absences de M. de Noailles.

qui les défendirent mal. Ils en furent entièrement chassés, et M. de Vendôme jeta quelques vivres dans la place, qu'il fit démolir peu après, aussi bien qu'Hostalrich[1]. Puis, les grandes chaleurs étant survenues, il se retira sur Girone, et sépara son armée pour la mettre dans des quartiers de rafraîchissements [depuis Torroelle-de-Montgri jusques à Palafrugell, près Palamos].

La flotte angloise et hollandoise, sous le commandement de l'amiral Russell[2], ayant débarqué quatre ou cinq mille hommes en Catalogne, les Espagnols rassemblèrent leur armée, et se crurent assez forts pour venir assiéger Palamos. Le duc de Vendôme, qui fut aussi fortifié de quelques troupes françoises, marcha à eux et leur fit lever le siège. [Ils se retirèrent à Hostalrich, dont ils relevèrent les fortifications.] Pendant ce temps-là, M. de Vendôme fit démolir Palamos[3], en retira la garnison, les vivres et les munitions, et ramena l'armée du côté de Girone, où elle se sépara bientôt pour aller prendre ses quartiers d'hiver.

Campagne de mer. — Outre cette armée navale que les ennemis eurent cette année dans la Méditerranée, [qui fut de trente-cinq vaisseaux de ligne, vingt frégates, dix-neuf galères, et quelques autres bâtiments jusques au nombre de cent-dix voiles,] et avec laquelle

---

1. *Gazette*, p. 236, 244-246 et 268; *Histoire militaire*, p. 172-176.

2. Édouard Russell (1651-1727) était vice-amiral depuis l'avènement de Guillaume III; il fut disgracié cette même année 1695 et ne rentra en faveur que sous la reine Anne.

3. *Histoire militaire*, p. 176-178. C'était M. de Nanclas qui commandait dans Palamos.

ils donnèrent bien des alarmes du côté de Toulon et de la Provence, [qui n'aboutirent à rien de fâcheux par le bon ordre que le maréchal de Tourville avoit mis tout le long de la côte,] ils en eurent une autre dans l'Océan, sous le commandement de Mylord Berkeley[1], composée de vingt-huit gros vaisseaux de guerre, vingt frégates, [neuf brûlôts, dix-neuf galiotes à bombes,] quatorze vaisseaux plats et quatre ou cinq autres bâtiments qu'ils appelloient des machines infernales; ils étoient chargés de canons, bombes, carcasses, tonnes de poudre et feux d'artifices, auxquels ils mettoient le feu par des saucissons lorsqu'ils étoient près de terre, [pour les faire arriver, lorsque la marée montoit, contre les petits forts et les jetées de nos places du bord de la mer. Par ce moyen, ils prétendoient les détruire, pour faire approcher en sûreté leurs galiotes à bombes de nos villes, et les mieux bombarder]. Le Roi, qui fut averti de bonne heure du grand armement maritime de l'ennemi, et qui ne pouvoit lui opposer en mer d'égales forces, se contenta de lâcher plusieurs armateurs sur les vaisseaux de commerce de l'ennemi, [qui y firent bien leurs affaires, et de si bien pourvoir à tout le long des côtes, que les ennemis n'osassent y faire aucune descente, ni approcher suffisamment de ses villes maritimes pour les bombarder avec un dommage notable. Comme je l'ai déjà dit, le

---

1. John Berkeley, né en 1663, entra dans la marine en 1681 et se rallia à Guillaume III, qui le fit en 1693 vice-amiral de la flotte bleue; il avait pris part aux bombardements de Brest et de Saint-Malo, et, en 1696, participa aux expéditions sur l'île de Ré et sur Belle-Isle; il mourut de maladie le 27 février 1697.

maréchal de Tourville fut envoyé en Provence, et donna de si bons ordres à Toulon et tout le long de la côte, que les ennemis ne firent que s'y présenter.] M. de Vauban alla commander en Bretagne, et on lui donna quelques troupes, outre celles de la marine, pour le mettre en état de s'opposer aux descentes qui pourroient survenir, [et il pourvut à toutes ces côtes avec toute l'habileté dont il est capable]. Le Roi envoya le maréchal de Choiseul commander en Normandie, [où le péril étoit plus grand pour les descentes,] et lui donna une petite armée.

L'armée des ennemis mit à la voile des côtes d'Angleterre, et se présenta à la vue de Saint-Malo vers le 15 juillet[1]. Le général détacha d'abord neuf galiotes à bombes, soutenues de quelques frégates, qui vinrent bombarder les forts, espérant démonter le canon et, par ce moyen, faire avancer leurs autres galiotes plus près de la ville avec moins de péril; mais, le succès ne répondant pas à leur attente, ils lâchèrent contre un des forts une de leurs machines infernales, qui sauta, mais ne détruisit pas le fort, comme ils l'avoient espéré. Cependant, à la faveur de l'épouvante qu'elle causa, leurs galiotes, soutenues de leurs frégates, s'approchèrent plus près de la ville et la bombardèrent pendant quatre ou cinq heures avec peu de succès[2], [et beaucoup de péril pour eux, car, toutes les batteries des forts et de terre faisant grand feu sur ces bâti-

---

1. *Gazette*, p. 239-240; *Gazette d'Amsterdam*, n° LX et Extraordinaire; vol. Guerre 1310 et 1311, nombreuses lettres du maréchal de Choiseul, de MM. de Canisy et de Sainte-Maure.

2. *Gazette*, p. 240; il n'y eut que cinq ou six maisons d'endommagées.

ments, et les deux galères qui sont à Saint-Malo, avec quelques chaloupes armées, sortant alors sur l'ennemi, il dut se retirer avec perte de deux frégates, de deux ou trois galiotes, de plusieurs officiers et d'environ deux cents hommes; ils eurent outre cela plusieurs bâtiments endommagés].

[Cette expédition achevée, l'armée d'Angleterre remit à la voile et vogua sur l'île de Guernesey, d'où l'amiral détacha quelques frégates et sept ou huit galiotes, qui vinrent bombarder la petite ville de Granville, sur la côte de Normandie.] Après cela, le détachement rejoignit la grande armée, qui remit à la voile et se présenta devant Dunkerque, qu'elle voulut bombarder; mais, comme la rade est éloignée et les approches difficiles [à cause des bancs et du feu des batteries des forts et de la jetée], leurs galiotes ne purent approcher, et aucune des bombes qu'elles jetèrent ne parvint jusques à la ville[1]. La machine infernale qu'ils lâchèrent contre la jetée, et qui prit feu, n'y fit même aucun dommage. Ainsi, tout cet attirail fut inutile, et l'armée vint se présenter devant Calais, où elle crut trouver plus de facilité. Les Anglois jetèrent quelques bombes dans la ville, qui y causèrent un très petit dommage[2]; [mais aussi ils ne purent guère rester en présence, car les feux des batteries des forts et de la jetée, joint à celui des deux demi-galères et de plusieurs barques armées qui s'avancèrent à la tête de la jetée, éloignèrent les galiotes, qui ne firent aucun effet

1. Les ennemis profitèrent de la grande marée de la nouvelle lune du 11 août pour commencer le bombardement, qui ne fit aucun dommage (*Gazette*, p. 263 et 270-271).
2. Calais fut bombardé le 27 août (*ibidem*, p. 287).

et se retirèrent]. Toute l'armée disparut bientôt et regagna les ports d'Angleterre, où elle désarma. Celle que les ennemis avoient dans la Méditerranée repassa le Détroit et revint peu de temps après : en sorte que la prodigieuse dépense de cet armement aboutit à très peu de chose.

[*Affaires*. — Outre les édits bursaux qui alloient toujours grand train pour fournir aux dépenses de la guerre et à l'activité de ceux qui aiment à pêcher en eau trouble, on introduisit en France une taxe annuelle par tête, que l'on appela capitation, non pas selon les facultés de chacun, mais suivant les différents degrés des professions, sous la promesse que le Roi fit de retrancher tous ces édits, qui faisoient beaucoup murmurer, et que ladite capitation n'auroit plus lieu sitôt que la paix seroit faite, à laquelle on songeoit sérieusement en France[1].] Les Anglois même et les Hollandois, fatigués de la grosse dépense qu'ils faisoient sans en tirer tout le profit qu'ils en avoient espéré, avoient grande envie d'en venir aussi à ce point; mais le prince d'Orange, ne voyant pas encore les affaires en l'état qu'il les désiroit, quoiqu'il n'ignorât pas le traité qui s'étoit commencé en Suisse l'an passé, et étant enflé de la conquête de Namur qu'il venoit de faire, entraîna ces deux États à la continuation de la guerre, dans l'espérance qu'il

---

1. La capitation fut établie par la déclaration du 18 janvier 1695, dont le texte a été publié en dernier lieu, avec les tarifs, par M. de Boislisle, dans la *Correspondance des contrôleurs généraux*, t. I, Appendice. On voit que Saint-Hilaire n'accuse pas Bâville d'être le père de cette imposition, comme le fait à tort Saint-Simon (*Mémoires*, t. II, appendice IV).

avoit que la campagne suivante seroit de plus en plus avantageuse à sa gloire. [Cependant il venoit de la beaucoup risquer en la présente; car, s'il avoit échoué devant Namur, comme il le devoit si le maréchal de Villeroy n'eût pas manqué le coup sûr que la fortune lui présentoit de défaire le prince de Vaudémont à Aerseele, il est à croire que les Anglois, du naturel dont ils sont, l'auroient très mal reçu à son retour, et que, malgré lui, la paix s'en seroit ensuivie à des conditions moindres que celles qui avoient été offertes en Suisse, et même qui auroient pu devenir désavantageuses à sa personne. Mais le bon succès de sa campagne précédente lui ramena les esprits, et les porta à la continuation de la guerre, quoique le roi de Suède, qui recevoit des mémoires des uns et des autres, intervînt par ses bons offices pour la finir.] Ainsi la campagne de 1696 s'ouvrit de part et d'autre.

Année 1696. — Campagne de Flandres[1]. — Le Roi eut deux armées en Flandres, de soixante mille hommes chacune, et en donna le commandement aux maré-

1. La campagne de Flandre ne se passa, cette année, qu'en marches et contremarches, sans aucune action. Aussi l'édition de 1786 avait-elle beaucoup écourté le récit de Saint-Hilaire; nous le rétablissons d'après les manuscrits. Le détail de la composition des armées, tant françaises qu'étrangères, est donné par le marquis de Quincy dans son *Histoire militaire*, t. III, p. 208-211; le récit des opérations s'y trouve aux pages 212-230, comme dans les correspondances de la *Gazette;* les lettres et relations sont dans les volumes 1355-1359 du Dépôt de la Guerre. Saint-Hilaire, cette année ainsi que la précédente, servit sous le maréchal de Boufflers, à l'armée de la Meuse, où il commandait l'artillerie.

chaux de Villeroy et de Boufflers. Le premier assembla la sienne aux environs de Valenciennes, et vint camper sur la Lys; il eut en tête le prince de Vaudémont, qui, n'ayant pas tant de troupes que lui, se tint campé derrière Gand pendant les trois mois entiers que le maréchal de Villeroy demeura dans son camp [de Machelen sur la Lys[1], sans faire autre chose que manger dans le pays et faire des détachements de son armée pour joindre le maréchal de Boufflers en cas de besoin]. Celui-ci assembla son armée vers Maubeuge et alla camper dans la plaine de Fleurus. Il eut en tête le prince d'Orange, avec soixante-dix mille hommes réunis en son camp de l'abbaye du Parc près Louvain, [et qu'il fit marcher ensuite à Wavre et Limal[2]. Alors le maréchal de Boufflers décampa de Fleurus et vint à Gosselies, où il fit faire quelques retranchements;] mais, sur les nouvelles qu'il y eut que l'ennemi venoit camper à Sombreffe et avoit quelque dessein de passer la Sambre [vers Mosse et Froidmont], pour faire le siège de Dinant, il [décampa de Gosselies et] passa cette rivière [sur les ponts de Charleroy et sur d'autres qu'on fit faire au-dessus et au-dessous joignant cette place. Le même jour, il] vint camper à Gerpinnes, [où il fit coucher l'armée sous les armes, sur les faux avis qu'il eut qu'une bonne partie de l'ennemi avoit déjà passé la Sambre et s'avançoit vers Saint-Gérard. Ayant connu, le lendemain matin, qu'il n'en étoit rien, il marcha lui-même à Saint-Gérard avec la meilleure partie de l'armée, laissant l'autre à Gerpinnes sous le commande-

---

1. Au sud de Deynze.
2. Ces deux localités sont sur la Dyle, en amont de Louvain.

ment de M. de Ximénès, lieutenant général. M. de Tallard, autre lieutenant général, se campa entre Gerpinnes et Châtelet avec un petit corps, pour garder en cet endroit les passages de la Sambre. Quoique l'ennemi ne passât pas cette rivière, le maréchal de Boufflers ne laissa pas de faire retrancher son armée à Saint-Gérard, et, sur ce que les troupes de Hesse et de Hanovre, au nombre de douze à quatorze mille hommes, arrivèrent sous Namur du côté du Condroz, et qu'elles auroient pu s'emparer du poste de l'abbaye du Moulin, en passant la Meuse aux gués qui y sont à cette hauteur, en cas que le prince d'Orange passât la Sambre et en voulût à Dinant, il envoya un détachement de son armée au comte de Guiscard, qui y commandoit, avec ordre d'y joindre une partie de sa garnison et de les mener occuper le poste de l'abbaye du Moulin.]

[Les choses furent en cet état jusques au 25 août, que le prince d'Orange décampa de Sombreffe et prit le chemin de Nivelle. Il alla de là à Soignies, puis à Attre et Brugelette près Ath[1], où il finit sa campagne. Mais, à son premier et second décampement, M. de Boufflers ne bougea pas de Saint-Gérard, de peur que cette marche ne fût une feinte pour le déposter. Il envoya seulement ordre à M. d'Artagnan[2], qui étoit vers la Bussière, sur la Sambre, avec un corps de troupes détachées de l'armée du maréchal de Villeroy, de côtoyer la marche du prince d'Orange, et, s'il le voyoit s'approcher de l'Escaut, de marcher en dili-

1. Sur la Dendre, en amont d'Ath.
2. Pierre de Montesquiou d'Artagnan (1640-1725), lieutenant général en 1696, et maréchal de France en 1709.

gence aux lignes de Clare, pour les garder en attendant l'armée. MM. de Tallard et de Ximénès eurent aussi ordre de s'ébranler et de venir, l'un à Ham-sur-Heure[1], et l'autre à la Bussière. M. de Boufflers, ayant connu le surlendemain que la marche du prince d'Orange n'étoit point feinte ainsi qu'il avoit cru, prit hâtivement le chemin de Mons avec tout le reste de l'armée, et laissa le marquis d'Harcourt à Saint-Gérard, où il l'étoit venu joindre, avec un corps de troupes et du canon, pour observer le landgrave de Hesse, qui étoit resté sous Namur avec les siennes, qui retournèrent bientôt en Allemagne. Comme le prince d'Orange avoit pris deux journées d'avance sur M. de Boufflers, celui-ci fit une marche des plus forcées pour arriver à Condé, où il passa l'Escaut, afin d'être à portée, suivant le besoin, de joindre M. d'Artagnan aux lignes de Clare, ou le maréchal de Villeroy, auquel il envoya quelques troupes d'avance. Il campa les siennes depuis Condé jusques à Mortagne, où elles demeurèrent tant que le prince d'Orange resta près d'Ath; mais, par précaution, il envoya M. de Tallard avec dix mille hommes à Tournay, pour se porter en avant, si le cas y échéoit, et tint encore un corps de troupes à Mons et un autre à Crespin[2], pour garder la Haine, où il se tint fort éveillé.]

[Le prince d'Orange séjourna quelque temps près Ath, et en partit le 10 septembre, pour s'en retourner en Hollande, lorsque son armée en décampa. Elle vint à Lessines, puis à Grammont, où elle finit sa campagne. Le maréchal de Boufflers acheva la sienne à Tournay, où il mit son quartier général.]

1. A huit kilomètres de Thuin et à treize de Charleroy.
2. Hameau de la commune de Pommerœul.

[Pour ce qui est de M. Villeroy, lorsqu'il quitta son camp de Machelen, il vint à Thielt, où il mit sa droite, et la gauche à Eeghem, puis il fut camper à Wynendaele[1], s'étendant jusque vers Dixmude. Pendant ce temps, le prince de Vaudémont, qui fut fortifié par dix bataillons anglois et danois sous le duc de Würtemberg, s'avança le long du canal de Bruges, qu'il mit devant lui, et fit tirer une ligne depuis ce canal. Le maréchal de Villeroy voulut tenter de la passer du côté de Bruges; mais il la trouva si bien gardée, qu'il s'en retourna sans rien faire, et les deux armées demeurèrent dans cette situation jusqu'à la fin de la campagne.]

Campagne d'Allemagne[2]. — Le maréchal de Lorge ayant des incommodités qui ne lui permettoient plus de servir, le Roi donna le commandement de son armée d'Allemagne au maréchal de Choiseul[3]. Elle fut de quarante bataillons et de cent huit escadrons, et s'assembla du côté de Neustadt dans la Basse-Alsace. [Peu de jours après, elle passa le Rhin à Philipsbourg et vint camper à Seckingen, où fut sa droite, et sa gauche à Zeissenhausen, à une lieue et demie d'Eppingen, où l'armée de l'Empereur, sous le prince Louis de Bade, s'assembloit derrière les lignes qui avoient été tirées d'Eppingen à Sinzheim. Ce prince couvrit encore son

---

1. A l'ouest de Thourout, sur la route d'Ostende.
2. On peut faire, pour la campagne d'Allemagne, la même remarque que ci-dessus, p. 383, pour celle de Flandre. L'édition de 1766 l'avait résumée en dix lignes; nous rétablissons le texte original de Saint-Hilaire. Voir l'*Histoire militaire*, p. 230-245, les correspondances de la *Gazette* d'avril à octobre, et les volumes Guerre 1364 à 1366.
3. *Mémoires de Saint-Simon*, t. III, p. 112.

armée, qui étoit inférieure à celle de France, par de nouveaux retranchements. Quelque temps après, étant devenu supérieur par les troupes qui le joignirent et celles du landgrave de Hesse qui revenoient de Flandres, il fit amas de grosse artillerie et se mit en état de passer le Rhin. Il en prit le chemin, laissant le général Thungen, avec quelques troupes et des milices qu'il ramassa, dans les lignes d'Eppingen pour couvrir le pays.]

[Sur ces mouvements, le maréchal de Choiseul revint passer le Rhin à Philipsbourg et se campa d'abord en plusieurs camps le long de ce fleuve, entre Worms et Frankenthal, à dessein de disputer le passage aux Impériaux en cette partie, les empêcher de faire des ponts et consommer les fourrages jusques à Mayence; mais ils ne lui en laissèrent pas le temps et vinrent passer le Rhin sur des ponts qu'ils firent près de Mayence. Ils remontèrent ensuite tout le long pour venir droit au maréchal de Choiseul, qui se retira derrière le Spirebach. Alors le prince Louis, qui avoit fait remonter ses ponts jusques à Worms pour la commodité de la subsistance de son armée, fut joint par le landgrave de Hesse, qui vint par Kreuznach le long de la montagne. Il y étendit sa droite, ayant toujours la petite rivière de Spirebach entre lui et le maréchal, qui mit sa gauche à Neustadt et ordonna des retranchements le long du front de son armée, aux endroits qui lui parurent nécessaires. Et, comme il y avoit au delà du Spirebach une hauteur vis-à-vis Neustadt où étoit un vieux château ruiné nommé le Hart, d'où le canon de l'ennemi pouvoit incommoder son camp et canonner Neustadt, où il avoit jeté des troupes, il fit occuper cette masure par un petit détachement d'infanterie, qui s'y fortifia le mieux qu'il put. Il ne voulut pas y en mettre un plus fort, parce qu'il ne le pouvoit soutenir avec son armée, et qu'il n'auroit pas été facile de le retirer[1].]

[Le prince Louis fit battre ce château par sa grosse artillerie, qui canonna aussi le camp du maréchal et l'obligea de le retirer un peu. On ouvrit une espèce de boyau contre ce château, et l'officier qui y commandoit fut sommé de le rendre, ce qu'il refusa, ne se sentant pas encore assez pressé, et sachant le moyen de se retirer : ce qu'il fit quand il se vit en péril d'être emporté d'assaut.]

[Le marquis d'Harcourt, qui avoit côtoyé le landgrave avec son petit corps d'armée depuis Namur, joignit alors le maréchal de Choiseul par le Val-Saint-Lambert, et le prince Louis de Bade, considérant qu'il ne le pouvoit attaquer après ce renfort dans le poste qu'il occupoit, leva son camp, se retira en bon ordre, et revint passer le Rhin sur ses ponts, qu'il renvoya à Mayence.]

[Le général Thungen, qui d'Eppingen étoit venu se camper avec son petit corps près de Philipsbourg, se retira dans ses lignes, et, comme on étoit alors au commencement d'octobre, les armées ne firent plus rien que prendre des quartiers de fourrage, en attendant ceux d'hiver, qui ne tardèrent pas à arriver.]

Campagne et paix d'Italie. — En Italie, quoique depuis deux ans on traitât secrètement des moyens de paix avec le duc de Savoie[2], on ne laissa pas de faire

1. *Mémoires de Saint-Simon*, t. III, p. 232 et suivantes.
2. Un traité de paix secret fut même signé avec le duc à

de grands préparatifs de guerre du côté du Piémont, tant pour accélérer cette paix que pour donner plus de prétexte au duc de conclure sans les alliés, dont la foiblesse lui donnoit plus de sujets de crainte que d'espérance. Dans cet esprit, on répandit le bruit qu'on méditoit le siège de Turin à l'ouverture de la campagne, et on se prépara d'entrer en Piémont de meilleure heure et avec plus de forces que les années précédentes.

D'un autre côté, M. le duc de Savoie n'oublia rien extérieurement pour se précautionner, et faisoit travailler avec des soins extrêmes à de nouvelles fortifications à Turin, [afin d'en rendre l'attaque plus difficile et d'éblouir ses alliés].

L'armée de France, forte de quatre-vingt-huit ou dix bataillons et de quatre-vingt-six escadrons, avec une artillerie proportionnée, entra en Piémont par le Pas-de-Suse et le col de la Fenestre, et vint camper, le 19 mai, près de Suse. Le marquis de Larray[1], lieutenant général, fut détaché, avec un gros corps de cavalerie et les grenadiers de l'armée, pour s'avancer sur Turin et s'assurer du passage de Saint-Ambroise et de la hauteur proche Veillane, où le maréchal de Catinat vint camper le 26 avec tout le reste de l'armée. [Il mit son quartier général à Rivolte. Pendant ce temps, le duc de Savoie redoubloit ses précautions : il fit monter tout son canon sur les remparts et tirer une ligne de redoutes depuis le pont de la Doire jusques au faubourg du Ballon; il garnit le tout de ses meilleures troupes].

---

la fin de février, à Lorette, par l'entremise du pape et des Vénitiens.

1. Ci-dessus, p. 263.

L'armée des alliés, forte seulement de quatre mille chevaux et douze mille hommes de pied, se tenoit de l'autre côté du Pô sur les hauteurs, jusques à Moncalieri, [et communiquoit à la ville au moyen du pont sur cette rivière vis-à-vis la ville Neuve, et de deux autres qu'ils y firent jeter. Ils avoient aussi un petit corps à Carignan pour garder le pont sur le Pô et couvrir Coni].

L'armée de France demeura dans l'inaction à son camp de Rivolte pendant tout le mois de juin et le commencement de juillet : ce qui donna beaucoup à penser. Enfin, le 12 du même mois, on publia dans l'armée de France et à Turin une suspension d'armes pour trente jours. Les otages furent livrés de part et d'autre[1], et, incontinent après, le duc de Savoie en informa le Pape, en le priant d'exhorter l'Empereur et le roi d'Espagne d'entrer en négociation de paix, ou du moins d'accepter la neutralité pour le Milanois [qu'il avoit stipulée avec la France pour ces deux princes plus par rapport à ses intérêts particuliers, ainsi qu'on le peut bien croire, que par ménagement pour eux]. Sur cela, il y eut beaucoup de négociations, tant de la part de ces deux princes que des autres alliés, qui mirent tout en usage pour regagner le duc de Savoie et lui faire rompre le traité ; mais, comme il s'étoit trop avancé pour pouvoir rompre, et que le maréchal de Catinat, également habile en négociations et en guerre, le serroit de près, tout ce qu'ils en purent obtenir, du consentement du maréchal, fut que la trêve seroit prolongée pendant tout le mois d'août, et

1. C'était le comte de Tessé et le marquis de Bouzols pour la France, le comte de Tana et le marquis d'Aix pour la Savoie.

enfin jusques au 16 septembre. Il déclara en même temps aux ministres de l'Empereur et du roi d'Espagne que, s'ils n'acceptoient la neutralité du Milanois avant l'expiration de la trêve, il joindroit ses troupes à celles de France et entreroit sur-le-champ à leur tête dans le duché de Milan. [Pendant que tout ceci se passoit, le maréchal de Catinat fit sortir de l'arsenal de Pignerol une quantité de grosse artillerie et beaucoup de munitions de guerre et de bouche, qu'il fit conduire à Villefranche et embarquer sur le Pô.]

Le comte de Mansfeld[1], ministre de l'Empereur, étoit toujours à Turin, et sollicita inutilement le duc de Savoie, qui demeura inflexible. Ce ministre se réduisit à faire espérer que son maître et le roi d'Espagne pourroient consentir à la neutralité du Milanois, pourvu que la trêve fût prolongée jusqu'au mois d'octobre. Au refus qu'il en eut, il partit de Turin fort mécontent, et alla joindre l'armée de l'Empereur, qui s'étoit déjà retirée vers les frontières du duché de Milan.

Celle de France, jointe par les troupes de Savoie, [et qui s'étoit déjà avancée à Crescentin,] vint camper aux environs de Casal, où le maréchal de Catinat [mit un détachement, qui s'y retrancha, et y] établit ses magasins [et l'hôpital. De là, l'armée alla camper à Candia sur la Sesia, dans le Milanois]. Les Impériaux s'étoient retirés derrière Novare et avoient jeté dans

1. Henri-François, comte de Mansfeld, conseiller intime et maréchal des armées de l'Empereur, avait rempli diverses missions diplomatiques en France avant d'être envoyé à Turin comme commissaire général de l'Empereur en Italie; il mourut en 1715.

Valence treize de leurs meilleurs bataillons, avec de bons officiers et les autres choses nécessaires à la défense.

Le maréchal de Catinat fit investir cette place[1] et s'y rendit avec le reste de l'armée, [qui faisoit plus de soixante mille hommes]. Le duc de Savoie y arriva le même jour et en prit le commandement en qualité de généralissime.

La tranchée fut ouverte la nuit du 23 au 24 septembre, et, ce même jour, le comte de Mansfeld fit demander au duc de Savoie la permission de le venir trouver pour faire de nouvelles propositions. Elle lui fut refusée; mais ce prince, qui n'avoit pas envie que les François s'établissent dans le Milanois, lui envoya à Pavie le marquis de Saint-Thomas[2]. Cependant le siège se poussoit avec vigueur; le duc de Savoie y donnoit tous ses soins et exposoit tous les jours sa personne. Le temps devint fort pluvieux; les assiégés se défendoient assez bien : ce qui fut cause que le marquis de Saint-Thomas revint de Pavie sans rien conclure de positif avec les Impériaux; mais, comme la place devint fort pressée, et qu'ils se voyoient à la veille de perdre tout le Milanois, ils le rappelèrent bientôt, et acceptèrent la neutralité par un traité qui fut signé le 8 octobre[3]. Le 9, on commença par lever le siège, et,

1. Sur le siège de Valence-du-Pô, investie le 19 septembre, voir l'*Histoire militaire*, p. 255-259, la *Gazette*, p. 315, 324-325, 331-333, 339-340, et le volume 1375 du Dépôt de la Guerre.

2. Charles-Joseph-Victor Carron, marquis de Saint-Thomas, était alors le principal ministre de Victor-Amédée; il reçut le collier de l'Annonciade en janvier 1697 et mourut en 1699.

3. La convention se trouve dans le *Corps diplomatique* de Du Mont, t. VII, 2ᵉ partie, p. 375-376, et est résumée dans

conformément au traité, les troupes des alliés et celles de France commencèrent à se retirer en Dauphiné et en Allemagne le 20 de ce mois, et quittèrent l'Italie au grand contentement du Pape et des autres princes d'Italie, qui, par un accord fait avec les Impériaux, leur payèrent huit à neuf cent mille livres. Le duc de Savoie n'en fut pas moins content, et, en deux mois de temps, on vit ce prince généralissime des deux partis opposés, ce qui n'avoit pas encore eu d'exemple [et qui ne sauroit lui faire d'honneur que par rapport à la politique la plus intéressée].

Par le traité de paix que le Roi fit avec ce prince[1], il s'engagea à lui rendre tout ce qu'il lui avoit pris pendant la guerre, [les places avec la même quantité d'artillerie, vivres et munitions de guerre qui s'y étoit trouvée dans le temps de la prise, ensemble la ville et citadelle de Pignerol avec toutes ses dépendances, et les fortifications préalablement démolies]; à faire épouser au duc de Bourgogne la princesse de Savoie sa fille[2], sans dot[3], dès qu'elle seroit en âge, [et de la tenir dès à présent à sa cour à ses frais et

l'*Histoire militaire*, p. 259-260; elle fut signée le 7 octobre à Vigevano.

1. Les conventions préliminaires, qui avaient été conclues dès le 29 mai, furent complétées par le contrat de mariage du duc de Bourgogne avec la princesse de Savoie, qui fut signé solennellement le 15 septembre; les pièces relatives à ces longues négociations sont au Dépôt des affaires étrangères, vol. *Turin* 95 et 97; voyez aussi le *Corps diplomatique*, p. 368-375.

2. Marie-Adélaïde de Savoie (1685-1712), fille aînée du duc et d'Anne-Marie d'Orléans, était cousine issue de germaine de son futur; le mariage fut célébré le 7 décembre 1697.

3. Le duc abandonnait à la France, comme dot, le comté de Nice, dont Louis XIV s'était emparé dès 1691.

dépens]; et, pour réparer les pertes que le duc avoit souffertes pendant la guerre, le Roi s'obligea à lui payer quatre millions de livres. [De plus, le Roi s'obligea que, en cas qu'aucun prince entreprît de faire la guerre au duc de Savoie, il l'assisteroit de huit mille hommes de pied et de quatre mille chevaux entretenus à ses dépens, et encore que le Pape et la république de Venise se rendroient garants du traité.] Le duc voulut avoir des otages de l'exécution de ce traité, et le Roi lui envoya les ducs de Foix[1] et de Choiseul[2], qui restèrent à Turin tant qu'il plut au duc de Savoie. [Il peut bien y avoir eu quelques autres articles secrets qui ne sont pas encore venus à ma connoissance[3].]

Campagne de Catalogne. — L'armée de Catalogne, forte de vingt-cinq bataillons et de trente-quatre escadrons, fut commandée par M. le duc de Vendôme. Il lui fit passer le Ter le 5 mai, pour la mener aux ennemis, [dont l'infanterie étoit retranchée contre Hostalrich, et la cavalerie, au nombre d'environ quatre mille chevaux sous le prince de Hesse-Darmstadt[4], campée en une petite plaine à deux lieues en avant pour la commodité de la subsistance, chose souvent dangereuse. Elle avoit devant elle un bois et un défilé qu'il falloit passer]. Mais, comme M. de Vendôme se doutoit que la cavalerie espagnole ne l'attendroit pas, à moins que d'aller diligemment à elle et de la sur-

1. Henri-François, duc de Foix-Randan, avait eu le cordon du Saint-Esprit en 1688 et mourut en 1714.
2. César-Auguste de Choiseul : tome I, p. 198.
3. Le duc obtint notamment pour ses ambassadeurs en France le même traitement que pour ceux des têtes couronnées.
4. Ci-après, p. 417.

prendre, il laissa son infanterie derrière, et ne prit que les grenadiers avec sa cavalerie. Étant arrivé le 1ᵉʳ juin, sur les neuf heures du matin, au commencement du défilé et du bois qui couvroit les Espagnols, [il fit marcher ses grenadiers par manches à droite et à gauche de sa cavalerie, leur fit border la tête du défilé et du bois sitôt qu'ils y furent parvenus, et remplit le vide avec six escadrons, qui fut tout ce qu'il put mettre de front. Le corps espagnol, qu'il trouva au débouché à l'entrée de la petite plaine, étoit de douze escadrons; il ne laissa pas de les faire charger malgré l'inégalité, et, par ce moyen, de se faire faire un peu de place. Les six escadrons françois chargèrent bravement, se rallièrent à la faveur du feu des grenadiers et firent perdre un peu de terrain aux Espagnols. Pendant ce temps, six autres escadrons françois passèrent le défilé, et, doublant sur les premiers, se trouvèrent alors en front égal aux Espagnols, qui se rompirent à la seconde charge. Le reste de la cavalerie françoise, qui arrivoit toujours dans la plaine, et le feu des grenadiers acheva de les mettre en déroute.] Une partie se sauva par les montagnes; l'autre gagna les retranchements; et les ennemis perdirent en cette occasion environ mille chevaux, plusieurs paires de timbales et des étendards; ils eurent aussi quelques officiers tués et pris. Les François ne perdirent que deux ou trois cents chevaux [1].

Après cette déroute, le duc de Vendôme s'avança

1. Ce combat prit le nom d'Hostalrich et fit grand honneur au duc de Vendôme; il y a des détails assez précis dans les *Mémoires de Sourches*, t. V, p. 148-150, et dans la *Gazette*, p. 283-284.

sur les retranchements des ennemis, et le comte de Longueval, lieutenant général[1], s'en étant approché un peu trop près, fut tué de plusieurs coups qui en partirent.

Pendant ce temps, l'infanterie françoise arriva; mais, comme elle n'étoit pas supérieure à celle d'Espagne, qui se trouvoit très bien postée, M. de Vendôme ne jugea pas à propos de l'attaquer. [Il se vint camper entre Hostalrich et Blanes[2], à dessein de couper les vivres aux Espagnols, qui leur venoient par mer de Barcelone à Blanes, d'où ils passoient dans leur camp. Il tâcha par ce moyen de les déposter; mais il ne put y réussir : car ils tirèrent leurs vivres d'autres endroits et par d'autres moyens.]

M. de Vendôme fit occuper toutes les petites villes des environs de son camp, dont les Espagnols avoient retiré leurs garnisons. [Leurs galères lui prirent un petit convoi de vivres qui lui venoit par mer. Le chevalier d'Aubeterre, lieutenant général et gouverneur de Collioure[3], lui en amena un par terre plus considérable, et donna avis à M. de Vendôme que les Espagnols avoient fait dessein d'attaquer ce convoi pendant sa marche. Sur cela, ce général alla lui-même au-devant avec deux mille chevaux et tous les grenadiers de l'armée, et tendit une embuscade aux Espagnols sur le chemin qu'ils devoient tenir; mais, comme ils en furent avertis auparavant, il ne parut rien que

---

1. François-Annibal, comte de Longueval, était lieutenant général de la promotion du 3 janvier précédent; il fut enterré dans l'église d'Hostalrich.
2. Blanes, petit port de mer à l'embouchure de la Tordera.
3. Ci-dessus, p. 377.

quelques cavaliers qui venoient reconnoître. Ainsi M. de Vendôme retourna à son camp, et tout le convoi y arriva.]

L'armée de France ayant consommé tous les fourrages des environs de son camp, où elle souffroit des grandes chaleurs, M. de Vendôme alla lui-même retirer les postes qu'il avoit ordonnés dans les petites villes des environs de son camp, et en fit démolir les tours et les murailles. A son retour, il fut inquiété par trois ou quatre mille miquelets, soutenus par huit escadrons, avec lesquels on eut une assez vive escarmouche, [et qu'on ne put charger autrement à cause de la difficulté du pays]. Comme il avoit mené du canon avec lui, il leur en fit tirer quelques volées, qui les déterminèrent à abandonner la partie, et il continua son chemin sans obstacle.

[A quelques jours de là, ce général fit encore retirer les postes qu'il avoit à Pineda[1] et à Blanes, dont les murailles furent rasées, et vint camper à Vidreras[2], où il ne put demeurer que peu de jours, à cause des chaleurs excessives et du manque d'eau. De là, il vint camper sous Angles[3], dont il fit démolir les fortifications, qui étoient peu de chose. Puis, de là, il vint camper au Val-d'Aro, où ses troupes, qui en avoient grand besoin, se rafraîchirent jusques au 5 octobre. Il décampa alors pour aller à Pierre-Taillade[4], où l'armée séjourna jusques au 22, qu'elle se sépara.]

Campagne de mer et des côtes de France. — Au

1. Petit port au sud de Blanes.
2. Dans les montagnes, entre Blanes et Girone.
3. Sur le Ter, à deux lieues en amont de Girone.
4. Au nord de Figuères.

commencement de cette année, le roi Jacques d'Angleterre se flatta d'avoir en ce royaume un parti assez puissant pour remonter sur son trône, et demanda au Roi les secours nécessaires pour assurer la réussite de cette grande entreprise. Louis XIV ordonna qu'on équipât à Toulon cinquante vaisseaux de guerre, qu'on y arma avec tant de diligence, qu'ils étoient à la rade à la fin de février, où ils attendirent un vent favorable pour aller passer le Détroit et venir dans l'Océan. M. le comte de Châteaurenault[1] eut le commandement de cette armée.

On arma aussi à Brest, au Port-Louis et à Dunkerque trois ou quatre escadres, et on envoya à Calais le plus de bâtiments de transport qu'il fut possible. Le marquis d'Harcourt, lieutenant général, avec plusieurs officiers généraux, assembla entre Calais et Gravelines vingt bataillons et cinq régiments de cavalerie et de dragons, qui y vinrent de Flandres, avec un équipage d'artillerie, des ingénieurs, des armes, des selles, des brides, et une grande quantité de munitions de guerre et de bouche.

Tous ces préparatifs étant faits avec le plus grand secret, le roi Jacques partit en poste, le 3 mars, de Saint-Germain, avec une bonne provision d'argent, et son entreprise fut publiée ; [mais il y eut beaucoup d'incrédules d'un bon succès. On attendoit à Paris d'un jour à l'autre des nouvelles de l'embarquement, pour lequel la diligence étoit nécessaire. Toutefois, rien

1. François-Louis Rousselet, comte de Châteaurenault (1637-1716), avait été nommé lieutenant général des armées navales en 1686 ; nous le verrons devenir vice-amiral en 1701 et maréchal de France en 1703.

ne bougeoit, quoiqu'on eût avis de l'arrivée du roi Jacques sur la côte, soit qu'on attendît les escadres qui devoient venir à Dunkerque de Brest, soit qu'il y eût quelques autres causes de ce retardement. On n'étoit pas moins en peine de l'armée de M. de Châteaurenault, qu'on apprit être retenue aux îles d'Hyères par les vents contraires et qui, en effet, ne put arriver à Brest avant le mois de mai suivant.]

Le roi Guillaume ne tarda pas d'être averti de l'orage qui le menaçoit. Il fit mettre sous les armes toutes les troupes qu'il avoit en Angleterre, et en manda d'autres de Flandres. Les côtes furent garnies de troupes et de milices, et il n'oublia aucune des précautions nécessaires; mais la principale fut qu'il fit armer tant bien que mal, avec une diligence extrême, plus de quarante vaisseaux de guerre sous l'amiral Russell, qui se présenta entre Gravelines et Calais, [le 9 mars, et qui fut contraint deux ou trois jours après, par les grands vents qui s'élevèrent, de se retirer vers les côtes d'Angleterre, laissant toutefois deux de ses escadres à la vue de Calais]. On jugea bien alors l'entreprise échouée. Cependant le roi Jacques resta à Boulogne-sur-Mer jusques au commencement de mai, qu'il revint à Saint-Germain[1]. [L'amiral Russell fut joint par vingt vaisseaux hollandois, et retourna devant Calais, où il fit jeter quelques bombes.] Les troupes du marquis d'Harcourt s'en retournèrent en Flandres, et tout se retira de part et d'autre.

1. Saint-Simon a parlé de ce « projet avorté » du roi Jacques, et il en attribue la non-réussite aux mauvais temps et à la croisière anglaise (*Mémoires*, t. III, p. 55-58, avec le commentaire qu'y a joint M. de Boislisle).

[Sur cette entreprise qui eut un si mauvais succès, les Anglois débitèrent que quelques-uns de leur nation, qui avoient passé en France avec le roi Jacques, s'en étoient revenus en Angleterre sous prétexte de venir jouir de leurs biens après s'être soumis au gouvernement présent, et avoient conspiré d'assassiner le prince d'Orange au retour d'une de ses maisons de chasse, d'où ordinairement il revenoit à Londres peu accompagné. Ils devoient avertir le roi Jacques à Calais de l'exécution du projet, qui avoit été découvert par un des complices la veille du jour fixé. Sur cela, les Anglois circonstancièrent mille particularités hors d'apparence, et les criminels accusés furent emprisonnés, et tous exécutés[1].]

Comme on ne doutoit pas à la cour que les ennemis ne fissent quelque tentative le long des côtes de France, on n'oublioit rien pour se précautionner. Le maréchal de Joyeuse alla commander en Normandie, et on lui donna un petit corps de troupes réglées, auxquelles il joignit les milices de la province. Le maréchal d'Estrées commanda en Bretagne avec les mêmes dispositions, et M. de Tourville dans le pays d'Aunis et sur les côtes de Poitou, où les ennemis ne firent pas de grands progrès.

Ils partirent d'Angleterre avec une armée de quatre-vingts vaisseaux de ligne sous Mylord Berkeley, quan-

1. Il y eut en effet, au printemps de 1696, un complot contre la vie de Guillaume III, tramé par des partisans des Stuarts. Il semble bien que ni Louis XIV ni Jacques II n'y avaient participé, mais que le duc de Berwick, qui avait fait peu de temps auparavant un voyage secret en Angleterre, avait eu connaissance du projet : voir ses *Mémoires*, p. 343.

tité de bombes et plusieurs galiotes; mais les vents contraires les obligèrent de s'en retourner. Ils remirent à la voile au mois de juillet, et vinrent bombarder Saint-Martin-de-Ré[1]. De là, ils passèrent à Olonne, où ils en firent autant, et allèrent ensuite faire une petite descente dans l'île de Groix, près le Port-Louis, et dans deux autres petites îles proche Belle-Isle, où ils brûlèrent les villages et enlevèrent les bestiaux[2]. Après cette expédition, l'armée se sépara : une partie revint en Angleterre, où elle désarma; l'autre se divisa en plusieurs escadres pour convoyer les vaisseaux marchands.

[Pour revenir à M. de Châteaurenault, lorsqu'il fut arrivé de la Méditerranée à Brest, il y désarma la plus grande partie de ses vaisseaux et alla croiser avec l'autre vers les îles Açores, au-devant de la flotte de la Vera-Cruz, qu'il ne trouva point, et s'en revint à Brest. MM. de Nesmond[3] et Renau[4], avec leurs escadres, y revinrent aussi sans rien faire[5]; mais le chevalier Bart, qui étoit parti de Dunkerque avec une

1. Ce bombardement, qui eut lieu du 15 au 17 juillet, atteignit non seulement Saint-Martin, mais aussi les autres bourgs de l'île, et causa beaucoup de dégâts.

2. *Gazette*, p. 359-360; *Gazette d'Amsterdam*, n° LXII, et *Mercure* d'août, p. 238-263; reg. Marine B⁴ 17.

3. Ci-dessus, p. 272.

4. Bernard Renau d'Éliçagaray, d'origine béarnaise, s'était surtout distingué comme ingénieur de marine et était inspecteur des constructions navales et capitaine de vaisseau depuis 1691.

5. M. de Nesmond fit la course dans l'Océan avec neuf bâtiments; quant à Renau, il eut une petite escadre pour aller aux Antilles et dans les possessions espagnoles de l'Amérique du Sud. On a quelques lettres de lui et un extrait de son journal de bord dans le volume B⁴ 17 des archives de la Marine.

escadre de huit vaisseaux, qui avoit été jointe par quelques armateurs, fit voile vers la Norvège et attaqua, le 18 juin, dans la mer Baltique, la flotte marchande de Hollande qui revenoit de Norvège, escortée par cinq frégates, qu'il prit ainsi que plusieurs vaisseaux marchands[1]; mais, à la fin de l'action, il survint une autre flotte qui alloit de Hollande dans le nord, escortée par dix ou douze vaisseaux de guerre, qui firent force de voiles sur le chevalier Bart pour lui faire lâcher prise. Il jugea alors qu'il ne pouvoit ramener les bâtiments qu'il avoit pris. C'est pourquoi il y fit mettre le feu et les brûla; puis il fit route vers Dunkerque. Mais, étant suivi par ces vaisseaux et par d'autres qui partirent de Hollande pour se mettre à ses trousses, il fut contraint, pour s'en garantir, d'entrer dans un port de Danemark, où ils le bloquèrent[2]. Son habileté le tira d'affaires et lui fit trouver le moyen de sortir de ce port et de se retirer à Dunkerque sans perte malgré les embûches qu'on lui avoit dressées, dont sa vigilance le sut garantir.]

Affaires. — Les troupes ne furent pas plus tôt revenues de campagne, que l'on commença à parler sérieusement de la paix générale. On dit que le Roi y fut porté par une personne qu'il honoroit de sa confiance et de quelque chose de plus[3]. Les puissances alliées y donnèrent d'autant plus volontiers les mains, qu'elles

---

1. On trouve diverses lettres de Jean Bart et d'autres officiers de son escadre, relativement à cette campagne, dans le volume Marine B⁴ 17; la lettre du 5 juillet rend compte du combat du 18 juin.

2. Non pas en Danemark, mais en Norvège, dans un petit port du voisinage de Christiansand.

3. Mme de Maintenon.

jugèrent sainement que la paix qui venoit d'être conclue entre la France et la Savoie leur alloit faire tomber sur les bras toutes les troupes françoises qui avoient servi en cette guerre. [Outre cela, la réforme des espèces d'or et d'argent qui se faisoit en Angleterre y avoit causé une grande disette, et les peuples, très fatigués d'une guerre où ils ne gagnoient rien, commençoient à murmurer. Il en étoit de même des Hollandois, dont les frais avoient été immenses, et les pertes de leur commerce très grandes. L'Empereur, de son côté, avoit toujours les Turcs sur les bras, qui commençoient à prendre un peu le dessus, ou tout au moins à faire balancer la partie. La France s'épuisoit fort d'hommes et d'argent et avoit besoin de reprendre haleine. Il n'y avoit que l'Espagne, qui, fière de plus en plus malgré les pertes qu'elle faisoit, se fioit en la protection de ses alliés par rapport à l'intérêt qu'ils avoient à la maintenir sans perte et à redresser ses affaires, dont elle espéroit toujours un meilleur succès. Ces considérations la rendoient moins traitable, et il fallut encore la campagne suivante pour la résoudre à conclure, et qu'il lui en coûtât encore quelques-unes de ses plumes. Elle s'y trouva comme forcée par ses alliés, qui, s'ennuyant tout de bon de la longueur de cette guerre et de ce qu'elle leur coûtoit, se rappelèrent les propositions de paix qui leur avoient été ci-devant faites, et crurent que cette paix seroit ferme et stable; mais, avant de traiter la matière à fond, ils voulurent être assurés des préliminaires. Le Roi y donna les mains et envoya en Hollande incognito M. de Callières[1], qui n'étoit encore guère connu, pour

---

1. François de Callières (1645-1717) avoit eu déjà plusieurs

en conférer avec eux. Comme il eut ordre de leur accorder presque tout, quoique la France fût encore en état de donner la loi, il n'eut pas grand'peine à convenir avec eux.] Il fut arrêté que les conférences pour la paix générale se tiendroient en Hollande, dans le château de Ryswyk[1], au commencement de l'année suivante.

Le Roi nomma MM. Courtin[2], de Harlay-Bonneuil[3], conseillers d'État, de Crécy et Callières pour ses plénipotentiaires au congrès. Ils se préparèrent à partir dès que les passeports seroient arrivés et que l'échange en auroit été fait : ce qui arriva le 3 février 1697.

Année 1697. — Campagne de Flandres. — Loin de discontinuer les préparatifs pour la campagne suivante, on les augmenta encore, afin d'être toujours en état de réprimer les tentatives de l'ennemi, et le Roi fit venir du Dauphiné et des provinces voisines les

---

missions dans les pays du nord; il prit une part active aux négociations de Ryswyk. Ses travaux de linguistique le firent entrer à l'Académie française en 1689. Il faut lire dans les *Mémoires de Saint-Simon*, t. III, p. 298-299, comment il fut amené à proposer à M. de Croissy de se rendre secrètement en Hollande pour négocier la paix.

1. A trois kilomètres sud-est de la Haye.

2. Honoré Courtin, d'abord magistrat, puis maître des requêtes et intendant, avait paru comme plénipotentiaire aux conférences de Bréda (1667), puis avait été ambassadeur en Hollande, en Suède et en Angleterre; il était conseiller d'État depuis 1669. « C'étoit, dit Saint-Simon (*Mémoires*, t. III, p. 280), un très petit homme, bellot, d'une figure assez ridicule, mais plein d'esprit, de sens, de jugement, de maturité et de grâces, qui avoit vieilli dans les négociations, et qui avoit plu et réussi partout. »

3. Ci-dessus, p. 345.

troupes qui avoient servi en Piémont contre le duc de Savoie et les Espagnols. Il en fortifia les deux anciennes armées de Flandres et en composa une troisième, qui fut commandée par le maréchal de Catinat; elle étoit de trente mille hommes et s'assembla aux environs d'Ypres les premiers jours de mai. Le maréchal de Villeroy commanda la principale, qui fut de soixante mille hommes et s'assembla dans le même temps près de Tournay. Une autre, de cinquante mille hommes sous le maréchal de Boufflers, se forma dans la plaine de Civry, entre Mons et Maubeuge.

Outre ces trois armées principales, il y eut un camp volant sur la Meuse sous le marquis d'Harcourt; M. de Montrevel en eut un autre, et le comte de la Motte un troisième, pour couvrir le pays du côté de la mer[1].

Les ennemis n'avoient, pour opposer à toutes ces troupes, que deux armées : l'une, de soixante mille hommes, sous le prince d'Orange, et l'autre, de trente mille, sous l'électeur de Bavière, qui se campa d'abord à Deynze, derrière la Lys, et le prince d'Orange à Bois-Seigneur-Isaac, derrière Braine-le-Comte.

Toutes ces armées se mirent en mouvement les premiers jours de mai, et le maréchal de Catinat fit investir la ville d'Ath par M. de Rosen, lieutenant général, le 18 dudit mois, et se rendit devant cette place avec toute l'armée[2]. [Le maréchal de Villeroy

---

1. Le détail de la composition des armées est dans l'*Histoire militaire*, p. 292-295.

2. Sur le siège d'Ath, on peut voir les relations données dans le *Mercure* de mai et de juin, les correspondances de la *Gazette*, p. 174-175, 181-183 et 189-191, et de la *Gazette d'Amsterdam*, n°s XLI-XLVII, les *Mémoires de Catinat*, t. III, p. 50-55,

vint camper à Ostiches[1] avec la sienne, et M. de Boufflers à Ghislenghien[2], qu'il mit devant son front de bandière, sa droite au moulin de Silly, qu'il avoit aussi devant, et sa gauche au bois de Touticourt et joignant presque la Dendre.] Les premiers jours du siège furent employés à établir les quartiers, à former les lignes de circonvallation, et aux préparatifs nécessaires. M. de Vauban eut la direction de tous les travaux. La tranchée fut ouverte le 22 mai au soir, et conduite avec tout l'art dont M. de Vauban étoit capable. Il y avoit dans la place environ trois mille hommes sous le comte de Rœux, qui en étoit gouverneur[3]. Elle fut attaquée par le côté de la porte de Bruxelles; une nombreuse artillerie qui la battit ruina bientôt les défenses et facilita beaucoup les approches, qui se firent avec très peu de perte.

[Pendant ce temps-là, l'armée de l'électeur de Bavière décampa de Deynze, alla passer l'Escaut à Gand et joignit celle du prince d'Orange, qui vint camper, la gauche à Hal, et la droite à Goyck, tirant sur Ninove. Ce mouvement en fit faire un à l'armée du maréchal de Villeroy, qui étendit son armée depuis la Hamaïde, dont il fit fortifier le château, jusqu'à Papignies, sur la Dendre, où il fit jeter quantité de ponts, afin de la passer plus promptement en cas de besoin et se joindre au maréchal de Boufflers, qui, de

l'*Histoire militaire*, p. 297-307, et les volumes 1400 et 1401 du Dépôt de la guerre.

1. A six kilomètres au nord d'Ath.
2. Sur la route d'Ath à Bruxelles.
3. Ferdinand-Gaston-Lamoral de Croÿ, comte de Rœux, était prince du Saint-Empire, gouverneur d'Ath, de Mons et du Hainaut, et mourut en 1697.

son côté, auroit aussi joint le maréchal de Villeroy au moyen desdits ponts, en cas que le prince d'Orange, qui faisoit mine de vouloir tenter le secours d'Ath, l'eût voulu entreprendre par l'autre côté de la Dendre, en venant la passer à Ninove; mais, comme il séjourna alors dans son camp, on jugea qu'il ne vouloit rien entreprendre. En effet, il décampa bientôt pour aller du côté de Nivelle, sur ce qu'il apprit qu'un détachement de six mille chevaux des trois armées avoit marché jusque par delà Mons, ce qui lui fit croire, le siège d'Ath étant sur sa fin, que les armées de France avoient quelque dessein sur Namur, où il envoya dix ou douze bataillons. Ce second mouvement fit décamper le maréchal de Boufflers, qui fut fortifié par des troupes des deux autres armées, et il vint camper à Thieusies, au delà du défilé de Saint-Denis et du Casteau. La cavalerie détachée au delà de Mons revint aux armées d'où elle avoit été détachée, et le prince d'Orange renvoya l'armée de l'électeur de Bavière vers Gand.]

Le 5 juin, les travaux devant Ath se trouvèrent si avancés, et les brèches si praticables, que, le fossé étant saigné, on prépara les fascines pour le combler et donner l'assaut à la place. Les assiégés ne jugèrent pas à propos de le soutenir et battirent la chamade le 6. On leur accorda les marques d'honneur accoutumées, et ils sortirent d'Ath le lendemain. Le maréchal de Catinat fit raser les travaux et les lignes de circonvallation, ordonna la réparation des fortifications de la place et la pourvut de la garnison nécessaire, d'artillerie, de munitions de guerre et de bouche. Puis il décampa, vint vers Leuze, et, à quelque temps de là, à Harlebecque près Courtray.

Le maréchal de Villeroy, grand faiseur de projets

qu'on a toujours vus manquer au point de l'exécution[1], en conçut un grand, qu'il fit agréer à la cour, et qui auroit pu changer la face des affaires, ou tout au moins faire faire à la France une paix plus avantageuse. Je vais l'expliquer.

J'ai déjà dit que le prince d'Orange, ayant abandonné le dessein de secourir Ath, avoit repassé la Senne et étoit venu camper à Nivelle, dans la crainte que, le siège d'Ath fini, les François n'en voulussent à Namur. Dans cette situation, il avoit laissé à découvert la ville de Bruxelles, où les ennemis avoient tous leurs magasins, et il n'étoit pas bien difficile de se saisir d'emblée de cette ville, de Wilvorde, des Trois-Trous et du canal[2], pourvu que les armées de France y pussent arriver avant le prince d'Orange. La chose étoit très possible; car, pour venir au secours, il falloit que l'armée de ce prince traversât la forêt de Soignies et marchât toute par le même chemin, ce qui étoit un grand obstacle à la diligence, au lieu que les armées de France n'avoient guère plus de chemin à faire et défiloient par plusieurs routes. Outre cet avantage, elles avoient encore celui que, leur marche étant bien concertée et bien exécutée, elles pouvoient avoir fait une moitié du chemin avant que le prince d'Orange en fût averti et qu'il eût mis son armée en mouvement.

1. Les *Caractères inédits du Musée britannique* disaient de lui en 1703 : « Il fait tout ce qu'il peut pour réussir dans ses desseins pour le service de l'État; mais l'exécution ne répond pas à ses intentions : car les grandes actions l'épouvantent, et les petites l'embarrassent. »

2. Le fort des Trois-Trous, à une lieue au nord de Bruxelles, commandait le canal de Willebrock, qui mettait la ville en communication avec Anvers et la Hollande.

M. de Villeroy n'avoit donc qu'à marcher de concert avec l'armée de M. de Boufflers, qui devoit être de l'entreprise ; mais celui-ci arriva à la vue de Hal une journée avant M. de Villeroy, et l'y attendit sans se camper. Le prince d'Orange se servit utilement de ce contretemps, marcha toute cette nuit avec une diligence extrême, et, ayant traversé Bruxelles avec la tête de son armée pendant que le reste se hâtoit de le suivre, il arriva au faubourg d'Anderlecht dans le même temps que les maréchaux en étoient encore à une lieue, avec trois ou quatre mille chevaux qu'ils avoient pris pour aller reconnoître les environs[1]. Voyant arriver toute celle des ennemis, qui commença d'abord à se retrancher dans un terrain de lui-même avantageux, les deux maréchaux jugèrent leur projet échoué, et revinrent à leurs armées, qui étoient à quatre grandes lieues de Bruxelles. [Celle du maréchal de Boufflers se campa, la droite à Sainte-Renelle, et la gauche à l'abbaye de Bellinghen[2], qui se trouva un peu derrière. La droite de l'armée du maréchal de Villeroy venoit à un quart de lieue de la gauche de M. de Boufflers, un petit ruisseau entre deux, et se prolongeoit à même hauteur sur un front de deux lieues.]

1. Le prince d'Orange quitta son camp de Genappe le 22 juin, à six heures du soir, marcha toute la nuit et vint se poster le 23 en avant de Bruxelles (*Gazette*, p. 223, 231 et 239).

2. Sainte-Renelle est à sept kilomètres sud-ouest de Hal, sur la route d'Enghien. Bellinghen est un peu au nord. C'est dans ce dernier village qu'avait été transférée à la fin du xvie siècle la célèbre abbaye de Cantimpré, fondée au xiie siècle aux portes de Cambray pour des chanoines réguliers de l'ordre de Saint-Augustin.

[Les deux armées demeurèrent dans cette situation tant qu'elles purent subsister dans leur camp;] et, pendant ce temps-là, le maréchal de Boufflers eut trois ou quatre conférences au milieu de la campagne, près de Hal, avec Mylord Portland[1], qui venoit de la part du prince d'Orange[2]. On disoit qu'on y traitoit de la succession future de la couronne d'Espagne, de la reconnoissance par la France du prince d'Orange en qualité de roi d'Angleterre, ce qui faisoit encore quelque obstacle à la conclusion du traité de paix qu'on négocioit en Hollande. On prétendoit enfin qu'un des objets de ces conférences étoit d'obtenir de l'Angleterre, pour le roi Jacques, une pension convenable à sa dignité. Comme les matières de ces conférences furent tenues très secrètes, je n'en puis parler au juste, et je dirai seulement que les événements ont fait connoître que, si on agita la question de la succession d'Espagne, elle n'y fut point traitée à fond[3].

En partant de Sainte-Renelle, l'armée du maréchal de Boufflers vint camper entre Alost et Dendermonde, et celle du maréchal de Villeroy sur sa droite, se prolongeant du côté de Bruxelles. On alla au fourrage jusque vers Anvers, et l'on fit de grands dégâts dans le pays. L'armée du prince d'Orange se tenoit toujours sous Bruxelles, où elle s'étoit parfaitement retranchée

1. Jean-Guillaume de Bentinck, créé comte de Portland par Guillaume III, dont il était l'un des favoris.
2. La première de ces conférences eut lieu le 8 juillet : voyez les *Mémoires de Saint-Simon*, éd. Boislisle, t. IV, p. 227-233, et ceux *du chevalier de Quincy*, t. I, p. 49-55.
3. Sur le sujet de ces conférences, on peut voir les *Mémoires de Torcy*, p. 531, et l'ouvrage de Grimblot, *Letters of William III and Louis XIV*, p. 8 et suivantes.

[et se tenoit fort resserrée, si bien que les François faisoient leurs fourrages presque sans inquiétude ; mais les pluies qui survinrent gâtèrent si fort les chemins, que le pain et les autres provisions, qui venoient de Mons et d'Ath, ne pouvoient plus arriver. Il fallut donc se rapprocher des vivres, quoiqu'il y eût encore du fourrage dans la campagne pour plusieurs jours].

[En quittant ces camps vers la fin d'août, les armées de France vinrent passer la Dendre à Alost et entre cette ville et Ninove, où le maréchal de Boufflers, avec son armée, la repassa pour venir par Enghien camper à Soignies. Le maréchal de Villeroy, avec la sienne, demeura de l'autre côté de la Dendre, et le prince d'Orange s'en retourna en Hollande, laissant toujours son armée campée dans ses retranchements sous Bruxelles. Il ne se passa rien entre l'électeur de Bavière et le maréchal de Catinat, qui furent toujours hors de portée l'un de l'autre, la Lys et le canal de Bruges entre deux.]

Enfin la paix avec l'Espagne, la Hollande et l'Angleterre fut signée au château de Ryswyk le soir du 20 septembre[1]. On y arrêta aussi une suspension d'armes entre l'Empereur, l'Empire et la France jusques au 1er novembre suivant. [Mais les plénipotentiaires de France, qui étoient tous gens de lettres[2], ne prévirent pas les conséquences qu'il y avoit, dans le traité qu'ils signèrent, de stipuler que les armées de France resteroient campées dans les pays où elles se

1. Notre auteur va revenir avec plus de détail, quelques pages plus loin, sur les traités de Ryswyk.
2. C'est-à-dire qu'il n'y avait parmi eux aucun militaire qui pût s'apercevoir des défectuosités des conventions au point de vue des armées.

trouvoient. Au contraire, il y fut convenu que les troupes de France, incontinent la paix signée, videroient non seulement tout le plat pays d'Espagne, mais encore celui des villes cédées par le traité de paix : tellement qu'il fallut rompre les armées et les envoyer subsister aux dépens des pays qui demeuroient à la France, en attendant les ratifications, qui pouvoient être refusées. Il en résultoit encore un grand inconvénient en ce que ces armées auroient eu bien de la peine à se reformer, si la paix s'étoit rompue par le refus des ratifications : ce qui pourtant n'arriva pas.]

Campagne d'Allemagne. — Le maréchal de Choiseul commandoit encore cette année l'armée d'Allemagne, composée de cinquante bataillons et de cent vingt escadrons, avec une artillerie proportionnée. [Sur les avis qu'on eut que les Impériaux y auroient de plus grandes forces que d'abord on avoit cru,] le marquis d'Harcourt, qui avoit sous ses ordres un petit corps d'armée dans le Luxembourg pour s'opposer aux Palatins qui couvroient les pays de Juliers et de Cologne, eut ordre d'envoyer au maréchal de Choiseul cinq ou six bataillons et autant d'escadrons, qui le joignirent comme il passoit le Rhin au Fort-Louis[1], vers la mi-juin, pour aller camper près de Stolhoffen, dans le pays de Dourlach.

L'armée impériale, un peu plus nombreuse que la nôtre et commandée par le prince Louis de Bade, [décampa, le 22 juin, de Bruchsal près Philipsbourg, où elle étoit, et] vint [à Muggensturm[2],] à une lieue de celle de France, ayant entre elles quelques défilés et de

1. Le 3 juin.
2. Village au delà de la Murg, à trois kilomètres de Rastadt.

petits ruisseaux qui les empêchoient de s'approcher de plus près. [Après avoir demeuré quelques jours en cette situation et consommé les fourrages des environs,] le maréchal de Choiseul fut averti qu'un nouveau corps de troupes allemandes s'assembloit sous Mayence. Sur cet avis, il fit un détachement de son armée pour aller se porter à la tête de la Basse-Alsace, afin de la couvrir, et marcha lui-même avec tout le reste jusqu'au Fort-Louis, pour escorter ce détachement, qui y passa le Rhin; puis il vint camper à Offenbourg sur la Kinzig. [Comme il y étoit, l'armée impériale retourna camper aux environs de Philipsbourg, et le prince Louis en détacha un petit corps sous le comte de Fürstenberg[1] et sous M. de Vaubonne[2], qui passa par les montagnes et vint dans la vallée de la Kinzig pour amuser le maréchal et l'inquiéter dans ses fourrages, pendant que le prince Louis se préparoit à passer le Rhin au-dessous de Philipsbourg pour menacer la Basse-Alsace ou entreprendre sur le château d'Ébernbourg, que les François tenoient dans le Palatinat avec une garnison de quatre cents hommes. Le maréchal de Choiseul, en étant averti, envoya au fort de Kehl, qui tient la tête du pont de Strasbourg du côté de l'Allemagne, trois ou quatre bataillons et autant d'escadrons, pour y rester tant que le comte de Fürstenberg demeureroit encore dans la vallée de Kinzig, et il mena son armée repasser le Rhin au Fort-Louis, d'où elle

1. Charles-Égon, comte de Fürstenberg-Mœskirck, lieutenant-maréchal général des armées impériales; il mourut en 1702.

2. Joseph Guibert, marquis de Vaubonne, d'une famille du Comtat-Venaissin, était au service de l'Empereur depuis longues années et avait la réputation d'un excellent partisan.

continua sa marche à travers la Basse-Alsace jusques au Spirebach[1]. Le marquis d'Huxelles, lieutenant général, se campa à Rütsheim avec un gros détachement de l'armée, et le maréchal à Neustadt, ayant des postes de l'un à l'autre pour tenir la rivière et établir la communication.]

[Le prince Louis, qui avoit passé le Rhin à Mayence, où les Münstériens et quelques troupes palatines étoient venues renforcer son armée, la mena camper à Kreuznach sur la Nahe, et alla reconnoître la petite ville et le château d'Ébernbourg[2], dont il voulut faire le siège, et qu'il fit investir. Il consomma quelques jours à faire les préparatifs qu'il estima nécessaires et à attendre sa grosse artillerie. Puis, le 18 septembre et une partie du 19, il fit battre la petite ville à coups de canon et de bombes, et s'en empara sans y trouver de résistance; car, comme elle n'étoit pas tenable, les François l'abandonnèrent pour se retirer au château, qu'ils avoient un peu fortifié, et qu'ils défendirent jusqu'au 27, que la place fut rendue[3].] Ce même jour, le prince Louis notifia qu'il avoit eu avis de la suspension d'armes entre la France et l'Empire signée à Ryswyk[4] : ce qui fit cesser toutes les hostilités de part et d'autre.

1. Saint-Simon, qui servait pendant cette campagne dans l'armée d'Allemagne, a raconté cette « belle retraite du maréchal de Choiseul » (*Mémoires*, t. IV, p. 163-171).
2. « Un pigeonnier, sur une pointe de rocher », dit Saint-Simon, p. 218.
3. *Gazette*, p. 318, 327 et 335; *Gazette d'Amsterdam*, nos LXXV-LXXXII; *Histoire militaire*, p. 325-328; Dépôt de la guerre, vol. 1409. Le commandant était un capitaine de grenadiers du nom de Darcy.
4. Ci-dessus, p. 412.

Campagne de Catalogne. — On avoit voulu, cette année, porter en Catalogne un coup sensible aux Espagnols pour les forcer à la paix. Le duc de Vendôme proposa le siège de Barcelone, qui fut accepté à la cour sur la seule caution de ce prince; [car, de toutes apparences qu'il pût réussir, il n'avoit que celle que les ennemis n'auroient point, cette année, dans la Méditerranée, d'armée de mer capable de l'empêcher].

[Il est bien vrai qu'on étoit informé que les Espagnols ne pouvoient avoir une armée aussi forte que celle de France; mais aussi on ne pouvoit composer celle-ci d'assez de troupes pour bien circonvaller la place de manière que l'ennemi n'y pût introduire, toutes les fois qu'il lui plairoit, les secours de troupes et les rafraichissements dont elle auroit besoin. On savoit bien aussi qu'elle n'étoit pas des meilleures, quoique bastionnée et revêtue, mais qu'elle étoit bien munie et que, dans les grandes villes comme celle-ci, lorsque les habitants en sont affectionnés, ceux qui les défendent y trouvent beaucoup de ressources utiles. On pouvoit aussi supposer avec certitude que, dès que l'armée de France en approcheroit, le vice-roi[1] y jetteroit sa meilleure infanterie et se camperoit en des lieux avantageux sur les montagnes près de Barcelone, avec le reste de son armée et tous les miquelets et milices qu'il rassembleroit, afin de donner à la place, au moyen du défaut de circonvallation, tous les secours dont elle auroit besoin, et harceler continuellement l'armée de France dans ses derrières : ce qui ne manqua pas d'ar-

---

1. C'était Don Francisco de Velasco, général d'artillerie en 1673, qui avait longtemps servi aux Pays-Bas, et qui était vice-roi de Catalogne depuis l'année précédente : ci-après, p. 417.

river. Toutes ces difficultés n'arrêtèrent pas M. de Vendôme, qui voulut donner à sa fortune ce qui manquoit à sa prudence.]

[Il entra donc en Catalogne avec une armée de quarante-trois bataillons et de cinquante-cinq escadrons, dont vingt de dragons. Il partit aussi de Toulon et de Marseille, pour cette expédition, une petite armée composée de dix vaisseaux de guerre, quelques flûtes et galiotes à bombes, et trente galères, qui débarquèrent deux mille cinq cents hommes des troupes de la marine, dont on fit cinq bataillons. Elle apporta aussi les vivres, avec l'artillerie qu'on estima nécessaire[1]; cependant celle des assiégés fut toujours supérieure.]

A l'approche de l'armée de France[2], Don Francisco de Velasco, vice-roi de Catalogne, jeta dans cette ville la plus grande partie de son infanterie et les escadrons qu'il y jugea nécessaires, sous le prince de Darmstadt[3], qui s'acquit beaucoup de réputation à ce siège. [Ces troupes furent toujours rafraîchies dans le besoin. Derrière le Mont-Juich, qui est un fort qui pourroit servir de citadelle à Barcelone, s'il n'en étoit pas si éloigné, et qu'on ne put mettre dans l'enceinte de

1. Soixante pièces de batterie et vingt-huit mortiers.
2. Sur ce siège de Barcelone, qui fit grand honneur à M. de Vendôme et aux troupes françaises, on peut voir le *Journal de Dangeau*, t. VI, p. 129-174, les *Mémoires de Sourches*, t. V, p. 282-326 et 381-385, la *Gazette* et le *Mercure* de juin, juillet et août, la *Gazette d'Amsterdam*, nos XLVIII à LXXV, l'*Histoire militaire*, p. 329-350, avec un plan de la ville, et les volumes 1417-1418 du Dépôt de la guerre.
3. Georges de Hesse-Darmstadt (1669-1705) était parent de la reine d'Espagne femme de Charles II, et avait obtenu par elle un des grades les plus élevés de l'armée espagnole.

circonvallation par manque de troupes, le vice-roi fit camper un de ses officiers généraux avec mille hommes de troupes réglées, cinq ou six mille miquelets ou milices et sept cents chevaux. A trois quarts de lieue de là, dans les montagnes, au village de Cornella, il mit le marquis de Grigny, général de la cavalerie espagnole, avec deux mille cinq cents chevaux, qu'il soutenoit lui-même de son quartier derrière Saint-Féliù[1], où il se campa avec le reste de ses troupes. Il se conservoit de cette manière la communication avec la ville par le Mont-Juich.]

M. de Vendôme, étant arrivé devant Barcelone, campa son armée, la droite au village de Sarria, et la gauche à San-Martino. Il fit faire des lignes, qui n'empêchèrent pas pourtant que son armée ne fût inquiétée par les miquelets d'Espagne; tant que le siège dura, ils l'incommodèrent fort pour les vivres qui lui venoient par terre.

Le 13 juin, on s'empara du couvent des Capucins, où les assiégés avoient mis un poste. On dit qu'en cette action on tua quelques-uns de ces moines qu'on avoit trouvés les armes à la main. Comme M. de Vendôme vouloit faire attaquer la ville par là, il y fit mettre six cents hommes.

Tous les préparatifs du siège étant achevés, on ouvrit la tranchée, le 15 juin, par le poste des Capucins, à plus de quatre cent cinquante toises de distance du chemin couvert. [Cette nuit-là, on fit assez de travail à la faveur de quelques chemins creux qui se rencontrèrent;] on fit deux attaques et la communication de

---

1. San-Féliù-de-Llobregat, sur la rive droite de cette rivière.

l'une à l'autre. On occupa aussi le couvent des Cordeliers, qui se trouva à la tête du travail. Les galiotes à bombes commencèrent à bombarder la ville du côté de la marine, et continuèrent toujours autant que le temps le put permettre. Pendant le jour les assiégés firent un grand feu de cent pièces de canon qu'ils avoient logées sur leurs remparts.

La nuit du 16 au 17, on travailla aux batteries de canon et de mortiers, qui furent toujours inférieures à celle des assiégés, et la tranchée se prolongea. Les Espagnols firent une sortie de six cents hommes, qui n'eut pas un grand succès, en ce que les cinq escadrons de la garde de la tranchée s'avancèrent de bonne heure, et que les ennemis se retirèrent de peur d'être coupés et de ne pouvoir rentrer.

La nuit du 17 au 18, le travail fut un peu retardé par un grand orage qui survint et inonda la tranchée. On ne laissa pas pourtant d'occuper le faubourg de Jésus à l'attaque de la droite, et de pousser celle de la gauche, couverte par un ruisseau, sur le front des deux bastions du côté de la porte Neuve. Pendant le jour, le canon des assiégeants commença de tirer.

Celle du 18 au 19, les assiégés firent deux grandes sorties, l'une sur la droite, avec mille hommes de pied soutenus de quatre cents chevaux, l'autre, à la gauche, de neuf cents hommes d'infanterie. Les bataillons de la garde de la tranchée sortirent sur eux; il y eut un grand feu de mousqueterie, et beaucoup de gens tués de part et d'autre avant que les assiégés se retirassent.

Le 19, les Espagnols, à la faveur d'un chemin creux qui commençoit au glacis de la contrescarpe et se prolongeoit sur le revers de l'attaque de la gauche, occupèrent une cassine qu'on avoit négligée, avec deux cents hommes de pied et cinquante chevaux, qui se trouvoient protégés par des troupes qu'ils avoient postées dans des ravines et des chemins creux, et qui firent un grand feu sur la tranchée qu'ils voyoient de revers. Comme on connut, par la perte qu'on y faisoit, combien il importoit de les déloger brusquement, on fit attaquer la cassine par quatre compagnies de grenadiers, cinquante gardes-marine, deux bataillons d'Alsace, commandés par le prince de Birkenfeld, de la maison palatine[1], qui en étoit colonel ; ils étoient soutenus par les cinq escadrons de la garde de la tranchée. Ces troupes marchèrent un peu avant la nuit, sans être aperçues, par un chemin creux qui conduisoit à la cassine. Y étant arrivés, les deux bataillons montèrent sur le revers et investirent la maison, l'un à la droite, l'autre à la gauche, et les grenadiers attaquèrent en même temps le poste, qu'ils emportèrent ; mais le prince de Darmstadt, qui connut l'importance de le reprendre, y fit marcher deux nouveaux bataillons soutenus de quatre escadrons. Le prince de Birkenfeld, qui avoit été fortifié de quelques compagnies de grenadiers sur le mouvement qu'on voyoit faire à l'ennemi, alla au-devant de lui avec ses troupes, et le chargea si vivement, qu'il fut contraint de se retirer en désordre au chemin couvert, jusqu'où il fut poursuivi, non sans beaucoup de perte de part et d'autre. Dans cette même nuit, on tira une ligne de communi-

1. Christian III, comte palatin de Bavière et prince de Birkenfeld (1674-1735), avait succédé à son père en 1697 comme colonel du régiment d'infanterie d'Alsace ; il fut nommé brigadier à la suite du siège de Barcelone.

cation de la tranchée à la cassine, qui demeura aux assiégeants.

La nuit suivante, la tranchée fut inondée par un grand orage, et, les troupes qui la gardoient ayant passé la nuit dans l'eau, on fut obligé de les relever à six heures du matin. On ne laissa pas de pousser en avant, autant qu'il fut possible, le boyau qui tiroit sur le bastion de la porte Neuve, où se devoit faire la principale attaque. En même temps, on approcha les batteries de canon et de mortiers plus près de la place.

La nuit du 22 au 23, les assiégés continuèrent à faire un feu extraordinaire de leur canon et de leurs mortiers : ce qui n'empêcha pas qu'on ne poussât en avant l'attaque du bastion de la porte Neuve, et qu'on n'achevât de perfectionner les batteries de canon et de mortiers qui avoient été avancées.

Celle du 23 au 24, les assiégés firent une sortie de huit cents hommes de pied, soutenus par mille autres, à dessein d'enclouer le canon des nouvelles batteries. Ils renversèrent d'abord les grenadiers qui soutenoient les travailleurs; mais, deux bataillons françois de la tranchée, soutenus par d'autres, y étant accourus, ils les contraignirent de se retirer après un échec assez rude. On fit une trêve de trois heures pour retirer les blessés et enterrer les morts.

Pendant cette sortie, et pour faire diversion, environ mille miquelets ou paysans armés descendirent des montagnes sur le derrière du camp et vinrent attaquer une maison occupée par des miquelets de France. L'attaque fut vive et dura deux heures. A la fin, à force de monde qui accourut, les Espagnols furent repoussés; il y périt du monde de part et d'autre.

La nuit du 24 au 25, on avança la tranchée, et les nouvelles batteries de mortiers jetèrent bien des bombes dans la ville, ainsi que la nuit suivante, pendant laquelle les travaux furent continués. On chassa les assiégés d'un retranchement qu'ils tenoient près d'un petit pont.

Celle du 26 au 27, M. de Vendôme fit attaquer quelques petits retranchements que les assiégés avoient faits dans des chemins creux sur le front de l'attaque, et, pour la favoriser, on en fit une fausse par le faubourg de Jésus. Les retranchements furent emportés, avec perte d'environ deux cents hommes de part et d'autre.

Le 28 et les jours suivants, jusques au 4 juillet, furent employés par les assiégeants à achever de s'établir dans les retranchements qu'ils avoient gagnés, à avancer leur tranchée, et à faire deux lignes parallèles sur le glacis de la contrescarpe.

La nuit du 4 au 5, M. de Vendôme, ayant jugé qu'on pouvoit entreprendre l'attaque du chemin couvert, fit commander vingt compagnies de grenadiers, qui furent disposées dans la dernière parallèle, de façon qu'elles enveloppoient les deux angles du chemin couvert devant la pointe des deux bastions attaqués, et la place d'armes du centre devant la courtine. Elles étoient soutenues par des détachements des bataillons de la garde de la tranchée, et ces détachements par leurs corps entiers, soutenus encore par d'autres.

Vers minuit, les grenadiers avancèrent sur la palissade, d'où ils essuyèrent une grande décharge de mousqueterie à bout portant ; néanmoins, ils se jetèrent dans le dedans. Ceux qui entrèrent par la gauche et par le centre poussèrent loin, et même jusque dans le fossé, qui étoit peu profond, ceux qui avoient défendu cet ouvrage; mais, à l'angle de la droite, ils trouvèrent deux cent cinquante officiers réformés espagnols, qui les attendirent l'esponton à la main et soutinrent l'attaque très valeureusement. Cependant, à la faveur d'une fougade qui jeta dedans une vingtaine de pieds de palissades, les grenadiers entrèrent dans l'angle, y tuèrent plusieurs Espagnols, et repoussèrent les autres une centaine de pas, qui revinrent peu après à la charge, protégés par un feu terrible de mousqueterie qui partoit des bastions de la courtine et des autres ouvrages : de sorte que, les travailleurs ne pouvant y tenir, et les munitions des grenadiers se trouvant épuisées par le grand feu qu'ils avoient fait, ils ne purent conserver que l'angle de la gauche, et furent contraints d'abandonner celui de la droite et la place d'armes de la courtine.

Sur les cinq heures du matin, les assiégés firent une sortie de six cents hommes, dont les cinquante qui étoient à leur tête étoient armés de cuirasses, de rondaches et de pots-en-tête. Ils prirent à revers le logement de la gauche et chargèrent vivement les grenadiers qui le tenoient et les travailleurs qui faisoient la communication. Les grenadiers furent ébranlés; mais ce désordre se répara bientôt par les officiers généraux de jour à la tranchée, qui y accoururent avec deux bataillons. Ils chassèrent à leur tour les Espagnols jusques au pied du bastion.

Depuis ce temps-là, les assiégeants demeurèrent en possession du logement de la gauche, qu'ils perfectionnèrent. Il y eut beaucoup de monde tué de part et d'autre dans cette action, et on fit une trêve de vingt heures pour retirer les morts et les blessés.

La nuit du 5 au 6, on poussa des sapes à la place d'armes du centre et à l'angle de droite, qu'on n'avoit pu conserver, et où les Espagnols s'étoient rétablis. Ils firent un gros feu de leurs ouvrages et jetèrent tant de grenades des postes qu'ils occupoient, que le travail de cette nuit n'avança guère. On y perdit même beaucoup de monde : ce qui fut cause qu'on résolut d'attaquer encore une fois le chemin couvert de vive force. On le fit la nuit du 6 au 7, avec quinze compagnies de grenadiers, trois cents fusiliers choisis et autant de dragons à pied, soutenus de même qu'à la première attaque. Pour cette fois, ils prirent l'angle du chemin couvert du bastion de la droite et la place d'armes de la courtine, non sans grande résistance. Ils s'y maintinrent, quoique les assiégés revinssent par deux fois pour tâcher de les en chasser. Après ce succès, les assiégeants établirent de bons logements et firent des communications du centre à la droite et à la gauche. Il y eut encore une trêve de cinq heures pour enterrer les morts et retirer les blessés, et l'on estima que ces trois jours coûtèrent la vie à plus de trois mille hommes de part et d'autre, et à un grand nombre d'officiers; tous les ingénieurs qui y servirent furent tués ou blessés.

Depuis ce logement de la contrescarpe jusqu'au 10, il ne se passa autre chose sinon que les assiégés, avec cinq cents chevaux portant chacun un fantassin en croupe, firent une sortie le long de la mer pour essayer de se rendre maîtres d'une redoute qui gardoit le port où on débarquoit les munitions et les vivres. L'infanterie qui étoit dans cette redoute et dans une maison voisine qu'on avoit retranchée, étoit soutenue par une garde de cent cinquante maîtres. Celui qui la commandoit s'avança au-devant des ennemis, qui culbutèrent d'abord la garde, laquelle vint se rallier derrière la redoute; ceux du dedans et de la maison firent un fort grand feu, auquel se joignit celui des canons des galères, qui acheva de déterminer les Espagnols à se retirer dans la ville assez brusquement, de peur d'être coupés par la cavalerie françoise.

La nuit du 11 au 12, on travailla à de nouvelles batteries sur la contrescarpe. Elles furent achevées le 15, et battirent en brèche; mais, pendant ce temps-là, et la place étant ainsi pressée, M. de Vendôme réfléchissant, peut-être un peu tard, que la défense opiniâtre des assiégés provenoit des rafraîchissements continuels qu'ils recevoient des camps du vice-roi, et étant d'ailleurs averti que, pour tâcher de se délivrer, ils devoient faire une sortie générale sur la tranchée la nuit du 14 au 15, pendant que le camp du vice-roi et les deux autres attaqueroient par le flanc et les derrières l'armée de France, fort fatiguée et diminuée, il résolut d'attaquer lui-même les camps. [On disoit que l'armée du vice-roi campée dans ces différents camps étoit de plus de vingt mille hommes; mais, comme il avoit jeté toute sa bonne infanterie dans Barcelone, ce qui lui en restoit n'étoit que des miquelets et des milices.] Pour cet effet, M. de Vendôme donna à M. d'Usson[1], un de ses lieutenants généraux, un détachement de mille fusiliers choisis et de cinq cents chevaux ou dragons, pour aller attaquer Don Miguel d'Otazo[2], un des généraux espagnols, qui étoit posté sur trois hauteurs derrière le camp, avec six ou sept cents chevaux, mille hommes détachés des bataillons qui défendoient Barcelone, qui leur servoient alternativement de rafraîchissement, et sept à huit mille miquelets ou somettants, avec lesquels il avoit coutume de harceler notre armée et ses derrières. M. de Vendôme commanda un autre corps de trois mille hommes de pied et de deux mille cinq cents chevaux, qu'il voulut conduire lui-même pour aller attaquer le marquis de Grigny, général de la cavalerie espagnole, qui campoit à Cornella, à une lieue de la droite de l'armée de France, avec deux mille cinq cents chevaux; il étoit soutenu par les troupes du vice-roi, campées un peu au delà de Saint-Feliù, où étoit son quartier général. M. de Barbezières[3], lieutenant général de jour, eut ordre de faire tenir en bataille dans notre camp le reste de l'infanterie et de la cavalerie, pour la sûreté des tranchées et pour aider à sa retraite, si besoin étoit.

Le 14 au matin, deux heures avant le jour, ces deux corps détachés se mirent en marche. M. de Ven-

---

1. Jean d'Usson de Bonnac, marquis d'Usson (1652-1705), était lieutenant général depuis le mois de janvier 1696.
2. Michel Gonzalez Otazo, général de cavalerie, se rallia plus tard à Philippe V, qui le fit gouverneur des Canaries.
3. Charles-Louis de Barbezières-Chemerault, marquis de Barbezières (1651-1709), était lieutenant général de la promotion de janvier 1696, comme M. d'Usson.

dôme fit couler l'infanterie qu'il menoit sur sa droite, par de petites collines, et sa cavalerie suivit le grand chemin. Ayant détaché devant lui M. de Legall, brigadier de cavalerie[1], avec trois cents chevaux, et lui ayant donné ordre de pousser vivement tout ce qu'il pourroit rencontrer sur ses pas, il trouva près d'Hospitalet[2], à un quart de lieue de Cornella, quelques petites gardes ou patrouilles des ennemis, qui se replièrent à mesure qu'il avançoit; mais, à cause de l'obscurité, elles ne purent reconnoitre ce qui suivoit. Ainsi, M. de Legall, qui étoit soutenu de fort près par M. de Vendôme, entra dans le camp des ennemis, qu'il surprit, et renversa d'abord sans résistance quatre ou cinq troupes du piquet qui montoit à cheval. Tout ce corps en désordre se mit en fuite vers le camp du vice-roi, et M. de Vendôme le poursuivit sans relâche. Le vice-roi, qui étoit au lit, se sauva d'abord en chemise. Ses troupes ne soutinrent pas le combat, et se sauvèrent en passant le Llobregat, où plusieurs se noyèrent. M. de Vendôme les suivit jusque-là, et, ne jugeant pas à propos d'aller plus avant, il s'en revint avec ses troupes au camp du vice-roi et à celui de M. de Grigny, qu'il fit piller, et y mit le feu. On trouva sa cassette, où il y avoit vingt-deux mille pistoles, sa canne garnie de diamants de prix, sa vaisselle d'argent et ses habits. Ses chevaux et ses équipages furent pris, aussi bien que ceux de ses officiers généraux,

1. François-René, baron de Legall, avait commandé longtemps un des régiments de cavalerie étrangère du cardinal de Fürstenberg; il devint lieutenant général en 1703. Villars l'estimait beaucoup.
2. Près de San-Feliù-de-Llobregat, où était campé le vice-roi.

et il y eut cinq ou six cents Espagnols tués, noyés ou pris, avec quarante ou cinquante officiers. Les François n'eurent qu'une centaine d'hommes de tués ou de blessés. M. d'Usson, de son côté, surprit aussi le camp de Don Miguel, qui se retira tant bien que mal, avec le reste de son infanterie et de ses miquelets, sur des montagnes inaccessibles qui étoient derrière et proche son camp. Il perdit ses bagages, qui furent pillés, et environ trois cents hommes. M. de Vendôme, après l'action, envoya ordre à M. d'Usson de retourner au camp, et fit favoriser sa retraite par quelques bataillons qui en vinrent. Il y retourna lui-même avec toutes ses troupes, se promettant bien alors de prendre Barcelone.

Le lendemain de la défaite des troupes du vice-roi, les assiégeants firent jouer une mine sous le bastion de la porte Neuve, qui y fit une brèche de douze ou quinze toises. Les trois jours suivants, ils se logèrent dans le fossé jusques au pied des bastions sur tout le front de l'attaque.

La nuit du 17 au 18, toute la cavalerie espagnole que le vice-roi avoit pu rassembler après sa défaite entra dans la place pour la rassurer et soutenir l'infanterie espagnole dans les assauts qu'il y avoit apparence qu'on lui livreroit bientôt; car la courtine avoit plus de cent toises d'ouverture faite à coups de canon, qui ne l'avoient pourtant pas rendue encore fort praticable. M. de Vendôme, par rapport à la grosse garnison qui étoit dans la ville et à la belle manière dont elle s'étoit défendue, résolut de faire encore élargir les brèches des bastions à coups de canon et d'y faire jouer de nouvelles mines; le travail dura jusqu'au 22.

Sur les cinq ou six heures du soir [du 22], on fit sauter les mines des deux bastions, et, un peu après, les troupes commandées y montèrent avec beaucoup de vigueur et se logèrent sur la brèche après une défense opiniâtre des assiégés, qui se retirèrent dans un retranchement.

A la pointe du jour du 23, les Espagnols attaquèrent les deux bastions où les assiégeants s'étoient logés, et reprirent celui de la gauche. Le comte de Coigny[1], lieutenant général de tranchée, le fit attaquer par le prince de Birkenfeld à la tête de son régiment, qui y planta son drapeau-colonel; mais, après une longue résistance, il fut contraint de plier. Il revint ensuite à la charge et replanta son drapeau au même endroit; mais il en fut encore chassé. Pendant ces différentes attaques, l'heure vint de relever la tranchée. MM. de Coigny et de Birkenfeld demandèrent de n'être pas relevés : ce qui leur fut accordé par M. de Vendôme. Enfin, le prince de Birkenfeld attaqua une troisième fois le bastion avec tant d'ardeur, qu'il y planta encore son drapeau, et qu'il y demeura, [les Espagnols ne se remettant plus en devoir de le reprendre. Ils laissèrent les François en possession des deux bastions jusques aux retranchements qu'ils avoient faits à la gorge.] Ces actions coûtèrent la vie à bien du monde de part et d'autre.

La nuit du 23 au 24 et celle du 24 au 25 furent employées à faire quelques petites tentatives pour

---

1. Robert-Jean-Antoine de Franquetot, comte de Coigny, avait commandé longtemps le régiment de cavalerie Royal-étranger, avait rempli les fonctions d'aide de camp de Monseigneur en 1690, et était lieutenant général depuis 1693.

reconnoître et emporter les retranchements des bastions ; mais, après un mûr examen, on conclut qu'il valoit mieux y aller à la sape par les flancs et monter du canon sur les bastions pour les battre : ce qui fut exécuté.

Celle du 25 au 26, les sapes furent poussées si près des retranchements, déjà fort endommagés par le feu du canon, que les Espagnols se crurent contraints de les abandonner, et les assiégés ne s'occupèrent plus qu'à faire sauter quelques fourneaux sous les logements des assiégeants, où quelques personnes périrent.

Toutes ces chicanes durèrent jusques au 5 du mois suivant[1], que les mines qu'on avoit préparées sous la courtine se trouvèrent en état de jouer et de rendre la brèche praticable. On prépara toutes choses pour donner l'assaut général, et l'on commanda vingt compagnies de grenadiers, mille fusiliers choisis sur l'infanterie, deux régiments de dragons à pied, qui devoient être soutenus par seize bataillons des meilleurs de l'armée ; mais, avant de donner l'assaut, pour éviter la grande effusion de sang qui devoit s'en suivre et le pillage de la ville, il fut conclu de sommer ceux du dedans de capituler. Ils répondirent qu'ils y étoient disposés ; mais ils demandoient auparavant qu'on leur donnât le temps d'envoyer prendre l'ordre du vice-roi, qui s'étoit retiré à huit lieues de la ville après sa déroute. Cela leur fut accordé, et, le 6 au soir, ils donnèrent avis [que leur homme étoit de retour et qu'il venoit de leur arriver un courrier de Madrid, qui leur donnoit avis] que le roi d'Espagne avoit révoqué le vice-roi et nommé à sa place le comte de la Cor-

---

1. C'est-à-dire du mois d'août.

zana[1], qui commandoit dans la ville, et le prince de Darmstadt commandant général des armes. Ce dernier demanda à parler à M. de Vendôme le lendemain, et, dans la conférence qu'ils eurent ensemble, le prince de Darmstadt demanda qu'on dépêchât un courrier à la cour de Madrid et qu'on attendît son retour avant de capituler. M. de Vendôme le refusa. Enfin, après toutes ces difficultés faites pour temporiser, la capitulation fut arrêtée dans la tente de M. de Vendôme, entre lui, le prince de Darmstadt et M. de Pimentel[2], gouverneur de Barcelone. Les Espagnols, au nombre d'environ sept mille hommes, sortirent le 15 août avec toutes les marques d'honneur accoutumées, et plusieurs pièces de canon et des mortiers de tous les calibres. Ils remirent aussi la forteresse du Mont-Juich, qui n'avoit point été attaquée, et furent conduits à Tarragone[3].

On accorda aux habitants la continuation de tous les privilèges à l'exception de l'Inquisition, [et à ceux qui le voudroient, l'autorisation, pendant un temps limité, de sortir de la ville avec leurs meubles et effets]. Le comte de Coigny, qui avoit servi de lieutenant général en ce siège, fut fait gouverneur de Barcelone. [Quoique je n'aie point servi à ce siège, je n'ai

1. Diego Hurtado de Mendoza était gouverneur des armes en Catalogne et s'était jeté dans Barcelone dès le début du siège; devenu vice-roi le 7 août 1697, il se rallia plus tard à l'Archiduc, qui le fit grand d'Espagne.
2. Jean-Antoine, comte de Pimentel, était général de l'artillerie et commandait dans Barcelone sous M. de la Corzana; il se rallia à Philippe V en 1700 et mourut en 1708.
3. Les articles de la capitulation sont donnés en appendice dans le tome V des *Mémoires de Sourches*, p. 386-394.

pas laissé de le rapporter au long sur de bons mémoires[1], à cause de sa singularité, et qu'il ne s'en étoit point encore vu de pareil, de mon temps, où il y eut autant de coups de main et une si belle défense.]

[*Campagne de mer; expédition de Carthagène.* — Au commencement de cette année, le sieur de Pointis[2], un des capitaines des vaisseaux du Roi, et fort aventureux pour ce qui regardoit sa fortune, obtint la permission de faire une de ces entreprises qui ne peuvent réussir que contre vent et marée, pour me servir d'expressions convenables au sujet dont il s'agit.]

[Cet officier avoit beaucoup d'esprit et s'étoit acquis de la réputation dans plusieurs campagnes qu'il avoit faites et des voyages de long cours[3]; et, sur ce pied-là, il obtint du Roi sept vaisseaux de guerre, trois frégates, quatre traversières, une galiote à bombes, cent gardes-marine et environ dix-huit cents hommes des compagnies des vaisseaux, avec tous les officiers et les matelots nécessaires, à condition toutefois qu'il feroit tous les frais et la dépense du voyage et de l'entretien à ses dépens, ou à ceux des particuliers qui y voudroient contribuer à grosse aventure. Comme on étoit déjà alléché par le succès de quelques armements pré-

---

1. Outre le *Mercure*, qui donna un journal du siège, et la *Gazette*, Saint-Hilaire a pu connaître les relations utilisées par l'auteur de l'*Histoire militaire*, dont le récit, plus détaillé encore que celui de notre auteur, concorde complètement avec lui.

2. Jean-Bernard-Louis Desjean, baron de Pointis, était capitaine de vaisseau depuis 1685, et devint chef d'escadre en 1699; il mourut en 1707.

3. Les campagnes de M. de Pointis avaient été presque exclusivement des expéditions de course : voyez son dossier dans le carton C^7 252 des archives de la Marine.

cédents ainsi faits, et qui avoient rapporté beaucoup de profit, sur le bruit qu'on répandit exprès que celui-ci étoit destiné pour aller à la rencontre des galions chargés d'argent qui revenoient des Indes occidentales, chacun porta son argent à M. de Pointis[1]; mais cela ne se put faire sans que le bruit ne s'en répandît dans les pays étrangers et intéressés à la conservation des galions, qui prirent là-dessus toutes les précautions qu'ils avisèrent bon être, et qui envoyèrent à l'avance une escadre de vaisseaux de guerre croiser à la hauteur du port de Brest pour empêcher M. de Pointis d'en sortir. Mais, un gros temps qui survint les ayant contraints de s'en éloigner, Pointis mit à la voile avec son escadre au mois de janvier et prit sans empêchement la route de Saint-Domingue, où il fut joint par le sieur Ducasse[2] et quinze cents flibustiers, qui l'attendoient avec leurs bâtiments : tellement que cette petite armée se trouva alors forte de vingt-cinq voiles. Au lieu d'aller à la rencontre des galions, pour lesquels les alliés s'étoient précautionnés, elle arriva devant Carthagène[3] le 12 avril. Dès le 14, la galiote et les traversières commencèrent à bombarder le fort de Boccachica. La

---

1. Il se constitua même une compagnie, qui avait à sa tête le trésorier Vanolles, pour fournir aux frais de l'expédition; les comptes en sont conservés dans le carton M 662 des Archives nationales.
2. Jean-Baptiste Ducasse (1646-1715), entré en 1686 dans la marine royale, était gouverneur de Saint-Domingue depuis qu'il s'en était emparé en 1691; il parvint en 1701 au grade de chef d'escadre, et à celui de lieutenant général en 1707.
3. Carthagène-des-Indes, dans la Nouvelle-Grenade, à l'embouchure d'un bras de la Maddalena.

ville étoit enceinte de seize bastions et protégée par plusieurs forts détachés, à la vérité négligés comme le sont ordinairement les places des Espagnols. Il y avoit aussi dans celle-ci quatre-vingt-dix canons de fonte et près de trois mille soldats point du tout aguerris, ainsi qu'il le parut bien à leur défense.]

[Pointis ayant reconnu l'endroit de sa descente et à l'avance fait mettre à terre un gros parti pour fouiller le bois qui en étoit voisin, afin de connoître s'il n'y avoit point quelque grosse embuscade, sur le rapport qui lui fut fait qu'il ne paroissoit personne, il fit descendre ses troupes à terre sans aucun empêchement, et leur fit faire un chemin à travers le bois pour arriver au fort de Boccachica, qui défendoit l'entrée du port et de la rivière de Carthagène. Il étoit nécessité d'y faire sa première attaque, afin que, l'ayant pris, il pût mettre ses vaisseaux à couvert dans la rivière et en tirer sans péril tout ce dont il auroit besoin.]

[Quoiqu'il[1] y eût dans ce fort trente-six pièces de canon, il n'étoit gardé que par cent trente hommes,

1. Le siège de Carthagène, qui dura du 12 avril au 2 mai, et qui se termina par la prise et le pillage de la ville, a été l'objet de plusieurs relations : outre celle que publièrent dès 1698, à Paris et en Hollande, Pointis et Ducasse, il y en a une dans le *Mercure* d'août 1697, et des détails assez circonstanciés dans la *Gazette*, p. 272, 278-279 et 296, et dans la *Gazette d'Amsterdam*, n[os] L et LI, et Extraordinaires LXVI-LXXIV. Le maréchal d'Estrées, vice-amiral de Ponant, adressa au Roi le 9 août une relation sur la campagne de M. de Pointis, rédigée d'après l'enquête faite par lui auprès des divers officiers de l'escadre (Archives de la Marine, B[4] 18). M. de Boislisle, dans son commentaire des *Mémoires de Saint-Simon*, t. IV, p. 212-216, a donné des renseignements assez complets sur l'expédition et sur ses suites.

et le gouverneur de Carthagène, commençant alors, quoique tard, de connoître l'importance de le bien défendre, y voulut jeter cent cinquante hommes. Dès qu'ils mirent pied à terre, ils furent fusillés par les François; une partie fut tuée, et l'autre prise; rien n'entra dans le fort. Les assaillants, poursuivant hardiment leur pointe, vinrent jusques au pied de la muraille, et le commandant du fort, qui avoit eu une trentaine de ses gens tués, perdit la tramontane et se rendit à discrétion. Dès que cela fut fait, M. de Pointis fit entrer toute sa petite flotte dans la rivière et fit approcher plus près sa galiote et ses traversières, soutenues par le vaisseau *le Vermandois*, qui bombardèrent la ville. Puis il vint au fort de Sainte-Croix, que le vaisseau canonna pour en favoriser l'attaque. Celui qui y commandoit eut peur d'être emporté d'assaut et se retira de bonne heure dans la haute ville, après avoir mis le feu à ses poudres. De là, on vint au fort Saint-Lazare, que les Espagnols abandonnèrent comme l'autre, et, comme on ne trouvoit plus d'obstacles au dehors, on travailla aux batteries de terre de canons et de mortiers pour battre les bastions de Saint-Domingue et de Saint-Jacques, devant lesquels les Espagnols avoient fait quelques nouveaux ouvrages qui pouvoient retarder la prise de la place : ce qui ayant été bien reconnu, on résolut de changer d'attaque et de venir à la porte de Ximani, qui étoit couverte d'un méchant ravelin que les Espagnols ne défendirent pas. Le ravelin étant pris, les assiégeants s'y logèrent, et, leur canon ayant fait une brèche à la muraille de cinq ou six toises, ils donnèrent l'assaut, qui fut mal soutenu par huit cents Espagnols, dont environ trois cents furent tués; le reste se sauva dans la basse ville. Les assiégeants se retranchèrent dans la haute, et, sur le soir, les assiégés tentèrent une sortie pour les déloger; mais ils se retirèrent sans en venir aux mains. Ensuite on disposa tout ce qui étoit nécessaire pour l'attaque de la basse ville; mais le gouverneur en épargna la peine et demanda à capituler. On le lui accorda, et, à sa garnison, forte encore de dix-huit cents hommes, de sortir avec les circonstances honorables accoutumées; et M. de Pointis prit possession de la ville, où il fit, à ce qu'on a rapporté, un butin de huit millions en or et argent et d'un million en pierreries[1]. Il eut à cette occasion un démêlé avec Ducasse, qui en vouloit avoir sa part comme de raison; mais l'autre, qui étoit le plus fort, n'en voulut rien faire. Ducasse s'en plaignit dans la suite[2], et, en attendant, pour ne point revenir les mains vides, il ne voulut point partir avec le sieur de Pointis, et demeura dans Carthagène après lui, où il grappilla tout ce qu'il put[3], et ensuite se retira à Saint-Domingue.]

[M. de Pointis, ayant achevé sa récolte, fit sauter

---

1. Il y a un état du butin dans le carton M 757 des Archives nationales, et, dans le registre Marine B⁴ 18, des inventaires estimatifs faits à Brest en septembre 1697, de vases et ornements d'église, bijoux, pierreries, argent monnayé, or et argent en lingots et en barres, etc., rapportés par les vaisseaux de l'expédition; mais ces états sont certainement très loin de représenter la totalité des prises.

2. Sur ces démêlés entre Ducasse et Pointis, voyez le commentaire des *Mémoires de Saint-Simon*, p. 215-216, et les lettres de Ducasse contenues dans le registre Marine B⁴ 18.

3. Les flibustiers de Ducasse pillèrent la ville, l'incendièrent, et y commirent des atrocités incroyables.

les forts et les bastions, enleva tout le canon, et, ayant rembarqué tout son monde et ses deux mille matelots qui avoient aidé en ce siège, il remit à la voile pour retourner en France; mais à peine eut-il navigué cinquante lieues, qu'il rencontra vingt-quatre ou vingt-cinq gros vaisseaux de guerre ennemis, qui lui donnèrent la chasse, et quelques-uns lui lâchèrent leur bordée. Un gros brouillard qui survint à propos l'ôta de vue et le tira d'affaire; ses vaisseaux se séparèrent, et il n'en demeura que quatre avec lui et une frégate, avec lesquels il rencontra encore cinq vaisseaux anglois à quatre-vingt lieues des côtes de France, contre lesquels il combattit pendant trois heures. A la fin, ayant viré avec un vent favorable, il arriva heureusement à Brest le 30 août, où il trouva déjà ses autres vaisseaux abordés. Cette expédition hardie coûta vingt ou vingt-cinq officiers, autant de gardes-marine, et sept à huit cents soldats ou matelots. Le butin fut partagé, et les particuliers qui avoient contribué à l'armement reçurent quatre ou cinq fois leur capital. Pointis s'y enrichit[1] et devint en grande réputation; le Roi le fit aussi chef d'escadre.]

[J'ai déjà parlé de l'armement qui se fit à Toulon pendant cette année pour l'expédition de Barcelone[2]. Outre celui-là, il y eut encore deux escadres armées à Brest, avec lesquelles MM. de Châteaurenault et de Nesmond allèrent en course, et revinrent sans avoir rien fait de considérable, et le chevalier Bart arma une

---

1. On prétendit même qu'il avait eu soin de se réserver avant tout partage une bonne part du butin.
2. Ci-dessus, p. 417.

autre escadre à Dunkerque, dont je parlerai bientôt[1].]

[Les Anglois et Hollandois détachèrent plusieurs escadres pour la sûreté de leurs convois marchands. Ils en envoyèrent une à Cadix pour aller au-devant des galions; deux autres furent employées contre le sieur de Pointis; une autre croisa devant Dunkerque, et le reste de leur armée, fort d'environ quarante vaisseaux, se promena quelque temps le long des côtes de France, sans rien faire.]

[*Affaires.* — Le roi de Pologne Jean III[2] mourut à la fin de l'année dernière[3], et, pendant le commencement de celle-ci, les Polonois firent leurs convocations ordinaires pour l'élection d'un nouveau roi, qui fut fixée au mois de mai, et ensuite remise au mois suivant. Les prétendants à la couronne étoient les deux fils du roi défunt[4], le prince de Conti, de la maison de France, le prince de Bade, celui de Neubourg[5], et le duc de Lorraine.]

[Tous ces princes firent leurs intrigues et répandirent de l'argent. Dans les commencements, on

1. Ci-après, p. 441.
2. Jean Sobieski.
3. Il était mort le 17 juin 1696 d'une apoplexie.
4. Jean Sobieski laissait trois fils : Jacques (1667-1737), qui fut gouverneur de Styrie pour l'Empereur; Alexandre (1677-1714), qui fut capitaine des gardes du roi Auguste de Pologne et entra ensuite dans l'ordre des capucins; enfin, Constantin (1680-1726), qui passa sa vie à Rome.
5. Jean-Guillaume-Joseph de Bavière-Neubourg (1658-1716), électeur palatin depuis 1690. Saint-Hilaire oublie l'électeur de Bavière, gendre du défunt. Voyez, sur les mérites et les appuis des divers candidats, les *Mémoires de Saint-Simon*, t. III, p. 302-306.

jugeoit que le prince Jacques, un des fils du roi défunt, auroit grand part à la couronne; mais, peu après, les choses changèrent en faveur du prince de Conti, à la recommandation du Roi et à la faveur de son argent et des menées de l'abbé de Polignac, son ambassadeur en Pologne[1]. Mais, tout sur le point de l'élection, l'Empereur et le Pape lui suscitèrent un dangereux concurrent en la personne de l'électeur de Saxe[2], qu'ils proposèrent, et dont on ne se défioit pas parce que jusqu'alors il avoit fait profession de luthéranisme, ce qui étoit une exclusion manifeste; mais l'Empereur et le Pape firent si bien leurs pratiques, l'un par l'intérêt qu'il avoit de ne point avoir un prince de la maison de France pour son voisin, mais au contraire un prince allemand qui lui eût obligation de sa couronne, et l'autre par l'avantage qu'il en reviendroit de la conversion de ce prince à la religion catholique, que, leurs ministres ayant justifié de l'abjuration de ce prince, les électeurs se divisèrent en deux factions : l'une, dont le cardinal-primat et régent du royaume[3] étoit le chef, en faveur du prince de Conti; l'autre, sous l'évêque de Cujavie[4], pour l'électeur de Saxe : si bien que, le

1. Melchior, abbé de Polignac (1661-1741), était ambassadeur en Pologne depuis 1693; son rôle dans les négociations d'Utrecht le fit nommer cardinal en 1712, et il eut l'archevêché d'Auch en 1726.
2. Frédéric-Auguste (1670-1733) avait succédé à son frère comme électeur de Saxe en 1694.
3. Michel Radzieiowski, évêque de Warmie (1679), cardinal (1686), archevêque de Gnesne et primat du royaume (1687). En cette qualité, il gouvernait la république pendant l'interrègne.
4. Stanislas Dombski, évêque de Cujavie depuis 1691, passa à Cracovie en 1699, et mourut à la fin de 1700.

26 juin, jour pris pour l'élection, ces deux princes furent proclamés rois chacun par son parti, ce qui fut une grande matière à contention et causa bien des dissensions dans la république.]

[Cette nouvelle arriva bientôt à la cour de France par la voie de l'abbé de Polignac[1] et du cardinal-primat, qui envoyèrent courriers sur courriers pour presser le départ du prince de Conti pour la Pologne, et qui lui faisoient espérer qu'il trouveroit à son arrivée des places et une armée pour chasser son concurrent. Les raisons pour et contre ce départ[2] étant débattues au Conseil, où le Roi et le prince assistèrent, la négative fut la mieux fondée, et le prince étoit de cet avis[3], sur ce que le Roi ne pouvoit assez tôt lui fournir les troupes nécessaires pour se maintenir, et qu'au contraire son concurrent, voisin de la Pologne, y arriveroit bientôt avec ses troupes, s'il n'y étoit déjà, et les joindroit à sa faction, qui forceroit l'autre à se rallier de gré ou de force : de sorte qu'il se feroit couronner roi même avant l'arrivée du prince de Conti, lequel n'avoit d'autres moyens de l'empêcher que les promesses vagues et incertaines qu'on lui faisoit, du côté de la Pologne, de lui livrer des places à son arrivée et des troupes en suffisance pour expulser son concurrent.]

1. Son secrétaire Galleran arriva à Marly le 11 juillet, avec cette nouvelle (*Dangeau*, t. VI, p. 150).
2. Voyez les *Mémoires de Saint-Simon*, t. IV, p. 186 et suivantes, et le commentaire de M. de Boislisle.
3. Selon Saint-Simon (p. 138-139 et 193) et la plupart des contemporains, l'amour du prince pour Madame la Duchesse était la cause principale et secrète de son désir de ne point aller en Pologne.

[Cependant l'avantage que la France pouvoit tirer d'avoir un prince de sa nation sur le trône de Pologne prévalut et fit hasarder le coup. Le départ du prince fut résolu sur les instances réitérées de l'ambassadeur et du primat, et le principal trait de prudence qui parut sur cette affaire fut que, sur les premiers avis de l'élection et dans toute la suite, le prince de Conti ne prit pas la qualité de roi de Pologne et refusa de le faire jusques au consentement unanime de la nation.]

[Ce prince partit donc de la cour le 4 août, avec ses domestiques et le chevalier de Lauzun[1], qui s'attacha à sa fortune pour tâcher de relever la sienne[2]. Il emporta avec lui huit cent mille livres en or, deux millions en lettres de change, et pour un million de pierreries. Il s'embarqua à Dunkerque sur l'escadre du chevalier Bart, qui l'attendoit, et mit à la voile le 7 août; il navigua heureusement et arriva à la rade de Dantzig le 26. La première chose qu'il fit fut de faire demander à la régence de cette ville la permission de débarquer, lui et son monde (il pouvoit mettre à terre cinq ou six cents soldats de marine), et de passer à travers la ville. Ces messieurs voulurent bien le lui accorder pour sa personne seulement, ce qu'il ne jugea pas à propos d'accepter. Ainsi, il demeura dans son vaisseau, d'où il venoit à terre pour conférer avec

---

1. François de Caumont, frère du duc, chevalier puis comte de Lauzun, qui mourut le 30 décembre 1707.
2. « Homme de beaucoup d'esprit et de lecture, avec de la valeur, aussi méchant et aussi extraordinaire que son frère, ... qui avoit achevé de se perdre à la cour par son voyage avec les princes de Conti en Hongrie » (*Saint-Simon*, t. XV, p. 327).

ceux de son parti, revenant toujours coucher à son bord.]

[La première nouvelle qu'il apprit en arrivant fut celle du couronnement de l'électeur de Saxe, fait à Cracovie le 13 août, ce qui avoit beaucoup ralenti l'ardeur de ceux de son parti. Cependant l'évêque de Plosko[1] le vint trouver de leur part, et quelques seigneurs vinrent aussi le saluer et conférer avec lui; mais ils ne lui firent trouver en Pologne ni place pour le recevoir, ni armée pour se mettre à la tête. En un mot, il trouva en Pologne plus de mains pour prendre son argent que de bras pour le porter au trône : ce qu'ayant fort bien remarqué, il ne voulut pas en être la dupe, et abandonna la Pologne pour s'en revenir en France avec son argent, où il arriva au commencement de décembre, fort fatigué de la navigation fâcheuse qu'il eut en s'en revenant, et fort rebuté de son voyage[2].]

[*Paix de Ryswyk*. — J'ai déjà dit que la paix fut signée au château de Ryswyk en Hollande, le 20 septembre; mais, comme je n'en ai point rapporté les conditions, j'en donnerai le précis, et commencerai par le traité fait entre la France et l'Angleterre, au sujet de laquelle cette guerre avoit commencé. Ce traité consista en dix-huit articles.]

Viennent ensuite les dix-sept articles du traité tels

---

1. André-Chrysostome Zaluski, évêque de Plosko ou Plosk en 1691, devint évêque de Varsovie en 1698.

2. Sur toute cette affaire de Pologne, voyez les *Mémoires de Saint-Simon*, avec le commentaire qui y est joint, t. IV, p. 176-212.

que M. Henri Vast les a donnés, en dernier lieu, dans ses Grands traités du règne de Louis XIV, *tome II, p. 204-213. Saint-Hilaire les a transcrits d'après les Préliminaires des traités, avec les actes concernant les négociations de la paix conclue à Turin et celle de Ryswick, parus dès 1697 chez Frédéric Léonard. Du Mont, dans son* Corps universel diplomatique, *tome VII, 2ᵉ partie, p. 386, n'a donné qu'un texte latin. A la suite de ces dix-sept articles, notre auteur en insère un dix-huitième, qui ne se trouve pas dans les recueils de Du Mont et de M. H. Vast.*

[Outre ces dix-sept articles, il y en eut encore un autre qui fut ajouté au traité, dont la teneur s'ensuit, et qui fut signé par les mêmes plénipotentiaires : « Outre les conditions dont on est demeuré d'accord dans le traité de paix conclu à Ryswyk ce jourd'hui 20 septembre 1697, on est encore convenu, dans un article séparé, qui aura néanmoins la même force et vertu que s'il étoit inséré mot à mot dans ledit traité, que le Roi Très Chrétien promettra et consentira, comme, par le présent article, il promet et consent, qu'il soit libre à Sa Majesté Impériale et à l'Empire, jusques au 1ᵉʳ novembre prochain, d'accepter les conditions de paix qui ont été proposées nouvellement par Sa Majesté Très Chrétienne, suivant la déclaration qu'elle a faite le 1ᵉʳ jour du présent mois de septembre. En cas qu'il soit autrement convenu entre Sa Majesté Impériale, l'Empire et Sa Majesté Très Chrétienne, ledit traité ne laissera pas d'avoir son plein et entier effet, et d'être exécuté dans toute sa forme et teneur, et Sa Majesté Britannique n'y pourra contrevenir directement ni indirectement, pour quelque cause et raison que ce puisse. » Ledit traité fut ratifié et échangé dans le terme convenu, et j'en ai rapporté tous les articles en détail, afin que ceux de ma famille qui pourront lire ceci y trouvent une instruction présente de la manière que ces sortes d'instruments se dressent. Pour ce qui est des autres traités, je n'en rapporterai que le précis, puisque j'ai rempli mon intention par le premier, et que je veux éviter la prolixité.]

[Celui entre la France et l'Espagne, signé le même jour et au même lieu, portoit pour clauses principales que la France rendroit à l'Espagne, immédiatement après l'échange des ratifications, qui devoit se faire dans le terme de six semaines à commencer du jour de la signature du traité, les villes et forts de Barcelone, Girone, Roses, Bellver, avec toutes leurs fortifications, en l'état qu'elles étoient le jour de la signature du traité, et l'artillerie et les munitions de guerre qui s'y étoient trouvées le jour de la prise, ensemble toutes les dépendances desdites villes, et les autres villes, bourgs, villages et pays, sans en rien excepter ni retenir, que les armes de France avoient occupés en Catalogne pendant la présente guerre ; de même, du côté de la Flandre, le duché et la ville de Luxembourg, avec toutes ses fortifications, artillerie et munitions qui y étoient le jour de la prise, ses dépendances et annexes, le comté de Chiny, sans en rien réserver ni retenir, la forteresse de Charleroy, les villes de Mons, Ath et Courtray, tous les bourgs, villages et pays en dépendant avant les réunions, qui demeureront abolies et éteintes, sans pouvoir plus jamais avoir lieu, sous quelque prétexte que ce puisse être ; enfin, que

Sa Majesté restitueroit à l'Espagne toutes les autres villes, îles et pays, en quelque lieu du monde que ce pût être, que ses armes auroient occupés pendant la présente guerre. Toutes ces restitutions se firent ponctuellement.]

[Comme on n'avoit rien pris aux Hollandois pendant le cours de cette guerre, on ne leur restitua rien, et le traité de paix et de commerce qui fut aussi signé et convenu avec eux à Ryswyk le même jour 20 septembre 1697, fut entièrement conforme à celui de Nimègue.]

[Le 30 octobre suivant, le traité de paix entre l'Empereur et l'Empire d'une part, et la France de l'autre, fut conclu et signé au même château de Ryswyk. Comme la matière en fut ample, j'ai cru nécessaire d'en rapporter ici un précis de chaque article.]

Suivent les soixante articles du traité en français ; Du Mont et M. Henri Vast ont donné ce texte en latin d'après les originaux.

[Outre le traité de paix fait à Ryswyk entre la France et la Hollande, il y en eut encore un autre de commerce, dont je crois devoir encore rapporter ici le précis, et par lequel je finirai la seconde partie de ces Mémoires.]

[Ce traité fut fait pour vingt-cinq ans, et portoit que les sujets de Sa Majesté et des États-Généraux des Provinces-Unies jouiroient réciproquement de la même liberté dont ils ont joui de tout temps avant cette guerre par tous les royaumes, états et provinces l'un de l'autre; que l'on fera un nouveau tarif commun, et suivant la convenance réciproque, dans six mois, et cependant que le tarif de 1667 sera exécuté par provision; et, en cas qu'on ne convînt pas pendant ledit temps dudit tarif nouveau, celui de l'année 1664 aura lieu pour l'avenir. Les sujets des États-Généraux ne seront pas réputés aubains en France, et ainsi ils pourront disposer de leurs biens par testament, donation ou autrement, et leurs héritiers, sujets desdits États, demeurant tant en France qu'ailleurs, recueillir leurs successions, même *ab intestat*, encore qu'ils n'aient obtenu aucunes lettres de naturalité. Pourront pareillement, sans lesdites lettres de naturalité, s'établir en toute liberté les sujets desdits États en toutes les villes de France, pour y faire leur trafic et naviguer avec leurs vaisseaux et trafiquer avec leurs marchandises, sans distinction de qui puissent être les propriétaires d'icelles, dans tous les ports et provinces dudit royaume, excepté que ces marchandises ne soient de contrebande, c'est-à-dire toutes sortes d'armes à feu et autres assortissements d'icelles servant à l'usage de la guerre; que, s'il arrivoit que des capitaines de vaisseaux françois fissent prise d'un vaisseau chargé desdites marchandises, ne pourront lesdits capitaines faire ouvrir les caisses, coffres, malles, tonneaux, ballots et autres, ni les rompre, transporter, vendre, décharger ou autrement aliéner, qu'elles n'aient été descendues en terre en la présence des juges de l'Amirauté, et après inventaire par eux fait desdites marchandises, si ce n'est que, ne faisant qu'une partie de la charge, le maître de navire trouvât bon de les livrer auxdits capitaines et de poursuivre son voyage : auquel cas ledit maître ne pourra être aucunement empêché de poursuivre sa route.]

[Sa Majesté Très Chrétienne et les seigneurs États-Généraux pourront en tout temps faire construire ou fréter dans les pays l'un de l'autre tel nombre de navires, soit pour la guerre ou pour le commerce, que bon leur semblera, comme aussi acheter telle quantité de munitions de guerre qu'ils auront besoin, sans qu'on puisse donner la même permission aux ennemis de l'un ou de l'autre au cas qu'ils fussent les agresseurs. Que, s'il arrivoit quelque interruption d'amitié, il sera donné neuf mois de temps après la rupture aux sujets de part et d'autre pour se retirer avec leurs effets, les vendre, ou les transporter où bon leur semblera.]

[Que l'imposition de cinquante sols par tonneau établie en France sur les navires des étrangers cessera entièrement à l'avenir à l'égard des navires des sujets des États-Généraux des Provinces-Unies, et ne pourra à l'avenir être rétablie : en sorte que les navires des sujets desdits États-Généraux seront déchargés de ladite taxe, soit que ces navires aillent droit en France des pays ou terres desdits États-Généraux, ou de quelque autre endroit que ce puisse être, soit chargés ou à vide, soit aussi qu'ils soient chargés pour décharger en une ou plusieurs places des villes de France, ou bien que, étant destinés pour prendre charge aux lieux où ils auront dessein d'aller, et n'y en trouvant pas, ils aillent en d'autres pour en avoir, soit aussi que lesdits navires des sujets des États-Généraux sortent des ports de France pour s'en retourner chez eux ou pour aller ailleurs, en quelque lieu que ce puisse être, chargés ou vides, soit même qu'ils aient pris leur charge dans une ou plusieurs places, puisqu'il a été convenu que, ni dans lesdits cas, ni dans aucun autre qui pourroit arriver, les navires des sujets desdits États-Généraux ne seront pas sujets à ladite imposition, mais qu'ils en seront et demeureront exempts, tant en allant qu'en revenant desdits ports de France, excepté seulement qu'au cas suivant, savoir : quand lesdits navires prendront des marchandises en France, et qu'ils les transporteront d'un port de France en un autre port de France pour les y décharger, auquel cas seulement, et nullement en aucun autre, les sujets desdits États-Généraux seront obligés de payer ledit droit comme les autres étrangers.]

[Ce traité fut signé à Ryswyk, le 20 septembre, par les mêmes ambassadeurs plénipotentiaires.]

Par la lecture de tout ceci, on peut voir que cette paix coûta bien cher à la France, qui céda bien des pays et places, pour rentrer bientôt en une nouvelle guerre, ainsi qu'on le verra, s'il plaît à Dieu, dans ma troisième partie.

Fin de la deuxième partie de ces Mémoires.

APPENDICE

L'étendue du texte de la deuxième partie des Mémoires de Saint-Hilaire, *qu'il a semblé plus logique de comprendre dans un seul volume, nous empêche d'insérer ici les pièces justificatives relatives à cette partie; on les trouvera à la fin du troisième volume.*

SOMMAIRE

DU TOME DEUXIÈME.

Deuxième partie des Mémoires (1680-1697).

Années 1680-1681. — Situation politique de l'Europe, p. 1-4. — Annexions de territoires faites à la France par les chambres de réunion, 4-7. — Prise de possession de Strasbourg et de Casal, 7-12.

Année 1682. — Bombardement d'Alger et de Fontarabie, p. 12-13. — Affaire de l'île Saint-Gabriel, 14.

Année 1683. — Voyage du Roi à Strasbourg; mort de Colbert, p. 14-17. — Caractère de Le Peletier, de Croissy et de Seignelay, 17-19. — Siège de Vienne par les Turcs; offre de secours faite par Louis XIV; victoire de Sobieski, 19-27.

Année 1684. — Hostilités contre l'Espagne en Flandre et en Catalogne; trêve de vingt ans, p. 28-30. — Différend avec les Génois; bombardement de Gênes; le doge à Versailles, 30-34.

Année 1685. — Mort du roi d'Angleterre Charles II; avènement de Jacques II; révolte, défaite et mort du duc de Monmouth, p. 34-37. — Mort de l'électeur Palatin; avènement de la branche de Neubourg, 37-38. — Révocation de l'édit de Nantes, 38-41.

Année 1686. — Mort du prince de Conti, du chancelier Le Tellier et du maréchal de Villeroy, p. 41-42. — Caractère du duc de Beauvillier et du chancelier Boucherat, 42-43. — Magnificence du Roi, 43-44. — Menées du prince d'Orange contre la France, 44-46. — Ambassade siamoise en France; envoi d'une expédition au Siam, 46-50. — Mort du Grand Condé et du maréchal de Créquy, 50-52.

Années 1687 et 1688. — Maladie du Roi; érection de sa statue à la place des Victoires, p. 52-56. — Disputes avec la cour de Rome; affaire des franchises; ambassade de Lavardin, 56-66. — Travaux de Maintenon; affaire du cardinal de Fürstenberg et de l'électorat de Cologne, 66-71. — Révolution d'Angleterre; Jacques II mécontente les protestants; naissance du prince de Galles; préparatifs du prince d'Orange, 71-83. — Le prince d'Orange déclare son dessein; il débarque en Angleterre et fait son entrée à Londres; fuite de Jacques II, 83-95. — Les armées françaises s'emparent de Philipsbourg et de plusieurs places sur le Rhin, 95-97.

Année 1689. — Affaires intérieures de France, p. 97-98. — Suite de la révolution d'Angleterre; le prince d'Orange est proclamé roi, 98-104. — Affaires d'Irlande et d'Écosse; le roi Jacques passe en Irlande, 104-108. — Campagne d'Allemagne; incendie du Palatinat, 108-110. — Siège de Mayence et de Bonn par les Impériaux, 110-115. — Campagne de Flandre; combat de Walcourt, 115-118. — Campagne de Catalogne, 118-119. — Mort du pape Innocent XI, 119.

Année 1690. — Campagne d'Allemagne; Monseigneur commande l'armée française, p. 120-122. — Campagne de Flandre; escarmouches de Floreffe et de Velaine, 122-127. — Victoire du maréchal de Luxembourg à Fleurus, 127-137. — Dernières opérations de la campagne, 137-141. — Affaires de Savoie; causes du mécontentement du duc contre la France; accusations contre Louvois, 141-147. — Catinat est envoyé en Piémont avec une armée, 147-149. — Bataille de Staffarde; Catinat revient vers Suse et Pignerol, 149-152. — Campagne de Catalogne, 152-153. — Histoire du duc de Lauzun, 153-159. — Campagne de mer; combat du cap Béveziers, 159-160. — Le roi Jacques en Irlande; bataille

SOMMAIRE DU TOME DEUXIÈME. 453

de la Boyne; siège de Limerick, 161-168. — Affaires intérieures de la France; Pontchartrain contrôleur général; son caractère, 168-172.

Année 1691. — Siège et prise de Mons par Louis XIV, p. 172-176. — Prise de Nice, 176-177. — Campagne de Flandre; siège et bombardement de Liège par Boufflers, 177-182. — Mouvements des armées, 182-186. — Campagne d'Allemagne sous le maréchal de Lorge, 186-190. — Campagne d'Italie; affaire de Bulonde à Coni, 190-195. — Siège et prise de Montmélian, 195-197. — Campagne de Catalogne, 198-199. — Campagne de mer; Jean Bart, 199-200. — Mort de Louvois; histoire de Mme de Maintenon; caractère de Louvois, 200-204. — Affaires intérieures; développement du luxe; création de rentes sur la Ville, 204-206.

Année 1692. — Campagne de Flandre; siège et prise de Namur par Louis XIV, p. 206-227. — Mouvements des armées vers Steinkerque, 228-233. — Bataille de Steinkerque, 233-242. — Manœuvres de l'armée de Luxembourg et des corps de Boufflers et d'Harcourt, 242-248. — Bombardement de Charleroy; fin de la campagne, 249-251. — Campagne d'Allemagne; héroïsme du capitaine Lécossois à Worms; le maréchal de Lorge bat l'administrateur de Würtemberg, 251-255. — Échec de Tallard devant Rheinfels, 256-262. — Campagne d'Italie; invasion du Dauphiné; siège d'Embrun, 262-266. — Campagne de mer; manifeste du roi Jacques, 266-270. — Bataille navale de la Hougue, 270-276. — Campagne de Catalogne, 277. — Négociations de M. de Rébenac à Rome et de Chamlay à Turin, 278-282.

Année 1693. — Nomination de maréchaux de France, p. 282-283. — Création de l'ordre de Saint-Louis, 283-284. — Distribution des armées, 284-285. — Campagne de Flandre; voyage du Roi à l'armée, 285-287. — Marche de M. de Luxembourg; bataille de Nerwinde, 287-298. — Fin de la campagne, 298-300. — Campagne d'Allemagne; prise d'Heidelberg, 300-301. — Marche du maréchal de Lorge sur le Neckar; il n'ose attaquer le prince de Bade; séparation de l'armée, 301-310. — Campagne d'Italie; blocus de Casal et de Pignerol, 310-312. — Bataille de la Marsaille, 312-314. — Campagne de Catalogne, 314. — Campagne des côtes, 314-315. — Campagne de mer; combat du cap Saint-Vincent, 315-317. — Disette en France, 317-319.

Année 1694. — Campagne de Flandre; mouvements des armées, p. 319-326. — Campagne d'Allemagne; le prince de Bade passe en Alsace; le maréchal de Lorge le contraint à repasser le Rhin, 326-331. — Campagne d'Italie, 331-334. — Campagne de Catalogne; bataille du Ter, 334-336. — Prise de Palamos et d'autres petites places, 336-338. — Campagne des côtes; tentative de débarquement des Anglais à Camaret, 338-339. — Bombardement de Dieppe et du Havre, 339-340. — Négociations secrètes en Suisse entre la France et l'Empereur, à Maëstricht avec la Hollande, 340-345. — Construction des lignes de Clare, 345-346.

Année 1695. — Campagne de Flandre; mouvements des armées de Villeroy et de Boufflers, 346-351. — Villeroy et le duc du Maine manquent l'occasion de battre le prince de Vaudémont, 352-360. — Prise de Nieuport et de Dixmude, 360-363. — Siège et prise de Namur par le prince d'Orange, 363-371. — Campagne d'Allemagne; les maréchaux de Lorge et de Joyeuse contre le prince de Bade et le landgrave de Hesse, 371-374. — Campagne d'Italie; reddition de Casal, 374-375. — Campagne de Catalogne; Noailles remplacé par Vendôme, 376-378. — Campagne de mer; bombardement de Saint-Malo, de Granville, de Dunkerque et de Calais, 378-382. — Établissement de la capitation; besoin général de la paix, 382-383.

Année 1696. — Campagne de Flandre; mouvement des armées, p. 383-387. — Campagne d'Allemagne, 387-389. — Campagne d'Italie; traité avec le duc de Savoie; prise de Valence, 389-395. — Campagne de Catalogne; petits succès de Vendôme, 395-398. — Campagne de mer; expédition avortée du roi Jacques, 398-401. — Les Anglais pillent les îles de Ré et de Groix; exploits de Jean Bart, 401-403. — Premières négociations pour la paix, 403-405.

Année 1697. — Campagne de Flandre; siège d'Ath; mouvement des armées; conférences entre Boufflers et Portland; signature de la paix, p. 405-413. — Campagne d'Allemagne, 413-415. — Campagne de Catalogne; siège et prise de Barcelone par Vendôme, 416-432. — Campagne de mer; expédition de Pointis à Carthagène, 432-438. — Affaires de Pologne; élection du prince de Conti; son voyage à Dantzick, 438-442. — Traité de Ryswyk, 442-448.

Appendice, p. 449.

Nogent-le-Rotrou, imprimerie Daupeley-Gouverneur.

Ouvrages publiés par la Société de l'Histoire de France
depuis sa fondation en 1834.

In-octavo à 9 francs le volume, 7 francs pour les Membres de la Société.

Ouvrages épuisés.

L'Ystoire de li Normant. 1 vol.
Lettres de Mazarin. 1 vol.
Villehardouin. 1 vol.
Histoire des Ducs de Normandie. 1 vol.
Beaumanoir. Coutumes de Beauvoisis. 2 vol.
Mémoires de Coligny-Saligny. 1 vol.
Mémoires et Lettres de Marguerite de Valois. 1 vol.
Comptes de l'Argenterie des Rois de France. 1 vol.
Mémoires de Daniel de Cosnac. 2 vol.
Journal d'un Bourgeois de Paris sous François Ier. 1 v.
Chroniques des Comtes d'Anjou. 1 vol.
Lettres de Marguerite d'Angoulême. 2 vol.
Joinville. Hist. de Saint Louis. 1 vol.
Chronique de Guillaume de Nangis. 2 vol.
Histoire de Bayart. 1 vol.

Ouvrages épuisés en partie.

Grégoire de Tours. Histoire ecclésiast. des Francs. 4 v.
Œuvres d'Eginhard. 2 vol.
Barbier. Journal du règne de Louis XV. 4 vol.
Mémoires de Ph. de Commynes. 3 vol.
Registres de l'Hôtel de Ville de Paris pendant la Fronde. 3 vol.
Procès de Jeanne d'Arc. 5 v.
Bibliographie des Mazarinades. 3 vol.
Choix de Mazarinades. 2 vol.
Histoire de Charles VII et de Louis XI, par Th. Basin. 4 vol.
Grégoire de Tours. Œuvres diverses. 4 vol.
Chron. de Monstrelet. 6 vol.
Chron. de J. de Wavrin. 5 vol.
Journal et Mémoires du Marquis d'Argenson. 9 vol.
Œuvres de Brantôme. 11 v.
Commentaires et Lettres de Blaise de Monluc. 5 vol.
Mém. de Bassompierre. 4 vol.

Ouvrages non épuisés.

Mém. de Pierre de Fenin. 1 v.
Orderic Vital. 5 vol.
Correspondance de Maximilien et de Marguerite. 2 v.
Richer. Hist. des Francs. 2 v.
Le Nain de Tillemont. Vie de Saint Louis. 6 vol.
Mém. de Mathieu Molé. 4 v.
Miracles de S. Benoît. 1 vol.
Chronique des quatre premiers Valois. 1 vol.
Mém. de Beauvais-Nangis. 1 v.
Chronique de Mathieu d'Escouchy. 3 vol.
Choix de pièces inédites relatives au règne de Charles VI. 2 vol.
Comptes de l'hôtel des Rois de France. 1 vol.
Rouleaux des morts. 1 vol.
Œuvres de Suger. 1 vol.
Mém. et corresp. de Mme du Plessis-Mornay. 2 vol.
Chron. des églises d'Anjou. 1 v.
Introduction aux chroniques des comtes d'Anjou. 1 vol.
Chroniques de J. Froissart. T. I à XI. 13 vol.
Chroniques d'Ernoul et de Bernard le Trésorier. 1 v.
Annales de S.-Bertin et de S.-Vaast d'Arras. 1 vol.
Histoire de Béarn et de Navarre. 1 vol.
Chroniques de Saint-Martial de Limoges. 1 vol.
Nouveau recueil de comptes de l'argenterie. 1 vol.
Chanson de la croisade contre les Albigeois. 2 vol.
Chronique du duc Louis II de Bourbon. 1 vol.
Chronique de J. Le Fèvre de Saint-Remy. 2 vol.
Récits d'un ménestrel de Reims au XIIIe siècle. 1 v.
Lettres d'Ant. de Bourbon et de Jeanne d'Albret. 1 vol.
Mém. de La Huguerye. 3 vol.
Anecdotes et apologues d'Étienne de Bourbon. 1 vol.
Extraits des auteurs grecs concern. la géographie et l'hist. des Gaules. 6 vol.
Mémoires de N. Goulas. 3 v.
Gestes des évêques de Cambrai. 1 vol.
Les Établissements de Saint Louis. 4 vol.
Chron. normande du XIVe s. 1 v.
Relation de Spanheim. 1 vol.
Œuvres de Rigord et de Guillaume le Breton. 2 v.
Mém. d'Ol. de la Marche. 4 v.
Lettres de Louis XI. T. I à IX.
Mémoires de Villars. 6 vol.

Notices et documents, 1884.
Journal de Nic. de Baye. 2
La Règle du Temple. 1 vol.
Hist. univ. d'Agr. d'Aubigné. T. I à IX.
Le Jouvencel. 2 vol.
Chroniques de Louis XII, par Jean d'Auton. 4 vol.
Chronique d'Arthur de Richemont. 1 vol.
Chronographia regum Francorum. 3 vol.
L'Histoire de Guillaume le Maréchal. 3 vol.
Mémoires de Du Plessis-Besançon. 1 vol.
Éphéméride de La Huguerye. 1 vol.
Hist. de Gaston IV, comte de Foix. 2 vol.
Mémoires de Gourville. 2 vol.
Journal de J. de Roye. 2 vol.
Chron. de Richard Lescot. 1 vol.
Brantôme, sa vie et ses écrits. 1 vol.
Journal de J. Barrillon. 2
Lettres de Charles VIII. 5
Mém. du chev. de Quincy. 3 v.
Chron. de Morosini. 4 vol.
Documents sur l'Inquisition. 2 vol.
Mém. du vicomte de Turenne. 1 vol.
Chron. de Perceval de Cagny. 1 vol.
Journal de J. Vallier. T.
Mémoires de St-Hilaire. T. I et II.
Journal de Fauquembergue. T. I.
Chron. de Jean le Bel. 2 v.
Mémoriaux du Conseil de 1661. T. I et II.
Chron. de Gilles Le Muisit. 1 vol.
Rapports et Notices sur les Mém. du card. de Richelieu. 2 fasc.
Mémoires de Souvigny. T. I.

SOUS PRESSE :

Lettres de Louis XI. T. X.
Mém. du card. de Richelieu. T. I.
Mémoriaux du Conseil de 1661. T. III.
Mémoires de Souvigny. T. II.
Journal de J. Vallier. T. II.
Mémoires de Martin du Bellay. T. I.

ANNUAIRES, BULLETINS ET ANNUAIRES-BULLETINS (1834-1906).

In-18 et in-8°, à 2 et 5 francs.

(Pour la liste détaillée, voir à la fin de l'Annuaire-Bulletin de chaque année.)

Nogent-le-Rotrou, imprimerie Daupeley-Gouverneur.

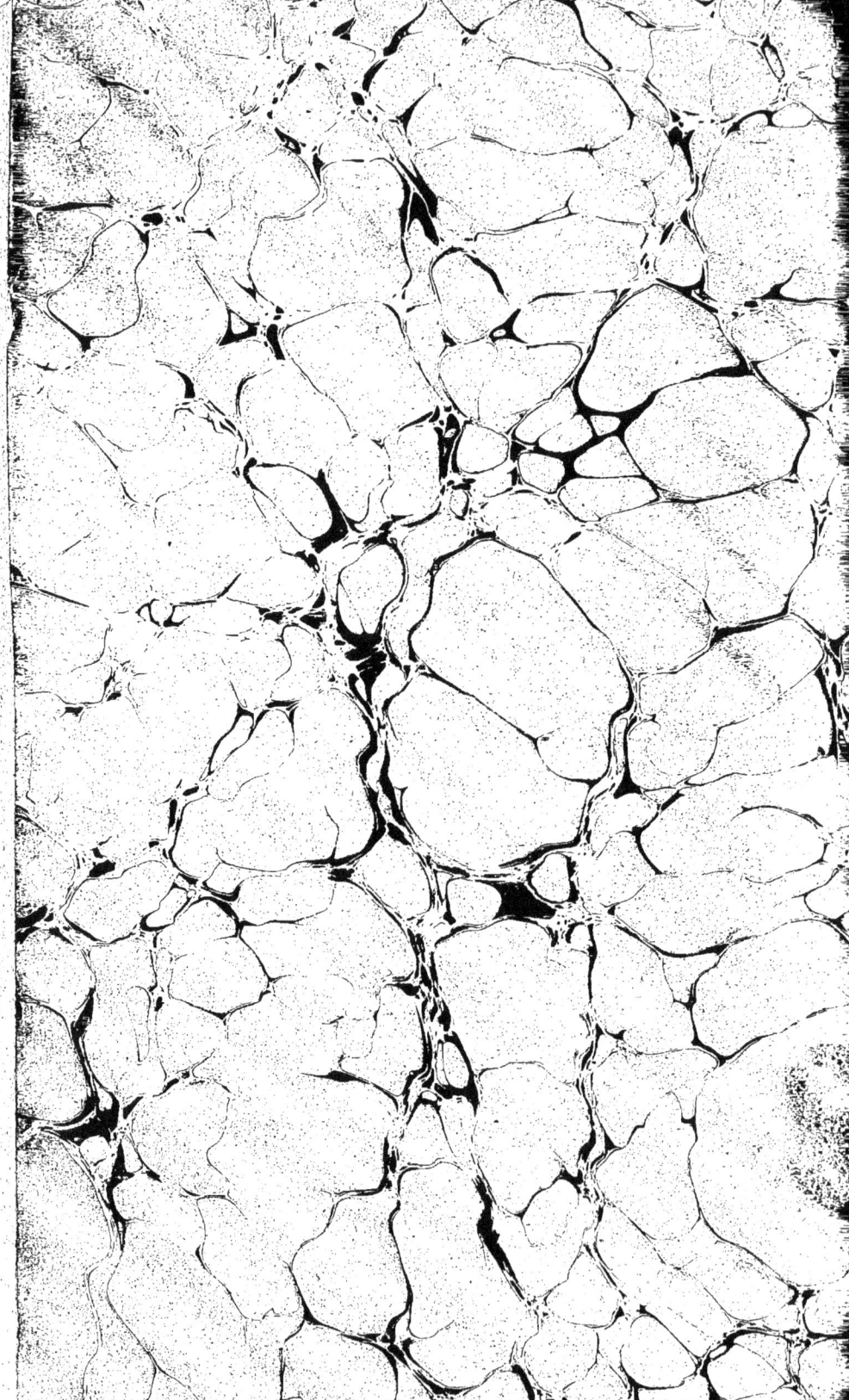

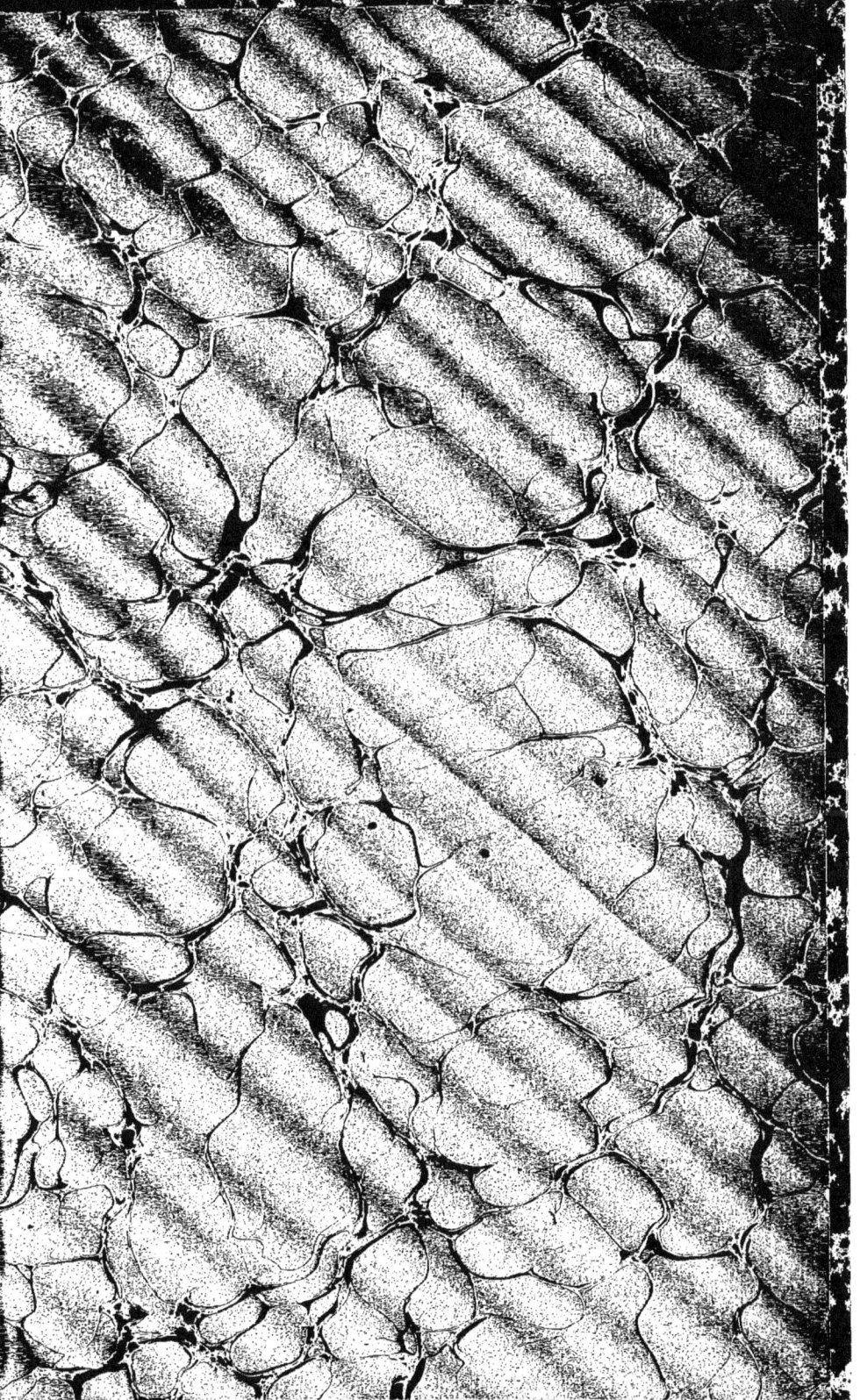

www.ingramcontent.com/pod-product-compliance
Lightning Source LLC
Chambersburg PA
CBHW050239230426

43664CB00012B/1763